Für P. Richard,

mit einem ganz herzlichen Gruß!

Dein p. Martin M. Lintner

Wien, im Sommer 2004

»... weil das Leben siegen wird!«

Luis Lintner

Mystiker · Kämpfer · Märtyrer

Mit freundlicher Unterstützung

Servitenorden (Tiroler Provinz und Provincia Lombardo-Veneta)

Südtiroler Landesregierung, Abteilung Deutsche Kultur

Stiftung Südtiroler Sparkasse

Ecorott Thomas Lintner & Co. KG, Aldein

Freihand Egger Versicherungsberatungs GmbH, Innsbruck

Pfarrgemeinde Aldein

Gemeinde Aldein

Elektro Ebner, Aldein

2004

Grafische Gestaltung: helios und Athesiagrafik/Marion Prossliner
Layout: Athesiadruck, Christine Pfeifer
Umschlaggestaltung: Maria Unterfrauner/helios
Gesamtherstellung: Athesiadruck, Bozen

ISBN 88-8266-293-4

www.athesiabuch.it
buchverlag@athesia.it

Die Schreibweise wurde durchgehend der neuen Rechtschreibung angepasst.

Martin M. Lintner
Christl Hauger Fink
Francesco Comina

»... weil das Leben siegen wird!«

Luis Lintner

Mystiker · Kämpfer · Märtyrer

Herausgegeben von

MISSIO Bozen-Brixen
ADVENIAT, Hilfswerk der Deutschen Bischofskonferenz

VERLAGSANSTALT ATHESIA | BOZEN

Dieses Buch
ist den Frauen und Männern gewidmet,
deren Gedächtnis
in diesem Lied aus Brasilien
besungen und wach gehalten wird.

wegen deines wortes,
wegen der befreiung,
wegen eines fleckens land,
wegen eines stückchens brot:

sie haben wieder einen bruder umgebracht!
aber er wird auferstehen,
seiner wird nicht vergessen.

sie haben wieder einen bruder umgebracht

wegen deiner frohen botschaft,
wegen unseres volkes,
wegen unserer hoffnung,
wegens seines glaubens:

sie haben wieder einen bruder umgebracht!
aber er wird auferstehen,
seiner wird nicht vergessen.

wegen einer gerechteren erde,
wegen so vieler unterdrückung,
wegen der worte, die er sprach,
weil er die armen verteidigt hat:

sie haben wieder einen bruder umgebracht!
aber er wird auferstehen,
seiner wird nicht vergessen.

Lied aus Brasilien

Inhaltsübersicht

ML Martin M. Lintner
CHF Christl Hauger Fink
FC Francesco Comina

Luis Lintner ist »Fidei donum« geworden, ein »Geschenk des Glaubens«

Am 21. April 1957 erschien die letzte Enzyklika von Pius XII., in welcher sich der Papst an die Bischöfe Europas und Amerikas wandte mit der Bitte, sich der jungen Kirchen, besonders der Kirche Afrikas, anzunehmen und Diözesanpriester und Laien dorthin zu entsenden. Die Enzyklika trägt den Namen »Fidei donum«. Als »Geschenk des Glaubens«, als Zeichen wachsender »communio«, als Botschafter der Solidarität und der Zusammenarbeit zwischen den Ortskirchen hier und dort sollten die »Fidei donum«-Priester und -Laien ihre Diözesen bei den jungen Kirchen vertreten.

Es brach eine neue Sensibilität gegenüber den Kirchen und Ländern des Südens auf, die durch die Öffnung des Zweiten Vaticanums zur Wiederentdeckung der missionarischen Natur der Kirche schlechthin führte und jede einzelne Ortskirche selbst als Subjekt der Mission erkennbar machte. Die neue Sicht des Bischofsamtes, das heißt der Verantwortung jedes einzelnen Bischofs auch für die Schwesterkirchen (= Universalkirche), stellte schließlich den missionarischen Charakter des Priesteramtes als Anteilhabe an der einzigen Missionarität der Kirche fest. Die Berufung zum Priestertum wird also als missionarische Berufung gesehen, das Amt des Priesters ist Dienst an der »communio« und an der »missio« der Kirche.

Luis Lintner, Jahrgang 1940, 1966 zum Priester der Diözese Bozen-Brixen geweiht, durchläuft den letzten vorkonziliären Studiengang. Das »Aggiornamento« von Johannes XXIII. zeigte natürlich schon seine befreiende Wirkung, aber seine Umsetzung war noch nicht selbstverständlich. Das Konzil und seine Fortführung durch den großen Papst Paul VI. sollte schließlich neue Visionen vom Weg der Kirche zu den Menschen und zur Welt von heute möglich machen. Es folgen die Enzyklika »Populorum Progressio« Pauls VI. und die Generalversammlungen der lateinamerikanischen Bischöfe von Medellin (1968) und Puebla (1979), wo um eine befreiende Evangelisierung gerungen und die Theologie der Befreiung enger in den kirchlichen Raum eingebunden wird. Es wird bewusst gemacht, dass die gesamte christliche Gemeinschaft verantwortliche Trägerin der »Evangelisierung, der Befreiung und der menschlichen Entwicklung« ist.

Der Werdegang des Priesters Luis Lintner erfolgte in diesen Jahren. Alles hat ihn mitgeprägt. Seine tiefe Spiritualität und sein konsequentes Handeln haben schließlich zur Entscheidung geführt, »Fidei donum« zu werden und seinem Herrn nachzufolgen im Dienst an den Ärmsten – bis zur Hingabe seines Lebens.

Robert Anhof

Robert Anhof
Amtsleiter MISSIO Bozen-Brixen

Die Armen wurden ihm zum geistlichen Lehrmeister

Am 16. Mai 2002 wurde Padre Luis Lintner an der Einfahrt zu seiner Wohnstraße in Salvador da Bahia, Brasilien, von einem Jugendlichen erschossen. Die Nachricht sprach sich in Windeseile herum, und die Betroffenheit in der Südtiroler Heimat, unter den Verwandten und Freunden, wie bei den Partnern vom Bischöflichen Hilfswerk ADVENIAT in Deutschland war tief.
Nach manchen Wegen und Umwegen hatte Luis Lintner in Brasilien seine Lebensaufgabe gefunden. Im Herzen mit der heimatlichen Bergwelt fest verbunden, war in ihm früh der Wunsch gewachsen, in die Mission zu gehen. Seine Rundbriefe sind Dokumente eines Weges mit Höhen und Tiefen, Dokumente von Phasen geistlicher Wüste, menschlicher Zweifel, ja Verzweiflung; Dokumente aber auch der tiefen Begeisterung für seinen Auftrag. Padre Lintner, das bezeugen seine eigenen Zeilen, vor allem aber auch die Zeugnisse derer, die ihm begegneten, hat das Leben unter den Armen als reiches Geschenk erfahren.
Die Armen wurden ihm zum geistlichen Lehrmeister: »Der Nächste ist der Ort Gottes ... Und zu unserem Nächsten müssen wir zuallererst den – in welcher Form auch immer – Verarmten machen.« Mit dieser »praktischen Frömmigkeit« hat er seine Gemeindemitglieder und die Freunde in der Heimat tief beeindruckt. Die Gemeinde in Salvador da Bahia ehrt den europäischen Pfarrer, der ihr Leben teilte, in tief empfundener Freundschaft.
Die Erinnerungen an und die Briefe von Luis Lintner offenbaren eine geistliche Lerngemeinschaft zwischen dem Missionar und den Armen, zwischen dem Europäer und den Lateinamerikanern. Sie sind ein Dokument weltkirchlicher Verbundenheit und wechselseitiger Bereicherung. Das Hilfswerk ADVENIAT steht im Dienst dieser weltkirchlichen Verbundenheit. Deshalb haben wir uns gerne an der Herausgeberschaft beteiligt.

Weihbischof Franz Grave
Vorsitzender der ADVENIAT-Kommission

»Die Liebe Christi drängt uns!« (2 Kor 5,14)

Die tragische Nachricht von der Ermordung des Missionars Luis Lintner in Salvador da Bahia am 16. Mai 2002 hat weit über seine Südtiroler Heimat hinaus Bestürzung und Betroffenheit ausgelöst, auch bei den Mitarbeiterinnen und Mitarbeitern von MISSIO AUSTRIA, dessen Projektpartner Luis Lintner war.

Bei seinem 22-jährigen Missionseinsatz in Brasilien wusste sich Luis Lintner in besonderer Weise auch mit der Kirche in Österreich verbunden. Von 1980 bis 1991 war er in der Diözese Barreiras (Bahia) tätig, deren Bischof der gebürtige Österreicher und Benediktiner aus Kremsmünster Dom Ricardo Weberberger ist. Die letzten elf Jahre wirkte er in den Favelas in der Bundeshauptstadt Salvador da Bahia.

Es war Luis Lintner immer ein besonderes Anliegen, den armen und entrechteten Menschen in Brasilien einen Zugang zur Heiligen Schrift zu öffnen, der es ihnen ermöglicht, mit der Bibel in der Hand ihre eigenen Erfahrungen und Nöte zu deuten. Daraus schöpfen sie Kraft und Mut, mit der Bibel auch ihr Leben im Licht des Glaubens selbst »in die Hand zu nehmen«. Dieser religiöse und soziale Bildungsprozess wird vorwiegend durch das Bibelstudienzentrum CEBI (Centro de Estudos Biblicos) organisiert, dessen Leiter in Bahia Luis Lintner jahrelang war. Über MISSIO AUSTRIA und die Dreikönigsaktion der Katholischen Jungschar wird die Arbeit des CEBI wesentlich durch Spenden von Christinnen und Christen aus Österreich ermöglicht.

Einige von ihnen hatten im April 2000 die Möglichkeit, Luis Lintner persönlich zu begegnen. In mehreren Stiften und Pfarren in Niederösterreich und im Burgenland berichtete er von seinen Erfahrungen in lateinamerikanischen Basisgemeinden. Viele Teilnehmer der damaligen Treffen waren beeindruckt von seiner persönlichen Einfachheit und spirituellen Tiefe.

Luis Lintner hat in einem seiner Briefe formuliert, dass er es als seine Aufgabe ansehe, »Hebamme der Hoffnung« zu sein. Von der Liebe Christi wusste er sich gedrängt, für die Armen Zeuge dieser Hoffnung zu sein. Mögen sein missionarisches Zeugnis und seine priesterliche Lebenshingabe uns alle bestärken in unserem Bemühen, an einer gerechteren Welt mit zu bauen; an einer Welt, in der Gerechtigkeit und Solidarität globalisiert werden und in der auch den Armen und Ausgegrenzten gerechte Lebenschancen zugestanden werden, damit – wie Luis Lintner einmal seiner Hoffnung Ausdruck verlieh – »diese kleine Erde eine Erde werde, wo es gut zu leben ist – für alle, und nicht nur für privilegierte Minderheiten«.

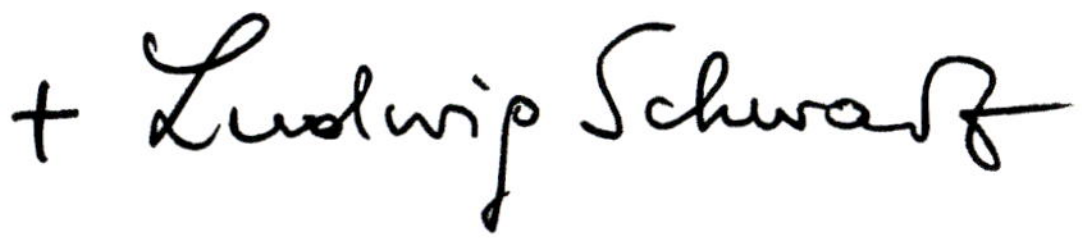

Weihbischof Ludwig Schwarz
Nationaldirektor von MISSIO AUSTRIA

Vorwort

Dieses Buch will dem Leben des Südtiroler Brasilienmissionars **Luis Lintner** nachspüren: seinem Werdegang, seinem Wachsen und Ringen, seinem Glauben und Hoffen, seinem Sich-Freuen und Leiden, seinen Werten und Haltungen. Dabei soll »Padre Luis«, wie er in Brasilien genannt wurde, selbst zu Wort kommen, und zwar in zweifachem Sinn: in »Wort und Bild«.

Der erste, biographische Teil ist durchdrungen

> *von Zitaten aus verschiedenen seiner Schreiben, die durch die kursive Schreibweise hervorgehoben werden.*

Einzelne, durch folgendes Zeichen [✦] gekennzeichnete Abschnitte liefern interessante und zum Verständnis wichtige Hintergrundinformationen zur Geschichte und zur heutigen politischen, wirtschaftlichen, sozialen und religiösen Situation Brasiliens.
Die 25 Rundbriefe, die Luis Lintner in den 22 Jahren Missionseinsatz in Brasilien an seinen Verwandten- und Freundeskreis nach Südtirol schrieb, liegen im zweiten Teil als Dokumentation vor. Sie sind das Herz dieser Publikation. Auch viele der abgebildeten Fotos stammen aus dem reichhaltigen Nachlass von Luis Lintner, der leidenschaftlich gerne fotografierte. Die Qualität von einigen der ausgewählten Fotos hat unter den klimatischen Bedingungen Brasiliens Schaden genommen, auch das hat dokumentarischen Charakter.

»**Weil das Leben siegen wird**« – und davon war Luis Lintner überzeugt –, hielt er mit der Zähigkeit und Ausdauer eines Berglers den Widrigkeiten stand, denen er sich durch seine immer radikaleren Entscheidungen aussetzte und die ihm letztendlich das Leben gekostet haben. Dieses Buch ist der Versuch, sich dem Menschen, Christen und Priester Luis Lintner zu nähern als einem

- **Mystiker**, denn in der Liebe Gottes wusste er sich aufgehoben und in IHM war er verwurzelt. SEIN Wort war für ihn sprudelnde Quelle lebendigen Wassers und das Gebet Kraft für den Alltag. In seinem Inneren hat er gerungen – mit sich, mit Gott, mit Leben und Sterben –, und oft hat er sich zurückgezogen in die Stille und Einsamkeit. Glauben und Leben bildeten für ihn eine tiefe Einheit.
- **Kämpfer** – die Brasilianer nennen ihn einen »lutador« –, denn seine »luta« (gewaltfreier Kampf) gegen Gewalt und Resignation war unermüdlich und sein Einsatz für die Würde und Befreiung der Armen bedingungslos. Den benachteiligten und ohnmächtigen Menschen hat er radikal zum Ausgangspunkt seines Denkens und Handelns gemacht, und aus seinen Briefen spricht eine zornige Leidenschaft für die Gerechtigkeit.

- **Märtyrer**, denn er wurde gewaltsam getötet. Wie ein grausamer Kontrastpunkt zu seinem Charakter und zu seinem Leben nimmt sich dieser Tod aus, und doch erscheint er als letzte Konsequenz seiner »Option für die Armen«: Sich betreffen zu lassen vom Leid und Tod der anderen, denen er nachging und deren Schicksal er zu teilen, ja zu erleiden lernte – »um Jesu und der Menschen willen«, wie er selbst sagte.

Es ist mir ein Anliegen, folgenden Personen und Institutionen ganz herzlich zu danken:

- den Missionswerken Missio Bozen-Brixen und Adveniat für die Übernahme der Herausgeberschaft;
- Dr. Robert Anhof, Weihbischof Franz Grave und Weihbischof Dr. Ludwig Schwarz für die Geleitschreiben;
- Christl Hauger Fink für die Sammlung der Erinnerungen von ehemaligen Lichtenburger Absolventen und für die literarische Zusammenfassung der Zeugnisse über Luis Lintner in den Abschnitten »Lichtenburger Zeit« und »Padre Luis bleibt uns unvergessen«;
- Francesco Comina für den Beitrag »Die Märtyrer Lateinamerikas«;
- Pina Rabbiosi, Missionar Luis Sartorel, Sr. Serafine Ogrisek CS, Dr. Josepha und Dr. Gerhard Stenitzer und Margit Solterer für Ermutigung, Anregungen, Korrekturen und andere Hilfeleistungen beim Entstehen dieses Buches;
- der Verlagsanstalt Athesia für die Aufnahme der Publikation in ihr Verlagsprogramm;
- Maria Unterfrauner/helios für den Entwurf von Grafik und Umschlaggestaltung;
- den Fotografen für die Bereitstellung von Bildern;
- allen, die finanziell diese Veröffentlichung unterstützt haben.

Martin M. Lintner OSM

Aldein/Wien, im Jänner 2004

Ein Leben in zwei Welten

Südtirol–Brasilien

»Gehen Sie ruhig nach Hause, Sie werden heiraten und Kinder haben und einer Ihrer Söhne wird Geistlicher werden.« Erst viele Jahre später erzählte Rosa Matzneller von diesen Worten, die ihr der Spiritual der Barmherzigen Schwestern von Zams in Tirol auf den Heimweg mitgegeben hatte. Weil sie gerne wie ihre ältere Schwester Maria Ordensschwester geworden wäre, verbrachte sie einige Zeit im Mutterhaus der Barmherzigen Schwestern. Einer ihrer älteren Brüder, Josef, war Priester geworden. Rosa musste aber erkennen, dass sie nicht zum Ordensleben berufen war, und kehrte schweren Herzens nach Hause zurück. Am 11. November 1931 schließlich heiratete sie Thomas Lintner, den Bauern des auf 1400 Meter Höhe gelegenen Schornhofes in Aldein, einem kleinen Dorf, das südöstlich von Bozen auf einem Hochplateau über dem Südtiroler Unterland liegt. Die beiden schenkten sechs Kindern das Leben: Anna, Toni, Rosa, Toml, Seppl und Luis. Das dritte Kind erlag noch im ersten Lebensjahr einer schweren Bronchitis. Den Wunsch und die Hoffnung, dass einer ihrer Söhne Geistlicher werde, trug Mutter Rosa stets in ihrem Herzen, auch wenn sie kaum darüber sprach, und jeden ersten Samstag im Monat, dem Gebetstag um geistliche Berufe, ging sie ins Dorf hinunter zur heiligen Messe.

Der Schornhof in Aldein, im Hintergrund das Weiß- und das Schwarzhorn (Winter 1957)

Kindheit und Studienzeit (1940–1966)

Das jüngste der Kinder kam am 25. Mai 1940 um halb zwölf Uhr nachts zur Welt und wurde am darauffolgenden Tag in der Pfarrkirche von Aldein auf den Namen Alois Johann getauft. Doch von klein auf wurde er von allen einfach »Luis« gerufen, und auch er selbst wollte später nur so genannt werden. Die tiefgläubigen Eltern erzogen ihre Kinder liebevoll, aber streng. Sobald Luis laufen konnte, ging er mit dem Vater und den älteren Geschwistern, begleitet von den Knechten und Mägden des Hofes, jeden Sonntag und am ersten Freitag des Monats, dem Herz-Jesu-Freitag, ins Dorf hinunter zur Messe. Der Weg vom Hof zur Kirche betrug eine gute Stunde zu Fuß. Im Verhältnis zu seinen Geschwistern war Luis von zarter Statur und aufgrund eines Herzleidens, das später ausgeheilt ist, von eher schwacher Gesundheit. Während eines Winters war er derart schwach und kränklich, dass die Familie um das Leben ihres Jüngsten bangen musste. Das raue Klima in den Bergen, die langen Winter und das harte, entbehrungsreiche und von der täglichen schweren Arbeit ausgefüllte Leben auf dem elterlichen Bergbauernhof haben Luis zutiefst geprägt. Den Geschwistern ist er als stilles, ernstes und nachdenkliches Kind in Erinnerung geblieben. Er selbst blickte einmal als Gymnasiast in einem Schulaufsatz verklärend auf seine Kindheit zurück:

> *Wie gerne denke ich an die Zeit zurück, da wir auf den Halden und Wiesen unsere Kühe und Schafe hüteten und der Abend so golden auf dem Flies der Lämmer und dem buschigen Grün der Zweige lag. Da hämmerte das Herz und pulsierte das Blut im kleinen Hirten und, selbst noch treu umhütet, war mir, als könnten nur Engel an den Fäden meines Glücks weben. Ein Stück hartes Brot, ein Schluck Wasser nur, zum Spiel ein Kieselstein; und der Hut in seiner biblisch schönen Verwitterung und Schlichtheit deckte unter dem Dach seiner schiefen Krempe eine Welt paradiesischer Wonnen.*[1]

Familienfoto 1952; sitzend von links: Vater Thomas, Luis, Mutter Rosa, Nandl; stehend: Seppl, Toni, Toml

Seine Aufmerksamkeit für das Schöne, seine Liebe zum Detail, seine Genügsamkeit und sein Hang zum Einfachen und Wesentlichen, die Luis später so sehr prägten, kommen in diesen Zeilen schon deutlich zum Ausdruck. Noch bevor der kleine Luis lesen konnte, blätterte er interessiert in den Zeitschriften und Kalendern der Missionsbünde, bei denen seine Mutter Mitglied war, und schaute die vielen Fotos an. Als er Jahrzehnte später selbst in der Mission war, erinnerte er sich zurück, wie die Bilder von fremden Kulturen und fernen Ländern seine kindliche Phantasie beflügelt hatten.

In den Jahren 1946 bis 1952 besuchte er in seinem Heimatdorf die Grundschule. Gemeinsam mit den Geschwistern und den Nachbarskindern ging er täglich den eine gute Stunde langen, zum Teil steilen und im Winter oft vereisten Weg zur Schule ins Dorf hinunter. Dabei brachen die Kinder in aller Herrgottsfrühe noch bei Dunkelheit auf, um vor dem Schulbeginn die Messe besuchen zu können. Nach dem Abschluss der Grundschule ging Luis ins »Johanneum« in Dorf Tirol bei Meran, das deutschsprachige Knabenseminar der damaligen Diözese Trient. Dort besuchte er die Mittelschule und das klassisch-humanistische Gymnasium und Lyzeum, welches er im Juni 1960 mit der Maturaprüfung abschloss. In diesen Jahren ist in ihm der Wunsch gereift, Priester zu werden. Seine Entscheidung, Theologie zu studieren, konnte seine Mutter aber nicht mehr erleben, denn sie war vier Jahre zuvor, am 30. Juli 1956, im 60. Lebensjahr verstorben.

Zur Zeit des Theologiestudiums

Luis begann sein Theologiestudium in Trient, zu dessen Diözese damals noch viele Pfarren Südtirols gehörten, darunter auch Aldein. Im Seminar fühlte er sich aber von Anfang an nicht wohl, alles erschien ihm »irgendwie zu steif und zu eng«. Er grübelte viel und bat mehrmals um Erlaubnis, ins Seminar nach Brixen wechseln oder das Studium in Innsbruck fortsetzen zu dürfen, doch es wurde ihm nicht gestattet. Diese Spannungen belasteten ihn auch gesundheitlich und eine Zeit lang überkamen ihn Zweifel an seiner Berufung. Im Herbst 1963 wurde ihm schließlich erlaubt, in München zwei Auslandsemester zu absolvieren. In dieser Zeit wurden in Südtirol die Diözesanden Landesgrenzen angepasst und die Diözese Bozen-Brixen entstand, so dass Luis ab Herbst 1964 sein Studium in Brixen fortsetzen konnte.

Priesterweihe, Seelsorge und Weiterstudium (1966–1973)

Am 29. Juni 1966 schließlich, dem Hochfest der Apostel Petrus und Paulus, wurde Luis im Dom von Brixen durch die Handauflegung von Bischof Joseph Gargitter zum Priester geweiht. Am darauffolgenden Sonntag, dem 3. Juli,

Bei der Priesterweihe durch Bischof Joseph Gargitter im Dom von Brixen

feierte er in der Heimatpfarre Aldein die Primiz, die er unter ein Motto aus dem Zweiten Korintherbrief stellte: »Nicht uns selbst verkündigen wir, sondern Jesus Christus als den Herrn, uns selbst nur als eure Knechte um Jesu willen« (2 Kor 4,5). Was ihm bei der Gestaltung der Primiz wichtig war, schrieb er in einem Brief an seine Familie:

> *Herrgott in den Mittelpunkt, Primiziant in den Hintergrund. (...) Was die äußere Seite des Festes anbelangt, so bitte ich euch nochmals, sie zwar würdig, aber einfach zu gestalten.*[2]

Beim Empfang in der Heimatpfarre Aldein am Vorabend der Primiz

»Ich möchte dort ganz Priester sein, wohin immer Gott mich steckt.«

> *Priester werden ist ja nicht allzu schwierig, wohl aber Priester sein,*

hatte Luis dem Aldeiner Pfarrer schon Monate zuvor in der Einladung zur Diakonenweihe geschrieben, die er am 27. März 1966 in Brixen empfangen hatte. Viel hatte Luis in den Monaten vor den Weihen darüber nachgedacht, wie und in welcher Form er seine Berufung zum priesterlichen Dienst leben und ausüben solle. Wenige Wochen vor der Priesterweihe hatte er sich in einem Brief an den Diözesanbischof Gargitter gewandt:

> *In diesem meinem letzten Seminarjahr hat sich mir öfter als sonst die Frage aufgedrängt, ob ich Sie nicht bitten sollte, mich für die Diasporaseelsorge in Österreich oder Deutschland freizugeben. Die Frage stellte und stellt sich mir in ihrer ganzen Schwere, wenn ich überlege, dass in anderen Diözesen im Vergleich zu unserer schreckliche Priesternot ist und wenn ich weiter überlege, dass heuer eine schöne Zahl von Neupriestern in die Seelsorge eintritt, von denen ich mir vorstelle, dass sie möglicherweise nicht alle benötigt würden. (...) Diese Überlegungen stürzen mich oft in eine richtige Gewissensnot. Aber zu einem endgültigen Entschluss konnte ich mich nicht durchbeten. So wage ich es nicht, Sie direkt um Erlaubnis zu bitten, in einer österreichischen oder deutschen Diözese wirken zu dürfen. Vielleicht fehlt mir nur der Mut zum Wagnis? Vielleicht ist es nur meine behäbige Ich-Zentriertheit, die mich hindert, ein radikal von Gott her konzipiertes Leben zu leben, in dem Gottes Anruf das einzig Wichtige und Zentrale ist, in dem alle menschlichen Werte wie Heimat, Verwandtschaft, Milieu usw. an sehr nebensächlicher Stelle zu stehen kommen?*[3]

Auch seiner Familie hatte Luis von dieser »Gewissensnot« geschrieben und gebeten:

Betet mit mir um die Gnade, dass mich Gott dort ganz Priester sein lasse, wohin immer er mich auch steckt.[4]

Bischof Gargitter freilich befand, Luis solle zunächst einmal in Südtirol tätig sein, und so wirkte er im ersten Jahr nach der Weihe als Kooperator in Nals und Tiers. Im Sommer 1967 arbeitete Luis einige Wochen bei den VÖEST, den Vereinigten Österreichischen Eisen- und Stahlwerken in Linz. Die Arbeit selbst empfand er als wenig abwechslungsreich und recht langweilig, doch war sie für ihn gerade deshalb interessant, weil er viel über die Ansichten, das Milieu, die Arbeitsbedingungen und den Glauben der Arbeiter kennen lernen konnte. Als ihn der Bischof ab Herbst 1967 als Erzieher für das Knabenseminar »Johanneum« bestimmen wollte, gelang es Luis, diesen in einem persönlichen Gespräch davon zu überzeugen, ihn in der Pfarrseelsorge zu belassen. So wirkte er bis 1970 als Kooperator in Terlan und schließlich ein Jahr lang in Naturns. In den Sommermonaten 1970 sammelte Luis Erfahrungen in der Krankenpflege in einem Krankenhaus in Bremen: Nachttöpfe ausleeren, Betten machen, Essen austeilen, alten Menschen Essen eingeben, Patienten transportieren usw. waren seine Aufgaben. Im Sommer 1971 bat er um die Erlaubnis, in München weiterstudieren zu dürfen, um den Anforderungen der Seelsorge, besonders im Bereich der Verkündigung der Frohen Botschaft, besser gerecht werden zu können.

Als Kooperator bei der Feier einer Hochzeit

Weiterstudium in München

Im Herbst 1971 inskribierte Luis am Institut für Katechetik und Homiletik, dessen Vorstand Professor Klemens Tilmann war. Schon bald gehörte Luis zum engeren Studentenkreis um Professor Tilmann, bei dem er auch seine Diplomarbeit zum Thema »Das meditative Element in der Erwachsenenbildung« schrieb. Bischof Gargitter berichtete er von seinem Studium:

Ich befasse mich etwas intensiver mit Meditation. Wenn Meditation auch zu einer Modeerscheinung zu werden droht oder schon geworden ist, sehe ich darin doch eine gewisse Chance für eine spezialisiertere Tätigkeit im kirch-

lichen Bereich. Es geht mir natürlich nicht um eine Meditationstechnik oder gar um eine neue ›Welle‹ der Seelsorge, sondern es geht mir um das meditative und spirituelle Element in unserer gesamten Verkündigung. Ich frage mich, ob es nicht gerade dieser Aspekt ist, der unserer Seelsorgepraxis neue Impulse und eine Vertiefung zur Mitte hin geben könnte.[5]

Für das Sommersemester 1973 wurde er zudem zum Studentensprecher des Instituts gewählt.
Begeistert war Luis in besonderer Weise vom reichhaltigen kulturellen Angebot in München. Kaum ein Wochenende verging, an dem er nicht mit Freunden oder Studienkollegen ein Museum oder eine Ausstellung besuchte, ins Theater oder in die Oper ging oder sich einen Film anschaute. Hatte er mehrere Tage frei, so nutzte er die Gelegenheit, um verschiedenste Städte Deutschlands zu besuchen und kennen zu lernen. Vor allem die alten Kulturstädte, die voller romanischer und gotischer Kunstdenkmäler sind, wie Augsburg, Köln, Aachen und Trier, hatten es ihm angetan.
Im September 1972 nahm er an einer Studienreise nach Russland teil, die ihn unter anderem nach Moskau und Leningrad führte und von der er tief beeindruckt zurückkehrte. Besonders die Melancholie und Tiefe der russischen Seele sprachen ihn an und die Weite des Landes faszinierte ihn.

Gletschertour auf den Monte Rosa im Sommer 1971

Freilich blieb ihm diese Reise auch in schmerzlicher Erinnerung, da am 12. September sein Vater im Alter von 79 Jahren verstorben ist. Erst nach seiner Rückkehr aus Russland, als der Vater schon beerdigt war, erhielt Luis diese traurige Nachricht und konnte so nur mehr am Grab von ihm Abschied nehmen.
Regen Kontakt hatte Luis mit Studenten aus Entwicklungsländern, besonders aus Lateinamerika und Indien, die ihm viel von der sozialen, politischen und kirchlichen Situation in ihrer Heimat erzählten. Als sich der Abschluss des Diplomstudiums abzeichnete und er über die Zeit nach dem Studium nachzudenken begann, vertraute er in einem Gespräch Bischof Gargitter seinen Wunsch an, in die Mission zu gehen. Der Bischof bat Luis aber, vorerst wieder in die Diözese zurückzukehren. Im Spätsommer 1973 nahm Luis an einer Missionswoche im Pius-Kolleg in München teil. Diese Woche bedeutete für ihn auch Abschied nehmen, nicht nur von der Studienzeit und von München, sondern auch von seinen Freunden aus den Missionsländern. Mit den

Studenten, die sich vorbereiteten, in die Mission aufzubrechen, teilte Luis noch einmal den für ihn vorerst noch unerfüllten Traum von einem Missionseinsatz.

Die »Lichtenburger Zeit« (1973–1979)

Im September 1973 bezog Luis sein Zimmer im diözesanen Bildungshaus »Lichtenburg« in Nals. Vom Fenster seines Arbeitszimmers aus konnte er die wunderbare Aussicht über das Etschtal bis weit über den Bozner Talkessel genießen und am Horizont im Süd-Osten hoch über dem Tal das Weiß- und Schwarzhorn sehen, die Hausberge von Aldein, denen er in der Kindheit so nah gewesen war. Ihr Anblick rief in ihm, den es doch so in die Ferne zog, immer ein leichtes Heimweh wach. Bei klarem Wetter sah er in der Ferne sogar den Kirchturm von Aldein, der wie ein Finger schlank in den Himmel sticht.

Mit Sr. Felixine Kofler in der Kapelle der Lichtenburg

Sein neues Aufgabengebiet war die Jugendseelsorge. Gemeinsam mit Sr. Felixine Kofler von den Steyler Missionsschwestern hielt Luis Kurse und organisierte Treffen. In den monatlichen »Grundkursen« versuchte Luis vor allem, die Jugendlichen aus Stadt und Land, von Berg und Tal zu einer guten Gemeinschaft zusammen zu führen. Von aller Bildungsarbeit war ihm die Herzensbildung am wichtigsten. Die Inhalte der damaligen Kurse würde man heute mit »Persönlichkeitsbildung« umschreiben. Damit das in den Grundkursen Erarbeitete kein Strohfeuer blieb, sondern die nötige Festigkeit erhielt, versuchte Luis in den »Aufbaukursen« bestimmte Themen zu vertiefen: Freundschaft, Liebe, Kommunikation, einfacher Lebensstil, gute Umgangsformen, Begegnung mit Randgruppen und vieles andere.
Seine Aufgabe als Jugendseelsorger führte Luis auch in viele Pfarren in ganz Südtirol, in denen er Treffen, Besinnungstage oder Familienexerzitien hielt. Gerne nahm er an Meditationstreffen bei den Barmherzigen Schwestern in Gratsch teil, wirkte bei den »Tagen der Lebensorientierung« in Völs mit und hielt Meditationskurse, so zum Beispiel im Johanneum und für verschiedene Gruppen, wie Ordensgemeinschaften oder Krankenschwestern. Eine Ordensschwester erinnert sich noch gut, wie er sie nach einer Gebetswoche im Auto mitnahm und unter anderem sagte:

Im Orden hat wohl jede die kleine Flamme im Herzen; aber erst, wenn diese kleinen Flammen zu einer großen Flamme zusammenwachsen, können die Orden neu und lebendig werden.

Auch unterhielt Luis regelmäßige Kontakte mit verschiedenen Gebetsgruppen und mit der Aktion »Lebenshilfe« in Bozen.
In den Ferien trieb es Luis in die Welt hinaus, das »Fernweh« packte ihn. Mit einem Auto, das er sich von seinen älteren Brüdern oder von Freunden ausgeliehen hatte, oder mit dem Zug, oft aber auch einfach »auf gut Glück« als Anhalter reiste er quer durch Europa und in einige Länder des damaligen Ostblocks. Besonders zog es ihn aber immer wieder in die Stille und Einsamkeit der Natur und der Berge. Allein oder in Begleitung machte er an seinen freien Tagen zu jeder Jahreszeit oft stundenlange Wanderungen und ließ sich auch von Regen oder Kälte nicht abschrecken. Gemeinsam mit einigen Bergkameraden erklomm er viele Gipfel in und außerhalb von Südtirol und fand bei tagelangen Berg- oder Gletschertouren Ruhe und Erholung.
Um mit »seinen Jugendlichen«, den Absolventen der Grund- und Aufbaukurse, besser in Verbindung bleiben zu können, entstand die Absolventengemeinschaft, die auch für andere Jugendliche offen war. Es war Luis wichtig, Kontakte und Freundschaften zu vertiefen, etwa durch den Absolventenrundbrief und später mit dem Heft »die spur«. Viele kamen zu den so genannten »Impulstreffen«. Dies waren Wochenenden, von einigen Freiwilligen in irgendeinem Tal oder Dorf vorbereitet, an denen Erfahrungen ausgetauscht und neue Impulse gegeben wurden, die dann im konkreten Alltag gelebt werden sollten. Das Charakteristische an diesen Treffen war, dass immer die Jugendlichen der Umgebung dazu eingeladen waren. So entstand mit der Zeit ein weit verzweigtes Netz, das sich über ganz Südtirol spannte: junge Menschen, die sich miteinander auf dem Weg wussten. Luis war einer von ihnen, unaufdringlich, hellhörig. Die Begegnung mit ihm, die gemeinsam verbrachte Zeit und die zusammen erlebten Abenteuer haben viele, die ihn während der »Lichtenburger Jahre« kennen gelernt haben, als zutiefst prägend erfahren. Nicht wenige von ihnen engagierten sich nach seinem Weggehen aus Südtirol selbst für mehr Gerechtigkeit und Brüderlichkeit in der Heimat und der Welt. Nach seinem Tod sind einige den Spuren nachgegangen, die Luis in ihrem Leben hinterlassen hat.

Bei einem Vortrag in der Lichtenburg

»Er hat jeden von uns ernst genommen.«

»Luis hat mir fürs Leben viel mitgegeben. Er verstand es, bei den Kursen den Teilnehmern Selbstsicherheit und Mut zu geben. Sein feiner Umgang mit den Menschen, sein Zuhören-Können und Jeden-zu-Wort-kommen-Lassen zeichneten ihn aus. Er respektierte jede Meinung, regte aber auch an, Ideen und Vorschläge zu hinterfragen. Seine Geduld, Ruhe und Güte waren außerordentlich, er verstand es, den Jugendlichen Sinn fürs Leben mitzugeben.« So beschreibt ein ehemaliger Kursteilnehmer die besondere Fähigkeit von Luis, auf jeden Einzelnen einzugehen und ihn so gelten zu lassen, wie er war. Selbst die Schüchternsten fühlten sich ermutigt, sich ihm zu öffnen. Teilnehmer aus dem Pustertal erinnern sich: »Bei Luis waren alle gleichermaßen willkommen. Ich erinnere mich noch gut, wie einmal ein Kursteilnehmer ankam: mit einem Rucksack, auf dem ein Paar Gummistiefel angebunden waren. Manches ansatzweise Kichern von uns Jugendlichen erstickte Luis durch die Herzlichkeit, mit der er auch diesen Jugendlichen aufnahm.« »Seine Beziehung zu uns hatte Tiefgang; das hat mich so berührt, dass ich noch heute, nach 30 Jahren, davon angerührt bin!« »Seine Anregungen waren nicht vortragsmäßig, sondern spontan, aus der Situation heraus, leise gesprochen und so immer mit Tiefgang. Das Banale war nicht das Seine, wohl aber das Einfache und Fragmentarische.« Wie ernst Luis jeden Einzelnen nahm, zeigt auch folgende Begebenheit, die ein Absolvent aus dem Eisacktal nie mehr vergisst: »Eine große Freude war es für mich, mit Luis nach Israel fahren zu dürfen. Wie es dazu kam, ist ein Beweis dafür, wie ernst Luis das nahm, was man sagte. Bei einem Treffen in der Lichtenburg wurde einleitend die Frage gestellt: ›Was würdest du tun, wenn du eine Million Lire geschenkt bekommen würdest?‹ Meine spontane Antwort darauf: ›Damit würde ich ins Heilige Land fahren!‹ Etwa ein halbes Jahr später rief Luis mich an und fragte, ob mein Wunsch noch aufrecht sei. So kam die Fahrt zustande. Ein Zweifaches rechne ich dem Luis hoch an: einmal, dass er diese Aussage so ernst genommen hat, und zum Zweiten, dass er mir armen Tropf diese Freude gemacht hat, obwohl er doch Priester, Studienkollegen, Verwandte … hätte einladen können.« Jemand aus dem Burggrafenamt erinnert sich: »Wenn Luis mit mir im Gespräch war – und auch bei anderen war es so –, hatte ich immer das Gefühl, dass er ganz und nur für mich da war, auch wenn meist mehrere oder gar viele Menschen anwesend waren. Bei der Bergwoche im Altfasstal hat er uns Geschichten und Märchen erzählt, den Schluss aber weggelassen. Jeder sollte einen erfinden. Ich weiß, dass es uns kaum gelungen ist, er uns jedoch nicht bloßstellte, nein, er suchte dafür bei sich selbst den Grund.«

Das Banale war nicht das Seine, wohl aber das Einfache und Fragmentarische.

EIN DAMALIGER KURSTEILNEHMER

Luis war kein Weg zu weit, zu steil oder steinig, um seine Jugendlichen dort zu besuchen, wo sie daheim waren. Indem er ihre Familien kennen lernte, verstand er die jungen Menschen besser, ihre Sprachlosigkeit in vielen Situationen, ihre Träume und Schwierigkeiten. Um den Jugendlichen besser helfen zu können, organisierte er auch Treffen mit deren Eltern, denn der Dialog zwischen den Generationen schien ihm sehr wichtig, gerade als Vorbeugung gegen die vielen Gefahren, denen die Jugendlichen – einmal weg von zuhause – ausgesetzt waren. Auch später, wenn er auf Heimaturlaub war, erfreute er seine Freunde, die inzwischen meist selbst Familien und kleine Kinder hatten, indem er oft unangemeldet und »einfach so« vor ihrer Haustüre stand. Dabei nahm er weite Wege in Kauf, wenn er von jemandem wusste, der gerade eine schwere Zeit durchzustehen hatte. Und immer gab er den Besuchten das Gefühl, bei diesen Begegnungen selbst der große Beschenkte zu sein.

Die Begegnung mit Menschen »am Rande der Gesellschaft«

Ein besonderes Anliegen waren Luis die Begegnungen mit Menschen der so genannten »Randgruppen«. Er wollte den Jugendlichen helfen, Vorurteile und Ängste gegenüber diesen Menschen abzubauen. Luis lebte es ihnen einfach vor, dass einer, der sich als Christ bezeichnet, an seinem »geringsten Bruder« nicht vorbeikann, sei es nun ein Behinderter, ein Obdachloser oder Drogenkranker. Er selbst begegnete diesen Menschen mit der ihm eigenen Offenheit, Spontaneität und Natürlichkeit. Eine gehbehinderte Frau schreibt Luis nach seinem Tod ihr ganz persönliches Danke: »Luis, ich habe dich in der Lichtenburg kennen gelernt. Du bist mir gehbehindertem Menschen mit großer Natürlichkeit und Hilfsbereitschaft begegnet – das war vor 30 Jahren nicht selbstverständlich. Dabei hast du mir viel Lebensmut und Freude geschenkt!« Des Öfteren besuchte Luis die behinderten Menschen im Jesuheim in Girlan. Zu seinen letzten Initiativen in Südtirol gehörte schließlich die »Freizeitwoche für behinderte junge Erwachsene«, die nach langen Vorbereitungen im August 1979 in Altenburg bei Kaltern das erste Mal stattfand.

Mit Jugendlichen beim Zelten in der Nähe von Assisi

Bei seinen vielen Begegnungen lernte Luis auch Jugendliche kennen, die in Sekten gelandet waren oder in nichtchristlichen religiösen Gruppen ihr Glück zu finden glaubten. Einfühlsam und mit großem Respekt vor anderen religiösen Erfahrungen begleitete er einige von ihnen und konnte ihnen helfen, auszusteigen. Um auf die Gefahr der Sekten aufmerksam zu machen und um über ihre Methoden und Ziele aufzuklären, organisierte er mit einem Psychotherapeuten vom Jugendseelsorgedienst in München quer durchs Land Vortragsabende. Zunehmend kam Luis auch in Kontakt mit drogensüchtigen Jugendlichen. Weil er erkannte, dass die Arbeitslosigkeit oft den ersten Schritt in die Drogensucht darstellt, nahm sich Luis dieses Problems an und machte es zum Thema von Seminaren und Treffen.

Besonders im letzten Jahr seines Wirkens in Südtirol stand er mit der Drogentherapieorganisation »La Strada – Der Weg« in Bozen in enger Verbindung. Einige Drogensüchtige hat er auf ihrem steinigen Weg aus der Sucht begleitet. Don Giancarlo Bertagnolli, der Gründer des Vereines »La Strada – Der Weg«, erinnert sich noch gut an die Pionierzeit, in der die Arbeit mit Drogensüchtigen in Südtirol erst im Aufbau war und in der Luis mithalf. »Luis hatte bereits seine Entscheidung für Brasilien getroffen, die Grenzen Südtirols waren ihm zu eng. Ehe er abreiste, wollte er noch die Gesichter derer etwas kennen lernen, denen das Leben besonders schwer fiel. Er war uns eine große Hilfe, besonders durch sein Charisma des Zuhörens, des Ratens und der totalen Verfügbarkeit. Er diente und half mit, ohne sich wichtig zu machen. Er war einfach da mit seinem so diskreten und aufmunternden Lächeln, das die Herzen sofort dem Dialog öffnete. Charles de Foucauld sagte: ›Indem man die Menschen liebt, lernt man Gott zu lieben.‹ Dem möchte ich hinzufügen: Indem man den Armen die Frohe Botschaft nahe bringt, kommt man zur Kontemplation, denn indem wir die Menschen lehren zu lieben, lieben wir Gott. In dieser einfachen Botschaft von Charles de Foucauld ist die ganze Mission und Person von Luis eingeschlossen. Ein anderer Aspekt von Luis, der mich beeindruckt hat, war seine tiefe Spiritualität. Dem Gebet und der Anbetung widmete er viel Zeit: Es war wie eine innere Energie, die dann im Dienst an den anderen nach und nach explodierte. Danke, Luis! Ich trage dein Beispiel und Zeugnis in mir für meine Wege ... Begleite uns vom Haus des Vaters aus auf diesem täglichen Höhenweg, um das Antlitz Gottes für andere sichtbar zu machen.«

»Er wollte uns nicht belehren, sondern mit uns unterwegs sein.«

Luis war besonders darum bemüht, die Jugendlichen nicht in erster Linie zu belehren oder über bestimmte Themen nur zu informieren, sondern sie vielmehr einzuladen, sich auf einen gemeinsamen geistlichen Weg zu machen. Luis wusste sich unterwegs, er war sich bewusst, niemandem irgendwie voraus oder etwa schon an ein Ziel gelangt zu sein. Von einer Fahrt nach Taizé berichtet eine Teilnehmerin: »Es war eine Zeit voller Höhen und Tiefen für mich persönlich. Da sagte ich einmal zu Luis: ›Du hast es leicht, Luis, du bist ja so ein durchgeistigter Mensch.‹ Da lächelte er und antwortete: ›Oh ..., wenn du wüsstest!‹« Und als er einmal über die Ruhe und Geduld befragt wurde, die er immer ausstrahlte, gestand er:

Innerlich habe ich oft und viel gegen meine Ungeduld zu kämpfen.
Oft geht mir alles zu langsam!

Eine Frage lag Luis ganz besonders am Herzen: ›Wie kann ich die jungen Menschen bei ihrer Suche nach dem Sinn des Lebens und auf dem Weg zu einem erfüllten Leben begleiten und unterstützen?‹ Dabei nahm er sie mit auf seinen Weg und wurde so zu ihrem Weggefährten. Eine damalige Jugendliche, die an einer Assisifahrt teilgenommen hatte, erinnert sich: »Ich war eine Frühaufsteherin und liebte die ersten Morgenstunden, wenn die Stadt noch schlief. So schlich ich mich leise aus dem Zelt und ging die steilen Gassen in Assisi hinauf in Richtung Basilika. Nach kurzem Weg kam von einer anderen Gasse Luis herauf. Schweigend gingen wir gemeinsam ein Stück weiter. Dann lud er mich ein, mit ihm ein Morgenlob zu beten. So erreichten wir die Basilika. An und für sich nichts Besonderes – oder doch? Es lag Wertschätzung in dieser Einladung, ich machte die Erfahrung, dass wir gemeinsam im Glauben unterwegs waren, er, der Priester, – und ich, die junge Frau, und dass er sein Glaubenserlebnis mit mir teilen wollte.« Dass Luis ganz einfach selbst mit auf dem Weg war, beschreibt einer seiner Freunde folgendermaßen: »Luis hatte keine Angst vor Gefühlen, diese anzuschauen und zuzulassen, zum Beispiel bei einem Trauerfall oder sonst, wenn er betroffen war.« »Mit den Trauernden weinen, aber auch mit den Frohen fröhlich sein«, wie es in der Bibel steht, das konnte und wollte er, einfach dabei sein und mitmachen. So erinnert sich eine Freundin, die ihn einmal in Brasilien besuchte: »Luis freute sich, wenn wir auf der Heimfahrt von Bom Jesus da Lapa nach Tabocas Jungscharlieder sangen, und als wir einmal in Rio zum Tanzen gehen wollten, ging er selbst da mit uns vier Frauen mit. Die Brasilianerin unter uns wusste, wo das normale, einfache Volk tanzte, und Luis war ein guter Tänzer und tanzte auch gerne.«

»Luis hat uns das Bild eines liebenden Gottes vermittelt.«

Luis wollte den anderen nicht etwas überstülpen, sondern vielmehr die Freude an Jesus, der seine Kraftquelle war, mit ihnen teilen, diese Freude, die ihn selbst so sehr erfüllte. Mehrere seiner ehemaligen Jugendlichen geben davon Zeugnis. »Bei den Gottesdiensten gelang es ihm, mich im tiefsten Herzen zu berühren. Das passierte, weil er selber von dem, was er vermittelte, ganz überzeugt war. Er wollte aber die Leute nicht im Hochgefühl stehen lassen. So war jeder Gottesdienst nicht nur eine schöne, bewegende Feier, sondern immer auch ein Auftrag.« »Die Art von Luis beeindruckte mich sehr und ich gewann Vertrauen. So wagte ich es, ein Beichtgespräch mit ihm zu führen. Ich war sehr erstaunt über sein Verständnis und noch mehr, dass er mir dann für mein Vertrauen dankte. Ich hatte vorher noch nie so etwas erlebt.«

Für viele Jugendliche bedeutete die Begegnung mit Luis die Erfahrung eines Priesters, wie sie sie zuvor noch nie gemacht hatten. In seiner schlichten Art begegnete er ihnen einfach von du zu du. Einige erzählen, wie sie erst nach einer Weile – etwa bei einer Messfeier – draufkamen: »Der Luis ist ja Priester!« Aber gerade durch seinen direkten und unkomplizierten Umgang mit ihnen eröffnete er vielen auch ganz neue Glaubenserfahrungen. Eine Frau bezeugt, wie sie durch Luis einen tieferen Zugang zu Gott fand: »Luis hat mir das Bild eines liebenden Gottes vermittelt. Dies war etwas ganz Wichtiges in meinem Leben. Ich hatte jahrelang ein schlimmes Gottesbild in mir herumgetragen: die Angst alles falsch zu machen ... Luis hat uns jungen Menschen die Liebe Gottes so glaubhaft vorgelebt, dass in mir ein Prozess der Befreiung begann.« Und Sr. Felixine erinnert sich: »Wir spürten, wie in seinen Worten etwas vom befreienden, mitgehenden und liebenden Gott aufleuchtete. Seine Worte ließen aufhorchen, sie rührten die Herzen an und stifteten tiefe Freude.«

> *Wir spürten, wie in seinen Worten etwas vom befreienden, mitgehenden und liebenden Gott aufleuchtete. Seine Worte ließen uns aufhorchen.*
> SR. FELIXINE KOFLER

Nach einem Aufbaukurs mit dem Thema: »Wenn Gott zu Wort kommt« schrieb eine Teilnehmerin: »Bei diesem Kurs habe ich zum ersten Mal entdeckt, dass die Bibel mich ganz persönlich angeht und betrifft. Ich habe verstanden: Gott ist nicht irgendein Thema, über das man spricht. Gott ist hier, er lebt, er ist mitten unter uns, er ist in den Menschen – daran glaube ich jetzt mehr als je zuvor. Ich durfte IHN erfahren in jeder Messfeier, jedem Gespräch, im Malen und Singen, im Betrachten des Sternenhimmels, beim Lachen und bei den Mahlzeiten ... Ich werde nie vergessen, was ich zusammen mit Luis und Sr. Felixine erlebt habe.« Eine Frau aus dem Pustertal, die Luis erst bei seiner Abschiedsmesse in der Lichtenburg kennen gelernt hat, erzählt: »Mein Freund hat mich zu diesem Gottesdienst mitgenommen. Ich weiß nicht warum, aber damals, bei dieser Messe, da habe ich mir gedacht: Das könnte Jesus selbst sein – so, wie er die Wandlung gefeiert hat ...«

Nie aufdringlich, aber sehr klar und »echt«

Dass Luis bei aller Sanftmut und Liebe doch auch sehr klare Worte fand, wenn es nötig war und die Situation es erforderte, dies bezeugen nicht nur mehrere seiner ehemaligen jugendlichen Freunde, sondern auch die jeweiligen Vorworte, die er im Heft »die spur« geschrieben hat. So legt er seinen jungen Freunden zum Sommerbeginn ans Herz:

Nur wer sich Zeit nimmt, zu sich zu kommen, kommt auch mit anderen aus. Bei sich aber hält es nur der aus, dem ein ANDERER beisteht. Das wäre der *Urlaub, wenn ich ein wenig mehr IHN fände und mit IHM mich!*

Ein Teilnehmer an einer Fahrt nach Assisi erinnert sich – sie waren in zwei VW-Bussen unterwegs –, wie einer den andern von rechts überholte. »Da fand er sehr klare Worte«, meint er noch heute. Und bei einer anderen Assisifahrt geschah Folgendes: »Es war auf der Heimfahrt von Assisi. Wir waren so ziemlich den ganzen Tag unterwegs und es muss schon Abend gewesen sein. Wir waren müde, aber vor allem hungrig. So machten wir eine kurze Rast, um das, was jede/r noch an Proviant übrig hatte, zu teilen. Auch diesmal machten wir die Erfahrung: Wenn jeder das, was er hat, teilt mit dem, der weniger oder nichts hat, werden alle satt und es bleibt immer noch etwas übrig. So war es auch diesmal, dass zum Schluss noch etwas übrig blieb. Gesättigt wurden wir wieder übermütig und das übriggebliebene Brot blieb achtlos am Rastplatz liegen. Da wurde Luis zornig – ich glaube, es war das einzige Mal, dass ich ihn so erlebte – und mahnte uns eindringlich, das Übriggebliebene einzusammeln und achtungsvoll mit dem Brot umzugehen. Für Luis waren die Gaben der Erde ein Geschenk, eine Gabe des Himmels. Er lehrte uns, sie dankbar anzunehmen, uns darüber zu freuen, aber auch verantwortungsbewusst damit umzugehen und – vor allem – sie mit anderen zu teilen.« Luis lebte zutiefst aus dem Bewusstsein, dass das Leben Geschenk Gottes ist, das wir dankbar annehmen dürfen. So sagte er einmal bei einem Kurs:

Wenn wir mit unserem Körper nicht zufrieden sind, sollen wir nicht mit Gott darüber hadern: Es wäre wie ein Schlag in das Gesicht des Schöpfers.

»Wir erlebten die Natur mit Rucksack und Bibel.«

Sehr wichtig war es Luis, die Jugendlichen in der Natur zu bewusstem Erleben und »Berühren« zu führen. So organisierte er Berg-, Rodel- und Skiwochen, Wanderungen und Gipfeltouren. Vielen, die damals mit dabei waren, bleibt unvergessen, wie sie, mit der Bibel in der Hand und dem Rucksack auf dem Rücken, von Hütte zu Hütte wanderten. Zur Natur, die ihn selbst so sehr geprägt hatte, sollten auch seine Jugendlichen einen Zugang finden. Dabei konnte Luis sehr lustig, ja übermütig sein, er zeigte viel Humor und hatte Sinn für jeden echten Schabernack und jede zünftige Schneeballschlacht.

Mit seiner Sensibilität gelang es Luis, kleine, oft nebensächliche Vorkommnisse und Erlebnisse zu nützen, um einen Gedanken oder eine Lebensweisheit zu vermitteln, und sie so in das Gedächtnis der Anwesenden einzuprägen. Eine Boznerin erinnert sich: »Kennen gelernt habe ich Luis auf einer Bergtour zur Weißkugel. Ich gehörte zu denen, die nicht auf den Gletscher, sondern nur bis zur Hütte kamen. Ich fand es sehr schön, dass Luis bei der Messe am nächsten Morgen betonte, dass auch das Verzichten-Können eine Leistung sei und nicht bloß das Besteigen-Können.« Luis sang auch sehr gerne mit seinen Jugendlichen und bot ihnen sogar Singwochenenden an, bei denen sie neben altem Liedgut auch viele neue geistliche Lieder zur Verschönerung der Gottesdienste lernten. Freunde aus dem Pustertal schreiben: »Einmal warf Luis einen Stein in einen Bergsee und dazu sangen wir das Lied: ›Ins Wasser fällt ein Stein‹ – ein Augenblick, der unvergessen in meiner Erinnerung bleibt!« »Luis hatte eine schöne Stimme und die Lieder, die wir sangen, gingen tief. ›Ihr meine Zeugen, ich rechne mit euch!‹: Dieser Satz eines Liedes fällt mir heute noch öfters ein. Es war Luis so wichtig, dass wir zu dem, was wir sangen, auch standen.«

Bei seinem ersten Heimaturlaub im Herbst 1983 packte Luis einmal drei seiner Neffen kurzerhand ins Auto und nahm sie zu einer Bergwanderung um den Rosengarten mit. Mitten im Fels hielt er plötzlich inne und lauschte, dann folgte er dem leisen Geräusch eines Plätscherns, bis sie vor einer kleinen Quelle standen. Munter sprudelte ein dünnes Rinnsal zwischen den Felsen hervor.

> *Buben,* sagte er, *schaut euch das an! Wenn das meine Bauern von Tabocas sehen würden ..., sie würden es für ein Wunder halten!*

Diese kleine Quelle ist den Kindern von damals bis heute in Erinnerung geblieben. Wie sehr er andere teilhaben lassen wollte an seinen Erlebnissen, besonders auch an seinem Naturempfinden, wurde viele Jahre später einmal mehr deutlich. Bei seinem letzten Südtirolurlaub wanderte er mit einer Freundin von Eppan nach Gfrill, als er plötzlich innehielt und nachdenklich meinte:

> *Wenn meine Leute in Cajazeiras nur einmal, nur ein einziges Mal soviel Grün sehen könnten!*

Dabei wurden seine Augen dunkel vor Schmerz.

Nicht nur für die Natur, sondern auch für die Schätze der Kultur wollte Luis die Jugendlichen sensibel machen. So fuhr er mit ihnen zu Oper-, Konzert- und Theateraufführungen, sie besuchten schöne Städte, besondere Ausstellungen und alte Kulturstätten. Eine Teilnehmerin an der Fahrt nach Rumänien erinnert sich: »Erst voriges Jahr (2002; Anm. der Verfasserin) wurde mir bei meiner zweiten Rumänienreise bewusst, welchen Pioniergeist Luis damals hatte, als er mit uns vor 25 Jahren dieses Land erkunden wollte. Er wollte uns damals die als Weltkulturerbe anerkannten Moldauklöster zeigen. Wir waren unterwegs, ohne Sprachkenntnisse, nur mit unseren Zelten und Schlafsäcken und suchten unseren Lagerplatz oft erst, als es schon dunkel war. Am anderen Morgen sahen wir erst, wie schön der Platz war und ungern fuhren wir weiter.«

Fasziniert von heiligen Stätten

Eines der besten Mittel, Jugendlichen auf ihrem Weg zu Gott zu helfen, schien Luis, die suchenden, jungen Menschen an Orte zu bringen, die eine starke geistliche Ausstrahlungskraft haben. Auch ihn selbst zog es immer wieder hin zu solchen Stätten. So scheute er keine Mühe, Fahrten zu organisieren. Nach Taizé, dem kleinen Ort in Burgund, wo wöchentlich Tausende von jungen Menschen aller Nationen zusammen kommen, um mit den Brüdern einer ökumenischen Gemeinschaft zu beten und über die wesentlichen Fragen des Lebens nachzudenken; nach Loppiano, dem Zentrum der internationalen Focolare-Bewegung bei Florenz; nach Assisi, um auf den Spuren des heiligen Franziskus zu wandeln; nach Flüeli in die Schweiz zur Einsiedelei des Bruders Klaus; ins Heilige Land. Dass Luis bei diesen Pilgerfahrten seinem eigenen Stil als einfacher und armer Pilger treu blieb und auch den Jugendlichen etwas abverlangte, davon erzählen diese noch heute. Wie er in den Teilnehmern an diesen Reisen vieles bewegte, bezeugt einer von ihnen mit den Worten: »Am tiefsten aufgerüttelt wurde mein Innerstes jedoch bei der Abschiedsmesse in La Verna. Da überkam mich eine Freude und Dankbarkeit für den Glauben – für alles!« Die erste Reise ins Land der Bibel unternahm Luis gemeinsam mit nur einem Gefährten. Dieser erinnert sich: »Es war 1976 und nicht ganz ungefährlich, im Land Israel herumzustreifen. Eines Tages – wir waren sehr müde – entschlossen wir uns, unter einem Strauch die Nacht zu verbringen. Wie gewohnt, legten wir uns jedoch erst nach einem kurzen Tagesrückblick und einer Vorschau zum Schlafen. Ein letztes Aufschauen zum Sternenhimmel – und schon fielen die Augen zu. Ich war noch tief im Schlaf, da weckte mich Luis. ›Hast du nichts gehört?‹ ›Ich – nein – was gibt's?‹ Etwas Stille, dann hörte auch ich ein leises Rascheln im Laub. Wieder Stille, dann näherte sich das Geräusch. ›Was kann es sein?‹, so flüsterten wir. Ein Tier? Soldaten auf Kontrollgang? Uns wurde ja abgeraten, im Freien zu schlafen! Nun war es ganz nah, das Geräusch kam direkt auf uns zu. Es gab kein Ausweichen mehr, und so knipsten wir schnell die Taschenlampen ein. Welche Erleichterung – ein Igel hatte uns besuchen wollen. Später lachten wir noch oft über diese Begebenheit. Ein besonders tiefes Erlebnis war die Eucharistiefeier mit Luis um 6 Uhr morgens in der Auferstehungskapelle …, dort miteinander den Spuren Jesu nachzusinnen.«

In Jerusalem im Sommer 1976

Die zweite Israelreise organisierte Luis im Sommer 1979. Sie bedeutete für ihn auch eine Art Abschluss seiner »Lichtenburger Zeit«. Zwölf Burschen und Mädchen fuhren mit, die sich oft scherzend als seine »12 Apostel« bezeichneten. Eine Teilnehmerin aus Bozen berichtet: »Unsere Reise war bestimmt von Gebet, Bibelgespräch, Kameradschaft, Teilen, Einfachheit, großen Erlebnissen und Freude an den kleinen, einfachen Dingen. Wir hetzten nicht von einer Sehenswürdigkeit zur anderen, sondern Luis nahm sich viel Zeit für das Gespräch und noch mehr für Stille und Besinnung. Wir hatten auch Zeit zum Lachen und Singen und für die Begegnung mit den Menschen dieses Landes ... Wir feierten einfache, beeindruckende Gottesdienste unterm Sternenhimmel am See Genezareth, wo die Sterne das einzige Licht waren, oder auf dem Sinai, wo wir unseren improvisierten Altar mit Disteln schmückten. Wir wanderten zu Fuß oder waren großteils ›Autostopp‹ unterwegs, mit Rucksack und Bibel. Und plötzlich wurde die Bibel unter der Anleitung von Luis zu einem lebendigen Buch und, an den geschichtsträchtigen Orten gelesen, zur Gotteserfahrung. Das Beispiel von Luis, seine Ausstrahlung und das betont einfache Leben trugen dazu bei. Eines Abends kam Luis in der Wüste mit einem langen, weißen Kleid daher und da sah er wirklich aus, wie ich mir Jesus vorgestellt hatte. Manchmal hatte ich den Eindruck, mit Jesus selbst unterwegs zu sein, dann aber bemerkte ich auf wohltuende Weise wieder, dass auch Luis seine Mucken hatte und – Gott sei Dank – nicht ganz perfekt war ... Einmal machten wir zu viert ›Autostopp‹; Luis stand im Hintergrund, weil er sehr müde war, er hatte zu dieser Zeit auch oft gesundheitliche Probleme. Der Autofahrer, der anhielt, konnte ihn zuerst nicht sehen und wollte nur uns drei, nicht aber Luis, mitnehmen. Wahrscheinlich war er ihm mit seinem asketischen Aussehen und mit der Wasserflasche in der Hand verdächtig.«

Manchmal hatte ich den Eindruck, mit Jesus selbst unterwegs zu sein, dann aber bemerkte ich auf wohltuende Weise wieder, dass auch Luis seine Mucken hatte und – Gott sei Dank – nicht ganz perfekt war ...
EINE TEILNEHMERIN AN DER ISRAELREISE

Luis führte seine Jugendlichen nicht nur an diese heiligen Orte, er ließ sich vor allem auch selbst immer wieder neu in ihren Bann ziehen, aufrütteln, in Frage stellen. Nach einer Reise zu den Stätten des heiligen Franziskus schrieb Luis im Heft »die spur«:

... erst jetzt, nach Tagen des Nachdenkens und Verarbeitens, meine ich, mit Worten sagen zu können, was mich an Franziskus so fasziniert hat: Er war

durch und durch ein Lauschender und ein Schauender. Weil er so unvergleichlich hellhörig war und so im Herzen angerührt von allem, was ihm begegnete, wurde ihm alles zum Gleichnis. Aus allem sah ihn Gottes uns zugewandtes Antlitz an. Wer sich von Christus anschauen lässt, hat helle Augen. Sein Herz kann gut sehen. Im Gewöhnlichen entdeckt er DEN, der in jedem Augenblick mit neuen Überraschungen Seiner Liebe wartet. Jetzt ahne ich auch, wovon ich nach dieser Pilgerfahrt nicht mehr loskommen werde: von dem Ruf und der Einladung, ein ›Armer‹ zu sein, verfügbar für Gott, einfach so.

... vom Ruf und der Einladung, ein »Armer« zu sein, verfügbar für Gott ...

Die Entdeckung, die Luis in Assisi beim »Poverello« gemacht hatte, prägte fortan noch mehr sein Leben. Gleichzeitig traf er sich mit ehemaligen Entwicklungshelfern, ließ sich von ihnen über die große Armut dort und über die weltweiten Zusammenhänge berichten. Er war für alles – trotz manch anfänglicher Skepsis – sehr hellhörig, wurde selbst zum Lernenden und ließ sich ganz auf diese neue Herausforderung ein. Wie alles andere, das er zu seinem »Lebensschatz« gemacht hatte, wollte er auch diese Erkenntnis mit seinen jungen Freunden teilen. »Einmal«, so erzählt ein ehemaliger Teilnehmer, »war bei einem Impulstreffen die Auflage, dass niemand etwas zum Essen mitbringen sollte. Es gab dann für uns, die wir sonst immer mit den Spezialitäten der Gegend verwöhnt worden waren, nur nackten Reis und Wasser. Ich erinnere mich, dass ich fast in Panik kam, aus Angst, zu verhungern. Dass manche diese Vorschrift umgingen und im Rucksack doch einiges mitbrachten, passte dem Luis schon gar nicht. Er sagte zwar nichts, aber wir merkten trotzdem alle seine Enttäuschung darüber, dass sie die Chance vertan hatten, eine neue Erfahrung zu machen.«

Jetzt ahne ich, wovon ich nicht mehr loskommen werde: von dem Ruf und der Einladung, ein ›Armer‹ zu sein, verfügbar für Gott, einfach so ...

Von der zweiten Israelreise erzählt eine Teilnehmerin: »Außer dem Flug hatten wir fast keine Ausgaben; wir schliefen fast immer im Freien, kochten selber ... Manchmal ärgerten wir uns, weil Luis nicht die öffentlichen Busse benützen, sondern nur Autostopp fahren wollte und wir oft lange warten mussten, bis uns jemand mitnahm. Nur einmal haben wir ein Taxi genommen, weil Luis uns noch vor Sonnenuntergang aus einer Gefahrenzone herausbringen wollte. Wir hatten uns trotz seiner Warnung zu lange in Hebron aufgehalten. In der Stadt zu bleiben, war zu gefährlich. So nahmen wir das Taxi, das uns über die Grenze brachte. Gleich nach der Grenze, mitten in der Landschaft, hielt Luis das Taxi an und der überraschte Fahrer ließ uns aussteigen. Wir gingen bis in einen Eukalyptushain, wo wir übernachteten. Der Boden war voller Steine. Auch musste das Wenige, das wir hatten, noch gekocht werden: eine Kartoffelsuppe aus Kartoffeln und Wasser und noch ein bisschen Salami. Alles ging mit den zwei kleinen Kochern sehr langsam. Luis ist sehr nervös geworden. Für ihn war diese Kochzeit eine verlorene Zeit, das Essen nicht wichtig. Er hatte eine Bibelmeditation vorbereitet und ärgerte sich, dass wir eigentlich nur ans Essen und nicht an höhere Werte dachten. Und so wurde es später und später ...«

Von innerer Unruhe und dem »alten« Wunsch, in die Mission zu gehen

Nach mehreren Jahren in der Lichtenburg wurde in Luis der Wunsch, in die Mission zu gehen, wieder wach und erfüllte ihn mit Unruhe. Im Frühsommer 1978 reiste er mit einer Gruppe nach Bolivien, wo er auch die Südtiroler Entwicklungshelferin Luzi Lintner besuchte. Wieder zurückgekehrt, wandte sich Luis verstärkt sozial-politischen Themen und Fragen der globalen Gerechtigkeit und Solidarität zu. So nahm er ins Veranstaltungsprogramm Kursangebote auf wie: »Die Dritte Welt und wir«, »Wer teilt, hat mehr vom Leben«, oder: »Einfacher leben, damit andere überleben«. Doch die Treffen und Veranstaltungen wurden Luis mehr und mehr zur Last, da er in dieser Zeit zunehmend auch an gesundheitlichen Problemen litt. Magengeschwüre und schwere Migräneanfälle plagten ihn und zwangen ihn so manche Tage ins Bett. Manchmal fühlte er sich tagelang schwach und elend.

Zu Besuch bei einer Indiofamilie in der bolivianischen Hochebene

Es war im Juni 1979, als Luis mit Bischof Gargitter erneut über seinen Wunsch sprach, in die Mission zu gehen. Bischof Gargitter nahm sein Anliegen freundlich auf, was ihn mit großer Freude erfüllte. Dass er nach Lateinamerika gehen wollte, stand für ihn außer Frage, doch in welches Land? Er interessierte sich für Uruguay, Bolivien, Argentinien, Peru, Chile, Brasilien ... So nahm er Kontakt auf mit Missionsorganisationen in Österreich und Deutschland sowie mit mehreren Bischöfen und Missionaren in Lateinamerika. Im Stillen freilich erwog er immer wieder seinen Entschluss, in die Mission zu gehen, und zweifelte an dessen Richtigkeit: ob es die rechte Entscheidung sei, ob er einer Einbildung folge, ob er darin wirklich dem Willen Gottes folge oder nur einem persönlichen Wunsch. Ende August brach er mit einigen Jugendlichen nach Flüeli in der Schweiz auf, wo sie in der Nähe der Einsiedelei des Bruders Klaus eine Schweigeexerzitienwoche hielten. Diese Woche war für Luis von besonderer Bedeutung, denn nach den vielen Stunden der Stille, der Meditation und des Gebets fühlte er sich in seinem Vorhaben bestärkt. Nach Südtirol zurückgekehrt, begann er, den Verwandten und Freunden seinen Entschluss mitzuteilen. Einige wollten ihm sein Vorhaben ausreden, doch er hatte entschieden und ließ sich nicht mehr abbringen.

Wochen später, als sich Luis in Verona auf seinen Missionseinsatz vorbereitete, blickte er noch einmal dankbar zurück auf seine Zeit in der Lichtenburg und schrieb an seine jungen Freunde:

Beim Abschied von Luis in der Lichtenburg

> *In stillen Stunden ertappe ich mich öfter, dass meine Gedanken bei euch sind. Das ist für mich jedes Mal ein Grund, dankbar zu sein. Dankbar, dass ich euch kennen gelernt habe; dankbar, dass wir ein Stück Weges miteinander gehen durften; froh um die langen Stunden unserer Gespräche und Diskussionen; um die durchfeierten Abende, um die ›durchblödelten‹ Nächte; froh um alles Gemeinsame auf Fahrten und Wanderungen; froh auch um die Erfahrung von Kirche (ja, das ganz besonders!): im Hören auf Sein Wort und im Erleben Seiner wirkenden Kraft, im einschneidenden Bemühen, Christus als den Grund unseres Handelns zu verstehen, im Beten und Singen und im Miteinanderteilen von dem Wenigen, das wir hatten. Ich habe mich im gemeinsamen Tun mit euch beschenkt gewusst: mein Glauben ist gewachsen, mein Hoffen ist x-mal gestärkt worden, mein Lieben ist geprüft worden. Ich bin mir der Grenzen und Egoismen und Mängel bewusst, von denen meine Arbeit begleitet war. Vieles ist unvollendet geblieben und kümmerlich. Trotzdem danke ich, dass es so war, wie es war. (...) Noch bin ich hier, aber wenn ich einmal dort bin, werdet ihr bestimmt Konkretes von mir hören (auch ich von euch?!).*[6]

Vieles ist unvollendet geblieben und kümmerlich. Trotzdem danke ich, dass es so war, wie es war.

Du warst unser Bruder.
Du hast uns begleitet
durch alle Höhen und Tiefen unserer Jugend.

Auf die stille, unaufdringliche Art,
die dir zu eigen war,
hast du Brücken gebaut
zwischen uns Jugendlichen
aus allen Teilen Südtirols:
von der Stadt und den steilsten Berghöfen,
von den Viehställen, Fabriken und Klassenräumen,
zwischen uns Suchenden und Gefundenen.

»Danke, Luis!«

Immer warst du da – Bruder für alle,
jedem schenktest du deine Zeit, deine Kraft,
etwas von deinem Leben.

Du bist uns vorangegangen im Glauben,
und ohne je uns etwas überzustülpen
hast du uns geprägt.

- Dann gingst du fort.
Hast weit deine Brücke gespannt,
um Bruder zu werden der Letzten, der Ärmsten.

Wer von uns wollte, den nahmst du mit,
wenigstens innerlich auf deinem Weg,
und viele von uns,
die einst zu deiner Jugend gehörten,
engagieren sich heute auf die eine oder andere Art
für die, denen du besonders nahe sein wolltest:
für die Armen in den Ländern des Südens.

Christl Hauger Fink, 16. Mai 2002

Vorbereitung auf Brasilien (Winter 1979–1980)

Von Oktober bis Dezember besuchte Luis einen Missionsvorbereitungskurs in Verona. Einige Missionare und Bischöfe aus lateinamerikanischen Diözesen erzählten von ihren Erfahrungen des gelebten Christentums bei den Armen. Ihre Zeugnisse gingen Luis sehr zu Herzen. Der ganze Kurs stand im Zeichen der Dritten Lateinamerikanischen Bischofskonferenz in Puebla (Sommer 1979). Die noch druckfrischen Texte und Erklärungen dieser Konferenz wurden intensiv gelesen und diskutiert, und Luis wurde mit wesentlichen Grundanliegen der lateinamerikanischen Befreiungstheologie vertraut, die ihn zutiefst prägten und in denen er sich gut wiederfinden konnte. Wie schon 1968 in Medellin hatte auch die Bischofskonferenz in Puebla die bedingungslose Option der Kirche für die Armen und ihren ungeteilten Einsatz für die Menschenrechte und die ganzheitliche Befreiung der Armen bekräftigt, sowie die fundamentale Bedeutung der kirchlichen Basisgemeinden anerkannt. Noch ahnte Luis nicht, dass er einiges von dem, was er bei diesem Kurs voller Begeisterung gelernt hatte, später auf dem Prüffeld der gelebten Wirklichkeit wieder »vergessen« musste, anderes hingegen erst durch teils leidvolle Erfahrungen verstehen konnte. Eines allerdings war ihm bewusst: dass er nämlich von den Armen noch viel werde lernen müssen, bevor er ihnen etwas geben könne.
In seinem Brief an die Absolventen berichtete Luis vom Kurs:

> *Jetzt geht mein Blick nach vorn. Hier in Verona am kirchlichen Zentrum für lateinamerikanische Berufe gibt es viel Neues zu lernen und zu erleben. In mir erwacht die Leidenschaft des Studenten wieder. Schon in den ersten Tagen war eine Entwicklungshelferin aus Brasilien hier, um von ihren Erfahrungen zu erzählen. Ich habe natürlich mit beiden Ohren hingehört – denn in ihrer Nachbardiözese wird mein Arbeitsfeld sein. Wenn ich das richtig sehe, wird mich dort nicht nur Honigschlecken erwarten, aber auch vieles, auf das ich mich freuen kann. (...) Mit Spannung warte ich aufs brasilianische Visum und noch mehr auf die konkrete Arbeit in der dortigen Landseelsorge, auf die Menschen, denen ich begegnen werde, auf die Herausforderungen, die mich in die Zange nehmen werden, auf das Neue und den Ruf, dort Christus zu finden und zu bringen.*[7]

Im Gespräch mit einem brasilianischen Bischof erfuhr Luis von der Diözese Barreiras im Landesinneren von Bahia, die erst am 21. Mai 1979 errichtet worden war und in der es noch sehr wenige Priester und Missionshelfer gab. Sofort schrieb Luis dem Bischof dieser Diözese und bot ihm seine Mitarbeit an. Ende Oktober erhielt Luis die erfreute Antwort von Bischof Richard Weberberger, einem Benediktinerpater aus Kremsmünster in Österreich. Luis schrieb in seinen Kalender:

Ich zitiere die Worte meines Bischofs und will sie mir ins Herz schreiben: ›Sie müssen unseren Menschen hier die Güte und Menschenfreundlichkeit unseres Erlösers bringen. Viele, viele Menschen in unserer Diözese sind wie Schafe ohne Hirten.‹ Herr, ich weiß, dass ich nur in der Kraft deines Geistes gehen darf; ich danke dir, dass du ihn schenkst, damit er mich die Schritte lehrt.[8]

Als Luis Bischof Gargitter diese Neuigkeiten mitteilte, antwortete ihm dieser umgehend: »Ich freue mich, dass die Frage Ihres Einsatzes in Brasilien eine so gute Lösung gefunden hat. Da ist dann alles ›neu‹, wenn Sie dort arbeiten werden, Bischof, Diözese, Arbeitsplatz ... Ich bete, dass Sie einen guten ›Einstieg‹ finden und Gott Sie segne.«[9]

Abschied und Aufbruch (Mai 1980)

Die Wochen und Monate nach dem Ende des Kurses in Verona waren geprägt von den Reisevorbereitungen, vom Abschiednehmen und vom Warten auf die Einreisegenehmigung nach Brasilien. Oft weilten seine Gedanken bei den Menschen, mit denen er »drüben«, auf der anderen Seite des großen Ozeans, bald leben würde. Das wochenlange Warten jedoch fiel ihm schwer und die Ungewissheit, ob er das Visum für Brasilien überhaupt bekommen würde, zehrte an seinen Nerven. Anfang Mai war es endlich so weit.

In dieser Woche kam die monatelang ersehnte Nachricht: Das Visum ist bewilligt! (...) Ich bin nicht übermütig vor Freude, aber doch froh und gelöst. Jetzt kann ich planen, jetzt sitzt mir nicht mehr die Ungewissheit im Nacken. Es ist ein Stück Ostern und ich danke Gott dafür.[10]

Es wurde ernst. Die kommenden zwei Wochen vergingen wie im Flug und Luis merkte, wie schwer es ihm jetzt fiel, alles zurückzulassen: seine Arbeit, die Kirche in Südtirol, die vielen liebgewordenen Menschen. Als er noch ein letztes Mal mit der Absolventengruppe Eucharistie feierte, spürte er, wie er sich innerlich schon von seiner früheren Arbeit distanziert hatte. Er sah aber auch, wie sich in den wenigen Monaten, in denen er nicht mehr in der Jugendseelsorge tätig war, vieles geändert hatte, wie »die nach ihm« andere Wege gingen und Neues aufbrach. Es tat ihm weh, loszulassen und in die Hände Gottes zu legen, was er zurückließ.

Habe ich einen verkrampften und engbrüstigen Glauben oder ist es blanker Neid, weil jetzt – wo ich schon weg bin! – so vieles in der Gebetsbewegung und in der Jugend aufbricht? Herr, ich bringe alles vor Dein Angesicht: mein früheres Wirken, meine jetziges leeres Gefühl, alles, was sich in den kommenden Jahren in der Kirche Südtirols tut – und vor allem die Menschen.[11]

Obwohl ihn in den Tagen vor seiner Abreise noch viele Freunde besuchten, fühlte sich Luis innerlich einsam, leer und unsicher. Am 22. Mai schließlich stieg er frühmorgens in Bozen in den Zug nach Mailand. Seine Verwandten und Freunde hatten ihn zwar gedrängt, er möge doch eine Woche später fliegen, damit er seinen unmittelbar bevorstehenden 40. Geburtstag noch in der Heimat feiern könne, aber Luis wollte und konnte nicht mehr warten. Mit leichtem Gepäck reiste er ab, ganz so, wie es ihm Bischof Weberberger empfohlen hatte. So manche Sachen, die er anfangs für notwendig erachtet hatte, ließ er zurück. Doch er hatte zuviel zurückgelassen, denn im Zug bemerkte er, dass er das ganze Geld daheim vergessen hatte. Rosy Laner, seine spätere Mitarbeiterin in Tabocas, die ihn bis Mailand begleiten wollte, fuhr zurück, um es zu holen. Bis Luis am Flughafen alle Papierangelegenheiten erledigt hatte, hatte er auch das Geld wieder und steckte es unbedacht in die Brusttasche. Unbemerkt lief er an der Devisenkontrolle vorbei. Im Nachhinein erschrak er, als ihm bewusst wurde: Das hätte auch schief gehen können! Dankbar sah er darin ein Zeichen, dass Gott seinen Aufbruch in den neuen Lebensabschnitt begleitete. Er stieg ins Flugzeug, in dem auch Giuliana Ondertoller aus Bozen saß, die Luis wenige Tage zuvor kennen gelernt hatte und die ebenfalls in Brasilien wirkte. Während des Fluges hatte Luis Zeit, zur Ruhe zu kommen und auf die bewegten letzten Tage und Wochen zurückzublicken. Er dachte an die Menschen, die er zurückließ, und an die, denen er bald begegnen würde. In Paris musste er umsteigen.

Ich sitze in der großen Halle des Orly-Flughafens in Paris. ›Meine Seele ist still zu Gott.‹ In zwei Stunden – 21.30 Uhr – wird die VARIG abheben, in Lisboa zwischenlanden und dann Europa verlassen Es wird für mich also Wirklichkeit, woran ich in irgendeinem Seelenwinkel bis jetzt gezweifelt habe. Entspannt und aus einer gewissen Distanz schaue ich dem bunten Treiben dieses großen internationalen Flughafens zu: alle Sprachen, alle Farben, alle Trachten, vom Säugling bis zum Greis. Eilige sehe ich und Lässige, Müde und Unternehmende, solche mit Riesengepäck und solche mit einer Aktentasche. Es ist ein Kommen und Gehen, ein Laufen und Warten. Ziel – heute – morgen – für wen und für was – Pflicht – Routine – Abenteuer – Flucht – Kommunikation ... Flughafen: Bild des Lebens. Mir kommt Nandl (seine Schwester; Anm. des Verfassers) in Erinnerung, wie sie heute Morgen beim Abschied mit den Tränen gekämpft hat. Es war für sie vielleicht wirklich besser, dass sie nicht bis Bozen mitgefahren ist. Es wäre für sie wohl zu viel gewesen zu sehen, wie dort schon wieder Absolventen zu einem letzten Abschied gewartet haben. Und gestern Abend in Kaltern: Ich dachte, es kämen zehn Leute, mir noch ein Lied zu singen, inzwischen waren es so viele, dass die Widum-Stube gerammt voll wurde. Rosen, Torten, Geschenkbriefe kamen mit – und es wur-

de ein tolles improvisiertes Fest. Der Lichtenburger Chor hat sein bestes gegeben; dass es zu so später Abendstunde nicht mehr ganz perfekt wurde, ist sehr verständlich. Elisabeth hat mich mit ihrer Vier-Kerzen-Torte auch an meinen Geburtstag erinnert. Und die Verjüngungskur war perfekt: Eine Kerze nach der anderen wurde ausgelöscht; nach der zweiten (20 Jahre) wollte ich nicht mehr. Aber da gab's nichts! Weiter bis zur Kindheit, ja bis zum Sterben = Geborenwerden. Ein Witz oder mehr? Ein Symbol für meinen Anfang in Brasilien: ganz neu beginnen, Kind werden, von ganz klein weg wachsen?[12]

Die Maschine der brasilianischen Fluglinie VARIG hob ab. Sie war schwach besetzt, so konnte sich Luis über drei Sitze ausstrecken und schlafen. Als er wieder aufwachte, lag Europa schon weit hinter ihm:

Der Steward sagt, in einer dreiviertel Stunde werden wir in Belém landen. Meine Uhr zeigt 8 Uhr. Hier ist es 3 Uhr. Jetzt setzt die VARIG zur Landung an: Gott segne Brasilien – und meine Schritte, wenn ich bald meinen Fuß auf diese Erde setze – und alle Menschen, denen ich begegne. OAMDG![13]

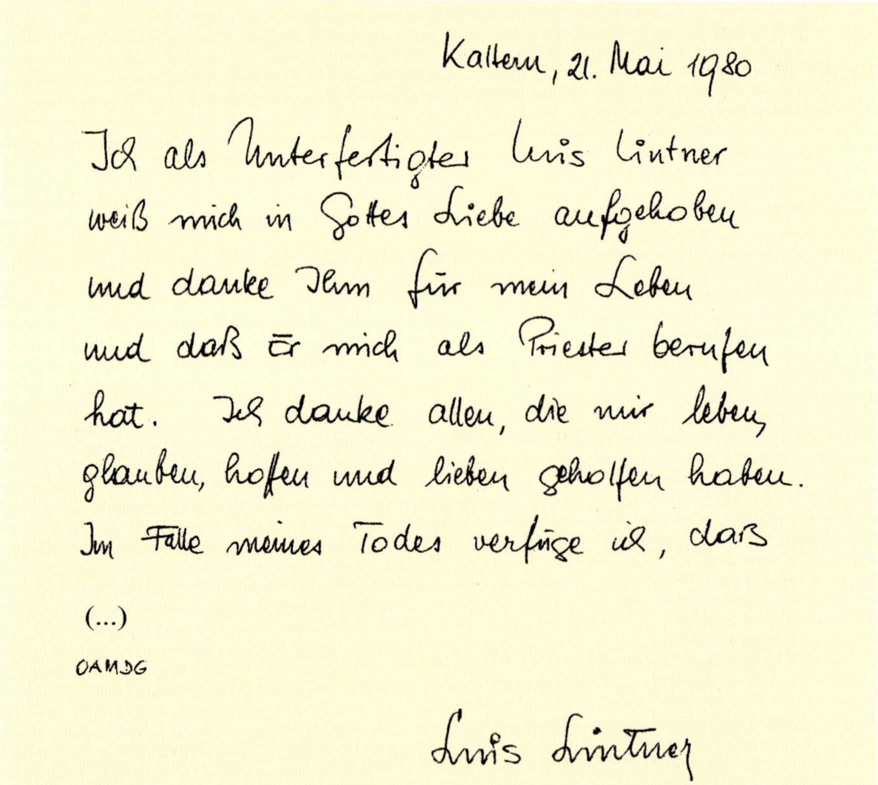

Kaltern, 21. Mai 1980

Ich als Unterfertigter Luis Lintner weiß mich in Gottes Liebe aufgehoben und danke Ihm für mein Leben und daß Er mich als Priester berufen hat. Ich danke allen, die mir leben, glauben, hoffen und lieben geholfen haben. Im Falle meines Todes verfüge ich, daß

(...)

OAMDG

Luis Lintner

Das Testament von Luis.
Die kurze Verfügung über die Güter wurde für den vorliegenden Druck getilgt.

»OAMDG«, Omnia Ad Maiorem Dei Gloriam – Alles zur größeren Ehre Gottes! Mit diesem Wahlspruch des hl. Ignatius von Loyola hatte Luis wenige Tage zuvor auch sein Testament gezeichnet. Er konnte nicht ahnen, dass fast auf den Tage genau 22 Jahre später, am 24. Mai 2002, Generalvikar Josef Matzneller bei seiner Beerdigung in Aldein dieses Testament verlesen würde.

Die ersten Wochen in Brasilien (Juni–August 1980)

In der Millionenstadt Belém im Amazonasmündungsgebiet gewann Luis seine ersten Eindrücke von Brasilien. Er tauchte in das pulsierende Leben der Stadt ein und nahm die vielen neuen Bilder in sich auf. Giuliana half ihm, die ersten Schritte auf brasilianischem Boden zu gehen. Mit ihr besuchte er die Barackenviertel in den Favelas und begleitete sie hinaus zu einigen Gemeinschaften auf den unzähligen kleinen Inseln im Amazonasdelta. Stundenlang glitten sie in kleinen Booten über das braune Wasser dieses mächtigen Flusses, entlang an urwaldbewachsenen Ufern. Luis staunte über die farbenprächtigen Blüten, über die exotischen Vögel und die Wasserbüffel, die sie beobachten konnten. In den armseligen Hütten der Amazonasfischer konnte er seine »Anfänger-Portugiesischkenntnisse« unter Beweis stellen. Am Morgen des 25. Mai – es war der Pfingstmontag – wurde Luis mit einem Geburtstagsständchen überrascht. Das Geschenk, eine Hängematte, kommentierte er so:

> *Ab jetzt also ist ›Zwischen Himmel und Erde Ausgestreckt-Sein‹ der Normalfall.*[14]

Nach einer Woche flog Luis nach Salvador weiter, in die Hauptstadt des Bundesstaates Bahia. Sein alter Studienfreund aus der Münchener Zeit, Frei Albano Nóbrega, ein Franziskaner aus Bahia, erwartete ihn und zeigte ihm gleich die Stadt. Besonders die Freundlichkeit und Lebensfreude der Menschen zogen Luis in ihren Bann. Mit großer Wachsamkeit blickte er aber auch hinter die malerischen Kulissen der Stadt und nahm die vielen Spuren der oft blutigen Geschichte Brasiliens wahr, auf die ihn Frei Albano hinwies; Zeugen von Leid und Unterdrückung, die der durchschnittliche Tourist kaum bemerkt und zu denen sich selbst in den Reiseführern nur sporadische Hinweise finden. Nach wiederum einer Woche brach er erneut auf, um endlich in sein neues Wirkungsgebiet zu gelangen, in die Diözese Barreiras. Frei Albano begleitete ihn am 5. Juni abends zum Busbahnhof. Die ganze Nacht hindurch holperte der Bus auf der unebenen Straße ins Landesinnere, hunderte Kilometer weit. Beim Morgengrauen erreichten sie den Rio São Francisco, über den noch keine Brücke führte. Alle mussten aussteigen und ihr Gepäck auf ein großes Floß verladen. Als das Floß über das Wasser glitt, ließ Luis seinen Blick hinausgleiten über den majestätischen Rio, den so symbol- und hoffnungsträchtigen Fluss für die Menschen des »Sertão«, wie das steppenartige

Ödland im Landesinneren von Bahia genannt wird. Er sah, wie sich in den Fluten das morgendliche Licht spiegelte, und es war ihm, als würde auch in seinem Leben ein ganz neuer Tag anbrechen. Am anderen Ufer des Rio wurde er von Bischof »Dom Ricardo« Weberberger erwartet und aufs herzlichste willkommen geheißen.
Die ersten Wochen verbrachte Luis damit, einige Ordensschwestern und Pfarrer Gunther, auch er ein Benediktiner aus Kremsmünster, bei ihrer täglichen Arbeit zu begleiten. So konnte Luis erste Einblicke gewinnen und Erfahrungen sammeln. Schließlich teilte ihm Dom Ricardo die Pfarre zu, die er am 24. August übernehmen sollte: Tabocas, die jüngste Pfarre der Diözese. Dankbar und voller Freude schrieb Luis nach Südtirol:

> *Ich freue mich, aufs Land hinauszugehen, wo noch Urzustand ist, zu den einfachen, oft unwissenden, oft zerstrittenen, wohl aber auch aufnahmewilligen, unkomplizierten und im Grunde sehr gläubigen Menschen. Mir ist hier in Barreiras schon vieles – auch in der Seelsorge – zu europäisch. Aber ich mach' mir keine großen Sorgen, denn bestimmt muss ich noch x-mal umdenken und umlernen.*[15]

Tabocas (August 1980–Mai 1991)

Die Pfarrkirche von Tabocas (Juni 2003)

Der Einstand in seiner neuen Pfarre wurde für Luis zur ersten Nervenprobe. Er saß auf Nadeln, da sich der Bus auf der 240 km langen Fahrt von Barreiras nach Tabocas um Stunden verspätet hatte. Luis malte sich schon aus, wie die Menschen nervös und ungeduldig auf ihn warten würden – wenn überhaupt –, wohl verärgert über den neuen Padre, der gleich am ersten Tag zu spät kommt. Er wurde eines Besseren belehrt: Seelenruhig und ohne jegliche Nervosität saßen die Menschen auf dem Dorfplatz und im Schatten unter den Bäumen, um ihn zu erwarten. Die Pfarre Tabocas liegt ganz im Osten der Diözese Barreiras inmitten des Sertão und reicht bis zum Rio São Francisco. Sie umfasst das Gebiet von zwei politischen Gemeinden, Tabocas do Brejo Velho und Brejolandia, und ist mit einer Ausdehnung von ca. 4000 km^2 größer als halb Südtirol. Die ca. 18.000 Gemeindemitglieder wohnen in den weit verstreuten und entlegenen Dörfern und Höfen, die vor der Ankunft von Luis zum Teil noch nie von einem Priester besucht worden waren. Als Luis ankam, gab es in der ganzen Umgebung noch keinen elektrischen Strom und kein fließendes Wasser in den Häusern. Luis fühlte sich in die Zeit seiner Kindheit zurückversetzt, wenn er sich morgens am Wassertrog im Freien wusch oder abends nach dem frühen Einbruch der Dunkelheit beim matten Schein einer Petroleumlampe las oder Briefe schrieb.

Den Menschen begegnen

Luis wollte die Menschen kennen lernen, indem er in ihre Hütten einkehrte und sich von ihrem alltäglichen Leben, Arbeiten und Leiden erzählen ließ. Über die anfänglichen Sprach- und Verständnisschwierigkeiten hinweg begriffen die Menschen schon bald: Dieser Padre kann zuhören! Und sie sahen, dass sich der neue Padre auch nicht scheute, sich schmutzig zu machen. Er ließ es sich nicht nehmen, wenn er auf einen Hof kam oder in eine Hütte trat, mit anzupacken bei der Arbeit, die gerade verrichtet wurde. Reihum besuchte er alle Dörfer, es waren über 30. Nach Möglichkeit blieb er in jedem Dorf mehrere Tage. Diese Besuche des Pfarrers werden »desobriga« genannt, »Entpflichtung«, da die Gläubigen ihrer Pflicht nachkommen können, zu beichten und die heilige Messe mitzufeiern. Wenn Luis in einem Dorf ankam, verkündeten ohrenbetäubende Böllerschüsse der ganzen Gegend seine Ankunft. Dann wussten die Kinder, dass sich der Padre zunächst mit ihnen zur Katechese treffen wollte. Nachher kamen dann die Eltern und Erwachsenen dran, die oft aber schon bei der Kinderkatechese dabei waren und interessiert zuhörten. Manche freilich waren über den neuen Padre auch irritiert, wie Luis spürte:

Nach einem langen Ritt ist der Padre angekommen.

Ich heiße also die Kinder sich auf den Boden setzen in einem großen Kreis mitten in der Kapelle und stelle zwei brennende Altarkerzen in die Mitte. Die Erwachsenen stehen außen herum. Los geht's. Stelle ich Katechismusfragen, dann kommen die Antworten wie aus der Pistole geschossen. Stelle ich normale Fragen, dann herrscht Verlegenheit, Unbeholfenheit, Schweigen. Ich lasse mein Tagebuch weitersprechen: Ach Gott, was ist das doch für eine Kümmerform von Religion, meilenweit vom Leben entfernt (...)! Ich meine zu spüren, dass einige Erwachsene nervös werden über diesen Pfarrer, der nicht einfach ein paar Gebete abfragt, sondern normal reden und normale Reaktionen möchte![16]

Beim Gottesdienst unter einem Juazeirobaum

Nach den Katechese- und Gebetstreffen konnten die Leute einzeln mit dem Padre sprechen oder beichten gehen. Viel Zeit nahm sich Luis, mit den Kindern zu spielen und mit den Erwachsenen zu diskutieren. Bis lang in die Nacht hinein saß er mit ihnen zusammen und lauschte gespannt den Erzählungen der Alten. Dabei wurde von so manchem abenteuerlichen Erlebnis berichtet, von unheimlichen Begegnungen und gefährlichen Leopardenjagden. Luis nahm es niemandem krumm, wenn jemand ganz offensichtlich das Jägerlatein gut beherrschte, er ließ sich nichts anmerken, sondern schmunzelte darüber und fand es überaus sympathisch. Nachts schlief er bei einer Familie, nicht selten auf einer Bretterpritsche oder auf dem bloßen Boden, wie die dortigen Menschen auch. Der darauffolgende Vormittag wiederum war Alten- und Krankenbesuchen vorbehalten und schließlich feierte er gegen Mittag die heilige Messe, taufte Kinder und Jugendliche und hielt Hochzeiten. In ca. 20 Dörfern gab es meist alte und baufällige Kapellen. Am liebsten versammelte Luis die Gemeinde aber im Freien unter der gewaltigen Krone des Juazeirobaumes, um in seinem Schatten Gottesdienst zu feiern. Schon bald merkte Luis, dass er so manches über Bord werfen musste, was er in Europa am Schreibtisch über »den Menschen in Brasilien« gelernt hatte.

Beim Ochsenreiten, einem beliebten Kinderspiel

Die Lebensgeschichten der Menschen hier erzählen mir mehr und anschaulicher vom Menschen des Sertão als einige Bücher über Soziologie und Anthropologie zusammen: von seinen Werten und Werken, von seinem Lieben und Leiden, von seinem Glauben und Zittern, von seinen Grausamkeiten und Zärtlichkeiten, von seinen Leidenschaften und seiner Treue.[17]

Der Padre unterwegs – zu Fuß, mit dem Pferd, mit dem Jeep

Auch wenn ihm Dom Ricardo geraten hatte, ein Auto zu kaufen, wollte Luis anfangs davon nichts wissen. Vielmehr war er oft stundenlang zu Fuß unterwegs und kam manchmal erst lange nach Einbruch der Dunkelheit nach Hause. Doch das machte ihm nicht viel aus, denn er genoss das Gehen unter dem unendlich schönen Sternenhimmel der südlichen Hemisphäre und war fasziniert von den hellen Vollmondnächten in Brasilien. In die entlegeneren Gemeinschaften ritt er mit einem Pferd, Dutzende Kilometer weit. Manchmal dauerte so ein Ausritt auch mehrere Tage lang – nicht unbedingt zur Freude seines »Hinterteils«. Oft ging Luis freilich bis an die Grenzen seiner physischen Belastbarkeit, und schließlich sah er die Notwendigkeit eines Autos ein, um alle Gemeinschaften besuchen zu können, denn auch das Fahrrad, das er sich nach einigen Wochen besorgt hatte, reichte nicht aus. So gab er wohl oder übel nach und kaufte sich einen Toyota-Jeep. Nicht selten jedoch blieb er irgendwo in unbewohnten Gegenden mit einer Panne auf der Strecke liegen. Dann musste er manchmal stundenlang »herummechanikern«, um den Wagen wieder flott zu kriegen, oder zu Fuß weitergehen und Hilfe holen. Gott sei Dank war es jedes Mal glimpflich ausgegangen, wenn plötzlich mitten in der Fahrt ein Reifen geplatzt, die Radaufhängung gebrochen oder ein Rad abgesprungen war. Auch zur Feier der Diakonenweihe von Antonio, einem Theologiestudenten aus Tabocas, kam Luis zu spät, da sein Toyota ein Rad verloren hatte. Nicht nur deshalb zog er es vor – wenn es irgendwie ging –, weiterhin zu Fuß oder mit dem Pferd unterwegs zu sein, denn dann konnte er auch leichter immer wieder anhalten, um mit den Leuten zu reden, die er auf dem Weg traf, in Hütten am Wegrand einkehren oder Abstecher zu Familien machen, die irgendwo abseits wohnten.

Unterwegs im Jeep. Wenn es regnet, verwandeln sich die Wege in reißende Bäche.

Von Spannungen, Einsamkeit und »Wüstenstrecken«

Luis wurde mit offenen Armen und Herzen empfangen und aufgenommen, doch schon bald spürte er auch den Gegenwind. Viele erwarteten sich vom »Padre«, dem Pfarrer, dass er schöne Messen lese, Taufen und Hochzeiten halte, sobald er darum gebeten werde, und zur Stelle sei, wenn jemand Hilfe oder einen Ratschlag brauchte. Ansonsten aber sollte er sich ruhig verhalten, fromm sein und beten. Vielen war der neue Padre zudem zu schweigsam und zu ernst. Mit diesen Erwartungen jedoch konnte und wollte sich Luis nicht identifizieren. Es war ihm entschieden zu wenig, einfach nur den religiösen Bedürfnissen der Leute nachzukommen. Er bemerkte, wie es in den Dörfern viele Spannungen und Uneinigkeiten gab, und wie manchmal generationenlange Streitereien das Leben ganzer Familien ruinierten. In den Hütten der Bauern sah er die Armut, ihre oft unmenschliche Plackerei und die Demütigung ihrer harten Arbeit seitens der politisch Verantwortlichen. Bei diversen Festen wurde mit dem Ausschenken von Schnaps nicht gespart, selbst Jugendlichen gegenüber nicht, und Luis wurde Zeuge, welches Gewaltpotential immer wieder bei kleinsten Anlässen aufbrach. Schlägereien mit Verletzten waren keine Seltenheit, manchmal gab es auch Tote zu beklagen. Luis entsetzte sich darüber und sprach diese Probleme an, er versuchte Konflikte zu thematisieren und Unrechtsituationen öffentlich zu machen. Da warfen ihm einige der politisch Verantwortlichen vor, er würde Unruhe ins Dorf bringen und Unfrieden stiften. Luis musste zur Kenntnis nehmen, dass er von »denen oben« keine Hilfe zu erwarten habe. Auch als er versuchte, mit einer schon bestehenden kirchlichen Gruppe diese Probleme anzupacken, wurde er schwer enttäuscht. Diese Gruppe bestand zwar aus durchwegs frommen Mitgliedern, bereit dazu, Tag und Nacht für die verschiedensten Anliegen zu beten, aber keinesfalls dazu, ganz konkret etwas für Frieden, Gerechtigkeit und Versöhnung in der eigenen Gemeinde zu tun. Luis fühlte sich allein gelassen und im Innersten seines Herzens unverstanden. Er tat sich schwer, Fuß zu fassen. In sein Tagebuch schrieb er:

Herr, du weißt, wie sehr ich mich in Tabocas noch fremd fühle. Du kennst meine Zweifel und Unsicherheiten. Du kennst meine Angst, wie's weitergeht. Aber in alledem bist du mir nahe. Stärke, Herr, diesen meinen Glauben an dich.[18]

Was Luis zudem äußerst verwunderte und was er am wenigsten verstehen konnte, war die Tatsache, dass sich die Menschen ihrer eigenen Situation nicht bewusst waren, dass sie die Geschichte ihres Volkes nicht kannten und kaum um die politische und soziale Lage ihres Landes wussten. Er begann davon zu reden, doch fand er kein Gehör. Auch als er den Menschen, besonders den Bauern, die Situation ihrer Unterdrückung und Ausbeutung vor Augen führen und ihnen klar machen wollte, dass sie das Recht auf Schule und Bildung für ihre Kinder, auf gesundheitliche Betreuung, auf staatliche Förderungen usw. einfordern müssten, hörten ihm viele zwar freundlich zu, aber das war schon alles. Darüber konnte sich Luis sehr ärgern und er begann zu spüren, wie schwer es ihm nach seiner anfänglichen Begeisterung fiel, dieses Volk zu lieben:

Aller Zauber schmilzt dahin. Das Volk ist nicht mehr jene romantische Braut des Anfangs, sondern was es eben ist: langsam, zerstritten, abergläubisch, unterwürfig, ohne Interesse, krank, selbstmitleidig.[19]

Dies waren für Luis äußerst bittere Erfahrungen. Er selbst sprach im eben zitierten Rundbrief vom Mai 1981 von »Wüstenstrecken«, die er zu durchqueren hatte. Fern seiner Heimat vermochte er auch in Tabocas nicht Heimat zu finden, er fühlte sich innerlich heimatlos und umgetrieben. Nervosität, Angst und Unruhe ergriffen ihn und er spürte, dass er Gefahr lief, sich zurückzuziehen und sich zu verschließen:

Herr, ich weine und ich habe Angst. Mein Herz blutet und ich fühle mich ›meinen‹ Leuten ferner als je zuvor. Ich will allein sein, mich absondern … – und weiß, dass es genau das Falsche ist … Herr, wo dich suchen, wo dich loben? Im Herzen all dieser Menschen, Herr! Wo denn sonst? Herr, lass dich finden – auch von mir Sünder, und gib mir den Geist der Anbetung.[20]

»Jesus, hilf mir sterben, damit ich mit dir leben kann.«

Bruder Jesus, ich leg' dir meine Müdigkeit, meine Melancholie, mein Mirreicht's hin. Du bist der einzige, dem ich klagen kann. Heute hängt mir mal wieder vieles zum Hals heraus. Sag mir, wie ich reagieren soll! Soll ich einfach alle ihre Erwartungen erfüllen, die sie an mich stellen als einer perfekten Servicestation? Ich kann es nicht! Soll ich mich einfach weigern und mich ihnen versperren? Ich kann es nicht! Soll ich zwischen Scylla und Carybdis weiterschwimmen, je nach Situation mich verleugnend oder sie herausfordernd? Ich weiß auch nicht, wie lange ich es schaffe. Herr, mein Herz ist bedrückt. Es ist traurig. Es hängt an den so menschlichen Glaubenserfahrungen, die du mir dort in Südtirol geschenkt hast. Zeige mir den Weg, der mir hier gangbar wird. Oder führ' mich noch weiter in die Ohnmacht hinein – bis ich verendend am Ende meiner Kräfte und Schliche am Boden liege und du wirken kannst. Sag mir, ob ich dir hier bloß im Weg stehe. Sag mir, wie meine Umkehr sein muss.[21]

Die innere Einsamkeit und Entfremdung vom Volk waren für Luis schmerzlich, wurden aber zu einer wertvollen spirituellen Erfahrung. Denn er begann, durch sie auch Gott ganz neu zu entdecken: als den Vater Jesu, der seinen Sohn zu ebensolchen Menschen gesandt hat, um ihnen Wege der Befreiung und des Heils zu weisen, ja mehr noch, diese Wege mit ihnen zu gehen. Wenn Gott der Vater auch dieser konkreten Menschen war, die seiner Seelsorge anvertraut waren, dann – so begriff Luis – führte sein eigener Weg zu Gott über das Mitgehen, Mitleben und Mitleiden mit ihnen. So versuchte er, die Schwierigkeiten als Einladung Gottes zu deuten, sich ohne Vorbehalte ihm anzuvertrauen und sich ganz in seine Liebe fallen zu lassen, um so selbst in der Liebe zu Gott und zu diesen Menschen zu wachsen:

Wie schwer ist es für mich noch, diese Schwierigkeiten als Einladung Gottes anzunehmen, in der Liebe zu wachsen. Ich merke, wie wenig ich im Grunde von dieser göttlichen Tugend habe.[22]

Hatte er vor seiner Ankunft in Tabocas geschrieben, er würde noch »x-mal umdenken und umlernen müssen«, so erfuhr er jetzt, was dies konkret bedeutete: europäische Maßstäbe aufgeben; sich von Vertrautem verabschieden und sich Fremdes vertraut machen; eigene Vorstellungen relativieren und in Frage stellen lassen; offen sein für das, was wirklich ist, und nicht festzuhalten an dem, was man sich vorstellt oder ausgedacht hat; sein Ordnungsdenken hintanstellen und zulassen, dass konkrete, unvorhergesehene Anforderungen gemachte Pläne durchkreuzen und Strukturiertes aufbrechen ... Dieses »Umdenken und Umlernen« wurde für Luis zur Erfahrung des Erleidens vieler kleiner Tode im Alltag:

Jesus, wie brauchen wir deine Hilfe, um das Volk anzunehmen, die andere Kultur, das viele Ungewohnte. Viel Zorn staut sich auf, viel Ohnmacht, viel Gefühl des Nicht-Taugens, viel Heimweh ... Jesus, du weißt am besten, wie schwer sterben ist. Hilf uns sterben, damit wir mit dir leben können![23]

Wie jede Erfahrung des Sterbens einen ganz neuen Zugang zum Leben eröffnet, so spürte auch Luis, wie in ihm wieder das »Pflänzchen Liebe« zu den Menschen wuchs, und er vermochte, die »Flüsse lebendigen Wassers« unter der »rauen Schale des Volkes« neu zu entdecken. Die schwierigen Erfahrungen der ersten Zeit haben Luis gewandelt, sie haben ihm den Weg gewiesen vom anfänglichen »Verliebtsein« in den Reiz des Neuen, den er in Brasilien erleben durfte, zur tiefen Liebe zum brasilianischen Volk. So wurde sein Einsatz für dieses Land und Volk schließlich umso ungeteilter, bedingungsloser und auch leidenschaftlicher:

um Jesu und um dieser Menschen willen,

wie er sagte. Bei ihnen, den einfachen Menschen, begann Luis »in die Schule zu gehen«, von ihnen ließ er sich schließlich auch unterweisen im Glauben und Beten:

Von den ›Kleinen‹ habe ich auch neu (und anders) beten gelernt: im leidenschaftlichen politischen Einsatz für den Bruder.[24]

Rosy und Pina

Als Luis die Entscheidung getroffen hatte, in die Mission zu gehen, war es ihm ein Anliegen, seinen Missionseinsatz so zu gestalten, dass auch Jugendliche aus Südtirol an seiner Erfahrung teilnehmen konnten. Er wollte es Interessierten ermöglichen, ein paar Jahre als Entwicklungshelfer mit ihm zu arbeiten.

> *Folgendes ist mir wichtig: Im Gespräch mit Jugendlichen ergab sich des Öfteren, dass der eine oder andere Interesse an Entwicklungshilfe hätte, freilich einen Einsatz eher wagen würde in einem Projekt zusammen mit mir. (...) Konkretes Interesse, bald nachzukommen, haben bisher ein Tischler und eine Krankenschwester angemeldet.*[25]

Die Krankenschwester war Rosy Laner aus Nals. Sie hatte sich schließlich entschlossen, Luis nach Brasilien zu folgen. Als sie sich im Herbst 1980 in Verona auf ihren Einsatz als Entwicklungshelferin vorbereitete, lernte sie Pina Rabbiosi aus Morbegno in der Valtellina, Provinz Sondrio, kennen. Auch sie wollte einige Jahre ihres Lebens in den Dienst der Menschen in den Entwicklungsländern stellen. Über eine Missionsorganisation war ihr eine Stelle in der Pfarre von Luis vermittelt worden. Luis freute sich darüber, schon bald tatkräftige Unterstützung zu bekommen, doch als schließlich die Ankunft der beiden Mädchen in die Nähe rückte, war er auch besorgt; steckte er doch selbst noch inmitten der Schwierigkeit, sich in Tabocas einzugewöhnen und seine Arbeit zu organisieren. Am Sonntag, den 17. Mai 1981 kamen Rosy und Pina in Salvador an:

> *Frei Albano und ich fahren vor dem Morgengrauen zum Flughafen. Pünktlich um 4.10 Uhr rollt die Varig DC 10 an. Rosy und Pina sind da. Eigenartige Spannung ist in mir. Jetzt wird's ernst. Gott wird uns den Weg weisen und die Kraft geben, ihn zu gehen.*[26]

Gleich nach der Begrüßung sagte Luis zu den beiden Mädchen:

> *So – und von jetzt an wird nur noch portugiesisch gesprochen!*

Und dabei blieb es. Luis war froh und dankbar, als er sah, dass sich die Beiden trotz des anfänglichen Heimwehs und der unausweichlichen Anpassungsschwierigkeiten schon bald in Tabocas eingewöhnten. Dank ihrer fröhlichen, spontanen Art fiel es ihnen nicht schwer, schnell mit den Menschen ins Gespräch zu kommen und viele Kontakte zu knüpfen. Von Anfang an legten die drei großen Wert darauf, den Tag mit einem gemeinsamen Morgengebet zu beginnen, zusammen die anstehende Tagesarbeit zu organisieren und am Abend Rückschau zu halten. Dies stellte für Luis eine willkommene Erleichterung dar, sowohl unter dem Aspekt des Menschlichen als auch einer gewissen Arbeitsentlastung.

Wir sind zu dritt im Team. Wenn man zu dritt fröhlich ist, wird's kein kopfloser Übermut; wenn man zu dritt klagt, endet's nicht in der Niedergeschlagenheit.[27]

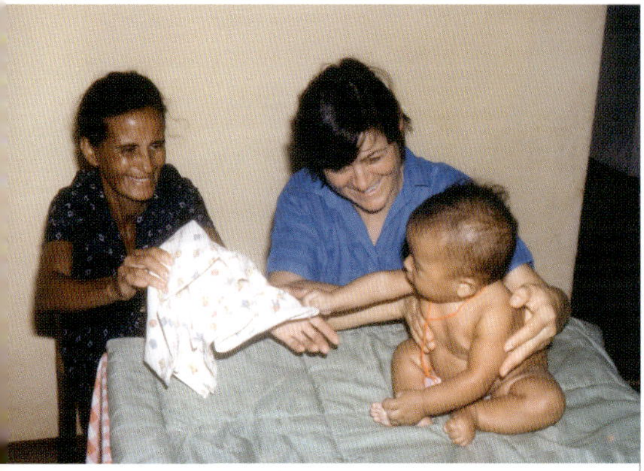

Rosy mit ihrem Patenkind Tiago und seiner Mutter Bia

Die drei unterschiedlichen Charaktere von Luis, Rosy und Pina brachten Vielfalt und Abwechslung in die Arbeit und die beiden Mädchen übernahmen schon bald selbst die Leitung von Katechesegruppen in einzelnen Dörfern. Mit ihrer jugendlichen Begeisterung steckten sie nicht nur Kinder und Jugendliche, sondern auch die Erwachsenen, ja selbst »gestandene Mannsbilder« an.

Rosy brachte sich im Lauf der Zeit immer stärker auf dem Gebiet der Gesundheit ein und gründete eine »Gesundheitsgruppe«. Sie versuchte, den Frauen wichtiges Wissen im Bereich der Ernährung, der Hygiene und der medizinischen Vorsorge und Pflege zu vermitteln. In Kursen und Treffen gelang es ihr mit viel Mühe und Überzeugungsarbeit, den Frauen die Wichtigkeit einer gesunden Ernährung deutlich zu machen, denn sie hatte beobachtet, dass die meisten Familien viel zu viel Fleisch und zu wenig Gemüse essen. Es wurden Kurse über den Anbau von Gemüse und Kräutern organisiert, und auch Luis ließ sich einspannen, indem er einen Kurs über die Haltung und Züchtung von Bienen organisierte. Rosy und Pina machten sich zudem mit den alten, traditionellen Heilmethoden und Naturheilmitteln in jener Gegend vertraut und sprachen mit den alten Frauen und Hebammen über deren jahrelangen Erfahrungen. Eifrig sammelten sie schon in Vergessenheit geratene Rezepturen und lernten gemeinsam mit den Frauen, verschiedenste Medizinen und Salben wieder selbst herzustellen.

Pina

Pina arbeitete sich dann mehr und mehr im Bereich des Bauernsyndikats und der Landpastoral ein. Sie übernahm die Leitung des Bauernsyndikats

in Tabocas, verrichtete jahrelang im Büro der Landpastoralkommission der Diözese Barreiras die Sekretariatsaufgaben und besuchte viele Treffen der Kommission auf Diözesan- und auch nationaler Ebene. Vorübergehend war sie auch in São Desiderio, einer Nachbarpfarre, pastoral tätig. Aus gesundheitlichen Gründen musste sie zwischendurch »Zwangsurlaube« in Italien machen, doch konnte sie glücklicherweise immer wieder nach Brasilien zurückkehren. Einmal – es war am 26. Oktober 1987, als Luis gerade zu seinem zweiten Heimaturlaub in Südtirol aufgebrochen war – verunglückte sie auf der Heimreise von Barreiras nach Tabocas schwer. Es war wie ein Wunder, dass sie und die Haushälterin Melania, die mitgefahren war, nur leicht verletzt aus dem völlig demolierten Auto steigen konnten.
Pina folgte Luis schließlich nach Salvador, wo sie weiterhin mit ihm wirkte. Rosy hingegen musste im Februar 1988 nach Südtirol zurückkehren. Die Jahre danach litt sie sehr an »Heimweh« nach Tabocas. Schließlich heiratete sie und schenkte zwei Mädchen das Leben. Im Frühjahr 2002 erkrankte sie an Krebs. Lange kämpfte sie gegen ihre Krankheit. Es wird nicht Zufall sein, dass ihr schwerer Leidensweg am 16. Mai 2003, genau ein Jahr nach dem Tod von Luis, zu Ende ging.

Padre Jacy und Padre José

Zweimal bekam Luis in seinem Pastoralteam auch Verstärkung durch Priester. Im Juni 1984 kam Padre Jacy, der erste Priester, der in der Diözese Barreiras geweiht worden war, für eineinhalb Jahre nach Tabocas. Dom Ricardo hatte ihn Luis anvertraut, damit er ihn darauf vorbereite, selbst einmal eine Pfarre zu übernehmen. Zu Ostern 1987 kam dann Josef Wieser aus Südtirol nach Tabocas. Er wurde von Luis in die Missionsarbeit eingeführt und übernahm nach zwei Jahren die Nachbarpfarre São Desiderio. 1994 kehrte er wieder nach Südtirol zurück.

✦ Von der dynamischen Kraft der Basisgemeinden

Wie aus den Briefen ersichtlich wird, sah Luis eine seiner erstrangigen pastoralen Aufgaben darin, in den einzelnen Dörfern und Gemeinschaften Gruppen nach dem Vorbild der kirchlichen Basisgemeinden zu gründen und Laien zu befähigen und auszubilden, diese Gruppen zu leiten. Die Wurzeln dieser sogenannten Basisgemeinden gehen in die Sechzigerjahre zurück, als versucht wurde, mit Hilfe marxistischer Denkmuster die soziale Wirklichkeit in den lateinamerikanischen Ländern zu analysieren. Doch kirchliche Vertreter erkannten schon bald, dass soziologische Analysen allein ebenso wenig wie eine realsozialistische Gesellschaftsform Lösungen bieten konnten. Vielmehr begannen sie mit den betroffenen Menschen selbst, deren konkrete Lebenssituationen von Unterdrückung und Entfremdung im Licht des Glaubens zu deuten. Gemeinsam mit ihnen lasen sie die großen Befreiungsgeschichten der Heiligen Schrift und versuchten, ihre Lebensgeschichten mit den biblischen Erfahrungen in Berührung zu bringen. In diesen Gruppen brachen dann oft explosionsartig Potentiale im Kampf gegen Unterdrückung und Ungerechtigkeit auf, weil die betroffenen Menschen Mut bekamen und Kraft schöpften, ihre ganz »persönlichen Befreiungsgeschichten« selbst in die Hand zu nehmen, sich gegen jegliche Form von Fremdbestimmung zur Wehr zu setzen und so zu Subjekten ihres eigenen Lebens zu werden. Daraus sind lebendige Zellen christlichen Lebens inmitten der Gemeinschaften entstanden, die von engagierten Laien – Jugendlichen, Frauen und Männern – geleitet wurden und die sich gemeinsam organisierten. Sie trafen sich zum Gebet und zur Feier von Wortgottesdiensten, teilten ihre Sorgen und Freuden und versuchten, mit vereinten Kräften Probleme zu lösen und durch gegenseitige Hilfe soziale Härtefälle in den eigenen Reihen abzufangen. Eine Aktion, die daraus erwuchs, ist die des »décimo« (des »Zehnten«), in der die Gemeindemitglieder – ganz nach biblischem Vorbild – den zehnten Teil ihres Einkommens den Armen zugute kommen lassen.

Von der Sicht des hiesigen armen, ausgebeuteten und unterdrückten Volkes her wird die Bibel so lebendig, so hautnah, einfach tausendfach gelebtes Leben ...

Diese kirchlichen Basisgemeinden, CEBs (»Comunidades Eclesiais de Base«) genannt, sind wesentlich dadurch gekennzeichnet, dass sie überschaubare Gemeinschaften sind. In der Regel bestehen sie aus 30 bis 100 Mitgliedern, jeder kennt jeden und alle wissen umeinander. Ein weiteres Merkmal ist ihre Kirchlichkeit. Sie verstehen sich als eine neue Form, den Glauben zu leben, indem sie die Bibel als »Botschaft der Befreiung« zur Richtschnur ihres persönlichen und gemeinschaftlichen Lebens machen. Die CEBs wollen aber bewusst in der Kirche stehen, nicht neben oder außer ihr. Schließlich sind sie, wie schon der Name sagt, dadurch geprägt, dass sie an der Basis sind, sowohl an der gesellschaftlichen, als auch an der kirchlichen, dort also, wo die Menschen leben und leiden. Nichtsdestoweniger suchen sie den Kontakt zur kirchlichen Hierarchie und versuchen, Bischöfe, Priester und Ordensleute in ihr »Leben vor Ort« mit einzubeziehen.
Jahrzehnte lang waren diese Basisgemeinschaften der einzige Ort, an dem sich viele, unter ihnen durchaus auch Nichtgläubige, im Schutz der Kirche sozial engagieren konnten, weshalb sie dann oft angefeindet, verleumdet, als »kommunistisch« verschrieen und politisch verfolgt wurden.
Gerade zu Beginn der Achtzigerjahre, als Luis nach Brasilien kam, sah man in ihnen jedoch große Hoffnungsträger für die Zukunft Brasiliens, und Luis hat

sie kennen gelernt als dynamische Kraft nicht nur der Kirche, sondern der sozialen Entwicklung Brasiliens überhaupt. Auf seinem Pfarrgebiet allerdings gab es noch wenige solcher Gemeinschaften. Mit Hilfe des befreiungstheologischen Grundansatzes, die eigene Lebensgeschichte und die alltäglichen Erfahrungen im Licht der biblischen Unterdrückungs- und Befreiungsgeschichten zu deuten, gelang es ihm, auch in den Dörfern und Gemeinschaften seiner Pfarre das Bewusstsein um Unrecht- und Unterdrückungssituationen zu wecken. Erstaunt stellte er dann fest, wie viele, besonders auch Jugendliche, plötzlich wie von selbst das Befreiungspotential entdeckten, das in ihnen steckte, und begannen, sich im kirchlichen und sozialen Bereich zu engagieren. Regelmäßig besuchte Luis die Katecheten und Gemeindeleiter draußen in den Dörfern. Manchmal wurde er auch enttäuscht, wenn er erleben musste, wie einige – war der anfängliche Enthusiasmus erst einmal verflogen – sich wieder zurückzogen. Um Interesse zu wecken und die Begeisterung wach zu halten, versuchte er deshalb, die »animadores« verschiedener Dörfer miteinander bekannt zu machen und in Kontakt zu bringen, damit nicht jede Gruppe allein für sich existierte, sondern mit den anderen und von den anderen lernen konnte. Schließlich organisierte er Volksmissionen, bei denen die einfachen Leute selbst Verkünder der Frohen Botschaft sein sollten.

> *Wir bereiten eine Art Volksmission vor, mit acht ›Missionaren‹, die mit uns 18 Dörfer besuchen werden. Es sind einfache Leute aus dem Volk, Frauen und Männer, Jugendliche und Verheiratete. Bei diesem ersten Besuch werden wir überall Bibelgruppen anstoßen und die Jugendlichen (und auch viele Erwachsene) organisieren, die sich dann während der nächsten fünf Monate in kleinen Gruppen vorbereiten müssen, entweder auf die Erstkommunion oder auf die Firmung. Dann werden wir wieder eine Besuchsrunde machen. Und schließlich kommt dann im Herbst der Bischof. Das alles wird ziemlich viel Arbeit geben. Aber es ist schön, weil auch der Pfarrer mehr Zeit hat, mit den Leuten ins Gespräch zu kommen, am Ort zu reden, in die Familien hineinzuschauen, bisher unbekannte Gesichter kennen zu lernen.*[28]

»Mir geht die Bibel ganz neu auf!«

Das Wort Gottes war für Luis Quelle des Lebens und das Arbeiten mit der Heiligen Schrift bereitete ihm große Freude. Wenn er die Gemeinschaften besuchte, dann begann er die Gebets- und Arbeitstreffen zunächst mit der gemeinsamen Lektüre eines Abschnitts aus der Bibel. Er war dann jedes Mal fasziniert, wie treffsicher und lebensnah die Menschen die Texte interpretierten, so dass sich auch ihm selbst ein ganz neuer Zugang zur Heiligen Schrift eröffnete:

Ich muss sagen, mir geht die Bibel ganz neu auf. Von der Sicht des hiesigen armen, ausgebeuteten und unterdrückten Volkes her wird sie so lebendig, so hautnah, wie wir in Europa es uns gar nicht vorstellen können. Jede Zeile wird einfach gelebtes, tausendfach gelebtes Leben.[29]

Die Liebe von Luis zur Heiligen Schrift und seine bibeltheologische Kompetenz waren schon bald weit über Tabocas hinaus bekannt. Seine Erfahrungen, die er in den Jahren der Jugendseelsorge in Südtirol im Umgang mit Bibel und Jugend gemacht hatte, kamen ihm jetzt sehr zugute.
Des Öfteren wurde er von anderen Pfarren, auch der Nachbardiözesen, eingeladen, Bibelkurse zu halten. Diese Kurse, für die Luis die Unterlagen und Behelfe selbst erarbeitete, wurden dann in Zusammenarbeit mit dem CEBI (»Centro de Estudos Bíblicos«), dem Zentrum für biblische Studien, organisiert. Auf diese Weise war Luis wesentlich am Aufbau dieses Bibelstudienzentrums mitbeteiligt, das in der Diözese Barreiras noch in den Kinderschuhen steckte. Auch selbst nahm Luis regelmäßig an biblischen Fortbildungsseminaren teil. Um Neugier zu wecken und das Interesse am Wort Gottes zu fördern, nahm er dann jedes Mal ein paar Leute aus der Pfarre zu solchen Veranstaltungen mit. Einige kamen bei diesen Gelegenheiten zum ersten Mal über die weitere Umgebung von Tabocas hinaus, und es war dann ein großes Erlebnis für sie, wenn sie zum Beispiel das erste Mal die Bundeshauptstadt Salvador sahen.

Der Bau des Pfarrzentrums

Beim Organisieren von Kursen und Treffen sah sich Luis schon bald mit dem Problem konfrontiert, genügend Unterkünfte und einen geeigneten Versammlungsraum zu finden.

Das Pastoralzentrum von Tabocas (Juni 2003); von links: Pfarrer Renan, Generalvikar Padre Geraldo, Bischof Dom Ricardo und Pina

Nach langem Überlegen und Diskutieren begann er, an den Bau eines Pastoralzentrums zu denken. Der Entwurf des Plans fiel Luis leicht, die Umsetzung allerdings kostete ihn viel Energie und so manche schlaflose Nacht. Froh war Luis über die finanzielle Unterstützung, die er von Verwandten und Freunden aus Südtirol bekam. Bis dahin hatte er ein eher zwiespältiges Verhältnis zu Geldspenden, da er die Gefahr sah, mit unüberlegten oder voreiligen Finanzierungen oder Geldzuweisungen den Leuten nicht zu helfen, sondern Abhängigkeiten zu schaffen.

Doch jetzt erfuhr er – vielleicht zum ersten Mal – konkret und hautnah, wie sehr er für seine Arbeit auf finanzielle Hilfe aus seiner Heimat angewiesen war. Im Februar 1986 schließlich wurde das Zentrum mit einem dreitägigen Gemeindeleiterkurs feierlich eröffnet. Dass sich das Zentrum dabei gut bewährte, erfüllte Luis mit Freude und Zufriedenheit. Schon bald kamen Anfragen auch von Gruppen aus anderen Pfarren, die das Zentrum benutzen wollten, so dass es gut ausgelastet war. So verlor Luis auch die letzten Zweifel über Sinn und Notwendigkeit dieser Investition, die ihn bis dahin immer wieder geplagt hatten. Mit viel Liebe setzten Luis, Rosy und Pina im Innenhof verschiedene Pflanzen und Bäume. Zudem wollte Luis wie in einem kleinen Museum einige alte und ausgediente bäuerliche Geräte aufstellen, so ein Spinnrad, einen großen Webstuhl und eine Zuckerrohrpresse, die von zwei Ochsen bewegt wurde.
Nach dem Tod von Luis hat die Pfarrgemeinde von Tabocas beschlossen, dieses Zentrum nach ihm zu benennen: »Centro Comunitário Pe. Luiz Lintner«.

Luis und die Politik in Brasilien

Luis war in erster Linie Seelsorger, nicht Politiker. Die politischen Ereignisse, sowohl in Tabocas als auch auf nationaler Ebene, verfolgte er aber stets mit größtem Interesse und kommentierte sie ebenso scharfsinnig wie bissig. Luis machte in Brasilien die Erfahrung von Politik als etwas, wo gelogen, gestritten, betrogen und gefeilscht wird, als einer »Leidenschaft, die Leiden schafft«, aber keine Probleme löst. Die Rundbriefe sind durchzogen von derlei Kommentaren zur brasilianischen Politik, besonders zu Wahlkampfzeiten. Aus der Tages- und Parteipolitik hielt er sich freilich konsequent heraus, auch in Tabocas und Brejolandia.
Und doch war Luis ein durch und durch politischer Mensch im eigentlichen Sinn des Wortes, weil er sich unermüdlich für die Verbesserung der Lebens- und Arbeitsbedingungen der Menschen einsetzte und dafür kämpfte. Er wurde nicht müde, seine Leute anzuleiten und ihnen zu helfen, ihre politischen Rechte einzuklagen und den politisch Verantwortlichen auf die Füße zu treten, damit sie ihrer Aufgabe nachkämen.
Der politisch-soziale Einsatz von Luis geschah vor allem auf zwei Ebenen, einmal im Rahmen der CPT (»Comissão Pastoral da Terra« – Kommission für die Landpastoral) und zum anderen im Bereich der Bauernsyndikate.
Luis folgte darin der pastoralen Option der Diözese Barreiras, die die soziale Frage von Anfang an zu einer ihrer Hauptaufgaben gemacht hatte. Bewusst wollte sie auf der Seite der Armen stehen und ihnen zu ihrem Recht verhelfen, wenn nötig auch auf gerichtlichem Weg. Dadurch hat sie sich schon bald die Feindseligkeit vieler Großgrundbesitzer zugezogen, Feindseligkeit, die auch Luis in seiner Pfarre zu spüren bekam.

✦ Das harte Schicksal der Kleinbauern im Sertão und die Arbeit der Landpastoralkommission

Die kirchliche Kommission für die Landpastoral wurde 1975 als Reaktion auf die unzähligen Ungerechtigkeiten und Gewaltakte ins Leben gerufen, denen die Landbevölkerung seitens der Großgrundbesitzer und Konzerne ausgesetzt war. Wie war die Situation? Ende der Sechzigerjahre kam eine staatliche Kommission zum Ergebnis, dass die bis dahin weitgehend unbeachteten enormen Flächen des Landesinneren bei entsprechender Bewirtschaftung fruchtbares Land seien. Daraufhin setzte der Staat im Zuge einer Agrarreform große Subventionen frei und stellte Steuererleichterungen in Aussicht, um die Rinderzucht und den Anbau von Soja, Mais und Kaffee im Landesinneren zu fördern. Spekulanten aus den brasilianischen Küstenstaaten und internationale Konzerne versuchten nun, durch Ankauf großer Ländereien in den Genuss dieser Gelder zu kommen. Oft wurden diese Gelder freilich gar nicht erst in die Landwirtschaft investiert, sondern verschwanden auf privaten Bankkonten oder in anderen Projekten. Auch die Getreideernten kamen in den wenigsten Fällen der Bevölkerung Brasiliens zugute, sondern wurden um teures Geld als Futtermittel für Rinder ins nordamerikanische und europäische Ausland verkauft. Darüber hinaus führten Rodungen, Raubbau, Monokulturen und Intensivnutzung innerhalb weniger Jahre zur Verödung weiter, einst fruchtbarer Waldböden. Die staatlichen Maßnahmen, mit Eukalyptusbäumen Aufforstung zu betreiben, die dann zu Zellulose weiterverarbeitet wurden, boten dem Auge zwar für fünf bis zehn Jahre den Anblick grüner Wälder, hinterließen dann aber erst recht ausgelaugte und kaputte Böden.

Brandrodung von ›Flaschenbäumen‹

Diesen Spekulanten waren nun die tausenden Familien, die seit Generationen das Land bewirtschafteten und bewohnten, ein Dorn im Auge. Obwohl die meisten dieser kleinen Bauern (»posseiros« genannt) ihre Landstriche seit mehreren Generationen bearbeiteten, verfügten sie dennoch über keine Dokumente, mit denen sie den Landbesitz nachweisen konnten. Die einzigen »Beweise«, dass sie seit zwei oder mehreren Generationen ein Land bewohnten und daher Besitzanspruch darauf hatten, waren oft die Friedhöfe, die deshalb in einigen Fällen mutwillig geschändet und zerstört wurden. Andererseits war es gerade deshalb leicht, mit gefälschten Dokumenten und mit Hilfe von bestochenen Beamten, Polizisten und auch Richtern die Kleinbauern von ihrer angestammten Erde zu vertreiben. Solche Dokumentenfälscher werden im brasilianischen Volksmund »grileiros« genannt. Wird nämlich ein weißes Blatt Papier in einer Schublade voller Grillen aufbewahrt, »verwandeln« es die Ausscheidungen der Grillen – zwar nur optisch – schon nach kürzester Zeit in ein altes, vergilbtes Dokument und geben seinem Inhalt eine schier unanfechtbare Autorität. Andere Großgrundbesitzer wiederum kauften hier und dort ein Stück Land und »heimsten« dann die dazwischenliegenden Ländereien einfach ein. Die »posseiros« verstanden oft nicht, was mit ihnen geschah. Vielfach Analphabeten, konnten sie die Dokumente, die ihnen vorgesetzt wurden, gar nicht lesen und setzten ihren Fingerabdruck unter Verträge, deren Inhalt ihnen verschwiegen oder nur gefälscht dargestellt worden war. Kurz und bündig: Die »fazendeiros« (Großgrundbesitzer) hatten oft leichtes Spiel mit ihnen. So fanden sich viele Kleinbauern in kürzester Zeit als Knechte und Handlanger auf dem eigenen Hof wieder oder mussten ihr Land verlassen. Tausende wurden so zu »sem terra« (ohne Land), zu Land- und Heimatlosen. Auch wenn die Ländereien nachher brach liegen blieben und nicht bewirtschaftet wurden, duldeten es die »fazendeiros« nicht, dass diese Menschen auf ihre Höfe zurückkamen oder anderswo Land besetzten, denn das brasilianische Recht sieht vor, dass jemand, der fünf Jahre lang brach liegendes Land bewirtschaftet, Besitzanspruch darauf erheben kann. Noch im Jahr 2000 lagen drei Viertel der landwirtschaftlich nutzbaren Fläche Brasiliens in den Händen von Großgrundbesitzern, die nur zehn Prozent der Agrarbetriebe ausmachten. Weite Flächen ihrer Betriebe bewirtschafteten sie nicht, während illegale Landbesetzungen polizeilich geräumt wurden und unzählige Land- und Arbeitslose in den Elendsvierteln in äußerster Armut lebten.

Eine Familie ›sem terra‹

Wo sich die »posseiros« aber zur Wehr setzen oder wo Familien »sem terra« unbewirtschaftetes Land besetzen, sind sie vielfachen Schikanen ausgesetzt. Diese reichen von der Vernichtung der Ernte über die Verwüstung der Äcker bis hin zum Anzünden und Zerstören von Häusern und Höfen. Auch vor Anschlägen und Morden wird nicht zurückgeschreckt, um die Menschen von ihrem Land zu vertreiben beziehungsweise sie von der Rückkehr abzuhalten. So verließen tausende Menschen ihre angestammte Erde, um in den Städten ihr Glück zu versuchen. Unzählige hingegen wurden verhaftet, eingesperrt und gefoltert. Die Bewegung der Landflucht wurde zudem durch den Wirtschaftsboom be-

kräftigt, der seit den Siebzigerjahren die Küstenstädte am Atlantik erfasst und riesige Industriezentren wie São Paulo, Rio de Janeiro, Recife usw. hervorgebracht hatte.
Die Landpastoralkommission, die von mehreren christlichen Kirchen unterstützt wird, hat es sich nun zur Aufgabe gemacht, den Kleinbauern und den Landlosen zu helfen. Sie versteht sich als eine Art »Dienstleistungsstelle« für diese Menschen und will mit ihnen leben, leiden und um ihre Rechte kämpfen. Dabei geht es vordergründig um die Vermittlung des Bewusstseins, sowohl bei den Landarbeitern, als auch bei den Großgrundbesitzern und den Politikern: Das Recht auf Land ist wesentlich für ein menschenwürdiges Leben. Weil die CPT dadurch konsequenterweise kritisch Position gegen Politiker und Parteien beziehen musste, wurde sie auch politisch angefeindet und verfolgt. Ihre Arbeit versteht die CPT als zutiefst christliche. Ihren Platz in Kirche und Gesellschaft hat sie dadurch gefunden, dass sie Jesus in den Mittelpunkt ihres Dienstes gestellt hat, der sich ebenso mit den Kleinen, Armen und Ausgeschlossenen seiner Zeit solidarisiert, sich zu ihrem Diener gemacht und ihnen Stimme verliehen hat. Vertreter der CPT sagen, dass sie gerade durch die Zusammenarbeit mit den Kleinbauern und Landlosen und im Mitgehen ihres Leidensweges zu einem tieferen und authentischeren Glauben gefunden haben und von daher also auch selber von der Landbevölkerung »evangelisiert« worden sind.

Ich unterlasse das prophetische Wort. Ich fühle mich schuldig, Jesus. Ich bitte um deinen Geist, der mich das richtige Wort zur rechten Zeit lehrt.

Jahrelang hat Luis mit Pina und Pfarrer Gunther das Büro der CPT in Barreiras geleitet und die Zielsetzungen der Kommission zu den seinen gemacht.

> *So wollen schließlich auch wir in all dem, was wir tun, beitragen, dass das Teilchen Volk, mit dem wir leben, Vertrauen in sich und in seine Zukunft gewinne, sich zusammenschließe und organisiere und den Kampf aufnehme um ein menschenwürdiges Leben. Und dazu gehört doch wohl, auch laut Bibel: Brot für jeden, ein Haus zum Wohnen, Land zum Bebauen, Kleidung zum Anziehen, Arbeit zum Lebensunterhalt, Fürsorge für die Gesundheit.*[30]

In den Rundbriefen aus Tabocas, besonders aus den Jahren 1982 bis 1986, zieht sich diese Problematik wie ein roter Faden durch, denn Luis wurde auch auf seinem Pfarrgebiet mit derartigen Konflikten unmittelbar und direkt konfrontiert. So in Larga, wo ca. 500 Familien von Großgrundbesitzern schikaniert und bedroht worden waren; oder in Boa Vista do Procópio, wo man mutwillig Häuser und Höfe zerstört hatte und mehrere Familien aus Furcht vor neuen Attacken weggezogen waren, nachdem am 8. September 1982 der alte Bauer Manoel Dias Santana meuchlings ermordet worden war; oder in

Caraiba, wo eine Handvoll Bauern mit ihren Familien im Oktober 1985, »bewaffnet« mit Feldarbeitsgeräten wie Schaufeln, Pickeln, Gabeln ..., schwer bewaffnete »pistoleiros« (angeheuerte Pistolenmänner der Großgrundbesitzer) das Fürchten lehrte. Luis besuchte diese Dörfer regelmäßig und ermutigte die Familien standzuhalten. Gemeinsam mit ihnen verfasste er Protestschreiben an öffentliche Stellen, und mit Hilfe von Anwälten half er ihnen, ihre Rechtslage zu verstehen und Verträge auszuarbeiten. Er ging mit ihnen zu den Behörden, wo er sich demonstrativ hinter sie stellte.
Wenn Luis schließlich den Ruf hatte, sich vor niemandem zu fürchten und Unrecht mutig anzuprangern, dann war das etwas, was auch er erst – nach teils leidvollen Erfahrungen – lernen musste. Einmal schrieb er nach einem Vorfall ins Tagebuch:

> *Ich bin traurig und niedergeschlagen darüber, dass ich nicht den Mut hatte oder nicht die Notwendigkeit gesehen habe, öffentlich solch himmelschreiendes Unrecht anzuklagen. Es geht mir öfters so: Bis ich durchblicke oder bloß von einer Sache weiß, ist es zu spät. Ich unterlasse das prophetische Wort oder bleibe in Allgemeinplätzen stecken. Ich fühle mich schuldig, Jesus. Mein Schweigen ist Komplizenschaft. Ich bitte um deinen Geist, der mich das richtige Wort zur rechten Zeit lehrt.*[31]

Die Gewaltfreiheit war eines der obersten Prinzipien von Luis, doch hat er die Bauern zu aktivem Widerstand ermuntert, sich »nicht alles tatenlos gefallen zu lassen«. So erging es auch Luis wie vielen seiner Mitstreiter, dass er mit dem Vorwurf konfrontiert wurde, er würde die Bauern zu Gewalt und Ungesetzlichkeit aufwiegeln. Einmal erzählte er, wie er um Rat gefragt wurde, als ein »fazendeiro« in Caraiba den Kleinbauern plötzlich alte und vielbenutzte Wege abschnitt:

> *Ich sagte ihnen: Männer, schneidet den Stacheldraht in Stücke. Wenn ihr alle geht, haben alle ›Schuld‹ und niemand. Lasst euch eure Rechte nicht nehmen von einem dahergelaufenen Neureichen ... Sagt ihr mir, liebe Leser, wiegelt hier ein Padre zu Gewalt und Ungesetzlichkeit auf?*[32]

Nach seiner Abreise aus Tabocas, als er in Salvador zu wirken begann, blieb Luis in enger freundschaftlicher Verbindung mit der Landpastoralkommission. Regelmäßig besuchte er ihre Mitarbeiter im Büro in Salvador und mehrere Male feierte er in den provisorischen Zeltlagern der Landlosenbewegung unter freiem Himmel den Gottesdienst, wo sich in illegalen Landbesetzungen vor Salvador tausende Familien »sem terra« niedergelassen hatten. Um seine Solidarität mit diesen Menschen zum Ausdruck zu bringen, begleitete er ihre Vertreter des Öfteren auf den Gängen zu den staatlichen Behörden und verlieh so ihren Forderungen Nachdruck.

✦ Die Syndikate (Gewerkschaften)

Ein Hauptaugenmerk legte die Landpastoralkommission auf die Ausbildung und Begleitung der Bauernsyndikate. Diese wurden vielfach staatlich kontrolliert oder von politischen Opportunisten geleitet, die sich kaum für die Belange der Bauern einsetzten. Deshalb war es eine Zielsetzung der Landpastoralkommission, selbst Leute zu finden und auszubilden, die die Leitung dieser Syndikate übernehmen konnten, beziehungsweise neue Syndikate zu gründen. Unermüdlich und unzählige Male gingen auch Luis und seine Mitarbeiter hinaus in die Dörfer, versammelten die Bauern, ließen sich deren Situationen erzählen, machten sich mit den Problemen vertraut, erklärten ihnen die Gesetze und klärten sie über ihre Rechte auf. Dabei hielten sie immer sorgsam Ausschau nach talentierten und vertrauenswürdigen Personen, die sie dann zu den Fortbildungsveranstaltungen der Kommission einluden, um sie darauf vorzubereiten, später selbst diese Arbeit in die Hand nehmen zu können.

Ein Bauer unterzeichnet mit dem Fingerabdruck

Mit Hilfe von Rechtsanwälten gelang es, einige Unrechtsituationen und Besitzkonflikte vor Gericht zu bringen. Auch wenn sich Luis von der staatlichen Rechtsprechung nie viel erhoffte, war es dann jedes Mal eine große Freude, wenn auf diesem Weg kleine Siege errungen werden konnten. Luis hatte auch einige angehende Advokaten in ihrem Studium unterstützt, die selbst aus armen Verhältnissen stammten und mit der Problematik oft von klein auf vertraut waren. So versuchte er, Studienstipendien durch Patenschaften aus Europa zu vermitteln. Zum Beispiel wurde einer Studentin aus einer Stadt in der Nähe von Tabocas das Universitätsstudium in Italien ermöglicht. Eines der Grundanliegen war für Luis auch auf diesem Gebiet, nicht »stellvertretend für« beziehungsweise »anstelle« der Menschen zu arbeiten, sondern sie selbst dazu zu befähigen und anzuleiten und sie dann unterstützend und aufbauend zu begleiten.

Eine weitere Aufgabe, der sich Luis unermüdlich widmete, war es, die Solidarität und den Zusammenhalt zwischen den Bauern zu stärken. Am 25. Juli 1982 organisierte er zum ersten Mal den »dia do lavrador« (den »Tag des Bauern«). Er war positiv überrascht, wie zahlreich und rege die Bauern sich daran beteiligten. An der Prozession vor der Messe nahmen sie mit Hauen, Schaufeln, Messern, Beilen usw. teil, um sich und ihre Lebens- und Arbeitswelt einzubringen. Beim Opfergang während des Gottesdienstes brachten sie Früchte ihrer Äcker zum Altar, die nach der Messe an bedürftige Familien verteilt wurden. Die Zielsetzung dieses Tages war eine zweifache: Zum einen sollte das Selbstwertgefühl der Bauern gehoben werden, zum anderen sollte auch das Bewusstsein in der Gemeinde gestärkt werden, füreinander Verantwortung zu tragen. Seither feiert die Gemeinde jedes Jahr diesen Tag und bereitet sich mit großem Eifer darauf vor. Luis versuchte außerdem, die Bauern zu bewegen, sich zusammenzuschließen und gemeinsame Probleme gemeinschaftlich anzupacken. In einigen Dörfern konnte er bewirken, dass mit vereinten Kräften neue Zufahrtswege erschlossen oder alte ausgebessert wurden und dass gemeinschaftlich nutzbare Brunnen ausgehoben wurden. Freilich war es dann jedes Mal ein Kampf, die politisch Verantwortlichen dazu zu bewegen, diese Arbeiten, die dem Gemeinnutzen zugute kamen, entsprechend zu entlohnen. Oft gelang dies nicht. Wie er im Rundbrief von Allerheiligen 1989 erzählte, begleitete er einmal eine Gruppe seiner Gemeinde in die Bundeshauptstadt Salvador, um auf höchster Ebene zu intervenieren; freilich erfolglos.

✦ Die naturbedingte Plage der Dürre

Zu all diesen Schwierigkeiten, die den Kleinbauern und ihren Familien das Leben auf dem Lande auch heute noch schier unerträglich machen, kommt das große Problem der Dürre hinzu. Diese ist oft der ausschlaggebende Grund dafür, dass viele Familien – auch wenn sie mit unermüdlichem Kampfgeist ihr Land gegen Großgrundbesitzer verteidigen können – gezwungen sind, abzuwandern oder angestammte Höfe zu verlassen. Von Mai bis November ist winterliche Trockenzeit im Sertão und die Sonne dörrt die Böden unbarmherzig aus. Am Ende der Trockenperiode liegt das Land wie eine Mondlandschaft ausgebrannt und apathisch da. Futter- und Wasserreserven sind aufgebraucht. Allein ein Kaktus, der »Mandacarú«, überdauert selbst härteste Trockenzeiten unbeschadet. So wurde er für die Bauern des Sertão zum Symbol für Widerstandskraft und Durchhaltevermögen. Kommt Ende November der heiß ersehnte Regen, geht ein Aufatmen durch Mensch und Natur, und die Bauern bestellen die Äcker. In kürzester Zeit erblüht das Land, wächst saftiges grünes Gras und geht die Saat auf. Bleibt der Regen jedoch aus oder regnet es zu wenig, dann ist dies eine Katastrophe. Wenn die erste Saat verdorrt, stehen viele Bauern ohne Saatgut da. Das Ausbleiben des Regens schwebt wie eine allgegenwärtige Bedrohung über dem Leben im Sertão.

Ein Mandacarú-Kaktus im Sonnenuntergang

O Gott, was wird aus uns, wenn du keinen Regen sendest. Hör das Notgeschrei der Vielen, deiner Armen. Sie sprechen von so viel Hoffnung auf dich und glauben an deine Allmacht. Enttäusche sie nicht – wegen deines Namens darfst du das nicht. Mach's nicht wie die Politiker. Erfülle, was ich/wir von deiner Liebe und Güte predigen![33]

Was Luis in diesen Fällen helfen konnte, war so gut wie nichts, einzig im Bemühen, neues Saatgut zu bekommen, konnte er seine Bauern unterstützen.

Die Dürre hält an. Die Bauern haben wenig oder nichts geerntet. Der Regen kommt nicht und die Zeit, wo man noch pflanzen könnte, ist wahrscheinlich schon um. Die Leute haben's hart und werden's noch härter kriegen. Was wir helfen können, ist soviel wie nichts. Betet mit uns, dass Gott dieses Nichts segne.[34]

✦ Bom Jesus da Lapa – das Ereignis der jährlichen Wallfahrt

Es war jedes Mal ein Fest und ein Höhepunkt, auf den Luis sich schon lange freute, wenn er mit ca. 50 Leuten seiner Pfarre zur jährlichen »romaria«, zur Wallfahrt nach Bom Jesus da Lapa, aufbrach. Auf offenen Lastwägen fuhren sie sechs bis sieben Stunden lang auf holprigen Straßen durch die trockene Wildnis nach Süden bis S. Maria da Vitória, wo der Weg dann gegen Osten bog, bis sie endlich an das Ufer des Rio São Francisco gelangten und auf der anderen Flussseite den Tafelberg von »Bom Jesus da Lapa«, dem »Guten Jesus in der Grotte«, erblicken konnten. Bewachsen von exotischen Kakteen und bevölkert von bunten Papageien und von Horden halbzahmer Äffchen, erhebt sich die markante Felsformation aus zerklüftetem schwarzem Basaltgestein eigenwillig und weithin sichtbar über die Ebene, durch die sich der mächtige Rio São Francisco schlängelt. Im Inneren dieses Berges befindet sich die große, weite Grotte, die »lapa«, die heute als Wallfahrtskirche dient.

Aufbruch nach Bom Jesus da Lapa

Hier finden sich älteste prähistorische Siedlungsspuren der Indios, für die Lapa ein Naturheiligtum darstellt. Das Hineinschreiten ins kühle und stille Innere der Erde und der Blick durch die natürlichen Felsöffnungen hinaus auf die Wasser des Flusses verliehen der Grotte ihre sakrale Atmosphäre, schon Jahrtausende bevor sie im 16. Jahrhundert zu einer christlichen Wallfahrtsstätte wurde. In der Zeit des Kolonialismus wurde Lapa zu einem strategisch wichtigen Ort und wuchs zu einer ansehnlichen Stadt an, durch die alle Hauptverbindungswege von der Küste ins Landesinnere führten. Tausende Sklaven, Arbeiter und Abenteurer kamen auf ihrem Weg zu den Gold- und Edelsteinbergwerken in Minas Gerais und den anderen westlichen Bundesstaaten an Lapa vorbei.

Überfahrt über den Rio São Francisco; an der anderen Seite des Ufers Bom Jesus da Lapa

Seit 1977 organisieren die Kommission für die Landpastoral und die Basisgemeinden jeweils im Juli die »romaria da terra e das águas«, eine Wallfahrt, an der tausende Bauern, Fischer und Landarbeiter aus allen Gegenden des Sertão und weit darüber hinaus teilnehmen. Viele von ihnen sind nicht stunden-, sondern tagelang unterwegs, bis sie Lapa erreichen. Die Wallfahrt hat sich zu einem wichtigen Großereignis im Leben dieser Menschen entwickelt. Besonders in den Zeiten der Militärdiktatur, aber auch in den Jahren danach, bot sie vielfach die einzige Möglichkeit, bei der Unrechtsituationen effektiv angeprangert und öffentlich gemacht werden konnten. Dementsprechend angespannt war auch das Klima, und immer wieder wurden Priester, Gewerkschaftsführer oder andere, die in Lapa allzu deutlich ihre Stimme erhoben hatten, in den Wochen nach der Wallfahrt schikaniert, verprügelt oder ermordet. Die Wallfahrt selbst ist mehr als ein Zusammenkommen und gemeinsames Beten. Das dreitägige Programm besteht auch aus Vorträgen und vielen Gruppen- und Arbeitstreffen, bei denen die Teilnehmer über ihre Rechte und die neuen sozial- und agrarpolitischen Entwicklungen informiert werden. Darüber hinaus können sich diese auch selbst ausdrücken, erlittene Ungerechtigkeiten zur Sprache bringen und ihr Leben und Leiden teilen. Sie protestieren gegen den Raubbau an der Natur und die Verschmutzung des lebenswichtigen Rio São Francisco. Gemeinsam versuchen sie, im Licht des Evangeliums ihre Erfahrungen zu deuten. Für den Kreuzweg durch die Stadt bereiten einzelne Gruppen szenische Darbietungen mit Situationen aus ihrem Leben vor. In feurigen, ansteckenden Liedern feiern sie aber auch ihre gemeinsame Hoffnung und ihre Freude am Leben. »Trabalhadores da terra« zu sein, die Erde bearbeiten und so am Schöpfungsplan Gottes mitwirken zu dürfen, erfüllt sie in diesen Momenten wieder neu mit Stolz und Selbstbewusstsein. Dadurch werden Zusammenhalt und Solidarität unter ihnen vertieft und gestärkt. Jährlich nehmen an der Wallfahrt nicht nur viele Priester und Missionare, sondern auch mehrere Bischöfe teil, die ihrem Volk nahe sein und auf diese Weise ihre Solidarität zum Ausdruck bringen wollen. Höhepunkt ist jedes Mal die Abschlussmesse auf dem riesigen Platz vor der Grotte, weil diese die Menschenmasse nie fassen könnte.

Luis war jedes Mal zutiefst beeindruckt von den unzählig vielen Menschen, an deren Gesichtern die Härte des Überlebenskampfes im Sertão buchstäblich abgelesen werden konnte, und war gefangen vom Anblick, wie sie mit inniger Sammlung in die Grotte traten und dem »Bom Jesus« ihre Sorgen anvertrauten; oder wie sie, in sich versunken und den Rosenkranz murmelnd, in langen Reihen durch den zerklüfteten Fels den Kreuzweg auf den Berg hinauf pilgerten.

> *O meu Bom Jesus (o mein Guter Jesus; Anm. des Verfassers), seit Generationen liegt dir hier in dieser Höhle das Volk zu Füßen, seit Generationen hörst du seinen Klageruf und siehst sein Elend. Wann steigst du vom Himmel hernieder, um es zu befreien? Wann löst du dein Versprechen ein? Hilf unserer Ungeduld und verzeihe uns!*[35]

Die Bauern von Tabocas rechneten es Luis immer hoch an, dass er jedes Mal bei ihnen in den einfachen Unterkünften, meistens in irgendwelchen großen Räumen dicht gedrängt auf dem blanken Fußboden, schlafen wollte. Zwar war für die Priester ein eigenes Haus mit Betten reserviert, doch als die Organisatoren vor Ort im ersten Jahr Luis in dieses Haus einladen wollten, winkte er ab: Er könne doch seine Bauern nicht allein lassen. Da half alles Drängen nicht und in den darauf folgenden Jahren wussten sie, dass der Padre aus Tabocas auch zu denen gehörte, die lieber bei den Ihren blieben, als in der »casa dos padres« zu »logieren«, und so fragten sie ihn erst gar nicht mehr. Einmal erzählte Luis, dass ihn Dom Ricardo, sein Bischof, gebeten hätte, in einem bestimmten Jahr nicht an der Wallfahrt teilzunehmen. Es könnte auch für ihn gefährlich werden, da er ja in entscheidenden Momenten nicht still sein könne. Verärgert darüber nahm Luis aber mit umso größerer Begeisterung auch in jenem Jahr an der Wallfahrt teil.

In der Grotte von Bom Jesus da Lapa

Von der Wallfahrt kamen sie dann jedes Mal glücklich und gestärkt wieder nach Tabocas zurück, manchmal freilich auch arg durchfroren. Wenn sich nämlich die Abfahrt in Lapa verzögerte und sie von der hereinbrechenden

Nacht überrascht wurden, konnte es auf den offenen Lastwägen unangenehm kalt und windig werden. Die extremen Temperaturunterschiede zwischen den heißen Tagen und den kalten Nächten sind nämlich typisch für die winterliche Trockenzeit im Sertão.

Der »Knuidlverein«

Besonders ans Herz gewachsen war Luis der »Knuidlverein«, ein Baumwollstoffprojekt, das er »länderübergreifend« mit Hilfe seiner Verwandten aufgebaut hatte. In einem Bericht für das St. Antoniusblatt erzählte er:

Wir wissen, dass noch vor einer Generation jede Familie eine ordentliche Beschäftigung hatte, indem Baumwolle gesponnen wurde. Dann aber verdrängten die Industriestoffe innerhalb kurzer Zeit diese alte Kunst. Schüchtern wie Künstler, die nicht wissen, dass sie es sind, zeigten uns Bäuerinnen wahre Prachtstücke aus Baumwolle: Decken, Handtücher, Hosen ... Wir schickten naturreinen Baumwollstoff nach Südtirol. Der Dritte-Welt-Laden von Brixen und unsere Angehörigen ließen uns wissen, dass der Stoff sehr gefällt. Da der Webstuhl, den die Bäuerinnen benutzen, ziemlich plump, witterungsabhängig und ermüdend ist, führten wir einen Webrahmen ein, der praktischer ist und das Arbeiten erleichtert. Mit unserem Projekt wollen wir ein Dreifaches erreichen: Einmal wollen wir mithelfen, dass die alte Bauernkunst des Spinnens und Webens nicht ausstirbt, sondern neu aufblüht; dann wollen wir den armen und ärmsten Familien einen Broterwerb garantieren; schließlich möchten wir ein konkretes Zeichen kulturellen Austausches zwischen der Heimat und einem Entwicklungsland setzen. Die armen Kleinbäuerinnen sollen auch herausgefordert werden, sich zu organisieren und aktiv zu werden. Wir hoffen, dass sie innerhalb kurzer Zeit ihr Projekt selbständig in die Hand nehmen und weiterführen: von der Produktion bis zum Export. Daher gründeten wir 1986 die ›assocação novelo‹, auf Südtirolerisch ›Knuidlverein‹. 32 Weberinnen unterschrieben die Gründungsurkunde. Doch schon bald darauf begannen die Schwierigkeiten. Zuerst der Import nach Italien wegen der komplizierten Schutzzölle auf Textilien. Dann der Export: Brasilianische Bürokratie und Zentralismus scheinen den Export unmöglich zu machen, es sei denn, dass der Profit an die Staatskasse fällt und nicht den Weberinnen

Alte Bäuerin am traditionellen Webstuhl

zugute kommt ... Aber so schnell gibt ein Tiroler nicht auf: Wir werden den ›Knuidlverein‹ doch noch zum Funktionieren bringen.[36]

Aufgrund der geschilderten Schwierigkeiten konnte das Projekt schließlich nach vier Jahren nicht mehr weitergeführt werden, zur großen Enttäuschung der betroffenen Bäuerinnen und von Luis.

Entwicklungshilfe ist keine Einbahn – kultureller Austausch mit Südtirol

Es war Luis von Anfang an ein wichtiges Anliegen, seine Angehörigen und Freunde von seiner Arbeit in Brasilien wissen zu lassen und sie mit einzubeziehen. Nicht zuletzt deshalb begann er, Rundbriefe zu schreiben. Dieses Einbeziehen wollte er aber nicht auf die Bitte um finanzielle Unterstützung reduziert wissen, sondern es ging ihm um einen »kulturellen Austausch zwischen Heimat und einem Entwicklungsland«, wie er es im Bericht über den »Knuidlverein« formuliert hatte. Auch aus diesem Grund waren ihm die Besuche von Freunden und Bekannten aus Südtirol und anderen Ländern Europas immer höchst willkommen. Diese nahm er dann mit auf seine alltäglichen Wege, um ihnen auf diese Weise die Realität, in der er lebte, nahe zu bringen.
Ein Besuch aus der Heimat, der Luis mit besonderer Freude erfüllte, war der des Südtiroler Diözesanbischofs Wilhelm Egger Ende Mai 1989. Am 29. Mai landete Bischof Wilhelm in Begleitung von Hw. Josef Innerhofer auf dem Flughafen von Lapa. Luis und Josef Wieser holten ihn von dort ab. Zwei Tage verbrachte Bischof Wilhelm mit Luis und besuchte einige seiner Gemeinschaften, bevor er nach São Desiderio, der Pfarre von Josef Wieser, weiterreiste.
Die Besucher aus der Heimat deckten ihn jedes Mal mit einer Vielzahl von kleinen Geschenken ein, Zeichen der Verbundenheit und der Freundschaft. Wie konnte er sich dann über ein »Breatl«, ein auf seinem Heimathof gebackenes Brot, und einen Speck freuen – auch wenn dieser in der Hitze von Tabocas lang nicht so gut schmeckte wie auf einer Südtiroler Alm. Andere Geschenke aber empfand er zunehmend als Last und so bat er, man möge es ihm nicht verübeln, aber:

Ich habe von allem schon zu viel. Ich bin hier schon europäischer, als mir recht ist. Schickt mir bitte nichts her! Ich brauche nichts, ich lebe hier schon im Luxus und ich will nicht ein europäisches Leben mit allem pi-po reproduzieren.[37]

Während eines Heimaturlaubs besuchte Luis einmal eine befreundete Familie in Deutschland. Als diese ihm eine schöne Hostienschale schenken wollte, zeigte er sich nicht recht erfreut darüber:

Ich hab' schon eine,

sagte er,

ich brauche nicht mehrere. Gebt mir lieber etwas mit, womit ich den Kindern in Brasilien drüben eine Freude machen kann.

Bei seinen Heimaturlauben – während seiner Zeit in Tabocas war er zweimal für jeweils drei Monate in Südtirol – besuchte er immer auch die Missionsgruppen und nahm an Missionsveranstaltungen teil. Viele Angehörige und ehemalige Lichtenburger Absolventen trugen die Arbeit von Luis finanziell und spirituell mit und hatten in Südtirol Solidaritätsgruppen ins Leben gerufen oder waren Mitglied. In engem Kontakt stand Luis mit der OEW, der Organisation für Eine solidarische Welt, und mit deren Gruppen. Er bestärkte sie in ihrem oft schwierigen Bemühen, missionarische Bewusstseinsbildung in Südtirol zu betreiben und die Wurzeln der negativen Auswirkungen der Globalisierung schon im eigenen Land zu bekämpfen.

Das Prinzip der Solidaritätsarbeit, die Ursachen des Übels im eigenen Land zu bekämpfen, wird immer wichtiger. Dankbar denke ich hier an viele Begegnungen zurück, die mir in meinem Heimaturlaub geschenkt worden sind. Ich durfte Menschen kennen lernen, unter ihnen besonders viele Jugendliche, die Ernst machen mit Jesu Aufruf zur Brüderlichkeit und ihrem Traum von einer gerechten und Einen Welt. Ich danke für ihr Zeugnis und wünsche, dass es stark und stärker werde, indem sich alle Gleichgesinnten eng zusammenschließen.[38]

Nach dem Besuch von Bischof Wilhelm schrieb Luis nach Südtirol:

Der Besuch unseres Bischofs war und ist für mich ein menschliches Zeugnis. Er kam im Namen der Christen Südtirols. Ihnen fühle ich mich jetzt mehr verbunden. Wenn mir auch nur ein kleiner Teil persönlich bekannt ist, bin ich angerührt durch die Tatsache, dass wir in einer äußerst realen Weise Brüder sind. Brüder wissen und dürfen umeinander wissen, füreinander beten, miteinander teilen, glauben, hoffen und kämpfen, damit diese kleine Erde eine Erde werde, wo es gut zu leben ist – für alle und nicht nur für privilegierte Minderheiten. Ich sehe hinter diesem Bischofsbesuch die kleine Zahl der Frauen und Männer, die sich rufen lassen für einen Missionseinsatz, aber auch die große Zahl derer, die Missionare sind im eigenen Volk. NICHT ALLEIN, sondern gemeinschaftlich: durch einfachen Lebensstil, durch Sympathie für die Armen und Empathie für die Ausgeschlossenen, durch unermüdlichen Einsatz für Gerechtigkeit

Ich sehe die große Zahl derer, die Missionare sind im eigenen Volk. NICHT ALLEIN, sondern gemeinschaftlich!

und Frieden auch jenseits aller Gartenzäune, durch freches Beten um Gerechtigkeit, wie das der Witwe in Lukas 18. Ich bin glücklich zu wissen, dass gerade Jugendliche (in Missions-, Selbstbesteuerungs-, Dritte-Welt-, Friedens- und anderen Gruppen) solche neuen Wege der Mission im eigenen Haus gehen oder, wenn ihr wollt, alte Wege neu gehen.[39]

Als im Herbst 2002 in Milland bei Brixen das »Haus der Solidarität« ins Leben gerufen wurde, beschlossen die Initiatoren, es nach Luis zu benennen: »H.d.S. Luis Lintner«. Dieses Haus will allen Südtiroler Organisationen, Gruppen und auch Einzelpersonen ein Zuhause bieten, die entwicklungspolitisch und missionarisch tätig sind, und so ein Zentrum für Bewusstseinsbildung in dieser Hinsicht sein. Von daher ist es in seiner Zielsetzung mit den Idealen von Luis aufs Engste verbunden.

Unerklärliche Phänomene und lustige Geschichten

Einige Male wurde Luis in Familien gerufen, bei denen es »spukte«, und er sah sich mit unerklärlichen parapsychologischen Phänomenen konfrontiert. Einmal hielt er im Tagebuch fest:

Die Familie leidet seit Monaten unter Phänomenen, die niemand erklären kann: Steine aufs Dach, die Bänke wandern, die Pfannen fliegen. Auf Einladung feiern wir dort die heilige Messe. Es kommt ein Volk zusammen. Ich vermute stark, dass die Ursache im 15-jährigen Buben liegt, der mit der jungen Familie wohnt und arbeitet. Er war im ganzen Leben auf Wanderschaft, hin und her geworfen.[40]

Meistens blieben diese seltsamen Vorkommnisse dann aus, wenn Luis den Menschen durch Segensgebete und die gemeinsame Feier des Gottesdienstes gewisse abergläubische Vorstellungen austreiben und ihnen die Angst nehmen konnte. Oft bedurfte es aber vieler geduldiger Gespräche, um unbewusste Konflikte der Hausbewohner ausfindig zu machen und wenigstens ansatzweise aufzuarbeiten. Möglicherweise waren solche unterschwelligen Konflikte auslösende Momente dieser seltsamen Phänomene.
Schon leichter tat sich Luis, andere »Phänomene« aufzuklären. Einmal – es war während der Fußballweltmeisterschaft 1982, bei der Italien die brasilianische Mannschaft besiegt hatte – kam Luis in ein Dorf, um den Gottesdienst zu feiern, doch verwundert musste er feststellen, dass kein Mensch gekommen war. Als er in ein Haus ging, um nachzufragen, waren die Leute nicht wenig verwundert darüber, dass er da war. Im Dorf hatte sich nämlich das Gerücht verbreitet, der »padre italiano« hätte allzu unverhohlen seiner Freude über den Sieg Italiens gegen Brasilien Ausdruck verliehen. Deshalb sei er von einer Horde enttäuschter Jugendlicher verprügelt worden und schäme sich

jetzt wegen eines blauen Auges, das Haus zu verlassen. Auch wunderte sich Luis nicht schlecht, als er eines Tages einen Bauern auf seiner Fazenda besuchte und dieser begann, ihm das ganze Anwesen zu zeigen und recht schmackhaft zu präsentieren. Wollte ihm dieser Bauer doch tatsächlich seine Fazenda verkaufen, in der Meinung, der Padre wäre zu diesem Zweck gekommen. Als Rosy nämlich einmal ein kleines Stück Acker gekauft hatte, hatte auch Luis gleich eifrig mit angepackt und geholfen, Bohnen zu pflanzen. Da dachten einige Bauern, er würde allen Ernstes auf Ackerbau umsteigen, und witterten schon ein lukratives Geschäft mit dem Padre.

Luis war in Tabocas, vor allem bei den Jugendlichen, schon bald bekannt dafür, dass ihm an modischer Kleidung wenig gelegen war. Hauptsache war, Hemd und Hose waren sauber und passten. Ob sie auch schön oder modisch waren, war ihm so ziemlich einerlei. Schuhe und Socken trug er sowieso keine, er war ja fast immer in Sandalen unterwegs. Einmal ist ihm nun der Hosengürtel gebrochen, also kaufte sich Luis auf dem Wochenendmarkt einen neuen. Unter den Blicken unzähliger Neugieriger suchte er sich einen Gürtel aus, der ihm gefiel. Da sagten die Marktbesucher zueinander: »Jetzt wird uns der Padre wohl nicht mehr grüßen, denn er trägt ja einen neuen Gürtel!«

Dom Ricardo auf Pastoralbesuch in Tabocas

Es ergab sich, dass Luis während der Zeit, da in Tabocas das Pastoralzentrum gebaut wurde, einige Tage länger als vorgesehen in Barreiras bleiben musste. Als er nach Tabocas zurückkam, bemerkte er, wie er von einigen Personen, die ihm ansonsten das Leben gar nicht leicht machten, ganz besonders freundlich empfangen und behandelt wurde. Sie wussten wohl, nicht immer die »folgsamsten und leichtesten Schäfchen« gewesen zu sein, und hatten deshalb ein schlechtes Gewissen. Als Luis nämlich nicht wie geplant zurückgekehrt war, waren sie überzeugt, der Padre hätte von Tabocas endgültig genug bekommen. Einige wollten sogar schon wissen, dass er eine andere Pfarre übernommen hätte, wieder andere, dass er begonnen hätte, in Barreiras in einem Architektenbüro zu arbeiten.

Wie Luis seine Angehörigen und die Leser seiner Rundbriefe immer wieder versicherte, ging es ihm in Brasilien gesundheitlich gut. Um sein Wohl waren seine »Hausengel« Melania, Rosy und Pina besorgt. Um sich fit zu halten, ging er, wenn es ihm möglich war, in aller Früh eine Stunde laufen. Dieses »In-den-Tag-Hineinlaufen« genoss er richtig. Allein die Migräne blieb ihm unliebsame Begleiterin und machte ihm immer wieder zu schaffen. Verschiedenste Kuren und Mittel probierte er im Lauf der Jahre aus, leider nur mit bescheidenem Erfolg. In seinen besten Tagen aber gelang es ihm, sie mit Selbstironie zu ertragen:

> *Über Zeiten weiß ich nicht mehr, wo mir der Kopf steht – aber da kommt dann ja die Migräne und erinnert mich daran, dass ich noch einen habe.*[41]

»Ich will das Schicksal der Landflucht auf mich nehmen.«

Nach zehn Jahren Arbeit in Tabocas spürte Luis, wie »eingesessen« er nun schon war, und begann, unruhig zu werden. Er fühlte, dass es wieder an der Zeit war, sich nach Neuem umzusehen.

> *Bei meinem Wunsch nach einem Pfarrwechsel bewegt mich der Gedanke, dass wir hier in Tabocas Aufbauarbeit geleistet haben, die jetzt bewahrt werden muss in einer – vielleicht nicht gar langen – Zeit ohne Priester. Dies war wohl der Sinn meines Missionseinsatzes hier.*
> *Ich bin Gott dankbar für die Jahre, die ich auf diesem verlorenen Fleckchen Erde verbringen konnte. Und jetzt habe ich den heißen Wunsch, in einer neuen, herausfordernden Situation einer Favela Seinem Reich dienen zu dürfen. Ich bete, dass der Gottesgeist uns in dieser Entscheidung erleuchte und begleite.*[42]

Doch was hatte Luis bewogen, in einer »Favela«, in einem Elendsviertel an der Peripherie einer brasilianischen Großstadt leben und arbeiten zu wollen? Zu diesem Entschluss hat er sich aufgrund von bitteren Erfahrungen durchgerungen. Im Lauf der Jahre musste er unzählige Male hilflos zusehen, wie Jugendliche, Familienväter oder ganze Familien wegen der Dürre, der sozial-politischen Verhältnisse, der Arbeitslosigkeit oder einfach aus Abenteuerlust und falschen Verlockungen folgend, in die großen Städte abwanderten. Es war ein Dilemma: Blieben sie in Tabocas, konnten sie oft nichts anderes tun, als herumsitzen und nichts tun, und liefen Gefahr, irgendwelchen Lastern zu verfallen.
Wenn sie schließlich wegzogen, tat Luis jedes Mal das Herz weh, wusste er doch, dass es nur dem kleinsten Teil der Auswanderer gelang, in ihrer neuen Umgebung Fuß zu fassen und sich eine neue Existenz aufzubauen. Die meisten von ihnen endeten hingegen in den Elendsvierteln der Metropolen, wo Armut, Unsicherheit und Heimweh ihr tägliches Brot wurden. Einigen ist er nachgefahren, hat sie besucht und ihr Schicksal kennen gelernt – und dieses Schicksal wollte er mit ihnen teilen, mit ihnen an die Peripherie und an den Rand der Gesellschaft gehen.

Abschied von Tabocas (Mai 1991)

Als Luis begann, dem Pfarrvolk von Tabocas deutlich zu machen, dass es schon bald auf eigenen Beinen stehen und möglicherweise wieder eine Zeit lang ohne Priester auskommen müsste, machte sich ein Gefühl von Bedrückung und Traurigkeit breit; hatte das Volk doch »seinen Padre« Jahr für Jahr mehr ins Herz geschlossen. Auch in Brejolandia, wo das Verhältnis zwischen den Menschen und dem Padre bis zuletzt ein distanzierteres war, löste die Ankündigung, dass er und Pina bald weggehen würden, Betroffenheit aus. Bei einer der letzten Versammlungen bat Luis eindringlich, man möge auch nach seiner Abreise die Ärmsten nicht vergessen, sondern ein besonderes Augenmerk auf sie richten. Zu diesem Zweck regte er an, dass die Armen – denn die Reichen waren dafür kaum zu gewinnen – freiwillig einen Teil ihres Einkommens für noch Ärmere zur Verfügung stellten. Den Vorwurf, er würde die Menschen im Stich lassen, wollte Luis nicht gelten lassen:

Der Geist Gottes führt sein Werk garantiert auch in unserer Abwesenheit fort. Wir wollten ja schließlich nicht ›unser Werk‹ schaffen, sondern Handlanger am ›Werk Gottes‹ sein.

> *Einige Freunde hier und in der Heimat haben uns gesagt: Wie könnt ihr bloß die Leute allein lassen? Ich nehme diese Frage durchaus ernst, aber es scheint mir, dass sie nicht richtig gestellt ist. Die Leute bleiben nicht allein; sie bleiben (bloß) ohne residierenden Pfarrer, der einen Dienst unter vielen getan hat. Sie bleiben nicht allein; sie haben gelernt, miteinander Kirche zu sein – in einem Netz von kleinen Gemeinden. Sie bleiben nicht allein; der Geist Gottes, den wir dort schon bei unserer Ankunft am Werke fanden, führt sein Werk garantiert auch in unserer Abwesenheit fort. Wir wollten ja schließlich nicht ›unser Werk‹ schaffen, sondern Handlanger am ›Werk Gottes‹ sein.*[43]

Zu einem »Höhepunkt seelsorglicher Freude« gestaltete sich schließlich die Feier der Priesterweihe und Primiz von Antonio aus Tabocas, des ersten Priesters aus der Diözese Barreiras. Am 25. April 1991 nahm Dom Ricardo die Weihe in der Pfarrkirche von Tabocas vor. Es war für Luis eine Genugtuung zu sehen, wie das ganze Dorf auf den Beinen stand und wie selbstbewusst, engagiert und dynamisch sich die Gemeindemitglieder bei der Organisation und Durchführung des Festes einbrachten; bedeutete dies doch, dass er eine wachstums- und lebensfähige Pfarre hinterlassen konnte.

Dann kam der Tag des Abschieds. Er tat weh, Luis ebenso wie vielen anderen. Er kostete viele Tränen und zum Dankgottesdienst waren einige nicht gekommen, »weil sie es nicht ausgehalten hätten«, wie sie sagten. Am Abend vor der Abreise bekam Luis unerwarteten Besuch. Es war schon dunkel, als es plötz-

lich an die Haustür klopfte. Draußen standen einige der erbittertsten Gegner von Luis, Männer, die sich mit den Großgrundbesitzern arrangiert und Luis in den vergangenen Jahren so manche Knüppel zwischen die Füße geworfen hatten. Es berührte Luis zutiefst, als sie hier vor ihm standen, etwas verlegen, und sich bei ihm für seinen Einsatz, für seine ehrlichen, mahnenden Worte und für seine Geradlinigkeit bedankten.
Tags darauf, es war der 5. Mai, aßen Luis und Pina im Haus von Melania, ihrer langjährigen und treuen Haushälterin, zu Mittag und am frühen Nachmittag brachen sie auf. Am Hauptplatz hatten sich Dutzende versammelt. Viele hatten Tränen in den Augen, als sie dem davonfahrenden Auto nachwinkten.
»Ich und die Leute von Tabocas und Brejolandia sind Luis bis heute dankbar verbunden: ›o Padre Luis‹ (›der Padre Luis‹; Anm. des Verfassers) ist für sie alle ein ganz besonderer Name. Sie machten mit ihm die Erfahrung eines Priesters, wie sie sie vorher nicht kannten«[44], schrieb Bischof Dom Ricardo viele Jahre später. Luis und Pina sind einige Male wieder nach Tabocas zurückgekehrt, um Predigtwochenenden, Bibel- und Gesundheitskurse zu halten. Wie es ihnen dabei erging, hielt Luis einmal fest:

> *Wir haben Tabocas besucht: ein Bad von Liebesbezeugungen und Lobeshymnen! Das ist nicht länger auszuhalten als wenige Stunden oder Tage.*[45]

Nach der Abreise aus Tabocas verbrachte Luis seinen dritten Heimaturlaub in Südtirol. Einer seiner ersten Besuche galt dem schwerkranken Altbischof Joseph Gargitter. Dieser hörte aufgeschlossen und interessiert zu, als ihm Luis von seiner Zeit in Tabocas und von seinen neuen Plänen erzählte. Auch gratulierte er Luis zu seinem 25-jährigen Priesterjubiläum. Am 22. Juli nahm Luis im Dom von Brixen an der Beerdigungsfeier von Altbischof Gargitter teil. Er war dankbar, dass er seinen geschätzten »Vater und Freund« noch wenige Wochen zuvor besuchen konnte und ihm jetzt die letzte Ehre erweisen durfte.

Salvador da Bahia (1991–2002)

Am 5. August schließlich brach er erneut auf, um nach Brasilien zurückzukehren. Diese Rückkehr und den Beginn der neuen Phase seines Missionseinsatzes in Salvador, der Hauptstadt des Bundesstaates Bahia, stellte er unter das Motto:

Hoffnung gegen alle Hoffnungslosigkeit erfahren,
Enttäuschung ohne jede Selbsttäuschung ertragen,
das Nein mit dem Ja ersticken.

Der Neubeginn in der Favelaseelsorge – ein »Kulturschock« (August–Dezember 1991)

Bevor Luis in Salvador zu wirken begann, besuchte er in São Paulo einen Kurs über die Favelaseelsorge. Dieser Kurs war »Anschauungsunterricht« im wahrsten Sinn des Wortes, da die Teilnehmer zu den Orten der Armut hinausgingen, sei es im Stadtzentrum in heruntergekommenen Wohnblocks und Hinterhöfen, sei es in den Favelas an der Peripherie der Stadt. Viel hatte Luis schon gesehen von Armut und Misere, doch was er hier sah, schockierte und versetzte ihn in eine Krise. Das Leben in dieser Großstadt war so ganz anders als im Landesinneren.

> *Fast nichts von meinem bisherigen gesellschaftlichen Koordinaten- und Orientierungssystem stimmt mehr. Modernste Entwicklung und skandalöse Armut wohnen beziehungsweise vegetieren hier zusammen. Für mich persönlich war der größte Schock ein Besuch (bloß ein Besuch!) in den ›corticos‹ – Hinterhöfen alter, aufgelassener und heruntergekommener Gebäude im Stadtzentrum (...) Für meine Begriffe kann hier nicht gelebt werden, bestenfalls vegetiert. Die Klosterfrau und der Priester, die hier arbeiten, haben uns erklärt, dass diese ›corticos‹ tatsächlich Brutstätten von Brutalität und Gewalt sind. Wen wundert es? Aber wir sind hier auch Frauen begegnet, die diese ›untermenschliche‹ Situation mit Würde tragen, und Kindern, die lachen und hüpfen vor Freude.*[46]

Die Begegnungen mit den Menschen, die Luis während dieses Kurses machen durfte, prägten ihn zutiefst und bestärkten ihn in seiner Entscheidung:

> *Ihr Zeugnis und ihre Kraft zu leiden und zu hoffen fordern mich heraus, noch viel mehr Weggenosse der getretenen lateinamerikanischen Völker zu werden.*[47]

Nach dem Kurs traf sich Luis mit dem Erzbischof von Salvador, Kardinal Lucas Moreira Neves, dem späteren Präfekten der Bischofskongregation im Vatikan. Dom Lucas bot ihm eine Pfarrstelle in Camaçarí, einer Stadt nördlich von Salvador, an, doch Luis wollte nicht mehr in einer »klassischen« Pfarrseelsorge tätig sein, sondern mit und unter den Armen leben, ungebunden von institutionellen Aufgaben. Dom Lucas aber war der Überzeugung, ein solcher Einsatz würde ihn überfordern. So fanden sie in ihren Vorstellungen nicht zusammen.

In dieser Phase des Wartens und Suchens bereisten Luis und Pina den Süden Brasiliens, den sie bisher noch kaum kennen gelernt hatten. Sie erfüllten sich auch einen lang gehegten Wunsch, nämlich die großen vorkolumbianischen

Hochkulturen der Azteken, Majas und Inkas kennen zu lernen; schickte sich der Kontinent doch an, »500 Jahre Entdeckung Amerikas« durch Christophorus Kolumbus zu feiern. Die Reise führte sie nach Ecuador, Mexiko, Peru und Bolivien, wo sie die bedeutendsten Kunstdenkmäler aus der Kolonialzeit, vor allem aber die archäologischen Stätten der indianischen Hochkulturen besichtigten. In Mexiko verweilten sie lange vor dem Gnadenbild von Guadalupe, dem bedeutendsten Wallfahrtsort Lateinamerikas. Fasziniert war Luis besonders auch von der Schönheit der Natur in diesen Ländern. So ließ der Anblick des schnee- und eisbedeckten Cotopaxi in Ecuador das Bergsteigerherz von Luis höher schlagen. Kurz entschlossen schloss er sich einer Seilschaft an und bezwang den 5897 Meter hohen Andengipfel. Das bunte und farbenfrohe Treiben auf den Märkten der Indios in der bolivianischen Hauptstadt La Paz bildete die Abschlusskulisse dieser Reise in die Vergangenheit. Doch der äußere Schein konnte über die bittere Armut der Kinder und Frauen nicht hinweg täuschen, die hier auf den Straßen die kargen Früchte ihrer harten Arbeit feilboten. Voller Eindrücke, aber auch nachdenklich und betroffen schrieb Luis:

> *Es war ein existentieller Schock, vor den imposanten Zeugen der Vergangenheit dieser Kulturen zu stehen und nachzuvollziehen, dass fast alles innerhalb kürzester Zeit von einem Haufen spanischer Abenteurer zunichte gemacht wurde. Und die Entfremdung, Ausbeutung, Dezimierung, Versklavung, Ermordung, Ausrottung von unzähligen Völkern dieses Kontinents und ihrer Kultur und Geschichte zieht sich durch 500 Jahre hindurch. Wahrhaftig, nicht die Spanier und die Portugiesen haben diesen Kontinent ›entdeckt‹, sondern die Völker dieses Kontinents haben die Europäer ›ent-deckt‹ in ihrer Geldgier, Menschenverachtung, Brutalität, Gottlosigkeit. Um Verzeihung bitten, wie der Papst tat bei der Eröffnung der vierten lateinamerikanischen Bischofskonferenz in Santo Domingo im vergangenen Oktober (1992; Anm. des Verfassers), ist Zeichen einer Kirche, die sich besinnt und umkehrt, aber es ist wenig.*[48]

Von der Schwierigkeit, Wurzeln zu schlagen – ein Traum zerbricht (Mai–September 1992)

In Salvador dauerte die Zeit des Suchens, des Wartens und auch der Auseinandersetzung mit Dom Lucas an. Sie kostete Luis viele Nerven und ging an die Grenzen seiner Geduld. Immer öfter besuchte er zwei »invasões« (illegale Landbesetzungen) in »Pituaçú«, einem Stadtviertel am Atlantikstrand: »Golfo Persico« und »Kuwait«. Er fühlte sich von den Menschen dort angezogen, sie waren die Armen, mit denen er leben wollte:

Zusammengewürfelte Menschen aus allen Himmelsrichtungen, die sich erst kennen lernen und (wörtlich) zusammenstreiten müssen. Weil das Elend grassiert und der Hunger und der Egoismus, ist das nicht so leicht. Hier tut sich eine große Aufgabe für die Kirche auf.[49]

Als er begann, sich mit diesem Gebiet vertraut zu machen, bekam Luis Besuch aus Südtirol. Wolfgang und Frieda Penn drehten gemeinsam mit P. Sepp Hollweck im Auftrag der RAI – Sender Bozen den Kurzfilm »Fenster in die Welt« und begleiteten Luis einen Tag lang bei seinen Besuchen in den Favelas. Dom Lucas willigte schließlich ein, dass Luis in Pituaçú zu wirken begann, und so versuchte er, sich dort niederzulassen. Das Finden eines geeigneten Häuschens beziehungsweise eines Grundstücks, um eines zu bauen, gestaltete sich aber als äußerst schwierig. Einmal konnte er ein Häuschen ausfindig machen, das zum Kauf angeboten wurde, doch tags darauf stand es »nackt« da, aller irgendwie verwertbaren Baumaterialien beraubt. Auch mit dem Grundstückkauf hatte er kein Glück, denn einem »padre católico« wollte niemand einen Grund verkaufen. Der Einfluss verschiedenster Freikirchen und Sekten war groß und deren »Missionseifer« äußerst aggressiv. Luis ging in die Baracken, um die Menschen zu besuchen und ihnen seine Freundschaft anzubieten. Er machte sich mit ihrem Schicksal vertraut, versuchte, sie zu verstehen, feierte mit ihnen die heilige Messe im Schatten eines Baumes. Doch Teilnahme und Interesse der Menschen wurden zusehends geringer. Nach anfänglicher Offenheit zeigten sie immer deutlicher ihre Ablehnung. Missverständnisse und Enttäuschungen erschwerten die Lage. Luis hätte die Möglichkeit gehabt, mehr in den »Betrieb« der Pfarre einzusteigen, auf deren Gebiet sich die Favelas befanden, doch er wollte nicht in einer offiziellen Rolle zu den Menschen hierher kommen, sondern einer von ihnen werden. Seine Vorstellung einer »alternativen« Pastoral und Evangelisierung ging über die traditionelle »Sakramentenpastoral« und die klassische Form von Missionsverständnis hinaus. Nicht um zu lehren, sondern um mitzuleben und so Zeugnis zu geben, kam er in die Favelas.

Beim Filmen mit Wolfgang Penn und Pater Sepp Hollweck

Was kann ein Südtiroler in Salvador, in dieser Realität hier, schon lehren; wohl sehr wenig. Vielleicht, wenn es der Geist Gottes schenkt, kann er ein bisschen den Glauben leben; das ist aber auch alles,

Die Baracken von Pituacù

hatte Luis im Interview mit P. Sepp Hollweck seine Erwartungen tief angesetzt. Ein Netzwerk von Beziehungen unter diesen Menschen hier vor Ort zu knüpfen, war sein Ziel; eine »Erfahrungsgemeinde« aufzubauen, in der Menschen zusammenwachsen, ihr Leben, Sich-Freuen und Leiden teilen können, gemeinsam feiern, beten und glauben. Das war seine Vision von Kirche; von einer Kirche, die an die Peripherie geht, um arm zu sein mit den Armen und heimatlos mit den Heimatlosen. Und der Weg dorthin führte – so war Luis überzeugt – zunächst über das Verstehen und Annehmen des anderen.

> *Evangelisieren geht hier – und nicht nur hier – für ein europäisches Christentum über eine neue Haltung zum anderen: Der andere ist anders, aber nicht wilder oder zivilisierter, wertvoller oder wertloser, wissender oder unwissender, einfach anders. Deswegen ist Empathie und Dialog, Verstehen und Annehmen der sichere Boden, auf dem Gemeinsames wachsen kann, wo der Partner in seiner Andersheit Platz hat und so für mich bereichernd sein kann und ich für ihn. (...) Wir haben die Wahrheit nicht gepachtet und verpackt und nur an den Mann zu bringen. Wir sind Lernende – mit dem Gottesgeist, der in anderen Religionen, Völkern, geschichtlichen Situationen tätig ist. (...) Wir müssen ausziehen, um das Fürchten zu lernen, Gott – der Vater und Mutter von uns allen ist – in der Schwester oder im Bruder, hier und dort, heute oder morgen, nah oder fern zu be-leid-igen oder zu treten oder zu töten. Der Nächste ist der ›Ort‹ Gottes. Darüber gibt es seit Jesus Christus, seinem Handeln und Reden, keinen Zweifel mehr. Und zu unserem Nächsten müssen wir zuallererst den – in welcher Form auch immer – Verarmten machen.*[50]

Wir müssen ausziehen, um das Fürchten zu lernen, Gott in der Schwester oder im Bruder zu be-leid-igen oder zu treten oder zu töten. Der Nächste ist der ›Ort‹ Gottes.

Doch Luis fand wenig Verständnis für seine Vorstellungen, weder bei den kirchlichen Vorgesetzten, noch bei den Menschen, zu denen er ging. Die Skepsis gegenüber dem »padre católico« war zu groß, und die katholischen unter den Favelabewohnern wollten in der Kirche ihre Messe feiern und für die Dauer des Gottesdienstes den harten Alltag vergessen, nicht mehr und nicht weniger. Zu sehr waren alle gefangen im täglichen Überlebenskampf

und gelähmt von der Unsicherheit und Angst voreinander. Diese Erfahrung machte Luis traurig und zehrte an seinen Nerven. Einsamkeit bedrückte ihn und an manchen Tagen verließ er seine Wohnung nicht. Das Gefühl, unnütz zu sein, beschlich und entmutigte ihn.
Schließlich musste er sich enttäuscht und entnervt eingestehen, dass es keinen Sinn hatte, auf diese Weise weiterzumachen. »Enttäuschung ohne jede Selbsttäuschung ertragen«, hatte er sich ja bei seiner Rückkehr nach Brasilien vorgenommen. Im Gespräch mit Dom Lucas einigten sie sich, Luis solle in einer anderen Favela neu beginnen, nämlich in »Cajazeiras« an der nördlichsten Peripherie der Stadt.

> *Mit dem Entschluss, dorthin zu gehen, gebe ich wohl etwas von meinem ursprünglichen Traum auf, mit den Ärmsten zu leben. Denn in Cajazeiras ist Armut, aber nicht die äußerste.*[51]

Doch mit dieser letzten Feststellung sollte sich Luis täuschen, wie er später erfahren musste. Mitte September zog er nach Cajazeiras, wo er in der Favela »Fazenda Grande 2« von Ordensschwestern eine leer stehende Wohnung übernehmen konnte. Wenige Male ist Luis noch nach Pituaçú zurückgekehrt, um Personen und Familien zu besuchen, mit denen er schon eine engere Beziehung aufgebaut hatte. In den Rundbriefen aber schwieg Luis über diese bittere Erfahrung von Pituaçú, nur einmal klingt sie durch:

> *Traurig stimmt mich und hilflos lässt mich die Tatsache, dass die offizielle Kirche auf diese Riesenprobleme auch keine Antworten findet und viel zuwenig intensiv danach sucht. Auf diese Weise rutschen viele Menschen in kirchenähnliche Institutionen ab, um nicht zu sagen in Sekten, wo ihnen das Blaue vom Himmel versprochen wird und sie früher oder später als Geschröpfte dastehen.*[52]

Auch später hat Luis über diese viereinhalb Monate kaum mehr gesprochen.

Cajazeiras – Peripherie und Chaos (September 1992–Mai 2002)

Cajazeiras liegt an der nördlichsten Peripherie von Salvador, rund 30 km vom Stadtzentrum entfernt. Um 1980 gab es hier noch nichts als Grünland. Als damals einige Flächen illegal besetzt worden waren, hatte die Stadtverwaltung einen Plan entworfen für Volkswohnbausiedlungen, von denen dann insgesamt zwölf gebaut wurden. Zwischen diesen Wohnblockeinheiten entstanden im Lauf der Jahre immer wieder neue »invasões«, illegale Barackenviertel. Die »Illegalen« wurden einige Male von der Polizei vertrieben und ihre Baracken aus Pappe und Holz- oder Blechplanen niedergerissen, doch die Menschen kehrten zurück, bis sie schließlich geduldet wurden. Konnten sie dann endlich damit rechnen, nicht mehr vertrieben zu werden, begannen sie, ihre Buden nach und nach an die Strom- und Wasserversorgung anzuschließen, die Baracken durch Häuschen mit Ziegelmauern zu ersetzen, die im Lauf der Zeit verbessert und ausgebaut wurden, Abwasserrohre zu verlegen und die Wege zu asphaltieren. Das Leben in diesen »bairros« (Vierteln) »normalisierte« sich, wenn in diesen unorganisierten und unstrukturierten Verhältnissen von Normalität gesprochen werden kann. In der Zwischenzeit waren irgendwo in der Nähe zwischen anderen Wohnblocks oder an irgendwelchen Hügelhängen wieder neue »invasões« aus dem Boden geschossen, denen dieser schwere und jahrelange Weg noch bevorstand, denn dasselbe traurige Spiel wiederholte sich stets von Neuem. Von den rund 300.000 Einwohnern, die Cajazeiras 1992 zählte, gehörte ca. die Hälfte zum Gebiet, das drei Jahre zuvor in einer eigenen Pfarre zusammengefasst worden war. Diese wurde von einem Pfarrteam betreut, das von Padre Luis Hartmann, einem deutschen Priester aus der Diözese Fulda, geleitet wurde. Die Pfarre bestand aus insgesamt sieben kleineren »comunidades« (Gemeinschaften) und auf ihrem Gebiet gab es etwa ein Dutzend »invasões«. Die Pastoralarbeit hatte hier praktisch erst angefangen und stand noch mitten im Aufbau.

Luis wird wieder Pfarrer (März 1993)

Luis begann von neuem sich bekannt zu machen, besuchte die Menschen und arbeitete sich im Pastoralteam ein. Gemeinsam mit Pina übernahm er Verantwortung für drei »comunidades« und hielt Katechesen und Bibelabende. In mehreren »bairros« feierte er den Gottesdienst und nahm wegen der großen Distanzen oft Fußwege von bis zu einer Stunde auf sich, bis er sich schließlich dazu entschloss, ein Fahrrad zu kaufen. Er wollte sich jedoch nicht damit anfreunden, wieder »Pfarrseelsorge« zu betreiben, und hoffte, diese Phase würde nicht länger als einige Monate, höchstens zwei bis drei Jahre dauern. Er trug sich nämlich mit dem Gedanken, später vor allem im Bereich der Bildungsarbeit auf pfarrlicher und überpfarrlicher Ebene tätig zu werden und sich verstärkt den Menschen in den »invasões« zuzuwenden.
Als die Erzdiözese plante, die Pfarre in drei aufzuteilen, kam auch Luis als möglicher Pfarrer für eine der neuen Pfarren ins Gespräch. Er sträubte sich zunächst dagegen, doch dann nahm er an. Der Grund dafür war u. a., dass er fest damit rechnete, innerhalb der nächsten Monate Unterstützung durch einen Priesterfreund aus Südtirol zu bekommen, die es ihm ermöglichen sollte, freier zu sein für die Aufgaben, denen er sich widmen wollte. So wurde er am 7. März 1993 von Kardinal Dom Lucas als Pfarrer in die neue »Paróquia Ss. Virgem Maria de Nazaré« in Cajazeira 5 eingeführt. Die Pfarre zählte circa 80.000 Einwohner und bestand aus vier »comunidades«, von denen jede eine eigene Kapelle hatte. Auf dem Pfarrgebiet befanden sich zu jener Zeit auch drei »invasões«. Wieder machte sich Luis auf Wohnungssuche, denn das jet-

zige Domizil lag ja mehrere Kilometer entfernt in einem Nachbarviertel. Die Wohnungssuche verlief recht glücklos und erst nach eineinhalb Jahren konnte er in seine eigene Pfarre übersiedeln. Nicht zuletzt aus diesem Grund kaufte sich Luis nach langem Zögern ein Auto. Enttäuschend für Luis war, dass der erwartete Priester aus persönlichen Gründen nicht mehr nach Salvador kam. Umso dankbarer war er deshalb für eine Schwesterngemeinschaft, die im Pfarrgebiet wohnte und in der Pfarrpastoral mitwirkte. Es waren dies drei »liebe Kerle«, sympathische, aufgeweckte und äußerst tüchtige Ordensfrauen, wie er sie beschrieb, mit denen er und Pina gut zusammenarbeiten konnten. Als die drei Schwestern im Jänner 1997 von ihren Ordensoberen abgezogen wurden, versuchte Luis erfolglos dagegen zu intervenieren. Später kamen drei Schwestern einer anderen Kongregation zur Mithilfe in die Pfarre.

Das Leben in Cajazeiras

Cajazeiras bietet ein treues Spiegelbild der Gesamtbevölkerung Salvadors und Bahias. Die Bewohner sind eine »bunte Mischung«, von ganz dunkel bis ganz hell finden sich alle Hautfarben.
Die Dunkelhäutigen machen rund 80 Prozent der Bevölkerung aus. Sie sind Schwarze oder Mischlinge zwischen Weißen, Afrikanern oder Indios. In Cajazeiras leben nur wenige Weiße, fast durchwegs Nachkommen verarmter portugiesischer Einwandererfamilien.
Luis stellte bei seinen Besuchen in den Familien schon bald fest, dass die wenigsten von ihnen freiwillig hierher gekommen waren.

> *Wir sind Lernende – mit dem Gottesgeist, der in anderen Religionen, Völkern, geschichtlichen Situationen tätig ist.*

> *Die Familien kommen aus dem Landesinnern, vertrieben von Dürre oder Großgrundbesitzern, auf der Suche nach Arbeit oder angelockt durch die Reize der Großstadt. Andere siedelten aus anderen Stadtvierteln um, verdrängt durch die hohen Mietpreise. Andere wiederum, weil sie sich eine etwas ruhigere Wohngegend aussuchen wollten. Es ist also eine zusammengewürfelte Gesellschaft, wo der eine dem anderen fremd ist. Und jeder ist so sehr mit seinem und seiner Familie Überleben befasst, dass wenig Zeit und Wille besteht, zwischenmenschliche und soziale Beziehung aufzubauen.*[53]

Hier traf er auch eine junge Frau wieder, die er vor Jahren als Mädchen in Tabocas kennen gelernt hatte.
Luis gewöhnte sich nur sehr schwer an das Großstadtleben.

> *Ich hatte mich ja auf einiges gefasst gemacht, als ich in die Stadt wollte. Aber es ist schwieriger, als ich mir in den kühnsten Träumen vorgestellt hatte. Es braucht die Zähigkeit eines Berglers, um durchzuhalten und allem einen*

Sinn abzuverlangen. Auf jeden Fall war der ›Kulturschock‹ von Südtirol nach Tabocas nicht so groß wie der von Tabocas nach Salvador! Aber langsam wird die Sache schon.[54]

Das erste Mal in seinem Leben war er der Anonymität einer Metropole ausgesetzt.

Man ist ein Nichts in der Großstadt; kein Hahn kräht, wenn man da oder dort ist, so oder anders sich fühlt. Dieser Teil der Anonymität ist manchmal nicht leicht zu tragen und hat auch den Nachteil in sich, dass man sich – wenigstens ich mit meinem Charakter – zu sehr zurückzieht oder auf wenige Personen fixiert.[55]

Es dauerte Jahre, bis es ihm gelang, sich mit dem Stadtleben auszusöhnen.

Nach jahrelangen Schwierigkeiten gelingt es mir so langsam, auch ein Stadtbürger zu werden, ohne nur das Negative dieses ›status quo‹ zu sehen, und mit dem Schönen und dem Machbaren zu paktieren.[56]

Luis machte es sich zum »Rezept«, gerade in den Momenten, da er die Einsamkeit und Anonymität besonders spürte, nicht zu Hause zu bleiben, sondern zu anderen zu gehen und Besuche zu machen. Mit einigen Familien hatte er sich gut angefreundet und war bei ihnen immer gern gesehen und willkommen. Oft ging er in die »invasões« und kehrte wahllos hier und dort in die Baracken ein. Freilich, überall war der Padre nicht gerne gesehen und nicht in allen Baracken fand er Aufnahme, mancherorts begegnete man ihm mit Ablehnung und auch mit offener Feindseligkeit.

Manchmal ist mir zumute abzuhauen. Aber dann sind wieder die wenigen Leute da, mit denen es uns gelingt, Freundschaft zu knüpfen. Sie halten mich und lassen die Hoffnung nicht sterben, dass doch alles einen Sinn hat.[57]

»Das Rauschen des Meeres ist ewige Melodie« – Erholung am Strand

Wie in Tabocas versuchte Luis auch in Salvador, sich durch regelmäßiges Laufen am frühen Morgen körperlich in Form zu halten. Die Menschen, die ihn kreuz und quer durch die Gassen von Cajazeiras laufen sahen, mal hier, mal dort, wunderten sich: »Wie mager will denn der Padre noch werden, er besteht ja eh nur aus Haut und Knochen.« Lieber als durch die Straßen von Cajazeiras zu laufen, ging Luis jedoch an die Strände rund um Salvador. Er legte großen Wert darauf, sich jeweils einen Tag in der Woche freizuhalten für Erholung und Einkehr, in der Regel war es der Montag. Meistens verbrachte er ihn am Strand von »Itapuã« in einem Exerzitienhaus von befreundeten Schwestern. Anfangs war Luis, der »Sohn der Berge«, nicht so angetan von

Am Atlantikstrand von Salvador da Bahia

Meer und Strand, doch dann zogen ihn die Schönheit der kilometerlangen Palmenstrände und die unendliche Weite des Meeres immer mehr in ihren Bann. Stundenlang ging er am Strand spazieren, spürte das Knirschen des feinen Sandes unter seinen Schritten, beobachtete das zeitlose Spiel der Wellen und lauschte dem ewigen Rauschen des Meeres und dem geheimnisvollen Raunen des Windes in den hohen Palmenkronen. Hier konnte er abschalten und die Sorgen des Alltags für eine Weile vergessen. Viele Briefe, auch Rundbriefe, hat er im Lauf der Jahre im Schatten der Palmen geschrieben; waren diese Momente für ihn doch oft die einzigen Stunden von Ruhe und Muße.

> *Ich sitze am Atlantikstrand. Das Rauschen des Meeres ist ewige Melodie. Die weißen Schaumkronen der Wellen kontrastieren zum Dunkelblau des Wassers und verbinden sich mit den weißen Wolken im Himmel. Und die hohen Palmen, die hoch im Himmel ihre Krone entfalten, sind wie eine Verbindung zwischen Himmel und Erde; … und irgendwo dort im Nordosten, weit, weit hinter den Palmen … liegt Europa.*[58]

✦ Die Hölle in den »invasões«

Schätzungsweise ein Fünftel bis ein Viertel der Bewohner von Salvador wohnen in »invasões«. Sie alle teilen die Hoffnung, nur vorübergehend und für kurze Zeit in diesen illegal errichteten Barackensiedlungen leben zu müssen, doch für viele werden sie zur »Endstation«. »Invasões« entstehen oft über Nacht, wenn hunderte von Menschen ein Gebiet besetzen, dessen Besitzverhältnisse unklar sind, und aus Pappe-, Holz- oder Blechplanen ihre Baracken errichten. Diese Menschen kommen von irgendwo her, sie sind buchstäblich aus allen Himmelsrichtungen zusammengewürfelt. Fernab von ihren familiären, religiösen und kulturellen Traditionen sind sie Entwurzelte in vielfacher Hinsicht. Das Klima in den »invasões« ist vor allem ein Klima der Angst, der Unsicherheit und des Misstrauens. Die Menschen kommen meist aus persönlichen und familiären Not- und Krisensituationen hierher, sie sind verunsichert, kennen einander nicht, jeder ist ein potentieller Gegner des anderen, Sicherheit wird ihnen nicht garantiert, auf polizeilichen Schutz dürfen sie nicht hoffen – sie sind schon zufrieden, wenn sie nicht polizeilichen Repressalien ausgesetzt sind. Jeder ist mit dem Kampf ums eigene Durchkommen und Überleben beschäftigt. Auf der Strecke bleiben meist die Schwächsten: die Frauen und Kinder. Die Frauen sind Übergriffen vielfach hilflos ausgeliefert. Auch in ihrer eigenen Hütte, die meist nur aus einem Raum besteht, der durch einen Vorhang abgetrennt wird, sind sie nicht sicher. Viele kennen das Trauma, geschlagen oder vergewaltigt worden zu sein, auch vor den Augen ihrer Kinder, von fremden Männern ebenso wie von ihren eigenen Ehemännern, die ein paar Mal im Monat – und dann oft betrunken – auftauchen. Die seelischen Wunden, die diese »Bilder« den Kinderseelen zufügen, stören nachhaltig ihre psychische Entwicklung und Beziehungsfähigkeit und belasten sie ein Leben lang. Intakte Familien können unter diesen Umständen kaum bestehen. Solche können auch kaum vorausgesetzt werden, denn die Tatsache, dass es den Sklaven jahrhundertelang verwehrt war, eine reguläre Familie zu gründen, hat in der Psyche der Schwarzen tiefe Spuren hinterlassen. Wohl aber wurden die Frauen sexuell ausgenutzt. Das Problem der Promiskuität, des wiederholten Wechsels der Sexualpartner, erschwert die Familiensituationen zudem. Für viele Männer ist es eine Frage des »Prestiges«, Beziehungen zu mehreren Frauen zu haben, und viele Kinder derselben Mutter haben verschiedene Väter.

Familie in der Favela ›Oásis‹

Da die Barackenlager ohne jegliches Konzept und vielfach in der Nähe von Hauptstraßen erbaut sind, bieten sie sowohl unübersichtliche Schlupfwinkel als auch schnelle Fluchtmöglichkeiten. So stellen sie ein ideales Rückzugsgebiet für Kriminelle dar, die in Diebstähle, Drogenhandel, Hehlerei oder Prostitution verwickelt sind. Machen sich mehrere kriminelle Banden ein Gebiet streitig, bekämpfen sie sich schonungslos und ohne Rücksicht auf die Bewohner einer »invasão«. Tote oder verstümmelte Leichenteile, die am Morgen gefunden werden, gehören zur Tagesordnung. Um Augenzeugen oder potentielle Mitwisser einzuschüchtern, werden die Bewohner terrorisiert. Mit den Methoden sind die Kriminellen nicht zimperlich, jede Form von Gewalt wird angewandt; sie brechen in die Hütten ein und setzen den verängstigten Inwohnern stundenlang Waffen an den Kopf, schlagen die Kinder oder vergewaltigen die Frauen. Manchmal dringen nachts Polizeieinheiten in Zivil in die Siedlung ein und liefern sich Schussgefechte mit den Kriminellen. Gezielt beschädigen oder zerstören sie Hütten von Angehörigen gesuchter Verbrecher oder schießen wahllos um sich – ohne Rücksicht auf Unbeteiligte. Ihr Auftrag lautet, gesuchte Verbrecher nicht zu verhaften, sondern zu liquidieren. Stoßen Polizei und Kriminelle aufeinander, entscheidet über Leben und Tod, wer schneller reagiert und schießt.

Die »invasões« auf dem Pfarrgebiet von Luis

Als Luis die Pfarre übernahm, gab es auf seinem Pfarrgebiet drei »invasões«. Die erste ist nach der brasilianischen Ordensschwester »Irmã Dulce« benannt, der »Schwester der Armen«, die am 13. März 1992 in Salvador gestorben ist und für die bereits der Seligsprechungsprozess eingeleitet wurde. Hier hatte sich das Leben der Menschen schon einigermaßen stabilisiert, als Luis kam. Die Menschen kannten sich bereits und hatten angefangen, eine Gemeinschaft zu bilden. Die Baracken aus Pappe oder Brettern waren größtenteils durch kleine Ziegelhäuschen ersetzt, die Wege schon gepflastert. Die Regierung hatte eine Reihe von Häuschen gebaut, die aus einem Raum von ca. 25–30 m^2 bestehen und aus einem ebenso großen Grund zum Anbauen, wenn es die Verhältnisse erlauben. Es gelang Luis, für einige der Ärmsten ein solches Häuschen zu kaufen. Die zweite »invasão« heißt »Oásis«, doch der Name trügt, denn an die Idylle einer Oase erinnert hier wenig. Vielmehr steigt man durch steile, lehmige Pfade den Hang hinab. Links und rechts führen Bretter über stinkende Gräben zu den Baracken. Diese offenen Abwasserkanäle am Rand der Pfade sind vom Regen ausgeschwemmt und voller Müll, den jeder Regenguss von oben herunter spült. Unten wird das Abwasser in einem großen Becken aufgefangen. Von der Ferne sieht es wie ein kleiner, idyllischer See aus, kommt man jedoch in seine Nähe, riecht man, was es ist: eine giftige und stinkende Kloake. Solche offene Abwassersammelbecken in unmittelbarer Nähe der Behausungen gibt es unzählige in der ganzen Umgebung. In der »Oásis« haben sich die Lebensbedingungen auch nach Jahren noch nicht verbessert und das Problem der Gewalt mit all ihren Folgen ist hier besonders dramatisch, da sich in dieser »invasão« mehrere Drogenbanden eingenistet haben und die Siedlung terrorisieren. Die dritte »invasão« lag im Grenzgebiet zu einer Nachbarpfarre. Im Juni 1995 – Luis war gerade auf Heimaturlaub in Südtirol – rutschte der Hang, an dem sie lag, infolge lang anhaltender Regengüsse ab. Die etwa 50 Baracken wurden verschüttet und total zerstört, es gab viele Verletzte und fünf Tote. Die betroffenen Familien kamen zunächst in provisorischen Notunterkünften unter, später wurden sie von der Regierung ausgesiedelt. Was blieb, ist eine Wunde im Hang, aus dem hier und dort noch die Reste der abgerutschten Baracken herausragen.

Kind in der Favela ›Jardim das Mangabeiras‹

Ein gutes Jahr später, im Sommer 1996, entstand in einem anderen Viertel der Pfarre auf einem Hügel, der »Jardim das Mangabeiras« (Marillengarten) heißt, eine neue »invasão«. Innerhalb weniger Wochen haben sich tausend Familien niedergelassen. Im August 1997 kamen über Nacht weitere tausend hinzu, die an den Hängen des Hügels, die in ein kleines Tal hinunter führen, ihre Baracken aufstellten. Auch hier dasselbe Schauspiel wie überall: die Polizei kam, vertrieb die »Illegalen« und riss die Buden nieder. Die Menschen kamen wieder, schließlich durften sie bleiben. Täglich kamen neue Familien hinzu, im Juli 2002 waren es schon 4000. Luis begleitete die Menschen in dieser »invasão« von Anfang an.

Aus eigener Initiative haben die Leute ein Baulos für den Bau einer Kapelle ausgewählt und bereits zum Bauen angefangen. Ich habe dabei geteilte Gefühle, weil ich möchte, dass zuerst die Leute in einer einigermaßen würdigen Hütte wohnen, und auch, weil nicht ausgeschlossen ist, dass die Polizei – wie bereits viermal – ein fünftes Mal kommt, die Hütten zerstört und die Leute vertreibt. Die Eile jedoch besagt ganz klar, wie sehr die Kapelle – noch mehr, wenn in Gemeinschaftsarbeit gebaut – Zusammengehörigkeitsgefühl gibt und psychologische Sicherheit. Es tut sich also dort eine weitere Arbeitsfront auf. Alles von vorne anfangen. Aus ›Zusammengewürfelten‹ eine Gemeinde machen.[59]

... aus »Zusammengewürfelten« eine Gemeinde machen ...

Durch die unzähligen Besuche lernten die Favelabewohner Luis als einen kennen, an den sie sich im Notfall wenden konnten. So klopften viele verzweifelt an seine Tür, wenn sie nicht mehr weiter wussten. Luis war auf diese

Weise oft mit schwierigen, ja ausweglosen Situationen konfrontiert. Er wurde in Häuser und Baracken gerufen, wenn gewalttätige oder betrunkene Männer ihre Frauen schlugen. Er begleitete Frauen auf die Polizeistation, um mit ihnen Anzeige zu erstatten. Er half einigen, eine Zeit lang unterzutauchen, oder besorgte ihnen anderswo eine Wohnung oder ein Häuschen. In einigen brenzligen Situationen rief er auch die Polizei um Hilfe, die jedoch Angst hatte, besonders nachts, in die Favelas hinabzusteigen; dann ging er eben alleine und setzte sich so nicht selten auch selbst der Gefahr aus. In einem nahen Wald stieß Luis auf zwei Frauen mit ihren Kindern, die sich dort zurückgezogen hatten und abseits der Gesellschaft lebten; er kaufte ihnen ein Häuschen und versuchte, sie in die Gemeinschaft zu integrieren. So konnte Luis in vielen Fällen helfen, oft aber blieb auch ihm nichts anderes übrig, als einfach da zu sein, Ohnmacht zu ertragen und mit zu leiden.
Luis war sich bewusst, dass er in diesen Situationen keine »Wunder wirken« konnte, doch er ließ sich nicht entmutigen, sondern ging den »Weg der kleinen Schritte«.

Ich bin immer mehr davon überzeugt, dass kleine Schritte (...) den Weg in eine menschlichere Zukunft ausmachen. Es mag pessimistisch klingen, ist aber realistisch.[60]

Im selben Rundbrief, in dem er dies schrieb, berichtet Luis von einigen »kleinen Schritten«, die ihm gelungen sind. So erzählt er von der Bibelschule, die ihm sehr am Herzen lag, und von Bibliodramen, die er mit den Frauen veranstaltete; oder von der Gesundheitsgruppe, die Pina aufgebaut hatte und in der die Frauen in Naturheilkunde unterrichtet werden, gesundes und vollwertiges Kochen ebenso wie Kranken- und Altenpflege oder etwa die Kunst des Massierens erlernen; oder von den Liturgiegruppen, die Luis in jeder »comunidade« gegründet hatte und die gemeinsam Sonntagsliturgie, Gebetstreffen und Wortgottesdienste vorbereiten. Es war Luis ein großes Anliegen, in die Gottesdienste Elemente der afro-brasilianischen Kultur einzubringen, wie farbenfrohe Kleider, Tänze, Gesänge und Trommelrhythmen. In jeder »comunidade« und auch in den »invasões« richtete Luis mit oft großer Mühe ein kleines Gemeindezentrum ein, einen Mehrzweckraum, der für Gottesdienste und Gebetstreffen ebenso wie für Versammlungen oder Gruppenstunden genutzt wurde. Doch schon bald merkte er, wie diese in der Regel sehr kleinen und engen Räume ihren Zweck nur unzureichend erfüllen konnten. So begann er, an den Bau eines größeren Pfarrzentrums zu denken, das zentral gelegen sein und zu einem Begegnungszentrum für alle Menschen der Pfarre werden sollte, für die aus den kleineren »comunidades« ebenso wie für die der »invasões«.

Der Bau des Pfarrzentrums »Casa do Sol«

Erst nach Jahren der Planung konnte Luis dieses Vorhaben verwirklichen. Er war immer wieder daran gescheitert, dass er keinen geeigneten Baugrund fand oder dass er von den Behörden keine Baugenehmigung erhielt. Schließlich, es war im Herbst 1996, besetzte er ein schmales, langgezogenes Grundstück neben der Pfarrkirche und begann illegal zu bauen. Der Bau kostete ihn noch viel mehr Nerven, Zeit und Geld als seinerzeit das Pastoralzentrum in Tabocas. Endlich war es soweit.

Die ›Casa do Sol‹, rechts dahinter die Pfarrkirche von Cajazeria 5 (Mai 2003)

Der Bau des Pfarrzentrums wird langsam fertig und kriegt ein sympathisches Aussehen. Er hat mir nicht nur Geld, sondern auch schlaflose Nächte gekostet. Und dabei wird mir der Zweifel zeitlebens bleiben, ob es richtig war, soviel in ein Gebäude zu investieren.[61]

Am 26. Oktober 1997 wurde das neue Zentrum im Rahmen eines Familienfestes feierlich eingeweiht und seiner Bestimmung übergeben. Es wurde auf den Namen »Casa do Sol« getauft; und dieser Name wollte Programm sein, ein »Haus der Sonne« im wahrsten Sinn des Wortes sollte es werden. Das Pfarrzentrum ermöglichte es Luis zudem, zwei andere Projekte in Angriff zu nehmen, die ihm schon seit langem vorschwebten und die er als sehr dringlich ansah: einen Kindergarten und die gezielte Jugendpastoral.

Die Kinder: das Herz der »Casa do Sol«

Der Kindergarten, »creche« genannt, öffnete seine Tore sofort nach dem Abschluss der Bauarbeiten. 30 Kinder der ärmsten Familien wurden aufgenommen. In einem Brief an die Verwandten stellte Luis das Projekt vor.

> *Der Hort soll den Kindern gesundes und kräftiges Essen, ärztliche und zahnärztliche Behandlung, kindgemäße Erziehung, Hinführung zur Pflichtschule und in allem und vor allem menschliche Zuwendung und Wärme garantieren. Jedes Kind, das in diese Welt kommt, hat ein Recht darauf. Es ist erschütternd, dass hier und anderswo Kinder dieses Rechtes beraubt werden. Die Gründe mögen verschieden sein. Das Resultat ist immer eine Anklage gegen die Gesellschaft.*[62]

Die Auswahl der 30 Kinder stellte für Luis und Pina eine schwere Belastung dar, denn der notleidenden und interessierten Familien waren viel mehr. Wochenlang besuchten sie Familien, um deren soziale und wirtschaftliche Situation zu analysieren und um abschätzen zu können, welche Kinder schließlich aufgenommen werden sollten. Es fiel ihnen sehr schwer, einer Familie »absagen« zu müssen. Die Finanzierung des Hortes erfolgt ausschließlich durch Fernadoptionen. Über das Projekt »Agata Smeralda« mit Sitz in Florenz übernehmen Familien aus Südtirol und der Valtellina die Kosten für den Kindergartenplatz ihres »Patenkindes«.

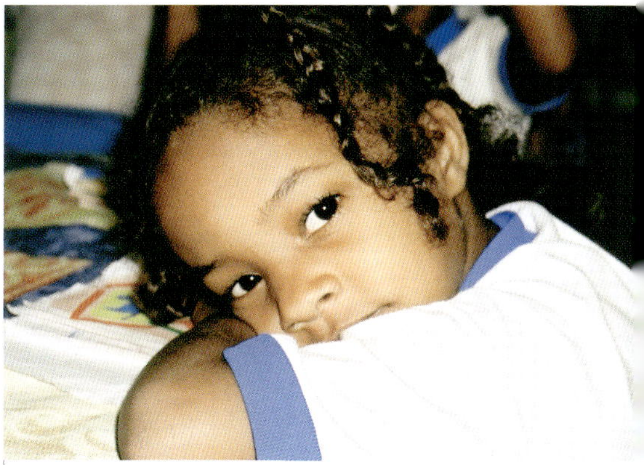

Kind der ›Casa do Sol‹

Die »creche« wurde schon bald zum Herz der »Casa do Sol«, viele Pfarrmitglieder wollten mithelfen und ihren Beitrag leisten und begannen, sich für die Kinder zu engagieren. Von »seinen Kindern« erzählte Luis mit viel Liebe und Zuneigung, auch in den Rundbriefen. Die hauptamtlichen Mitarbeiterinnen, die Köchinnen und die Erzieherinnen sind Mütter aus den Favelas, denen auf diese Weise ein Arbeitsplatz und somit ein sicheres Einkommen garantiert wird. Mit Domingas, einer ausgebildeten Pädagogin, konnte Luis eine äußerst kompetente und liebenswürdige Frau gewinnen, die Erzieherinnen zu begleiten und zu unterstützen. Die Arbeit der »creche« wurde jedes Jahr ausgeweitet. So konnten die Kindergartenplätze auf 40 bis 50 aufgestockt und eine Vorschule organisiert werden, in der ca. 20 Kinder auf den Besuch der Schule vorbereitet werden. In Bastel- und Musikstunden können sie ihre musischen und künstlerischen Fähigkeiten entdecken und entfalten. Als die ersten Kinder in die Pflichtschule kamen, wurde für sie eine Art »Nachhilfe- und Förderunterricht« eingerichtet, denn die öffentliche Schule allein ist für die meisten Kinder unzulänglich. Viele können nach den ersten vier Schuljahren kaum lesen und schreiben. Auch in den kleineren Gemeinschaften und in den »invasões« wurden solche Nachhilfe- und Förderklassen eingerichtet. Im Schuljahr 2002 besuchten 50 Kinder die »creche«, 25 die Vorschule und insgesamt 100 den Nachhilfe- und Förderunterricht in der »Casa do Sol« und in den externen Schulen. Für viele Kinder ist die »Casa do Sol« zu einem Zuhause geworden. Manche weinen, wenn sie abends in die Favelas zurückkehren müssen oder wenn die Ferien beginnen. Die Erzieherinnen erzählen, wie einige Kinder nach den Ferien abgemagert und apathisch in die »Casa do Sol« zurückkehren. Durch Hausbesuche und verschiedenste Aktivitäten und Fortbildungsangebote werden auch die Mütter und – in Ausnahmefällen – die Vä-

Es ist erschütternd, dass Kinder ihrer Rechte beraubt werden. Die Gründe mögen verschieden sein. Das Resultat ist immer eine Anklage gegen die Gesellschaft.

ter unmittelbar in die Arbeit der »creche« mit einbezogen, denn die »Casa do Sol« will nicht die Erziehungsverantwortung übernehmen. Diese verbleibt in den Familien, die darin aber unterstützt und begleitet werden müssen. Luis war sich bewusst, dass all diese Arbeit nur ein Tropfen auf dem heißen Stein ist, doch sie erfüllte ihn mit großer Freude und wurde für ihn zum Ausdruck der Hoffnung gegen alle Hoffnungslosigkeit.

> *Unsere ›creche‹ ist soviel wie nichts, wenn wir an die Zehntausende ins familiäre und gesellschaftliche Abseits geborene oder gestoßene Kinder allein in unserer Stadt denken. Aber sie ist mehr als nichts, wenn wir konkret und einfach an die Familien denken, die durch sie ein bisschen hoffnungsvoller in die Zukunft blicken können.*[63]

✦ Die schwierige Situation der Jugendlichen

Schwierig ist die Situation der Jugendlichen in den peripheren Gebieten der Großstädte Brasiliens. Einige von ihnen besuchen eine Schule, andere finden hier und dort eine Gelegenheitsarbeit, viele aber sitzen arbeits-, taten- und teilnahmslos herum. Diese Jugendlichen werden ganz gezielt von kriminellen Banden zu »Handlangerdiensten« angeheuert, etwa als Drogenkuriere, oder Mädchen werden zur Prostitution »angeworben«. Diese »Angebote« sind äußerst verlockend, denn dadurch kommen die armen Jugendlichen oft schneller und zu mehr Geld als durch ehrliche Arbeit. Freilich bedeuten diese Kontakte zu Kriminellen für die allermeisten auch den Beginn vom Ende. Sind sie erst einmal im Kreislauf der Kriminalität gefangen, können sie seiner teuflischen Eigendynamik nicht mehr entfliehen; kleinen Delikten folgen größere Vergehen, dem Drogenhandel die Drogensucht und aus gelangweilten Jugendlichen werden in wenigen Jahren Schwerverbrecher und Süchtige. Innere Abwehrkräfte dagegen haben sie kaum, unter Drogeneinfluss spüren sie keine Hemmungen mehr und werden äußerst gewalttätig. Grundlos oder um des Nervenkitzels willen verprügeln oder töten sie Unbeteiligte, so dass es lebensgefährlich ist, allein oder nachts unterwegs zu sein, selbst für die, die weder Geld noch Wertgegenstände mit sich haben. In Konfliktsituationen entscheiden die Fäuste oder die Waffen. Eine Psychologin, die in Rehabilitationszentren jugendliche Schwerverbrecher begleitet, sagt, dass es für die meisten lediglich das erste Mal ein »Problem« darstelle, einen Menschen niederzuschlagen oder zu töten; beim zweiten Mal sei die Hemmschwelle schon erschreckend niedrig. Ein gravierendes Problem stellt zudem die Krankheit AIDS dar.
Langeweile, Arbeitslosigkeit und Drogensucht waren auch die vordergründigsten Probleme der Jugendlichen in Cajazeiras, als Luis herkam. So war der Garten hinter der Kirche ein bevorzugter Treffpunkt Drogensüchtiger, da die Mauer um die Kirche einen willkommenen Schutz darstellte. Mit viel Mühe

gelang es Luis, den Garten so zu pflegen und immer wieder zu reinigen, dass die Drogensüchtigen schließlich wegblieben. Nur die wenigsten der Jugendlichen in Cajazeiras folgten der Einladung zu kirchlichen Veranstaltungen, etwa zu Gottesdiensten oder zur »Bibelschule«. Luis spürte, dass er die Jugendlichen nur durch andere Angebote erreichen könne, dass er ihnen eine bessere Alternative als das »Leben auf der Straße« bieten müsse. So organisierte er schließlich mit Hilfe von erfahrenen und kompetenten Leitern drei Gruppen: die Capoeira-, die Theater- und die Musikgruppe.

Capoeira – der traditionelle afro-brasilianische Kampftanz

»Capoeira« ist der traditionelle Kampftanz der Afrobrasilianer. Er wurde von den Sklaven als Kampftechnik auf den Plantagen erlernt, entwickelte sich später aber zu Unterhaltung und sportlicher Betätigung mit kunstvollen und akrobatischen Choreographien. Die Trommeln bestimmen die Rhythmen des Tanzes, Vorsänger feuern die Tänzer an und der mystische Klang des Berimbao gibt dem Tanz eine spirituelle Note.

Ein Tanz der Capoeiragruppe

Das Berimbao ist ein typisches afro-brasilianisches Perkussionsinstrument, bei dem mit einem flachen Stein eine Stahlseite angeschlagen wird, die über einen Holzbogen gespannt ist und an dem als Resonanzkörper eine halboffene Flaschenkürbisnuss angebracht ist. In der Regel kreisen zwei Tänzer umeinander, führen Scheinkämpfe, teilen Tritte und Schläge aus, denen der Gegner geschickt ausweicht, sie machen Handstände, schlagen Räder und bieten akrobatische Einlagen. Dabei dürfen die Kämpfer einander aber nie berühren. Deshalb müssen ihre Bewegungen genau aufeinander abgestimmt sein. Vielen Jugendlichen eröffnet die Capoeira einen neuen Zugang zu ihrer Geschichte und Tradition und macht sie mit der Musik und den Mythen ihrer Vorfahren bekannt.
Für Luis war zudem der pädagogische Wert der Capoeira bedeutend. Das Erlernen der Capoeira erfordert von den Jugendlichen viel Einsatz, Ausdauer und Durchhaltevermögen. Für viele Jugendliche stellt die Capoeiragruppe eine Gemeinschaft dar, in der sie sinnvoll ihre Freizeit verbringen können. Im Kampf, als Tanz maskiert, können sie ihre Aggressionen abbauen, ohne andere zu verletzen oder Dinge zu zerstören. Jugendliche berichten, was ihnen die Capoeiragruppe bedeutet: »Sie hilft uns, von der Straße wegzugehen, weg von der Randexistenz. Die Capoeira gibt uns Energie und zeigt uns, dass Lüge und

Gewalt die falschen Wege sind.« Ein bildhübsches 16-jähriges Mädchen erzählt: »Beim Capoeira-Tanz habe ich begriffen, wie wertvoll mein Körper ist und dass er zu schade ist, einfach auf der Straße feilgeboten zu werden. Ich meide jetzt bestimmte Personen, mit denen ich vorher immer herumgehangen bin und die mich nur nach meinem Äußeren beurteilt haben. Ich weiß, dass mich die Capoeira vor der Prostitution bewahrt hat.«
Maestro Valmir, der Tanzlehrer, der die Capoeiragruppe leitet, komponierte für die Seelenmesse von Luis folgendes Lied, das er mit dem Berimbao begleitete:

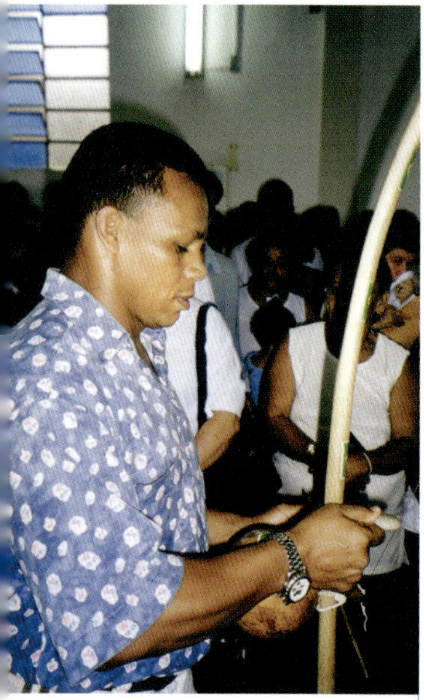

Maestro Valmir

Ganz Bahia hat geweint,
geweint hat ganz Bahia
an dem Tag, an dem Cajazeiras
seinen Beschützer verlor.

Padre Luis ist gegangen,
Jesus Christus hat ihn fortgenommen.
Er ist gegangen, um mit Gott zu wohnen,
doch niemand gewöhnt sich daran.

Vater hat geweint, Mutter hat geweint,
das Kind hat geweint und auch die Großmutter,
der Schwarze hat geweint, genauso wie der Weiße,
der Indio hat geweint in großem Schmerz.

Das Berimbao hat seine Klage angestimmt
in einem Trauerlied des Todes.
Aus Verrat haben sie unseren Vater geraubt
vom Viertel aus Cajazeiras, von der Tiefe unseres Herzens.

Es war niemand in Bahia, der nicht diesen Refrain sang:
»Geh, Junge, geh! Zeig, was Luis uns hinterlassen hat,
zeig den Frieden und die Hoffnung, zeig auch die Liebe.
Und wenn diese gut gepflegt werden, so geben sie Früchte und Blumen.
Ai, ai, ai ... und mach alles gut, wie Luis es sehen will ...«

Theater – Ausdruck der Seele

Ähnliche Ergebnisse wie der Capoeirakurs brachte auch die Theaterschule. Jugendliche lernen sich auszudrücken, aufeinander Bezug zu nehmen, gemeinsame Projekte zu verwirklichen. Dabei entdecken sie ihre schauspielerischen Fähigkeiten, die Kraft der Sprache und des Körperausdrucks. Von den darstellerischen Talenten und der starken Ausdruckskraft der Jugendlichen war Luis begeistert. In den Theaterstücken, die sie in der Regel selber schreiben, arbeiten sie Erfahrungen von Gewalt und Angst auf und reflektieren auf äußerst kritische Weise die politische und soziale Situation ihres Umfeldes, aber auch von ganz Brasilien. Gemeinsam denken sie darüber nach, was zu tun in ihrer Macht steht, und suchen nach Möglichkeiten, Unrechtsituationen zu ändern. Solche Lösungsmöglichkeiten setzen sie dann in Szene, präsentieren sie dem Publikum und stellen sie somit auf einer breiteren Ebene zur Diskussion. Luis blickte dankbar auf die ersten Erfahrungen mit diesen Gruppen zurück:

Jugendliche der Theatergruppe

> *Das Ergebnis bezeichne ich als äußerst positiv. Die jungen Erwachsenen, in der Mehrheit Schwarze oder negerstämmig, haben durch den Capoeira- und den Theaterkurs einen tieferen Zugang zu ihrer Kultur und Geschichte erhalten. Ein gesundes Selbstbewusstsein ist gewachsen und der Wille, die eigene Zukunft in einer multiethnischen und multikulturellen Gesellschaft zu gestalten, ohne Minderwertigkeitskomplexe und ohne Überlegenheitsallüren.*[64]

Der 18-jährige Ubirajara von der Theatergruppe erinnert sich: »Als Jugendtheatergruppe sind wir zum Ersten Theaterfestival eingeladen worden. Es war ein großer Moment. Padre Luis wollte oft wissen, wie die Vorbereitungen liefen. Als wir an die Reihe kamen, war Padre Luis sehr froh und sagte uns, wie sehr er an unsere Gruppe glaube.« Dieses Festival wurde im Frühjahr 2002 anlässlich des 20-jährigen Bestehens von »Agata Smeralda« veranstaltet. Als die Theatergruppe in mehreren Sparten den ersten Preis davontrug, freute sich Luis mit den Jugendlichen, als wäre er mit ihnen auf der Bühne gestanden. Die Theatergruppe aber wollte ihren Erfolg ihm widmen. Dieses Erfolgserlebnis »seiner Jugendlichen« gehörte zu den letzten Freuden im Leben von Luis, denn wenige Wochen nachher war er tot. An den Gedenkfeiern für Luis nahmen die Jugendlichen der Theatergruppe mit weiß angemalten Gesichtern teil, über die rote Tränen liefen: Ausdruck ihrer Trauer und ihrer stummen Anklage von Gewalt und Tod.

Musik, damit die Seele wieder singen lernt

Einen dritten Kurs organisierte Luis mit Hilfe einer Studentin aus Cajazeiras, der Luis in den Jahren zuvor das Musikstudium in München ermöglicht hatte. Am Gesang- und Flötenunterricht nahmen in erster Linie Kinder im Grundschulalter teil. Als Luis einige Blockflöten kaufte – die Familien konnten sich in den meisten Fällen keine leisten – war er tief berührt, denn er beobachtete,

wie die Kinder die Instrumente behutsam in die Hand nahmen und wie eine Kostbarkeit behandelten. Schon bald konnten die Kinder bei Gottesdiensten spielen und singen und auch andere Feiern musikalisch umrahmen und aufwerten. Neben diesen drei Workshops wurden fallweise noch andere Kurse angeboten, etwa ein Modeschmuckkurs. Einigen Jugendlichen wurde zudem die Teilnahme an einem Zirkusausbildungsprogramm ermöglicht.
In den ersten drei Jahren nahmen rund 150 Jugendliche, ausnahmslos aus armen Familien, an diesen Aktivitäten teil. Luis legte großen Wert darauf, dass all diese Angebote nicht nur Freizeitgestaltung und Unterhaltung waren, sondern dass die Burschen und Mädchen in ihrer Persönlichkeitsentfaltung gefördert, in der Daseinsbewältigung unterstützt und moralisch und psychisch gestärkt werden gegen Drogen, Gewalt und andere destruktive Einflüsse. Deshalb wurden all diese Aktivitäten von ihm, Pina und einer Pädagogin begleitet. Sie trafen sich regelmäßig mit den Jugendlichen, bewerteten mit ihnen die Dynamik in der Gruppe, diskutierten über ihre Probleme und stellten sich gemeinsam die Frage nach dem Sinn des Lebens. Die einzelnen Gruppen traten mehrmals öffentlich auf, etwa bei kirchlichen Feiern oder Volksfesten, in Schulen oder auf öffentlichen Plätzen. In der ersten Reihe der Zuschauer standen dann mit Luis immer auch die Eltern der Jugendlichen, und der Stolz über ihre Kinder stand ihnen ins Gesicht geschrieben. Durch diese öffentlichen Auftritte konnten die Jugendlichen auch auf eine ganz neue Weise in das Leben der Pfarrgemeinde einbezogen werden. So sind viele neue Kontakte und Beziehungen gewachsen.

> *Wenn ich die persönliche Bewertung der Teilnehmer durchlese, die wir jedes Semester machen, bin ich angerührt zu sehen, wie viele von einer positiven Auswirkung der Kurse in den sozialen Beziehungen sprechen, wie zum Beispiel Familie, Schule, Freundschaft, Straßenkameraden. Dies alles lässt mich dankbar sein: eine – wenn auch kleine – Zahl von Jugendlichen unseres Pfarrbezirks hat Lebensorientierung gefunden, hat ihre Hoffnung auf eine bessere Zukunft nähren können, hat bessere berufliche Aussichten.*[65]

In diesem Bewusstsein ließ sich Luis von Hindernissen und Rückschlägen nicht entmutigen, sondern war bestrebt, das »Projekt für junge Erwachsene« laufend auszuweiten und in Kontakt mit anderen kulturellen Veranstaltungen in Salvador zu bringen.

> *Wir wissen, dass all diese Arbeit ein guter und erprobter Weg ist, damit die Kinder und Jugendlichen nicht ›auf der Straße‹ landen oder Hunger leiden, Opfer der Kriminalität werden oder in die Drogenszene absacken. Diese Arbeit wird für uns aber nur ermöglicht durch die finanzielle Unterstützung von außen.*[66]

Die Finanzierung zog sich als Sorge wie ein roter Faden durch all die Jahre, denn das Projekt war ausschließlich auf Spenden angewiesen. Beiträge seitens der Stadt Salvador wurden trotz mehrmaliger Gesuche nicht gewährt. In den Jahren 1998-2000 funktionierte das Projekt dank der finanziellen Unterstützung durch die Region Trentino-Südtirol.

Die Erwachsenenbildung: Alphabetisierungskurse und Vorbereitung auf die Universität

Viele Erwachsene in Cajazeiras können weder lesen noch schreiben. Für diese Menschen werden in der »Casa do Sol« und in den Gemeinschaften draußen Alphabetisierungskurse angeboten. Jeweils an ein bis zwei Abenden pro Woche lernen sie Buchstaben lesen und nachzeichnen. Für viele ist es beglückend, ihren Namen schreiben zu lernen und so selbst Dokumente unterschreiben zu können. Anspruchsvoller sind die Vorbereitungskurse auf die Universität. Da in Brasilien ein Oberschulabschluss nicht zum Universitätsbesuch befähigt, müssen die angehenden Studenten Aufnahmeprüfungen machen. Aufgrund der hohen Nachfrage und der wenigen Studienplätze sind diese Prüfungen äußerst schwierig gehalten. Um einige wenige Studienplätze bewerben sich oft über 100 Jugendliche. Im Normalfall bestehen diese »Ausleseprüfungen« nur Absolventen von teuren Privatschulen, während Schüler aus öffentlichen Schulen kaum Chancen haben. Zu horrenden Preisen werden in der Stadt einjährige Vorbereitungskurse auf diese Prüfungen angeboten, die für die armen Jugendlichen der Peripherie jedoch unerschwinglich sind. Durch die unentgeltlichen Vorbereitungskurse in der »Casa do Sol« werden seit dem Jahr 2000 jährlich 40–50 Jugendliche aus den armen Familien Cajazeiras auf diese Prüfungen vorbereitet. Einige haben sie dann auch bestanden, was für die Initiative einen großen Erfolg darstellt. Das Lehrpersonal besteht durchwegs aus Professoren und Studenten, die aus reinem Idealismus unterrichten.

»Die Bibelarbeit ist von fundamentaler Wichtigkeit!«

Wie schon in der Diözese Barreiras arbeitete Luis auch in Salvador beim Bibelstudienzentrum CEBI mit und wurde einer der Verantwortlichen auf regionaler Ebene für das Gebiet im Nordosten Bahias. Später übernahm er die Koordination des CEBI auf Bundesebene, also für ganz Bahia. Pina erledigte jahrelang die Arbeiten im Sekretariat des CEBI-Bahia, das sich im Gebäude der Landpastoralkommission in der Innenstadt von Salvador befindet. Hier traf Luis viele Freunde von der Landpastoral wieder.

Die Arbeit mit der Bibel war für Luis deshalb so bedeutend, weil er überzeugt war, *dass – in Situationen wie Verlust der tradierten familiären, religiösen und kulturellen Werte – die Bibelarbeit von fundamentaler Wichtigkeit ist, um dem gesunden Glauben der Leute Halt und dem Weg der Kirchen Kraft und Dynamik zu verleihen. Das Gotteswort hilft Leute zusammenführen, weckt Solidarität, orientiert auf Zukunft hin und nährt die Hoffnung.*[67]

Das CEBI wurde 1979 ins Leben gerufen und arbeitet heute in allen Ländern Lateinamerikas und in verschiedenen Ländern Europas und Afrikas.

Schon in der Gründung ist es ökumenisch. In seiner Methodik geht es aus von der konkreten Lebensrealität und von der sozial-politischen Wirklichkeit der Gruppenteilnehmer, arbeitet dann am biblischen Kontext und öffnet die Teilnehmer für ein Hören des Wortes Gottes, das Anstoß und Kraft wird, sich selber und seine Umwelt umzuwandeln. Interaktion, volksnahe Dynamiken wie Theater, Lied, Gedicht, Tanz, Körperarbeit und Aktion, mit einem Wort: Lernen durch und im Tun werden großgeschrieben. Das CEBI übernimmt und konkretisiert die Option für die Ausgegrenzten in einer Perspektive der Befreiung und bemüht sich, diese Option in biblischer Spiritualität und Mystik zu leben, die Glauben und Leben als Einheit versteht.[68]

Zu den Aufgaben des Koordinators gehörte es, die Aktivitäten zu organisieren und aufeinander abzustimmen und im Dialog mit den Gruppen in anderen Ländern zu bleiben. Luis musste Mitarbeitertreffen vorbereiten, Themenschwerpunkte setzen, Fortbildungsangebote erarbeiten und Vortragende finden. Das Programm war äußerst reichhaltig und vielfältig. Zum Standardprogramm gehörten die biblischen Grundkurse: Einführungen in einzelne biblische Bücher – neben den Evangelien vor allem in die Prophetenbücher, die Paulusbriefe und die Apostelgeschichte – und Seminare über den Judaismus.

Das Gotteswort hilft Leute zusammenführen, weckt Solidarität, orientiert auf Zukunft hin und nährt die Hoffnung.

Drei Problemfelder machte sich Luis zu seinen ganz persönlichen Anliegen: Bibellesen aus der Situation der Frau, Bibelteilen als ökumenische Öffnung und Bibellesen aus der Sicht der Afrobrasilianer. Dieser letzte Aspekt lag Luis besonders am Herzen, nämlich den Schwarzen einen emotionalen und affektiven Zugang zur biblischen Botschaft von ihrer afro-brasilianischen Kultur her zu erschließen. Als Luis an der 11. Konferenz für Weltmission und Evangelisation des Ökumenischen Rates der Kirchen teilnahm, die vom 24. November bis 3. Dezember 1996 in Salvador unter dem Titel »Zur EINEN Hoffnung berufen – das Evangelium in verschiedenen Kulturen« stattfand, half er mit, Bibelbehelfe zu erarbeiten, die der afro-brasilianischen Realität gerecht werden.

Ein Bibliker und guter Freund von mir meinte, hier im Bundesstaat Bahia – nach Nigeria dem zweitgrößten schwarzen Land – wäre es mehr als notwendig, einen Bibelbehelf zu erarbeiten, der sowohl die Realität der Afrikanischen Religionen der Nachkommen der Negersklaven berücksichtige, als auch die Eigenart unserer lateinamerikanischen Bibelbewegung. Gesagt, getan: Zu fünft, zwei davon Neger, haben wir jeden Tag einen Behelf produziert. Sieben Tage hindurch haben die Konferenzteilnehmer in kleinen Bibelgruppen die Apostelgeschichte studiert und gebetet.[69]

In Zusammenarbeit mit Mitarbeitern der Landpastoral organisierte er zudem Studientreffen zum Thema »Ökologie und Bibel«.
Kopfzerbrechen bereitete Luis allerdings das Aufbringen der finanziellen Mittel für die Aktivitäten des CEBI. Materialspesen fielen ebenso an wie die Mieten für das Büro und die Veranstaltungsräume. Um den meist armen Menschen die Teilnahme an den Veranstaltungen zu ermöglichen, übernahm das CEBI oft die Fahrt- und Unterkunftsspesen. Zwar versuchte Luis, durch Einnahmen aus Konzerten und Festen das Zentrum finanziell auf eigene Beine zu stellen, doch es gelang ihm nicht. Wesentliche Unterstützung bekam er schließlich aus Deutschland seitens ADVENIAT und aus Österreich seitens MISSIO Austria und der Drei-Königs-Aktion (DKA). Diese finanzielle Hilfe war aber keine Einbahn. Als Luis von der DKA und von MISSIO St. Pölten zu einer Veranstaltungsreihe über »Bibelteilen in Brasilien – was können wir davon lernen?« nach Österreich eingeladen wurde, nahm er gerne an. Gemeinsam mit einem weiteren Mitarbeiter aus Brasilien traf er sich im April 2000 in den Stiften Seitenstätten, Zwettl und Melk, im Missionshaus St. Gabriel in Mödling, in St. Pölten, Eisenstadt und in anderen Gemeinden mit Bibelgruppen und Kirchengemeinden, mit Schulklassen und Pastoralteams, mit Vertretern der Katholischen Jungschar und der DKA.

Für uns war es eine gute Erfahrung. Das wache Interesse bei Erwachsenen und Jugendlichen und deren positives Feedback hat uns Mut gemacht. Einmal mehr haben wir uns davon überzeugt, wie sehr die Bibel und ihre ›richtige‹ Lektüre Ausgangspunkt und unumgängliche Kost für jede Gemeindeerneuerung ist, hier und dort, damit die glaubende Gemeinde Sauerteig, Salz und Licht sei in der Gesellschaft.[70]

Als besonders bereichernd erlebte Luis die intensive Zusammenarbeit mit den traditionellen lutherischen Kirchen. Durch die Arbeit im CEBI knüpfte er rege Kontakte und tiefe Freundschaften mit evangelischen Kirchengemeinden in Brasilien, Deutschland und Schweden. In der Begegnung mit den klassischen lutherischen Kirchen und mit den unterschiedlichen Ausdrucksformen des christlichen Glaubens, aber auch mit nichtchristlichen religiösen Erfahrungen, war Luis mehr und mehr zur Überzeugung gekommen, dass die katholische Kirche Europas nicht »das Christentum« ist – und es nicht sein kann. Deshalb war Luis um Öffnung, Dialog und Austausch bemüht. Die vielen christlichen Splittergruppen jedoch, die sich jeder ökumenischen Öffnung verschlossen, erfüllten ihn mit Sorge.

✦ Der »Supermarkt Religion« – das Problem der christlichen Splittergruppen

Wie ganz Lateinamerika wird auch Brasilien von Hunderten von christlichen Splittergruppen und Sekten überschwemmt.

> *Religion ist hier ein Supermarkt: Hunderte von Religionen und religiös motivierten Ideologien bieten ihre ›Produkte‹ oder sich selber als Heils-Produkt an*[71],

beschrieb Luis die Situation. Viele dieser religiösen Gruppen gehören zu den »evangelikalen Freikirchen« oder zu den »neupfingstlichen Kirchen«, die ihren Ursprung zumeist in den USA haben und von dort aus massiv finanziell und ideologisch unterstützt werden. Aber auch viele charismatische Brasilianer fühlen sich berufen, ihre eigenen Kirchen zu gründen. Äußerst raffiniert und aggressiv werben sie um Mitglieder, gehen von Haus zu Haus, sprechen die Leute an und laden sie zu lebendigen und emotionsgeladenen Gebetsversammlungen ein. Gerade die Ärmsten, Heimatlosen und Verunsicherten hoffen oft, in einer solchen religiösen Gruppe Gemeinschaft, Sicherheit und Geborgenheit zu finden. In der Regel zeichnen sich diese Bewegungen durch ihre fundamentalistische Schriftauslegung und durch ihren exklusiven Heilsanspruch aus. Sie verschließen sich rigoros in sich selbst und dulden keine Kontakte zu anderen religiösen Gruppen. Zudem haben sie eine starke spiritualistische Grundtendenz, die den Glauben vom konkreten Leben abkoppelt und das Diesseits als verdorben und böse brandmarkt. Stark jenseitsbezogen, klammern sie soziale Fragen konsequent aus. In den wenigsten Fällen geht es ihnen um Veränderung und Mitgestaltung der konkreten Lebenswirklichkeit ihrer Mitglieder. Von diesen verlangen sie ein strenges moralisches Leben. Ein ehemaliges Mitglied einer solchen Gruppe hat ihre

Kapelle einer Sekte in der Favela ›Jardim das Mangabeiras‹

Methoden so beschrieben: »Zunächst versprechen sie dir das Blaue vom Himmel und ziehen dir die letzte Münze aus der Tasche, doch später wirst du auf den himmlischen Lohn vertröstet. Im Jenseits wird es Gerechtigkeit geben, deshalb hast du dich vor den Verlockungen der bösen Welt zu hüten und deine Reinheit zu bewahren.« Auf Schritt und Tritt begegnet man in Salvador diesen Glaubensgemeinschaften und auch Luis war tagtäglich mit ihnen konfrontiert.

Warum macht es jede kirchliche Gemeinschaft für sich und machen es nicht alle gemeinsam für IHN?

> *Ob willkommen oder nicht, Dutzende von Pfingstkirchen bemühen sich um dieselben Leute. Warum macht es jede für sich und machen es nicht alle gemeinsam für IHN?*[72],

fragte er sich. Bei aller kritischen Distanz war Luis bemüht, diesen Splittergruppen, von denen unzählige auch in seinem Pfarrgebiet »missionierten«, mit Respekt zu begegnen, und suchte den Dialog mit ihnen – doch umsonst. Zwei Tage vor seinem Tod schrieb er:

> *Wir stehen hier in der Gebetswoche für die Einheit der Christen. Es war mein großer Wunsch, dass wir zusammen mit anderen Kirchen beten könnten, aber es ist uns nicht gelungen. Die neupfingstlichen Kirchen der verschiedensten Richtungen – allein in unserem Pfarrgebiet gibt es bestimmt an die 50 – haben eine Abscheu vor Ökumenismus und Angst, sich anderen zu öffnen. So sind wir eben unter uns geblieben, und unser Gebet fliegt mit gestutzten Flügeln.*[73]

Die Einladung zum gemeinsamen Gebet haben sie nicht angenommen, aber viele von ihnen kamen dann doch in die ansonsten gemiedene katholische Kirche, als dort der Sarg von Luis aufgebahrt war, um dem »padre católico« – wenn auch zu spät – ihre Wertschätzung zum Ausdruck zu bringen.

✦ »Candomblé« – afro-brasilianische Götter und Kultformen

Neben den christlichen Glaubensgemeinschaften gibt es viele afro-brasilianische Kultgemeinden und Kultformen, die unter dem Begriff »Candomblé« zusammengefasst werden. Im Candomblé werden viele religiöse und rituelle Elemente afrikanischer Stammesreligionen bewahrt, die die Sklaven nach Brasilien gebracht und überliefert hatten. Da die Sklaven zum Katholizismus zwangskonvertiert wurden, praktizierten sie unter dem Schein christlicher Glaubensformen weiterhin ihren eigenen Götter- und Ahnenkult, besonders dadurch, dass sie den verschiedenen Stammesgottheiten und Ahnengeistern christliche Heilige zuordneten. Daneben fanden sie auch in den spiritistischen Traditionen der indianischen Urbevölkerung Anknüpfungspunkte für ihr religiöses Empfinden. So sind schließlich in die afrikanischen Kulte christliche Vorstellungen und religiöse Traditionen der Indios eingeflossen, woraus die typischen Kultformen des Candomblé entstanden sind, dessen Zentrum sich in und um Salvador gebildet hat.

Geprägt sind diese Kulte durch den Glauben an die »Orixás«, die Götter und Ahnengeister, die den Menschen die göttliche Energie des Lebens, das »Axé«, vermitteln. Neben dem Göttervater »Oxalá« gehört die Meeresgöttin »Iemanjá« zu den wichtigsten Orixás. Iemanjá führt vielerorts mit Maria, der Unbefleckten Empfängnis, ein verschwommenes Doppelleben. Jeder Orixá hat bestimmte Eigenschaften und es werden ihm eigene Symbole, Rhythmen und Lieder zugeordnet. Einer Kultgemeinde steht in der Regel eine Frau, die »Mãe do Santo« (die »Mutter des Heiligen«) vor, die in komplexen Riten und monatelangen Initiationszeiten Männer und Frauen zu »Filhos e Filhas do Santo« (zu »Söhnen und Töchtern des Heiligen«) weiht. Bei den Kulten an eigens dafür vorgesehenen Stätten, den »terreiros«, werden die Rhythmen der einzelnen Orixás getrommelt und deren Gesänge gesungen, so dass sie von ihren »Söhnen und Töchtern« Besitz ergreifen. Bei ekstatischen Tänzen fallen diese schließlich in Trance und vermitteln der Kultgemeinde die positive Energie und heilende Kraft des Axé. Um die Orixás günstig zu stimmen, werden ihnen Speiseopfer dargebracht. Auch auf den Gängen durch Cajazeiras stößt man immer wieder auf solche Opferschalen, die beim Einbruch der Dunkelheit an bestimmten Wegstellen und Kreuzungen hingestellt werden.

> *Herr, oft haben die Christen das Evangelium verleugnet und der Logik der Gewalt nachgegeben. Die Rechte von Stämmen und Völkern haben sie verletzt, deren Kulturen und religiösen Traditionen verachtet. Vergib uns!* PAPST JOHANNES PAUL II.

Lange Zeit waren die Kultformen des Candomblé verboten und einer starken Diskriminierung ausgesetzt, weshalb die Kultstätten vorwiegend auf das Land an abgelegene Orte verlagert wurden, was dem Candomblé zusätzlich einen Hauch des Geheimnisvollen und Mythischen gab. Seit Beginn der Achtzigerjahre bekennen sich aber immer mehr Afrobrasilianer zum Candomblé und so finden sich heute viele Kultstätten mitten in der Stadt Salvador. Auch auf Folkloreabenden werden unter wilden Trommelrhythmen und zu lauten Gesängen Tänze aus Candomblé-Kulten aufgeführt. Das Bekenntnis zum Candomblé hilft vielen Afrobrasilianern, die Wurzeln ihrer afrikanischen Kultur und Religiosität wiederzufinden, es stärkt sie in ihrer Identität als Schwarze und gibt ihnen ein ganz neues Selbstbewusstsein. Deshalb nehmen auch viele schwarze Christen an Candomblé-Kulten teil und sehen darin keinen Widerspruch zu ihrer christlichen Glaubens- und Lebenspraxis. Luis wusste darum und war sich auch des Problems des Synkretismus, der Vermischung unterschiedlicher Glaubensformen, bewusst, aber er nahm diese religiösen Ausdrucksweisen »blutig ernst«, wie er selbst sagte. Er begegnete ihnen mit dem ihm eigenen Respekt vor Andersartigem und mit größter Wertschätzung und versuchte, positive Anknüpfungspunkte für den christlichen Glauben zu finden. Um die Religiosität vieler seiner »Pfarrkinder« besser verstehen zu können, die mehr oder weniger ausdrücklich von diesem afro-brasilianischen Kulturgut geprägt sind, wohnte er einige Male Candomblé-Kulten bei und stand mit einer »Mãe do Santo« in enger freundschaftlicher Verbindung.

✦ 500 Jahre Entdeckung und Christianisierung Brasiliens – nicht nur Euphorie

Brasilien wurde im April 1500 von einer portugiesischen Flotte entdeckt. Im Jubiläumsjahr 2000 wurden neben der allgemeinen Euphorie aber auch viele kritische Stimmen laut, wie Luis nach Europa schrieb:

›Fallendes Kreuz‹, Mahnmal an die Christianisierung Brasiliens, von Mário Cravo, Salvador 1999

500-Jahr-Feier der ›Entdeckung‹ und 450-Jahr-Feier der Stadtgründung (von Salvador; Anm. des Verfassers). Alte Märchen und Halbwahrheiten werden aufgewärmt. Perspektiven werden verschoben, damit wir ›groß herauskommen‹. Die Wirklichkeit ist etwas anders. Von daher gibt es auch Widerstand gegen den aufgeblasenen Pomp. ›Andere 500 Jahre‹ nennt sich eine Volksbewegung, die den ›Überfall‹ im Jahre 1500 seitens der Portugiesen etwas kritischer unter die Lupe nimmt und nicht verschweigt, dass die ›Eroberung‹ Brasiliens Millionen Indianern schon in den ersten Jahrzehnten das Leben gekostet und später Millionen Schwarzen die Sklaverei beschert hat. Und dass der Völkermord – unter veränderten Vorzeichen freilich – noch fröhlich weitergeht.[74]

Die zwei bis drei Millionen Indios wurden in den Jahrhunderten des Kolonialismus so gut wie ausgerottet, heute leben nur noch etwa 300.000 von ihnen in 250 Stämmen und fristen ein Randdasein in Reservaten, die ihnen seit 1988 per Gesetz zwar zugestanden, in Wirklichkeit aber immer wieder streitig gemacht werden.

Die katholische Kirche beging das Jahr 2000 als Jahr des »Großen Jubiläums«. In diesem Jahr wurde auch über die Geschichte der Christianisierung Brasiliens kritisch nachgedacht. Luis schrieb bereits anlässlich der Gedenkfeiern der Entdeckung Amerikas »1492–1992«:

Das Kreuz kam im Schatten der Krone nach Brasilien. Den Ungeheuerlichkeiten der Krone hat es sich viel zu wenig entgegengestemmt. Mit-Schuld leugnen ist ungeschichtlich, unrealistisch, unchristlich. Der Weg geht über Anerkennung der Schuld und der Bitte um Vergebung zur evangelischen Position auf der und an der Seite der Armgemachten, damit der Geist Jesu Neues machen kann in den Ausgebeuteten und den Ausbeutern.[75]

Am 12. März 2000, beim »Tag der Vergebung« im Rahmen des Großen Jubiläums, bat Papst Johannes Paul II. im Petersdom in Rom auch dafür um Vergebung, dass Menschen der Kirche in der Verkündigung des Glaubens mitunter auf Methoden zurück gegriffen haben, die dem Evangelium nicht entsprechen: »Herr, Vater aller Menschen (...) Oft haben die Christen das Evangelium verleugnet und der Logik der Gewalt nachgegeben. Die Rechte von Stämmen und Völkern haben sie verletzt, deren Kulturen und religiösen Traditionen verachtet. Erweise uns deine Geduld und dein Erbarmen! Vergib uns!«

Luis stand bewusst für eine Kirche ein, die an der Seite der Ausgegrenzten und Entrechteten ihren Ort in der Gesellschaft gefunden hat und im bedingungslosen Einsatz für sie ihrer ursprünglichen Berufung folgt. Er träumte von einer Kirche, die endlich aufwacht, um Ernst zu machen mit dem Evangelium, und die es sich zur Aufgabe macht,

einfach da zu sein, mitzuleiden, Durchhaltevermögen zu stärken und die Hoffnung zu pflegen wie eine kostbare Pflanze, die Hoffnung, dass in dieser verwelkenden Erde bereits die neue Erde der Apokalypse latent vorhanden ist. Es bleibt unsere Aufgabe, Hebammen der Hoffnung zu sein[76],

lautete sein leidenschaftliches Bekenntnis. Im Namen dieser Kirche wollte er

die Menschen annehmen, zusammenbringen, ernst nehmen, neue Heimat schaffen und Freund sein.[77]

✦ Die Sklaven – ein dunkles Kapitel in der Geschichte Brasiliens

Wie schon angedeutet, wurde für Luis in Salvador die Begegnung mit den Schwarzen und ihrer afro-brasilianischen Kultur zu einer prägenden Erfahrung. Die Hafenstadt Salvador war jahrhundertelang Umschlagplatz und Zentrum des Sklavenhandels in Brasilien. Luis setzte sich intensiv mit der Geschichte der Sklaven auseinander. Wenn er auch seinen Wunsch, einige Monate in Afrika zu verbringen, um afrikanische Kulturen und Formen von Religiosität kennen zu lernen, nie verwirklichen konnte, machte er sich auf die Spuren der tragischen Geschichte der Schwarzen in Brasilien. Beginnend um das Jahr 1540, wurden in den Jahrhunderten der Kolonialzeit vier bis fünf Millionen als Sklaven nach Brasilien verschleppt, zunächst aus südafrikanischen Ländern wie Kongo und Angola, später aus den Küstenregionen Westafrikas. Schon bei den Treibjagden kamen unzählige Afrikaner ums Leben. Die »Eingefangenen« wurden dann in kasernenartigen Einrichtungen unter unmenschlichen Bedingungen gehalten, bis sie schließlich nach Brasilien verschifft wurden. Wie Tiere wurden sie in den Schiffsbäuchen in zumeist niederen, engen und schlecht durchlüfteten Räumen zusammengepfercht und oft auch aneinandergekettet. Schätzungsweise ein Viertel von ihnen überlebte die monatelangen Schifffahrten über den Atlantik nicht. Diese Sklavenschiffe erhielten bezeichnenderweise den Namen »schwimmende Särge«. Jene, die die Überfahrt überlebten, wurden auf der Insel »Itaparica« in der Bucht von Salvador ausgeladen. Dort sollten sie sich von den Strapazen der Treibjagden und der Überfahrt über das Meer erholen und wurden »aufgemästet«. Während dieser Zeit wurden sie durch den Katechismusunterricht auf die Taufe vorbereitet.

Am Pelourinho, im Hintergrund die ›Kirche der Schwarzen‹

Waren sie wieder bei Kräften, wurden sie getauft und mit einem Brandsiegel gekennzeichnet, dem Zeichen dafür, dass sie nun als Sklaven verkauft werden durften. Sie wurden aufs Festland in die Sklavenmarkthalle in der »Cidade Baixa« (Unterstadt) von Salvador gebracht. Weil die christlichen Herren sich bewusst waren, keine Sklaven besitzen zu dürfen, wurden die Sklaven den Heiligen unterstellt. Der Zusatz »dos Santos« (der Heiligen) zeugt heute noch davon, denn er ist Bestandteil vieler afro-brasilianischer Familiennamen geblieben. Auch die Sklavenmarkthalle gibt es noch, sie dient heute als »Mercado Modelo«, als großes touristisches Einkaufszentrum für bahianische Folklore.

In der Regel überlebte ein Sklave auf den Zucker- und Tabakplantagen nicht mehr als sieben bis zehn Jahre, die unmenschliche Behandlung und die blutig harte Arbeit in der sengenden Sonne forderten ihren Zoll. Familien gründen durften sie nicht, nur Kinder zeugen, neue Sklaven. Viele Frauen wurden als »Gebärmaschinen« sexuell ausgenützt. Unzählige kleinere und größere Aufstände wurden grausam niedergeschlagen. Auch »Palmares«, der Stadt in einer Hochebene nördlich von Bahia, wohin sich Tausende entkommene Sklaven flüchten konnten, wurde im Februar 1694 in einem blutigen Gemetzel ein jähes Ende bereitet. Der weltberühmte »Largo Pelourinho« im historischen Zentrum von Salvador, heute ein malerischer Platz mit bahianischem Flair und touristischer Anziehungskraft, ist stummer Zeuge dieses dunklen Kapitels. Jahrhundertelang wurden hier Sklaven zur Strafe oder Abschreckung an den »pelourinho« (Pranger) gebunden und öffentlich geschlagen und gefoltert. Hier steht auch die Kirche »Igreja de Nossa Senhora do Rosário dos Pretos« (Kirche Unserer Frau vom Rosenkranz der Schwarzen) aus dem 18. Jahrhundert. Den Schwarzen wurde der Zutritt zu den Kirchen der Weißen ja verwehrt. Die »Kirche der Schwarzen« wurde erst nach vielen Jahrzehnten fertig gestellt, da die Sklaven immer nur in mondhellen Nächten an ihr weiterbauen konnten. Untertags mussten sie hart für ihre Zwingherren arbeiten. Nach 1888, als in Brasilien als letztem Land der Welt die Sklaverei offiziell abgeschafft worden war, wurden immer noch Tausende von Sklaven auf dem »Schwarzmarkt« aus dem damaligen Dahomey, dem heutigen Benin, an der westafrikanischen Guinea-Küste nach Brasilien verfrachtet. Wurden die Sklaventransportschiffe auf hoher See von Kontrolleinheiten der Kolonialmächte aufgegriffen, entgingen die Menschenhändler der Aufdeckung ihrer verbrecherischen Geschäfte dadurch, dass sie die aneinandergeketteten Afrikaner ins Meer stießen. In der »Casa Benin« am Pelourinhoplatz kann den Spuren der Sklaven aus dem Benin nachgegangen werden.

Mahnmal an die Auspeitschung der Sklaven am Pelourinho

Als 1996 der Ökumenische Rat der Kirchen in Salvador tagte, rief der Präsident des Rates, Aaron Tolen aus Kamerun, dieses dunkle Kapitel in der Geschichte Brasiliens in Erinnerung. Er wies auch auf die Mitschuld vieler Afrikaner am Sklavenhandel hin: »Wir Afrikaner teilen diese Verantwortung. Wir haben uns selbst degradiert, weil wir unsere Brüder und Schwestern verkauft haben.«

»Ich denke mit Sehnsucht an mein erstes Köfferchen« – Dank und Nachdenklichkeit nach 20 Jahren in Brasilien

Das Jahr 2000 war auch für Luis ein kleines Jubiläum, wurden es im Mai doch 20 Jahre, seit er in Brasilien angekommen war. Er blickte zurück auf Jahre vollgestopft mit Leben und Arbeit, mit Freuden und Leiden, mit in Erfüllung gegangenen und enttäuschten Erwartungen und Hoffnungen.

Es war und ist nicht, wie ich es geträumt habe, aber Träumen ist ein Himmelsgeschenk, das ich mir bis heute bewahrt habe[78],

schrieb er rückblickend auf seine Jahre in Brasilien. Er war dankbar für das Viele, was er bewegen und erreichen konnte, doch er stellte sich auch die bange Frage, ob er seiner Sendung gerecht geworden sei. Mit schon an Selbstzweifel grenzender Selbstkritik hinterfragte er sich und reflektierte sein Leben und seine alltägliche Praxis.

Wenn ich zurückschaue, frage ich mich: Wo war ich die ganze Zeit, was habe ich nun wirklich gemacht? Es scheint so fast gar nichts zu sein, dass mir fast Komplexe kommen. Und trotzdem hat es wohl seinen Sinn gehabt. Es ist vielleicht wichtiger anwesend zu sein, sich zuzuwenden und mit zu verstehen, als Patentlösungen anzubieten. Es ist vielleicht menschlicher, sich dem Rhythmus der Leute anzugleichen, als vorwärts zu stürmen – und dann sich allein zu sehen und mehr für sich als für die anderen gearbeitet zu haben.[79]

Selbst nach all den Jahren versuchte er immer wieder neu zu begreifen, wie er sein Zeugnis für das Evangelium leben solle.

Wie sehr bin auch ich angepasst und installiert. Sehr oft leide ich darunter. Andere Male bin ich mir bestimmt gar nicht mehr bewusst, wie sehr ich den ›Kleinen‹ zum Ärgernis bin, denn wir leben mit soviel Überflüssigem, wie man sich nur denken kann. Ich denke mit Sehnsucht an das Köfferchen, mit dem ich in Brasilien angekommen bin. Ich glaube, ich war mit mehr Heiligem Geist angefüllt als jetzt, wo Computer im Haus und Auto in der Garage steht. Zwar meine ich immer noch, äußerst behutsam mit Geld umzugehen, das ja nie, aber schon gar nie mir gehört. Trotzdem lässt mich die Frage und der Zweifel nie los: War's richtig? War es für die Armen? War es zum Aufbau gerechterer und menschlicherer Beziehungen oder hat es den status quo zementiert?[80]

Es ist wichtiger anwesend zu sein, sich zuzuwenden und mit zu verstehen, als Patentlösungen anzubieten; menschlicher, sich dem Rhythmus der Leute anzugleichen, als vorwärts zu stürmen …

Auch bei seinen Heimaturlauben fiel den Angehörigen und Freunden auf, dass Luis von Mal zu Mal nachdenklicher wurde. Hatte er in der Zeit, als er in Tabocas war, noch Diavorträge gehalten und leidenschaftlich über Fragen der Mission und Entwicklungshilfe diskutiert, so erzählte er von der Erfahrung in Salvador oft nur mehr, wenn er danach gefragt wurde, und selbst dann fielen die Antworten manchmal recht knapp aus. Luis spürte, dass ihm so mancher Gesprächspartner innerlich nicht mehr folgte, wenn er von seiner Vision einer »gerechteren und bewohnbaren Welt für alle« sprach. Viele hielten seine Ansichten für zu radikal oder utopisch.

Sie verstehen mich nicht mehr, die Leute hier,

sagte er wiederholt zu engen Vertrauten und wurde zusehends schweigsamer. Bei jedem Heimaturlaub nahm Luis mit Sorge auch den wachsenden Wohlstand in Südtirol wahr, was ihm das »Sich-daheim-Fühlen« in seiner Heimat erschwerte. Er glaubte, eine zunehmende Sattheit vieler Menschen zu spüren, und nach seinem Empfinden nahm das soziale und missionarische Engagement ab, auch das der Kirche. Wie ein neuer Brückenschlag zwischen ihm und vielen Menschen in Südtirol wirkten dann die Fernadoptionen im Rahmen der »Casa do Sol«. Dankbar stellte er fest, dass viele bereit waren, solche Patenschaften zu übernehmen, und liebevoll erzählte er den »Adoptiveltern« von »ihren Jüngsten« in Salvador.
Eine Zeit lang setzte sich Luis auch intensiv mit der Frage auseinander, eines Tages wieder nach Südtirol zurückzukehren. Einer ehemaligen Entwicklungshelferin, die mit ihm darüber sprach, sagte er:

In eine Pfarrei hier in Südtirol einsteigen, das könnte ich nie mehr; aber bei der Caritas, da gibt es wohl immer Arbeit!

In anderen Gesprächen machte er aber deutlich, dass er sich zum Entschluss durchgerungen hatte, eine Rückkehr in die Heimat nur im Falle von Krankheit oder Altersgebrechen in Erwägung zu ziehen. Einem Jugendfreund, der ihn einmal drängte: »Luis, komm doch wieder zurück, hier geht es dir viel besser; und hier brauchen wir dich doch auch«, antwortete er nachdenklich, er könne und wolle die »Menschen drüben« nicht allein lassen, denn sie bräuchten ihn noch viel mehr.

Das letzte Mal in Südtirol (Ende Juni – Anfang Juli 2001)

Im Sommer 2000 verbrachte Luis seinen letzten Heimaturlaub in Südtirol. Ein Jahr danach bot sich ihm wiederum die Möglichkeit, nach Hause zu kommen, nämlich die Priesterweihe und Primiz seines Neffen Martin. Dieser hatte ihn gebeten, die Primizpredigt zu halten:

Dass ich zu Martins Priesterweihe und Primiz kommen werde, daran ist kein Zweifel. Zweifel habe ich aber noch, ob ich die Primizpredigt übernehmen soll – er hat mich nämlich darum gebeten. Ich fühle mich aber derart als Fisch außerhalb des Wassers, wenn ich zu den Leuten dort (in Südtirol; Anm. des Verfassers) reden soll. Zwanzig Jahre ohne die Erfahrung, mit ihnen zu leben oder ihre konkreten Probleme auf der eigenen Haut zu spüren, sind eine lange Zeit und in der Lage, einen zu verunsichern.[81]

Wenige Tage vor dem Fest der Priesterweihe kam Luis nach Südtirol. Nach dem Weihefest am 24. Juni erzählte er, dass es für ihn ein bewegender Augenblick war, als er nach dem Bischof gemeinsam mit den mitfeiernden Priestern den Neupriestern die Hände auflegen durfte, denn hier – im Dom von Brixen – war auch er fast auf den Tag genau vor 35 Jahren zum Priester geweiht worden. In sein Tagebuch notierte er, dass er die Weiheliturgie als »würdig und feierlich, aber europäisch« empfunden hatte. Am darauf folgenden Sonntag feierte sein Neffe die Primiz in Aldein. Nach altem Brauch wurde er am Samstag Nachmittag in der Heimatpfarre empfangen. Hoch zu Ross ritt der Primiziant – wie seinerzeit auch Luis – mit den anwesenden Geistlichen auf dem Dorfplatz ein. Der einzige freilich, der sicher im Sattel saß, war Luis – wie viele Stunden hatte er während seiner Zeit in Tabocas ja auf eines Pferdes Rücken verbracht. Weniger wohl als auf dem Pferd fühlte sich Luis allerdings in seinem Anzug. Einer befreundeten Person gestand er, dass er schon seit Jahren keinen Anzug mit Krawatte mehr getragen hätte und dass er sich schämen würde, könnten »seine Armen« sehen, wie vornehm er gekleidet sei. Zur Primiz selbst – auch sie empfand Luis zwar als sehr feierlich, aber »zu europäisch« – waren viele Mitfeiernde nicht zuletzt deshalb nach Aldein gekommen, um Luis begegnen zu können. Durch seine Predigt, die er schließlich doch übernommen hatte, bekam sie einen besonderen Charakter und Tiefgang.

Predigt von Luis Lintner bei der Primiz seines Neffen P. Martin M. (1. Juli 2001), redigiert anhand des Stichwortzettels

1. Feiern in Freude und Dankbarkeit

Als Jesus durch die Lande zog, da feierte Er auch Feste, Er ließ sich einladen und lud selber ein. Die Evangelien streichen zwei heraus: Einmal die Hochzeitsfeier in Kana: Offenbar war der Bräutigam kein großer Weinbauer, denn der Wein ging aus. Das Fest aber sollte weitergehen, für alle. Und was vorher Leere und Wasser war, das wurde zur Fülle und zum Wein der FREUDE – durch Jesu Tun! Sodann das Paschafest in Jerusalem: Indem Jesus das Brot nimmt, gedenkt und dankt Er, dass Gott sein Volk in die Freiheit geführt hat. Er teilt das Brot des Dankes aus und sagt: »Ich bin es. In mir seid ihr zur Freiheit berufen und habt ihr das Leben in Fülle.«

Auch wir feiern heute ein Fest. Es hat die ganze Dorfgemeinschaft mobil ge-

Salvador da Bahia

macht. Über dem Eingangstor dieses Festes können wir lesen: Freude und Dank! Es ist ein Fest für alle, für die Gemeinschaft, für die Kirche – eine Gottes-Gabe. Sein Horizont weitet sich über den Primizianten und über dessen Familie hinaus und tut sich auf ohne Grenzen. Jesus ist hier bei diesem Fest, das uns kündet: »Gott mag sein Volk«. Eingetreten ins Haus dieses Festes helfen uns die heute vorgetragenen Bibelworte (1 Kön 19,19-21; 1 Kor 1,17-25; Lk 9,51-62), ein Stück weit unsere Erfahrungen mit Gott, mit der Kirche und mit uns selbst zu bedenken.

2. Unsere Erfahrung mit Gott

»Nichts zu wissen außer Jesus Christus, und zwar als den Gekreuzigten«: Paulus stellt den gekreuzigten Christus direkt und unmittelbar in die Mitte seiner Predigt. Nicht von ungefähr. Gerade hat er noch auf dem Areopag eine Abfuhr erlitten, nicht weil er schlecht gepredigt hätte, sondern weil für die Athener die Rede von einem auferweckten Toten unzumutbar war. In Korinth konnte Paulus ohne Umschweife vom gekreuzigten Gott reden – und die gekreuzigten Menschen von dort verstanden ihn. In Christus ist Gott zu ihnen heruntergestiegen; in der Ganzhingabe am Kreuz hat er ihre Hoffnung auf Leben genährt.

Die Botschaft vom Kreuz ist eine einzige Provokation. Dieser Gott auf der Seite der Ohnmächtigen – das hat Konsequenzen: In Zeiten der Redeinflation und der Träume von Selbsterlösung durch esoterische Praktiken oder durch Geld und wissenschaftlichen Fortschritt ist es nicht immer einfach, an Gott zu glauben. Gerade deshalb aber tut es Not, direkter von Gott zu reden, dem wir uns verdankt wissen und dessen Liebestat am Kreuz der Menschheit Hoffnung gibt und eine menschliche Zukunft garantiert. In Zeiten des Sich-Leisten-Könnens und der unverblümten Machtdemonstrationen brauchen wir den Mut, von Gott zu zeugen, indem wir uns der zu kurz Gekommenen und der Ohnmächtigen erinnern. Denn in ihnen ist Christus heute gekreuzigt, tausendfach in unseren Breitengraden, millionenfach in der so genannten Dritten Welt. Bei diesen Gekreuzigten der Geschichte müssen wir ihn suchen und bezeugen. Ich möchte euch zwei Beispiele aus meinem jetzigen Erfahrungsbereich erzählen.

Einmal von Padre Josimo Tavares Morais. Er lebte im Norden Brasiliens, wo die Großgrundbesitzer gegen die Kleinbauern vorgingen. Der Einsatz von Padre Josimo war ihnen ein Dorn im Auge. Padre Josimo organisierte die Kleinbauern, wurde bedroht, doch er hielt durch, da schickte man ihm einen Pistolenmann: Mord. Dieser junge Mensch hatte den Mut, bei den Gekreuzigten zu bleiben und wurde selbst zum Gekreuzigten. Dann ist da Eleníca, eine kleine und raue Frau. Sie lebt mit ihren drei Kindern in einer schäbigen Hütte. Da nimmt sie auch noch die schwangere Lúcia zu sich, sie teilt das einzige Ei unter allen auf. Doch mein »Ärger« mit ihr ist, dass sie nicht in die Kirche geht. Ich muss gestehen: Ich predige, was sie tut, bin aber nicht imstande zu tun, was ich predige. In so einer Frau ist Christus nicht nur gekreuzigt, sondern auch auferstanden!

Kehren wir zurück zu uns. Heute ist viel die Rede vom globalen Dorf. »Dorf« hat früher bedeutet, dass jeder zu leben hatte! Im Weltdorf heute müssen wir also lernen, die Solidarität zu globalisieren, lernen, uns Grenzen zu setzen, damit andere ihre Grenzen hinausschieben können, die Grenzen des Hungertodes, der Auslandsschulden, des Drogenhandels, des Analphabetismus ...

Wir verkünden Christus als den Gekreuzigten, das heißt, dass wir helfen sollen, die Gekreuzigten unserer Zeit vom Kreuz zu nehmen – auch auf die Gefahr hin, selbst zu Gekreuzigten zu werden.

3. Unsere Erfahrung mit der Kirche

Im gehörten Evangelium sind Jesus und seine JüngerInnen Pilger auf dem Weg nach Jerusalem, um im Tempel Gott anzubeten. Sie kommen in ein samaritisches Dorf. Die Leute dort nehmen ihn nicht auf: »Der soll uns ja nicht ins Dorf kommen ... etwas anderes wäre es schon, wenn er hier bei uns anbeten würde, nicht bei der Rivalin Jerusalem.« Die Jünger wünschen sich Feuer gegen dieses Unverständnis, doch Jesus lässt es nicht zu. Für uns heißt das, dass Wahrheitsbesitz nicht gegen Offenheit steht, Ablehnung der Kirche nicht Ablehnung Gottes bedeutet. Die Kirche ist Instrument, ein wichtiges, aber nicht das einzige. Wieder möchte ich euch zwei Erfahrungen erzählen: Eine Begebenheit beim Papstbesuch in Peru 1992: Ein Indianerhäuptling tritt vor den Papst hin und rückerstattet ihm die Bibel mit den Worten: »Du kannst sie zurücknehmen. Durch sie ist unsägliches Leid und unzählbarer Tod über uns gekommen«. Eine Begebenheit in Brejolandia: Ein sterbender Bauer lässt mich rufen. Ich sah ihn nie in der Kirche; soll ich ihm den Kopf waschen? Doch er bekehrt mich. Denn er, der sterbende Bauer, hatte erbauende Worte für mich und ich sah ihn einen seligen Tod sterben. Engstirnig war ich!

Die Kirche ist ein »Steig«, der zum Weg »Christus« führt, der zum Ziel »Gott« führt; für uns aber ist sie ein gesegneter und liebgewonnener geworden. Wir sollen demütig sein, einladend, ansteckend und treu.

4. Unsere Erfahrung mit uns selbst

Der Mensch hat Bedürfnis nach Sicherheit und Geborgenheit wie ein Kind, das am Rockzipfel seiner Mama hängt: Einschlafen, Schwimmen-Lernen, ein sicherer Beruf, Absicherung des Wohlstandes, Gesundheit, Zukunft ... Doch nicht alle können es sich leisten: Die Bittsteller der Sozialämter, die alleinerziehende Mutter, die Menschen in der so genannten »Dritten« Welt, die »von der Hand in den Mund« leben.

Jesu Anforderungen an drei potentielle Nachfolger, von denen wir im Evangelium gehört haben, sind radikal! Bin ich – im Wohlstand – untauglich zu solcher Nachfolge? Sicherungen können einlullen, von den Sorgen und Nöten anderer entfernen. Sie sollen mich nicht unfähig machen, auf Ihn zu vertrauen, Ihm mich anzuvertrauen, zu sehen, worauf es täglich ankommt.

Ein Beispiel: Elisabeth ist frisch verheiratet, sie fährt mit dem neuen Auto aus ... und ramponiert es. Sie hat Angst: Was wird der Ehemann sagen? Doch im Handschuhfach findet sie einen Zettel: »Sollte dir etwas passieren, mach dir nichts draus ... ich liebe dich!«

Jesus geht festen Schrittes nach Jerusalem hinauf. Er hat entschieden. Das gibt ihm Freiheit. Auch wir sollen uns von den Ver-Sicherungen nicht lähmen lassen zu lieben!

Der Onkel und sein Neffe

5. Für dich, Martin

Du bist Servit, Diener Mariens. Den Servitenorden hast du als Ort gewählt, an dem du spirituell wachsen sollst. Es wird von einem Missionar erzählt, der in einem Zug durch Japan fährt. Beim Brevierbeten fällt ein Marienbildchen zu Boden. Ein Bub im selben Zugabteil hebt es auf und schaut es an. Dann fragt er: »Wer ist diese schöne Frau?« »Es ist ... meine Mutter.« Der Bub schaut ihn skeptisch an, dann wieder das Bildchen: »Du gleichst ihr aber gar nicht«, stellt er fest. »Trotzdem versuche ich ein Leben lang, ihr zu gleichen – wenigstens ein bisschen«, antwortet der Missionar.

Das ist auch unser Weg, der uns zu Maria führt, wenn wir es schaffen, ihr ein wenig zu gleichen.

Gelobt sei Jesus Christus – in Ewigkeit. Amen.
Bei uns in Brasilien fügt man hinzu:
Und unsere Mutter, die heilige Maria.

Die drei Wochen, die er in Südtirol war, verbrachte Luis hauptsächlich bei seiner Schwester im Widum von St. Justina und auf seinem Heimathof. Dort half er bei der Heuarbeit mit. Am 10. Juli flog er nach Brasilien zurück. Der Abschied fiel ihm diesmal sichtlich schwer. Als er – es sollte das letzte Mal sein – vor seinem Elternhaus stand und sich von seinen Angehörigen verabschiedete, hatte er Tränen in den Augen – zum ersten Mal, und als er ins Auto stieg, das ihn zum Bahnhof bringen sollte, vermochte er zum Gruß nichts mehr zu sagen.

Die letzten Initiativen von Luis

Eine der Gemeinschaften in Salvador, in die Luis am liebsten ging, war die von Cajazeira 6. Anfang Juni 2001 weihte er dort das neue Pastoralzentrum ein. Dieses Zentrum besteht aus einer Kapelle im Erdgeschoss und zwei Versammlungsräumen im ersten Stock. Don Lino, der Heimatpfarrer von Pina, hatte geholfen, die Finanzierung für diesen Bau zu sichern, und war bei der Einweihungsfeier dabei. Aus Südtirol zurückgekehrt, nahm Luis nun einige Projekte in Angriff, die ihm schon lange vorschwebten. In der Gemeinschaft von Cajazeira 6 beginnend, besuchte er mit einigen Mitarbeitern gezielt die alten Menschen seiner Pfarre und stellte mit Erstaunen fest, wie viele es waren. Deshalb beschloss er, eine Altenpastoral aufzubauen. Nach monatelangen Vorbereitungen traf sich am Donnerstag, den 9. Mai 2002, das erste Mal die »Seniorengruppe Cajazeira 6«; es war eine Woche vor dem Tod von Luis. Vierzehn Frauen waren zu diesem Treffen gekommen. Eine von ihnen erinnert sich: »Ich war immer allein, mein einziger Sohn wohnt in einer anderen Stadt. Als Padre Luis das erste Mal zu Besuch kam, dachte ich: ›Wieder einer von diesen Kirchen, die wollen alle nur dasselbe.‹ Doch dieser Padre wollte nichts, er hat mich gefragt, wie es mir geht, und mir dann einfach nur zugehört. Und beim Verabschieden hat er mich eingeladen: ›Kommen Sie einfach zu uns, dann können wir weiterplaudern, wir werden gemeinsam beten, singen, spielen ... Sie brauchen nichts mitzubringen, nur sich selbst.‹ Heute bin ich so dankbar dafür. Diese Seniorengruppe hat mir einen ganz neuen Aufschwung gegeben.« Wie dringlich das Problem der alten Menschen in Brasilien ganz allgemein ist, zeigt sich auch darin, dass die Brasilianische Bischofskonferenz die Fastenaktion 2003 den alten Menschen gewidmet hat.
Eine weitere Initiative, die Luis ergriff, war das Taizégebet mit Jugendlichen. Mit den Gruppen, die sich auf die Firmung vorbereiteten, besuchte er mehrmals eine Gemeinschaft von Brüdern aus Taizé. Diese betreuen in Alagoinhas, 100 km nördlich von Salvador, eine Menge von sozialen Projekten und haben auch einen Ort geschaffen, wo Jugendliche einander begegnen und an ihren Gebeten teilnehmen können. Weil die Jugendlichen von den Gebeten und Gesängen begeistert waren, lud Luis sie ein, auch in Cajazeiras ein solches Ge-

betstreffen zu initiieren. Etwa 20 Jugendliche konnte er für diesen Plan gewinnen, und am Dienstag, dem 9. April 2002, trafen sie sich zum ersten Mal in der Kapelle von Cajazeira 6. Seither beten sie jede Woche am Dienstagabend. Auch nach dem Tod von Luis wollten sie dieses Gebetstreffen weiterführen. Mit einem Foto, das sie vor dem Altar aufstellen, möchten sie ihn ganz bewusst in ihre Mitte hineinnehmen. Taiane und Bira, zwei Jugendliche, erzählen: »Als wir uns die ersten Male mit Padre Luis zum Taizégebet trafen, war er immer so fröhlich. Er wollte, dass wir selbst das Gebet vorbereiten, dass wir die Lieder und Bibeltexte aussuchen. Nach dem Gebet gingen wir dann zu Fuß nach Hause, wir durften uns in seine Arme einhängen und wir haben gelacht und gesungen. Padre Luis hat uns dann erzählt, wie er in seiner Jugend in Europa mit Jugendlichen nach Taizé in Frankreich gefahren ist, und er hat uns geschildert, wie es dort ausschaut. Wir haben davon geträumt, einmal mit ihm nach Frankreich zu fliegen. Das Taizégebet vom Dienstag ist für uns wie ein Geschenk, das Luis uns gemacht hat und das wir wie ein Erbe weiterführen möchten. Wenn wir dort in der Kapelle im Schein der Kerzen sitzen und singen, dann kommt es uns manchmal vor, als ob wir seine Stimme hörten, die mit uns singt und betet.«

Wenn wir dort in der Kapelle im Schein der Kerzen sitzen und singen, dann kommt es uns vor, als ob wir seine Stimme hörten.
TAIANE UND BIRA

Zukunftsvisionen

Mehrmals hatte Luis in den Monaten vor seinem Tod anklingen lassen, dass er daran denke, die »Casa do Sol« und die pfarrlichen Aktivitäten auf eigene Beine zu stellen.

> *Es ist uns ein großes Anliegen, dass das Projekt weiterläuft, auch wenn Pina und ich nicht mehr da sind,*

schrieb er vorausblickend schon im Rundbrief von Ostern 2001. Wie schon in Südtirol und in Tabocas wollte er sich auch in Salvador nach ca. zehn Jahren wieder neuen Aufgaben zuwenden. Es waren vor allem zwei Aufgabengebiete, denen er sich verstärkt widmen wollte.
Das erste Arbeitsfeld war das Bibelstudienzentrum CEBI, dessen Leitung in Bahia er inzwischen zur Gänze übernommen hatte und das er noch weiter ausbauen wollte.

Das zweite war die Pastoral der Fischer, die CPP (»Comissão Pastoral dos Pescadores«). Luis hatte des Öfteren mit Marcos und Dedé, zwei jungen Freunden und ehrenamtlichen Mitarbeitern der CPP, Fischerfamilien auf den Inseln in der Allerheiligenbucht von Salvador besucht. Die einfache, bodenständige Art der Fischerleute zog Luis an. Auch wenn von den Inseln aus die Großstadtkulisse entlang der Küste gut sichtbar ist – besonders nachts bietet sich ein schöner Anblick bunter Lichterketten, die sich im Wasser des Meeres spiegeln –, scheint das städtische Leben hier unendlich weit entfernt.
Vom Schicksal dieser »vergessenen Menschen« draußen auf den Inseln war Luis zutiefst betroffen, besonders von dem der Frauen, die jeden Tag stundenlang im Wasser stehen, Muscheln und Krebse sammeln und sie dann mühevoll ausputzen. Am Abend besteht ihr durchschnittliches Tagewerk aus einer Verkaufsmenge, für die sie von ihrem Händler einen Betrag bekommen, der gerade nur dem Preis eines Bustickets entspricht, während sie auf den Touristenmärkten und in den Gasthäusern um den drei- bis vierfachen Preis verkauft wird. Auf den Inseln draußen gibt es in der Regel keinen Arzt, keine Post, keine Apotheke, keine Schule, keinen Priester und auch keine Polizei. Deshalb wickeln dort organisierte kriminelle Banden gerne ihre Geschäfte ab. Auf einer der Inseln wurde illegal ein großes Bordell eingerichtet, in dem auch Drogen gehandelt werden. Im Schutz der Dunkelheit kommen die Freier und Dealer in kleinen Booten übers Wasser.

Pina und Dedè auf der Überfahrt zu den Fischerinseln in der Bucht von Salvador

Diese Entwicklung stellt für die armen, traditionellen Fischerdörfer und für ihre sozialen Strukturen eine große Bedrohung dar. Als Luis in den Vorstand der CPP gewählt wurde, nahm er diese Aufgabe trotz des Bedenkens an, dass seine Erfahrungen in diesem Bereich noch zu gering wären. Für ihn bedeutete dies, wieder neu anzufangen: die Geschichte der Fischer kennen und ihre Situation verstehen zu lernen; diesen Menschen Freund und Partner zu werden; ihnen Selbstbewusstsein zu schenken und ihnen ihre Würde aufzuzeigen; die Frohe Botschaft Jesu zu verkünden und mit ihnen zu beten, zu tanzen, zu singen; sie über ihre sozialen Rechte aufzuklären und im Kampf gegen die negativen Einflüsse von außen zu stärken.
All dies blieben Zukunftsvisionen, denn es war Luis nicht mehr gegönnt, sie zu verwirklichen.

Claudio

Claudio war einer der Jugendlichen, die Luis ganz besonders in sein Herz geschlossen hatte. Er hatte ihn kennen gelernt, als er von seinem Vater davongelaufen war, nachdem dieser ihn wieder einmal verprügelt hatte. Damals war Claudio gerade 10 Jahre alt. Seine Kindheit hatte ihm kaum Erfreuliches zu bieten gehabt. Die Mutter war früh verstorben, und der Vater kümmerte sich nicht um das Kind, dem elterliche Zuwendung und Liebe fremd geblieben waren. Luis und Pina versuchten, Claudio eine Heimat zu bieten und ihn in eine der Gruppen der Casa do Sol zu integrieren. Besonders in der Zirkusgruppe schien er sich wohl zu fühlen. Oft kam Claudio ins Haus von Luis, um einfach bei ihm und Pina zu sein. Zum ersten Mal in seinem Leben spürte er, dass jemand ihn mochte und annahm. Er half bei der Hausarbeit mit und wusch das Auto. Dafür bekam er ein kleines Taschengeld, über das er sich jedes Mal riesig freute. Als sein Vater die Wohnung verlor, kaufte Luis diesem ein kleines Häuschen unter der Bedingung, dass er sich um seinen Buben kümmern und ihn regelmäßig zur Schule schicken müsse. Doch er tat es nicht, und Claudio wurde zusehends verhaltensauffälliger. Die Verletzungen der Kindheit holten ihn immer wieder ein. Trotz mehrmaliger Therapieansätze gelang es nicht, ihn in irgendeine Gruppe zu integrieren. Er begann, den Treffen in der Casa do Sol fern zu bleiben, seine Besuche bei Luis wurden spärlicher. Immer öfter wurde er mit Personen aus dem Drogenmilieu gesehen.

Claudio

Als sich Claudio wieder einmal für längere Zeit nicht hatte blicken lassen, wurde kurz hintereinander dreimal in das Haus von Luis eingebrochen, während er in der Kirche die Messe feierte. Beim dritten Mal hatte ein Nachbar die Jugendlichen gesehen, es waren drei: »Einer von ihnen ist der, der immer dein Auto gewaschen hat«, sagte er zu Luis. Diese Vorfälle bedrückten Luis sehr und er wollte und konnte nicht glauben, dass Claudio der Täter war, und noch weniger, dass dieser wieder und wieder bei ihm einbrechen würde. Er weigerte sich, engere Gitterstäbe vor dem Küchenfenster anzubringen. Auf das hartnäckige Drängen der Nachbarn hin, die Angst davor hatten, dass auch ihre Häuser bald an der Reihe sein könnten, musste Luis schließlich Anzeige bei der Polizei erstatten; er tat es gegen unbekannt. Wenige Tage später näherten sich die drei Jugendlichen wieder dem Haus von Luis, ein Nachbar bemerkte sie und schlug sie in die Flucht. Am späten Abend wurden die drei beobachtet, wie sie versuchten, über die Mauer der Casa do Sol zu klettern. Dabei wurden sie von einer Streife der Militärpolizei erwischt. Augenzeugen

sahen, wie die Polizisten die drei Jugendlichen verprügelten, mit Gewalt in ihr Auto zerrten und davonfuhren. Es war in der Nacht auf den 26. April 2002. Drei Tage später fand man ihre Leichen, von einem Dutzend Kugeln durchbohrt. Claudio war 15 Jahre alt, auch seine beiden Freunde waren nicht älter. Die Obduktion ergab, dass sie noch in derselben Nacht, in der sie aufgegriffen wurden, erschossen worden waren.
Der Tod von Claudio machte Luis schwer zu schaffen und er empfand ihn als eine persönliche Niederlage. Die Mitarbeiter hinderten Luis daran, das Begräbnis von Claudio zu halten, sie erachteten es als zu gefährlich für ihn. So war das letzte Freundschaftszeichen, das er »seinem Buben« erweisen konnte, dass er die Kosten der Beerdigung übernahm, damit Claudio nicht – wie so viele andere aus den Elendsvierteln – in einem anonymen Armengrab irgendwo verscharrt würde.

✦ ... dieses System von brutaler Gewalt, das Luis angeprangert hatte ...

Claudio und seine beiden Freunde reihen sich in die Zahl der Unzähligen ein, die auf den Straßen der Metropolen Brasiliens jeden Tag und jede Nacht Opfer der rücksichtslosen und menschenverachtenden Härte gegen Kinder und Jugendliche werden. Nur wenige Wochen zuvor hatte Luis dieses System von extremer Gewalt und Brutalität aufs Schärfste angeprangert. Am 14. März hatten sich nämlich Mitglieder der CDH (»Comissão de Direitos Humanos da Assembléa Legislativa da Bahia«), der Menschenrechtskommission des Parlaments von Bahia, auf Einladung von Luis in Cajazeiras getroffen, um sich konkret ein Bild von der Situation in diesem Teil der Peripherie von Salvador zu machen. Luis, der schon seit Jahren mit dieser Kommission zusammengearbeitet hatte, äußerte sich bei diesem Treffen besorgt über die Gewalt, die in den Elendsvierteln von Cajazeiras wuchs und wuchs. Er sprach von seiner Beobachtung, dass besonders die ärmsten Viertel zunehmend von kriminellen Banden der Drogenmafia kontrolliert werden, die sich untereinander rücksichtslos Straßenschlachten liefern, und dass in den Favelas mehr und mehr ein Klima von Gewalt, Angst und Unsicherheit herrscht. Scharf kritisierte er auch die brutalen Methoden einiger Polizeieinheiten, die durch ihr schonungsloses Vorgehen nicht nur die Spirale von Gewalt und Vergeltung beschleunigen, sondern auch das Leben unbeteiligter Personen – besonders der Kinder und Frauen – leichtsinnig gefährden.

> *In den Armenvierteln von Salvador herrscht Krieg, der in erster Linie gegen Jugendliche, Schwarze und arme Arbeiter geführt wird.*
> MENSCHENRECHTSKOMMISSION BAHIA

Wie erschreckend die allgemeine Situation in den Peripherievierteln von Salvador ist, zeigt die Menschenrechtskommission von Bahia in einem Bericht auf. Im Jahr 2001 wurden in Salvador 936 Morde registriert, mit steigender

Tendenz im Vergleich zu den vorhergehenden Jahren. Gut die Hälfte davon, nämlich 470 geschahen in den Elendsvierteln der Peripherien, nur 33 in den wohlhabenden Vierteln der Innenstadt, die meisten anderen im Bereich der öffentlichen Verkehrsnetze. 312 dieser Morde – also jeder dritte – gingen zweifelsfrei auf das Konto von Todesschwadronen, die sich aus Mitgliedern der Militär- und Zivilpolizei sowie von Interessensvertretern der Kaufleute zusammensetzen. Dass Mitglieder der diversen Polizeieinheiten inkognito in regelrechten Straßenschlachten Kriminelle erschießen und Straßenkinder oder straffällig gewordene Jugendliche skrupellos liquidieren und dafür in manchen Fällen sogar Kopfgeld kassieren, ist ein offenes Geheimnis. Viele Tote kosten des weiteren die blutigen Auseinandersetzungen zwischen einzelnen kriminellen Banden selbst, die um die Kontrolle in den diversen Vierteln kämpfen. Die Opfer sind in der Regel arme, dunkelhäutige und arbeitslose Jugendliche aus den Favelas. Bei den Jugendlichen zwischen 15 und 25 Jahren ist Mord die häufigste Todesursache. Die Kommission klagt darüber hinaus an, dass ca. ein Drittel der Fälle, deren Opfer jugendliche und dunkelhäutige Arme sind, von der Zivilpolizei gar nicht erst registriert würde, eine krasse Form von Rassismus. »In den Armenvierteln von Salvador herrscht Krieg, der in erster Linie gegen Jugendliche, Schwarze und arme Arbeiter geführt wird«; zu diesem Schluss kommt die Kommission in ihrem »manifesto em defesa de vida« vom 16. Juni 2002. Dieses »Manifest zum Schutz des Lebens« wurde im Rahmen eines Friedensmarsches im Gedenken an Luis einen Monat nach dessen Tod verlesen.

Der gewaltsame Tod

Donnerstag, der 16. Mai 2002

Wie jeden Tag stand Luis auch an diesem noch vor sechs Uhr auf, um in seinem Zimmer, wie gewohnt auf einem kleinen Teppich kniend, zu beten und zu meditieren. An diesem Morgen betete er den Psalm 27, einen seiner Lieblingspsalmen: das Gebet eines Menschen, der sich bedrängt fühlt, sich aber in der Gemeinschaft mit Gott geborgen weiß.
Als Luis sein Zimmer verließ, blieb die Bibel auf der Seite dieses Psalms aufgeschlagen auf der Ablage neben seinem Bett liegen. Nach dem Frühstück fuhr er zur Casa do Sol, um mit Domingas, der pädagogischen Leiterin, einige Dinge zu besprechen, doch er traf sie noch nicht an. Er wartete eine Weile auf sie, grüßte die Eltern, die ihre Kinder herbrachten, und scherzte mit den Kindern. Auch Benizaura kam zur Casa do Sol. Wie jeden Donnerstag wollte sie auch heute mit Luis in die Stadt hineinfahren, um im Büro der CEBI mitzuhelfen, denn Donnerstag war für sie und Luis immer »CEBI-Tag« und in der Regel nahm Luis Benizaura im Auto mit. Doch diesmal sagte er, er könne sie nicht

mitnehmen, da er etwas zu Hause vergessen habe und nochmals zurückfahren müsse. Auf ihren Einwand hin, das sei doch gar kein Problem, antwortete er ihr kurz, aber bestimmt: Heute nicht! Verwundert und verärgert ging Benizaura zur Bushaltestelle. Als sie eineinhalb Stunden später im Büro in der Innenstadt ankam, erwartete sie dort bereits die schreckliche Nachricht: Padre Luis ist tot!

Luis war von der Casa do Sol direkt die paar hundert Meter zu seinem Haus zurückgefahren. Als er aus dem Auto stieg, um das Eisengatter zu öffnen, welches die Einfahrt zu seiner Wohnstraße absperrte, kam ein Jugendlicher auf ihn zu. Nach einem kurzen Wortwechsel fielen zwei Schüsse. Eine Frau, die unmittelbar neben der Straßeneinfahrt wohnte, stürzte aus dem Haus und sah Luis blutüberströmt daliegen, mit dem Gesicht zum Boden, neben seinem Kopf die zerbrochene Brille, während zwei Jugendliche eiligst in sein Auto stiegen, wendeten und mit Vollgas davonfuhren. Die Haushälterin Filò und das Ehepaar, das Luis gegenüber wohnte, waren ebenfalls von den Schüssen aufgeschreckt worden und eilten herbei. Schleunigst luden sie Luis in ihr Auto und brachten ihn in das nahe »Hospital Eladio Lasserre«. Doch alle Erste-Hilfe-Maßnahmen waren umsonst, denn der diensthabende Arzt konnte nur mehr den eingetretenen Tod feststellen. Es war 8.30 Uhr. Im Autopsiebericht wird als Todesursache angegeben: ein Herz- und ein Genickschuss. Jeder der beiden Schüsse wäre für sich tödlich gewesen.

Der Herr ist mein Licht und mein Heil,
vor wem sollte ich mich fürchten?
Der Herr ist die Kraft meines Lebens:
Vor wem sollte mir bangen?
Vernimm, o Herr, mein lautes Rufen;
sei mir gnädig, und erhöre mich!

Mein Herz denkt an dein Wort:
›Sucht mein Angesicht!‹
Dein Angesicht, Herr, will ich suchen!
Verbirg dein Gesicht nicht vor mir,
denn du wurdest meine Hilfe.

PSALM 27,1.7–9

Als einer der ersten wurde der Erzbischof von Salvador benachrichtigt, Kardinal Geraldo Majella Agnelo. Dieser kam sofort ins Krankenhaus, wo ihm die schwierige Aufgabe oblag, die Identität des Ermordeten zu bestätigen. Inzwischen hatte sich die schreckliche Nachricht wie ein Lauffeuer in Cajazeiras herumgesprochen, viele liefen zum Krankenhaus, weil sie es nicht glauben konnten, dass Luis tot dort lag. Einige wollten ihn noch ein letztes Mal sehen und berühren. Andere liefen in ihrer Verzweiflung zur Kirche, die normalerweise um diese Zeit versperrt war. Eine Frau aus dem Liturgieteam hatte sie aber geöffnet: »Als ich hörte, dass Padre Luis erschossen worden ist, wusste ich mir nicht mehr zu helfen, da bin ich einfach losgerannt zur Kirche. Ich wollte nur mehr in der Kirche sein, die ich mit Padre Luis so oft für eine Feier geschmückt habe!« Die Kirche wurde die kommenden Stunden und Tage nicht mehr geschlossen. Unablässig kamen und gingen Menschen, rund um die Uhr, konnten die tragische Nachricht nicht fassen, fragten sich, wie es denn passieren konnte, suchten Trost bei den anderen, die sie hier trafen. Sie weinten, beteten, sangen gemeinsam. Als Padre Fernando Caprini aus einer Nachbarpfarre am späten Vormittag spontan und unvorbereitet eine Messe feierte, war die Kirche übervoll.

Im Kreuz Christi begegnen wir dem Weg des Lebens.

Die Menschen in Cajazeiras verabschieden sich von »ihrem Märtyrer«.

Am Samstag, dem 18. Mai, wurde Luis in seiner Pfarrkirche aufgebahrt. Die Erzieherinnen der Casa do Sol in ihrer azurblauen Kleidung standen Spalier, als der Sarg in die Kirche getragen wurde. Hinter ihnen drängten sich die Menschen. Ungläubig und fassungslos traten sie an den Sarg heran und starrten durch eine kleine Glasöffnung auf das leblose Gesicht des Ermordeten. Unter dem großen Kreuz hinter dem Altar hing eine Schrift: »Pela Cruz de Cristo reencontramos o caminho da vida« (Im Kreuz Christi begegnen wir dem Weg des Lebens). Luis hatte sie wenige Tage vor seinem Tod angebracht. Viele waren darüber verwundert gewesen, denn er hatte vorher mit niemandem von der Gemeinde darüber gesprochen, auch hatte er beim Schreiben und Aufhängen des Textes niemanden um Hilfe gebeten, wie er üblicherweise getan hatte. Viele Menschen kamen von weit her, um Luis ein letztes Mal nahe zu sein, auch aus Tabocas. Unter den Trauergästen war der Bozner Missionar Luis Sartorel, der neun Jahre lang in S. Maria da Vitória in der Nachbardiözese von Barreiras gewirkt hatte und Luis gut kannte. Ergriffen schrieb er nach Südtirol: »Wir alle waren zutiefst beeindruckt; es herrschte ein großes Gefühl der Ergriffenheit. Die Menschen seiner Gemeinde trauerten um Luis Lintner wie um einen Vater und einen Bruder und feierten ihn als Märtyrer. Seit der Ankunft der Leiche am Samstagnachmittag sind immer mehr Menschen eingetroffen. Sie weinten in tiefer Trauer, beteten und spendeten sich gegenseitig Trost im Gesang – niemand hätte dieser von Schmerz erfüllten Atmosphäre gleichgültig gegenüberstehen können. Am Samstagabend hielten wir die Messe, an der rund 1000 Menschen teilgenommen haben. In der Nacht haben sich dann Gruppen von Menschen, Jugendliche und Erwachsene, beim Gebet abgewechselt und Begebenheiten aus dem Leben von

Eine Gedenktafel erinnert an die Stelle, an der Luis erschossen wurde.

Padre Luis erzählt. Es war dies ihre Art, seiner zu gedenken, ihn nochmals leben zu lassen und in ihrer Mitte zu verspüren. Es wurden Einzelheiten aus seinem Leben erzählt, die einen Menschen aufgezeigt haben, den nicht alle von dieser Seite kannten: Luis als einfachen und demütigen Menschen, mit einer außergewöhnlichen Fähigkeit, den anderen zuzuhören und Respekt dem anderen, den armen Menschen und den Kindern, entgegenzubringen.«[82]

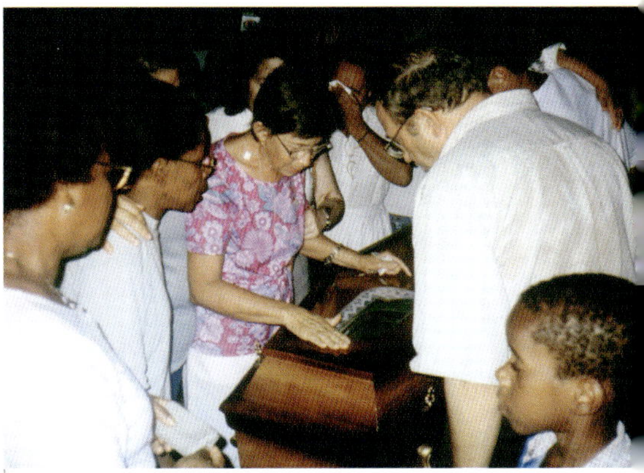

Die Menschen drängen sich um den Sarg.

Am Sonntag – es war der Pfingstsonntag – feierte Kardinal Dom Geraldo Majella Agnelo mit der Gemeinde die Seelenmesse. Laut brasilianischen Medienberichten nahmen über 2500 Menschen an der Messe teil. Eigentlich hätte Dom Geraldo an diesem Tag in eben dieser Pfarrgemeinde rund 40 Jugendlichen das Sakrament der Firmung spenden sollen. Seit Wochen hatten sich die Jugendlichen auf das Fest vorbereitet und Luis stand deshalb in den letzten Wochen in regem Kontakt mit dem Kardinal. Dom Geraldo erzählte jetzt davon, dass ihm Luis öfters von der Situation der Gewalt und Angst in den Favelas von Cajazeiras berichtet habe und wie er einmal auch habe durchblicken lassen, dass er sich bedroht fühle. An ein Weggehen habe er deshalb aber nicht denken wollen. Als Zeichen des priesterlichen Dienstes und des Blutzeugnisses von Luis ließ Dom Geraldo eine rote Stola auf den Sarg legen.

> *Die Menschen seiner Gemeinde trauerten um Luis Lintner wie um einen Vater und einen Bruder und feierten ihn als Märtyrer.* MISSIONAR LUIS SARTOREL

»Padre Luis, jetzt kehrst du in deine geliebten Berge heim.«

Die Familie von Luis hatte den Beschluss gefasst, seinen Leichnam nach Südtirol überführen zu lassen. Damit kam sie seinem Wunsch nach, den Luis Freunden gegenüber mehrmals geäußert hatte, dass er nämlich in der Heimat begraben werden möchte. Wer einmal die verwahrlosten, ja trostlosen Friedhöfe der Armen in Brasilien gesehen hat, versteht diesen Wunsch. Bis zum Dienstag, den 21. Mai, konnten alle bürokratischen Hindernisse beseitigt werden. In dem Augenblick, da die Männer den Sarg von Luis hochhoben und aus der Kirche zum bereitgestellten Fahrzeug für den Transport zum Flughafen bringen wollten, kamen die Frauen und sagten: »›O padre Luis‹ (der Padre Luis) hat uns so oft getragen, all unsere Lasten und Sorgen; dieses letzte Stück wollen wir ihn tragen!« Sie ließen es sich nicht nehmen, den Sarg auf ihre ausgemergelten Schultern zu nehmen und ihn bis zum Auto zu tragen. Ein kleines Mädchen aus der Casa do Sol näherte sich noch einmal dem Sarg und legte seine Hand liebevoll auf ihn: »Padre Luis,« sagte es leise, »agora você volta nas suas amadas montanhas« – jetzt kehrst du in deine geliebten Berge heim! Wie oft hatte ihm Luis wohl von den heimatlichen Bergen erzählt. Auch am Flughafen hatten sich mit Dom Gilio Felicio, dem Weihbischof von Salvador, viele versammelt. Dom Gilio trug Pina und Padre Fernando, die den Sarg nach Südtirol begleiteten, auf: »Sagt den Angehörigen von Luis und der Kirche in Europa, dass die Kirche von Salvador diesen Märtyrertod wohl gebraucht haben wird. Das Blutzeugnis von Luis wird unsere Kirche bekehren!« Als das Flugzeug schon längst ihren Blicken entschwunden war, blieb die Gruppe noch lange Zeit schweigend dort stehen. Am späten Nachmittag des 22. Mai landete das Flugzeug auf dem Flughafen in Mailand. Auf den Tag genau vor 22 Jahren war Luis auf eben diesem Flughafen nach Brasilien aufgebrochen.

Padre Luis hat uns so oft getragen, all unsere Lasten und Sorgen; das letzte Stück wollen wir ihn tragen!

FRAUEN AUS CAJAZEIRAS

Kurz vor Mitternacht kam der Leichenwagen am heimatlichen Schornhof in Aldein an. In der Stille und Einsamkeit der bergbäuerlichen Stube wurde der Sarg aufgebahrt. Neben den traditionellen Blumenkränzen »schmückten« auch Gaben aus Brasilien die Stube: ein Berimbao, das typische afro-brasilianische Saiteninstrument, ein Baumwolltuch, das Bäuerinnen aus Tabocas gewoben hatten, einige Plakate und Banner. Am 24. Mai wurde Luis beerdigt, einen Tag bevor er sein 62. Lebensjahr vollendet hätte. Am frühen Nachmittag wurde der Sarg nach alter Tradition auf einem Leichen-

Der Kreis eines Lebens schließt sich: Zur Beerdigung wurde Luis im Sarg in die Kirche ›heimgebracht‹, in der er am Tag nach seiner Geburt getauft worden war. (Alte Innenansicht der Pfarrkirche von Aldein)

wagen, gezogen von zwei Pferden, ins Dorf hinunter gebracht, gefolgt vom Trauerzug. Auf dem Dorfplatz nahm Ortspfarrer Heinrich Guadagnini die Einsegnung vor. Rund 60 Priester und Ordensleute aus Südtirol und einige aus Italien und Brasilien sowie eine große Menschenmenge wollten dem ermordeten Missionar die letzte Ehre erweisen, darunter viele der ehemaligen »Absolventen«. Es schien fast, dass es Luis ein letztes Mal gelungen war, sie alle zu versammeln. Vom äußersten Pustertal bis zum Obervinschgau waren sie gekommen, um Luis, der sie auf so vielen Wegen begleitet hatte, auch auf seinem letzten Weg zu begleiten. Diözesanbischof Wilhelm Egger, der den Begräbnisgottesdienst zelebrierte, verzichtete bewusst auf die bischöflichen Insignien, als er vor dem Sarg dessen stand, der im Namen seiner Diözese – der Diözese Bozen-Brixen – den Armen in Brasilien die Frohe Botschaft verkündet und mit seinem Leben und Sterben das Evangelium Jesu bezeugt hatte. Die rote Stola, die schon in Salvador auf dem Sarg gelegen hatte, schmückte ihn auch in Aldein. Am Ende des Gottesdienstes ließ Pina in ihrem Nachruf mit bewegenden Worten noch einmal den Geist von Luis spürbar werden.

Nachruf von Pina Rabbiosi in Cajazeiras und in Aldein (19. und 24. Mai 2002)

Das Testament, das uns Luis hinterlassen hat, ist sein Leben selbst. Luis war als Person und Priester ein Vorbild für alle, die ihn kennen gelernt haben, er war ein stiller, nachdenklicher Mensch, ein Vorbild an Güte und Geduld, wie man nach und nach jeden Tag mehr entdecken konnte. Seine Haltungen haben ihn charakterisiert als Menschen des Hinhörens und des Respekts; als einen, der sich ganz in den Dienst der Kleinen gestellt hat; als Priester, der sein Amt stets als Geschenk und Dienst gelebt hat; als zutiefst konsequente und kohärente Person; als Armen unter Armen.

Luis war in allen Momenten seines Lebens und seines priesterlichen Wirkens ein Erzieher. Er wollte, dass die Menschen denken lernen, reflektieren, um so selbst zu Subjekten und Handlungsträgern ihrer eigenen Geschichte zu werden. Er wollte nie Unterricht erteilen oder große Vorträge halten, denn er war sich klar bewusst, wie jeder andere Mensch auch nur ein kleines Stück Wissen und Wahrheit zu haben; deshalb hat er sich immer neben die anderen gestellt, unabhängig davon, welche Kategorie oder Gruppe von Personen er um sich hatte. Mit unterschiedlichsten Methoden und Dynamiken (seine Kreativität war wie eine unerschöpfliche Quelle) regte er die aktive Teilnahme der anderen an, ja provozierte sie; er fürchtete auch das Schweigen nicht, er wartete und hielt inne, solange es notwendig war, bis sich jeder ausdrücken und einbringen konnte, sei es in Studien- oder

Reflexionsgruppen, sei es in Gruppen des gemeinsamen Suchens oder in gemeinschaftlichen Versammlungen. Er respektierte und schätzte jede Position und jede Erfahrung und ging mit Konflikten um, ohne sich selbst zu verstellen oder irgendeinen anderen anzugreifen. Ich habe nie erlebt, dass er jemanden einmal gedemütigt hätte.

Es waren die Kleinen, die ihn zuerst als Menschen des Dienstes erkannt haben. Wir haben Rosy kennen gelernt, als sie noch unter einem Baum lebte, ihr Mann war Säufer, ihr Kind hat nie ein Kleid oder Schuhe getragen, sie selbst war psychisch schwer krank. Nach einer langen Begleitungszeit haben wir für Rosy und ihre Familie eine kleine Hütte gekauft. Ein Mitarbeiter von Luis hat die hygienischen und elektrischen Installationen erledigt. Nach einigen Monaten kam Rosy eines Morgens in unser Haus, aufgeregt fragt sie nach Padre Luis: »Ich weiß nicht, vielleicht habe ich die Toilette falsch benutzt, aber sie ist verstopft, es geht nichts mehr runter ... kannst du mir helfen?« Luis bat sie um ein wenig Geduld, er habe jetzt eine Verpflichtung, aber er werde kommen und nachschauen. Nach dem Mittagessen, fast heimlich, hängt er sich die Schürze um, nimmt den Werkzeugkasten und geht zu Rosy ...

Luis hat sein priesterliches Amt nie als Instrument des Privilegs oder des persönlichen Vorteils benutzt. Erst nachdem er nach vielen Jahren Arbeit eine Liturgiegruppe aufgebaut und noch später eine kleine Schar von Ministranten beisammen hatte, die aktiv die Liturgie mitfeiern und gemeinsam mit ihm um den Altar sitzen konnten, nahm Luis seinen Platz im Presbyterium ein. Er hat sich immer geweigert, einen anderen Stuhl zu haben als die anderen, und als die Frauen, die die Kirche oder den entsprechenden Raum für ein Fest vorbereitet hatten, ihm einen besonderen Stuhl hinstellen wollten, tat er so, als hätte er ihn nicht gesehen, setzte sich auf seinen alten Stuhl und überließ den »Thron« einem der Ministranten oder Lektoren. In den kleinen Basisgemeinschaften hat er sich nie auf den Priesterstuhl beim Altar gesetzt, immer hat er eine schwangere Frau oder eine mit einem Kind auf dem Arm oder eine Alte gefunden, um ihr den Platz zu überlassen. Wenn es Umtrunke gab, kleine Imbisse geschwisterlichen Beisammenseins, stellte er sich in der Reihe hinten an. Oft war dann alles schon fertig, als er an die Reihe kam; da zog er sich trotzdem glücklich in die Küche zurück und half den Frauen beim Abwaschen.

Luis hat jede Tätigkeit seines priesterlichen Dienstes mit Ernsthaftigkeit und Einsatz ausgeübt. Seine Predigten hat er sorgsam und mit großem Zeitaufwand vorbereitet. Schon zu Beginn der Woche hat er seine Bibel aufgeschlagen und die entsprechenden Stellen gelesen. Oft hat er viele Nächte dafür aufgebracht, wenn die Tage zu kurz waren. Jede Zusammenkunft und

jeden Kurs, für den er verantwortlich war, hat er mit dem gleichen Aufwand vorbereitet. Manchmal sah ich, wie er traurig Anfragen zurückweisen musste, weil er wusste, es würde ihm die Zeit fehlen, um sich gewissenhaft auf etwas vorbereiten zu können.
Sein Lebensstil war von äußerster Kohärenz und Konsequenz geprägt. Luis hat immer an ein einfaches Leben geglaubt und dieses gelebt. In den Häusern, in denen wir gewohnt hatten, hat er für sich immer das kleinste Zimmer ausgesucht. Sein Schlafzimmer war leer wie eine Klosterzelle. Bevor wir in Salvador ein Auto gekauft hatten, zwei Jahre nachdem wir dorthin gekommen waren und weil wir mit den Fahrrädern die verschiedensten Gemeinschaften nur begrenzt erreichen konnten, hat er sehr gelitten und viel gebetet. In der Stadt selbst hat Luis nie ein Taxi in Anspruch genommen. Luis hat immer Sandalen getragen, auch um an offiziellen Momenten teilzunehmen, sei es auf kirchlicher oder sozial-politischer Ebene. Das einzige Paar Schuhe, das er besaß, wurde regelmäßig nur vor seinem Heimaturlaub herausgeholt und abgestaubt. Padre Luis besaß nie zwei Alben gleichzeitig, immer nur eine; die letzte, die er hatte, war ihm schon viel zu kurz, weil sie immer wieder ein Stück »hinaufgenäht« werden musste, um den verfransten Rand zu verdecken. Luis liegt barfuß im Sarg, denn so ist er auch durchs Leben gegangen.
Padre Luis hinterlässt uns die Aufgabe, arme Kirche zu sein unter den Armen und Zeichen der Liebe des zärtlichen Gottes, Mutter und Vater des Lebens, unter den Kleinen dieser Welt.

Die Trauergemeinde brach – entgegen den Südtiroler Sitten – spontan in Beifall aus. Dann wurde der Sarg auf den Friedhof hinausbegleitet, wo er im Grab der Aldeiner Pfarrer beigesetzt wurde, unmittelbar neben dem Grab seines Vaters. Das Berimbao und das Tuch aus Tabocas wurden mitbegraben – so hatten es die Menschen in Brasilien gewollt.
Ein bewegter und von Trauer geprägter Tag ging zu Ende, als sich die nächtliche Ruhe über Aldein legte. Die Stube, in der Luis aufgebahrt gewesen war, war wieder leer, sie wirkte kahl. Das Banner aus Brasilien verhing noch, wie vergessen, ein Fenster: »Padre Luis, sua luta em favor da paz e da justiça continuará em nossa caminhada« – deinen Kampf für Frieden und Gerechtigkeit werden wir auf unserem Lebensweg weiterführen!, hatten seine jugendlichen Schützlinge gleichsam als letztes Versprechen für ihren Padre geschrieben. Vom offenen Fenster drang das Rauschen des Bletterbaches tief unten in der Schlucht bis herauf in die Stube. Wie

> *Padre Luis, deinen Kampf für Frieden und Gerechtigkeit werden wir weiterführen!*
>
> JUGENDLICHE AUS CAJAZEIRAS

Grab von Luis Lintner auf dem Aldeiner Friedhof

oft war Luis auf dem Balkon gesessen und hatte ihm gelauscht! Hinter dem Weißhorn ging der Mond auf, hell stand er am Himmel, fast voll;

... heute bin ich bei fast vollem Mond von der Kirche nach Hause gekommen. Der Vollmond ist dazu angetan, in mir Heimweh wachzurufen. Warum weiß ich nicht ...[83],

hatte Luis wenige Monate zuvor aus Brasilien nach Südtirol geschrieben.

Warum wurde Luis ermordet?

Die Polizei ging von Anfang an davon aus, dass es sich beim Mord an Luis Lintner um Raubmord handle. Das stand für sie fest, noch bevor Details über den Tathergang und über die Umstände bekannt waren. Als schließlich wenige Tage nach dem Mord das Auto in einer nahen Seitenstraße gefunden wurde, lag auf dem Beifahrersitz noch die Brieftasche von Luis samt Geld und Dokumenten. Zwar ermittelte die Polizei intensiv im Milieu der Drogenmafia von Cajazeiras und im Bekanntenkreis von Claudio, doch an der Hypothese vom Raubmord hielt sie zu jedem Zeitpunkt der Ermittlungen fest. Etwa einen Monat nach dem Mord an Luis wurden drei Jugendliche als mutmaßliche Täter verhaftet. Einer von ihnen gestand zunächst, an jenem Morgen dabei gewesen zu sein, beteuerte aber, nicht die tödlichen Schüsse abgegeben zu haben. Als Motiv gab er Autodiebstahl an. Später nahm er seine Aussagen zurück. Eine Augenzeugin erkannte in ihm jedoch den wieder, der längere Zeit vor der Straßeneinfahrt gewartet und schließlich auch auf Luis geschossen haben soll. Die beiden anderen leugneten von Anfang an jede Beteiligung. Als im Juli 2003 schließlich der Prozess eröffnet wurde, saßen vier Jugendliche auf der Anklagebank.
Die Mitarbeiter von Luis und viele Menschen in Cajazeiras zweifelten von Anfang an an der Hypothese des Raubmordes und baten in mehrmaligen Petitionen, die Polizei möge die wahren Hintergründe des Mordes an Luis aufdecken und den Fall aufklären. Für sie kommen zwei mögliche Motive in Frage: dass es sich entweder um einen Racheakt seitens der Clique von Claudio und seinen beiden Freunden handeln könnte, oder dass Luis von einer der Dro-

genbanden, die in Cajazeiras um die Vormacht kämpfen, umgebracht worden sei. Letzteres glauben viele in Cajazeiras, denn einer der gefürchtetsten Bandenführer hatte schon einmal gesagt: »Diesen Padre sähe ich lieber tot als lebendig.« Der Erzbischof von Salvador, Kardinal Geraldo Majella Agnelo, äußerte mehrmals den dringenden Verdacht, dass Luis Opfer der Drogenmafia geworden sei, der der Einsatz von Luis für die Kinder und Jugendlichen in Cajazeiras zunehmend ein Dorn im Auge geworden war. Werden die Menschen in Cajazeiras auf den Mordfall angesprochen, wollen sie nicht reden. Sie fürchten sich vor Repressalien. Einige mutmaßen, dass auch Mitglieder der Militärpolizei in den Mord verwickelt sein könnten.

Wenige Wochen nach der Ermordung von Luis, Anfang Juli 2002, gingen bei der großen jährlichen Wallfahrt in Bom Jesus da Lapa Tausende von Geknechteten und Entrechteten den Kreuzweg. Viele Male war Luis als einer von ihnen mit dabei gewesen. Auch diesmal war er präsent, wenn auch auf ganz andere Weise. Bei der ersten Station, »Jesus wird zum Tode verurteilt«, wurde nämlich der Menschen gedacht, die seit der letzten Wallfahrt ein Jahr zuvor gewaltsam ums Leben gekommen waren. Die Reihe von Namen war lang, unter ihnen war der von Luis: einer von vielen, beseitigt wegen ihres Einsatzes für ihre Schwestern und Brüder. Luis wurde hingemordet wie so viele, die schon vor ihm um mehr Gerechtigkeit gekämpft haben. Und weitere werden folgen, Opfer von Gewalt, Hass, Ungerechtigkeit, Menschenverachtung. Die meisten dieser Tode werden nie aufgeklärt und die Namen vieler der Ermordeten stehen in keinen Verzeichnissen; oft sind es nur die Familien, die – mit ihrem Schmerz allein gelassen – sich dieser Toten erinnern.

Die Märtyrer Lateinamerikas

»Dass Gott uns doch vergebe, / uns vergebe, dass wir leben, / uns vergebe, wenn wir uns Christen nennen, / uns vergebe diese Jahre, / die heiligen; Frei Tito, / noch am Baume hängend / (des Lebens im neuen Garten!), / dort hinter dem Kloster von Lyon!« Nur ein großer Glaubenspoet wie Padre Davide Maria Turoldo vermochte das Leid des Evangeliums der Armen in so kurzen Versen zu erfassen. Noch heute fließen die Tränen des Todes, der zum Symbol für den brasilianischen Befreiungskampf geworden ist. Der Dominikanerbruder Frei Tito de Alencar Lima konnte es nicht mehr ertragen, dass die Geister der Folterknechte durch seine blutende Erinnerung irrten. Jede Nacht träumte er von seinen Folterungen, auch seine Flucht nach Frankreich konnte ihn davor nicht bewahren. Am 10. August 1974 erhängte er sich an einem Baum im Garten des Dominikanerklosters in Lyon, er war 28 Jahre alt. Vier Jahre zuvor, im Februar 1970, hatten die Heeresoffiziere den jungen Dominikaner aus der Kaserne von Tiradentes in Minas Gerais entlassen, wo er seit November

1969 eingesperrt war, der Aufwiegelung angeklagt. Drei Tage lang war er auf dem »pau-do-arara«, einem Folterinstrument, aufgehängt, musste im »Drachensessel« aus Metallstiften und -drähten sitzen, erlitt Stromschläge am Kopf, an den Füßen, an den Ohren, Schläge auf den Rücken und auf die Brust, Peitschenhiebe auf die Beine und auf die Hände. Sie zogen ihm liturgische Kleider über und rissen ihm den Mund auf, um ihm »die heilige Kommunion zu reichen«: Elektroschocks auf der Zunge. Sie quälten ihn auf grausamste Weise und löschten Zigaretten an seinem Körper aus. Mit den Zigaretten löschten sie auch seine Seele aus, trieben ihn in die Verzweiflung, in die existentielle Finsternis, in die Umnachtung, in den Tod. »Deine Freiheit wird dir zum Vorort der Hölle werden«, hatte ihm der Hauptmann Maurizio Lopez Lima bei seiner Entlassung nachgerufen.

Als Luis im Mai 1980 in Brasilien ankam, war jeder Stein, jede Mauer und jeder Weg von den Spuren des Todes gezeichnet. Er kam in ein Land, das gedemütigt war, verwundet, verbrannt, zerrissen, getränkt vom Blut der Märtyrer: Männer, Frauen, Gewerkschaftsführer, Anwälte, Arme, Priester – gefoltert, ermordet, hinweg gefegt vom Wüten einer bodenlosen und anhaltenden Gewalt.

Zweieinhalb Jahre zuvor, am 22. September 1977, wurde in S. Maria da Vitória – dem damaligen Wirkungsort des Bozner Missionars Luis Sartorel, nur wenige Autostunden von Tabocas do Brejo Velho entfernt – Eugenio Lyra, der Rechtsanwalt der Bauerngewerkschaft, mit einem Kopfschuss ermordet, einen Tag bevor er die Situation der strukturierten Ungerechtigkeit gegen die Kleinbauern in der Abgeordnetenkammer zur Anklage bringen wollte. Mit ihm wurde die Hoffnung von Tausenden erstickt und abgewürgt.

Nicht nur in Brasilien, sondern in ganz Lateinamerika war die Basiskirche in die purpurrote Farbe des Blutes getaucht. Wenige Wochen bevor Luis nach Brasilien kam, wurde der »Heilige des lateinamerikanischen Volkes«, Erzbischof Oscar Arnulfo Romero, während einer Messfeier erschossen, gerade als er den Kelch zur Wandlung erhob. Nie zuvor hatte in Lateinamerika eine derartige Brutalität einen hohen Vertreter der katholischen Kirche getroffen wie den Erzbischof von San Salvador, der Hauptstadt von El Salvador. »El Pulgarcito«, der »Däumling« Amerikas, wie dieser kleine mittelamerikanische Staat genannt wird, befand sich im totalen Chaos. Nur ein paar Stunden zuvor hatte Erzbischof Romero in seiner Kathedrale ausgerufen: »Ich richte einen eindringlichen Appell an die Männer des Heeres, besonders an die Einheiten der ›Guardia Nacional‹, der Polizei und der Kasernen. Brüder! Ihr gehört zu unserem Volk! Ihr tötet unsere Brüder, die ›campesinos‹! Stärker als der Befehl von Menschen wiegt das Gesetz Gottes: ›Du sollst nicht töten!‹. Kein Soldat ist angehalten, einen Befehl auszuführen, der dem Gesetz Gottes widerspricht! (...) Im Namen Gottes, im Namen dieses leidenden Volkes, dessen Klagen jeden

Tag lauter zum Himmel dringen, bitte ich euch, flehe ich euch an, befehle ich euch: gebietet der Unterdrückung Einhalt!«
Doch die Unterdrückung hielt auf dem ganzen Kontinent an. Der Dominikaner Frei Betto – wie Frei Tito war auch er zur Zeit der Militärdiktatur eingesperrt und gefoltert worden; heute ist er einer der bekanntesten brasilianischen Befreiungstheologen und persönlicher Berater des Präsidenten Luis Inácio »Lula« da Silva – erinnert sich, als 1964 im Jahr des Militärputsches ganz Brasilien zusammenbrach. Das Gesellschaftsmodell, das dem brasilianischen Volk aufgezwungen werden sollte, war das der sozialen Apartheid und der Machtkonzentration in den Händen von einigen wenigen reichen Familien, während die großen Massen »draußen blieben«, ohne Arbeit, ohne Land, ohne Haus, ohne die Mindestbedingungen für ein menschenwürdiges Überleben. Es war das Brasilien, das sich gegen das Chile des Salvador Allende auflehnte, bevor Augosto Pinochet nach dem Putsch von 1973 auch dort die Spur des unschuldig vergossenen Blutes zu ziehen begann. Es war die Theorie der enthemmten Marktwirtschaft, die es vermied, von der Verantwortung der reichen gegenüber den armen Ländern zu sprechen; eine Theorie, die von der Linie diametral abwich, die die Kirche im Zweiten Vatikanischen Konzil eingeschlagen hatte und die in Lateinamerika die Basisgemeinden ins Leben gerufen und die befreiungstheologische Reflexion angestoßen hatte. Um diese Theorie aufrecht zu erhalten, bedurfte es der Macht, der institutionalisierten Militärgewalt als ersten Schritt der sogenannten »Doktrin der nationalen Sicherheit«, die – gestützt von der US-amerikanischen Komplizenschaft – den Diktaturen in Chile, Argentinien, Bolivien, Uruguay, Paraguay, Nicaragua zum Aufstieg verhalf. Während in Brasilien die Großgrundbesitzer Millionen in die Ghettos der Favelas trieben, gerade dadurch aber auch die politische Resistenz der Kleinbauern, Arbeiter und Armen stärkten, die sich in der Arbeiterpartei PT (»Partido dos Trabalhadores«) zusammenschlossen und organisierten, hielten in anderen lateinamerikanischen Staaten die blutrünstigen Diktaturen an.

›Das Leben eines Getöteten ist lebendige Kraft für den Frieden.‹

Luis wusste darum, er las es in den Zeitungen, entnahm es den Nachrichten, erfuhr es bei Begegnungen mit Augenzeugen. So den Tod von Marianella Garcia Villas in El Salvador, der Anwältin, die einmal auf den Knien von Oscar

Romero geweint hatte, nachdem sie brutal missbraucht worden war. Marianella war auf der Suche nach Hinweisen für einen geplanten Einsatz von chemischen Waffen gegen die Landbevölkerung, als sie am 13. März 1983 auf einer abgelegenen Landstraße, weit entfernt von der Hauptstadt, in einen Hinterhalt geriet und von Kugeln durchlöchert wurde. Selbst ihr Leichnam wurde noch misshandelt und entstellt. Sie war wenig älter als 30 Jahre, seit dem Ende ihres Studiums hatte sie sich ganz der Verteidigung der Armen und Bauern verschrieben, mit bis ins Detail dokumentierten Plädoyers und aus einem tiefen Geist des Dienens heraus, oft ohne die geringste Vergütung zu verlangen. Kurz vor ihrem Tod hatte sie gesagt: »Meine persönliche Geschichte ist Teil der Geschichte des ganzen Volkes; ich bin eine Zeugin, aber keine Persönlichkeit. Mein Fall ist nicht einzigartig oder außergewöhnlich. Was mir widerfährt, widerfährt Tausenden von Frauen und Männern im ganzen Land. Mein Fall ist ganz normal, einer von vielen.«

Meine persönliche Geschichte ist Teil der Geschichte des ganzen Volkes. Mein Fall ist nicht einzigartig oder außergewöhnlich. Er ist ganz normal, einer von vielen. † MARIANELLA GARCIA VILLAS

Ein »ganz normaler Fall, einer von vielen« ist auch der von Rigoberta Menchù aus Guatemala, der Friedensnobelpreisträgerin im Jahre 1992. Im Bürgerkrieg »Operation Rasierte Erde« starb ihre Mutter, nachdem sie brutal gefoltert und vergewaltigt worden war. Ihr Vater verbrannte bei der Besetzung der spanischen Botschaft am 31. Jänner 1980 – im Jahr, in dem Luis zum ersten Mal seinen Fuß auf brasilianische Erde setzte –, 38 Indianerführer verbrannten mit ihm. Ihre Großeltern wurden ebenso wie einer ihrer Brüder, erst 16-jährig, ermordet, zwei andere Brüder starben jung an den Folgen der Armut. Rigoberta selbst überlebte die Ausrottung der Quiché-Indios. »Ich bin Christin«, sagt sie heute, »und in Guatemala lesen alle Christen das Evangelium, in dem geschrieben steht: ›Wenn dich einer auf die Wange schlägt, dann halte ihm auch die andere hin.‹ Wir haben die andere Wange hingehalten, auch den Rücken. Wir haben es teuer bezahlt. Auch Christus hat den Soldaten gefragt: ›Warum schlägst du mich?‹«

Einer von den vielen, die »teuer bezahlt haben«, ist auch der Gewerkschaftsführer und Kautschukzapfer Chico Mendes. Die internationale Aufmerksamkeit war auf ihn gerichtet, da er die Zerstörung des Amazonasregenwaldes in Acre aufs Schärfste anprangerte und mit seinen Anklagen ins öffentliche Bewusstsein rief, unter welch unmenschlichen Bedingungen die »seringheiros«, die Kautschukzapfer, leben und arbeiten mussten. Aufgrund der wiederholten Todesdrohungen wurde Chico ständig von Leibwächtern begleitet. Am 22. Dezember 1988 entfernte er sich für einige Augenblicke von ihnen, als vor seinem Haus in Xapury aus einer Entfernung von wenigen Metern die tödlichen Schüsse aus der Pistole eines Großgrundbesitzers fielen. »Gleich nach diesem Attentat schien es, als könnte die Situation endlich verändert werden«, erinnerte sich Dom Moacyr Grechi, der Bischof von Rio Branco, zehn Jahre später, »die ganze Welt hat aufgeschrieen, viele NGOs (Nicht-Regierungs-Organisationen) haben uns ihre Hilfe angeboten, man hatte den Eindruck, es müsse sofort etwas Grundlegendes geschehen. Die Regierung schien sensibel geworden zu sein und hatte innerhalb kürzester Zeit den Kautschukzapfern Urwaldzonen zugesprochen, wo sie in Frieden mit der Umwelt leben könnten. Aber es kam anders, der erhoffte schnelle Wandel ließ auf sich warten. Die NGOs und viele Gruppen haben ihre Schlagkraft verloren, die euphorische Stimmung ist zusammengebrochen. Wenn heute jemand nach Xapury geht, bekommt er einen traurigen Eindruck: Das Haus von Chico und seine Hinterlassenschaft liegen verlassen, seine damalige Gruppe ist entzweit.«

Die Situation in Brasilien schien hoffnungslos zu entgleisen, die Agrarreform blieb ein vages Versprechen, doch die Landlosen hatten sich zu einer gigantischen Bewegung formiert und sich organisiert, nicht zuletzt dank der Struktur der Arbeiterpartei von Lula und der Basisgemeinden. Die Strategie der Landlosenbewegung war fein durchdacht und einfach zugleich: Was tun in einem Land, in dem riesige Ländereien im Besitz von einigen wenigen sind und einzelne Großgrundbesitzer Flächen im Ausmaß von ganzen Provinzen, ja europäischen Staaten, ihr Eigen nennen, während die Massen keinen Ort haben, wo sie sich niederlassen können? Die Antwort liegt nahe: unbewohnte und brachliegende Ländereien besetzen, Zelte aufschlagen und kleine Dörfer aufbauen inmitten der weiten Wildnis! Manchmal werden sie geduldet, die »sem terra«, die Landlosen; andere Male vertrieben oder von den Pistolenmännern eingeschüchtert, die hinter Büschen und Stauden »Wache stehen«; oft – ja zu oft werden sie aber auch umgebracht, getötet.

So die »sem terra« Roseli Salete Nunes da Silva, die am 31. März 1987 starb, als ein Lastwagen in eine Menge von demonstrierenden Kleinbauern und Landlosen raste. Ihren Leidensgenossen bleibt die Mutter, durch deren Tod drei kleine Kinder zu Waisen wurden, als »Rose der Landlosenbewegung« in Erinnerung.

Und so geschah es auch 1996 bei jenem Blutbad im Bundesstaat Parà, das als »Massaker von Eldorado do Carajàs« in die Geschichte eingegangen ist. Über hundert Militärpolizisten umkreisten 1500 Kleinbauern, die auf dem Weg in die Bundeshauptstadt Belém waren. Dort wollten sie eine Übereinkunft mit dem INCRA (dem brasilianischen »Nationalen Institut für Kolonisation und Agrarreform«) und der Regierung einfordern, in der die Enteignung der von ihnen besetzten Fazenda Macacheira vorgesehen war. Wenige Minuten nach der Umkreisung eröffneten die »Ordnungshüter« das Feuer: Es gab 19 Tote und 69 Schwerverletzte. Derlei Verbrechen und Massaker gehören zur erschreckenden und absurden »Tagesordnung« Brasiliens, das weiterhin mit dem Blut von Schuldlosen befleckt wird. Tausende von Kindern, Frauen, Männern, Indios sind es, die dem Schwert der Ungerechtigkeit, der Brutalität des Systems, dem Moloch der Gewalt zum Opfer fallen. Ob Luis geahnt hat, dass auch auf ihn zutreffen würde, was er einmal von diesen Toten schrieb?

Das Blut von Luis ist in der Erde Brasiliens versickert. Luis Lintner – einer von vielen.

> *Sie sind Tote ›um der Gerechtigkeit willen‹, wie wir mit Jesus bei Matthäus 5,10-11 sagen. (…) Wir sagen aber auch mit Ihm, dem größten aller Verfolgten und Verleumdeten: ›Freut euch und jubelt‹, – denn diese Toten halten die Hoffnung aufrecht, dass der Kampf für eine brüderliche Welt noch nicht aufgegeben ist und dass er einmal zum Siege führen wird.*[84]

Auch das Blut von Luis ist in der Erde Brasiliens versickert, ist eingeflossen in den Strom des Blutes, der die Geschichte des lateinamerikanischen Kontinents durchzieht. Luis Lintner – einer von vielen; ermordet wie Padre Rutilio Grande, der Anwalt Eugenio Lyra, Erzbischof Oscar Romero, Frei Tito de Alencar Lima, die Anwältin Marianella Garcia Villas, der alte Bauer Manoel Dias Santana, die Landlose Roseli Salete Nunes da Silva, Padre Ezechiel Ramin, der Gewerkschaftsführer und Umweltschützer Chico Mendes, Padre Josimo Tavares Morais, der Indio-Älteste Galdino Jesús dos Santos … und die unzähligen Märtyrer der Gerechtigkeit und des Friedens, die »berühmten« und die namenlosen, die erinnerten und die vergessenen.

»Padre Luis bleibt uns unvergessen!«

Nach dem gewaltsamen Tod von Luis erinnerten sich viele Menschen an die Begegnungen und Erfahrungen, die sie mit ihm machen durften. Diese Erinnerungen hüten sie wie einen kostbaren Schatz. Die Leute seiner Pfarrei in Cajazerias begannen ebenso wie jene von Tabocas niederzuschreiben, was sie an »ihrem Padre« am meisten beeindruckt hatte. Wenn man bedenkt, dass kaum einige von ihnen mehr als zwei, drei Jahre Schulbildung haben und dass ihnen allen die Spitzhacke oder der Scheuerlappen in der Hand viel vertrauter sind als ein Kugelschreiber, so erhalten diese Zeugnisse in ihrer oft unbeholfenen Art eine ganz besondere Bedeutung.

»Ein Mystiker – was will der in Brasilien?«

Dies dachte sich Giuliana aus Bozen, als sie Luis auf seinen ersten Schritten in diesem neuen Land begleitete. Er konnte nämlich stundenlang am Ufer sitzen und meditieren. Er schien ihr damals fast ein wenig weltfremd, kaum ge-

eignet, in diesem Hexenkessel von Bahia, wo alles brodelte und gärte, seinen Platz zu finden.
Als aber Rosy mit Freunden aus Südtirol von Tabocas aus zu ihr im Norden Brasiliens auf Besuch kam, erlebte Giuliana, dass dieser Luis doch ein ganz anderer sein musste. Rosy erzählte nämlich von Erfahrungen in der Pfarrei, von denen Giuliana damals in ihrer Diözese noch kaum zu träumen wagte. Auch Giuliana kehrte nach vielen Jahren nach Südtirol zurück. »Ich habe Luis nach seinen ersten Tagen in Brasilien über 20 Jahre lang nicht mehr gesehen!« erzählt sie, »dann hat er mich bei seinem allerletzten Südtirolaufenthalt angerufen, weil er sich mit mir treffen wollte. Er war ein Mystiker geblieben, aber es war ihm gelungen, was den Allerwenigsten gelingt: Er hat es geschafft, in sich eine Synthese zwischen dem Mystiker und dem Kämpfer zu finden. Dies habe ich bei dieser letzten Begegnung gespürt.«

> *Luis war es gelungen, in sich eine Synthese zwischen dem Mystiker und dem Kämpfer zu finden.*
>
> GIULIANA ONDERTOLLER

Luis war wie ein Baum, der genau wusste, dass er seine Wurzeln umso tiefer und näher an der Quelle in die Erde senken musste, je mehr er seine Äste ausbreitete, um all den vielen Schutz zu bieten, die bei ihm ein Obdach für ihre geschundenen Herzen suchten.

»Er glaubte an unseren Wert!«

Einerseits wissen wir aus den Tagebuchnotizen von Luis, wie sehr er gerade in der ersten Zeit um die Liebe zu diesen Menschen im Gebet hatte ringen müssen, wie sie ihm in ihrer Lethargie und ihrem Selbstmitleid manchmal schlichtweg »auf die Nerven« gegangen waren. Andererseits zieht es sich durch alle Zeugnisse aus Brasilien wie ein roter Faden, dass Luis es geschafft hatte, diesen Menschen, denen Jahrhunderte lang eingebläut worden war, dass sie nichts wert wären, wieder den Glauben an sich selbst zu geben. Wenn es Männer gibt, welche die Frauen mit ihren Blicken gleichsam entkleiden, so tat Luis immer das Gegenteil, denn in Brasilien steht die Frau und da besonders die dunkelhäutige, auf der untersten Stufe der sozialen Rangordnung. Gerade diesen Frauen hat er ihre Würde zurückgegeben. So armselig die Menschen um ihn herum auch waren, mit seinem Blick der Güte und Wertschätzung hat er sie neu bekleidet, bekleidet mit jener einzigartigen Würde, die jeder Mensch vor Gott hat und an welche diese Gedemütigten, Geknechteten längst selbst nicht mehr glaubten.
»Luis suchte immer, das Beste in jedem Menschen zu entdecken. Er fand für jeden ein aufbauendes Wort. Für ihn war der Mensch, so armselig er auch sein mochte, das Kostbarste, das es gab. Luis wurde nicht müde, uns immer neu zu wiederholen, dass alle Menschen wertvoll seien, dass sie Rechte ha-

ben, dass sie Gaben haben und Intelligenz und Gefühle – und dass deshalb alle Achtung und Liebe verdienen … Luis stupste uns dauernd an, indem er uns sagte, dass wir alle die Fähigkeit hätten, selbständig zu handeln und zu sein«, bezeugt Filó, seine Haushälterin in Cajazeiras.
Anita (38 Jahre) z. B. beschreibt all die kleinen Dienste, die er ihr anvertraute, und sagt: »Ich habe begonnen, mich selbst zu mögen, mich zu schätzen, in Freiheit meinen Weg zu gehen und zu kämpfen für meine Rechte als Frau und als Mensch.« Aurora von der Liturgiegruppe: »Er versuchte, alle zu schätzen, und half jedem Menschen zu entdecken, dass er imstande war, Verantwortung zu übernehmen.«

»Padre Luis war ein ökumenischer Mensch.«

Luis war zutiefst davon überzeugt, dass aus dem gemeinsamen Sich-unter-das-Wort-Gottes-Stellen und aus der Liebe zur Bibel auch unter den verschiedenen Kirchen eine Einheit und Zusammenarbeit möglich sei. In Brasilien, wo die Sekten wie Pilze aus dem Boden schießen und oft in einer einzigen Gasse fünf bis zehn Kirchen und Tempel der verschiedensten Religionsgemeinschaften stehen, suchte er unermüdlich den Dialog mit allen. Mit einzelnen Pastoren evangelischer Kirchen verband ihn eine tiefe Freundschaft. So schreibt ein lutherischer Pastor aus Nordfriesland nach der Ermordung von Luis in einem Leserbrief an die Tageszeitung »Dolomiten«: »Ich kenne Luis Lintner vom Ökumenischen Bibelzentrum CEBI in Salvador, wo ich knapp zwei Jahre mit ihm zusammen gearbeitet habe. Er war ein sehr engagierter Priester, sanftmütig, doch wenn es um die Sache des Evangeliums und der Armen ging, wurde er kämpferisch. Er war voller Liebe für die Menschen.«

> *Er war ein sehr engagierter Priester, sanftmütig, doch wenn es um die Sache des Evangeliums und der Armen ging, wurde er kämpferisch. Er war voller Liebe für die Menschen.* EIN LUTHERISCHER PASTOR

Umso schmerzlicher war es für Luis, bei den Sekten an Grenzen zu stoßen, die selbst seine Geduld und Dialogbereitschaft nicht zu überwinden vermochten. Mit großer Bitterkeit vertraute er einer Freundin aus Südtirol an:

> *Diese Sekten schaffen es, mit ihren Liedern und ›Tamtam‹ die einfachen Leute so in ihren Bann zu ziehen, dass diese für kurze Zeit ihr Elend vergessen und überlaufen. Dabei rühren diese Sekten nicht einen Finger, um die Not der Menschen zu lindern, im Gegenteil, sie ziehen ihnen auch noch den letzten Kreuzer aus der Tasche. Manche versuchen massiv, die Leute aus anderen Kirchen abzuwerben.*

Luis selbst lag nichts ferner als dies. Er öffnete sein Haus, sein Herz und die »Casa do Sol« für alle und achtete die Überzeugung jedes Einzelnen. Bei der

Aufnahme von Kindern oder Mitarbeiterinnen war sein Kriterium ausschließlich das der Bedürftigkeit, nie hat er nach der Religionszugehörigkeit gefragt. So schreibt Susanne, ein Mitglied der »Apokalyptischen Kirche«: »Ich habe Padre Luis kennen gelernt, als ich meine Tochter Andressa in den Kindergarten der Casa do Sol einschrieb. Ich bin nicht katholisch, aber Padre Luis hat mich nie kritisiert, er hat nie versucht, mich in seine Kirche zu ziehen, er hat mich immer geachtet als Evangelikale, die ich bin. Seine Worte, seine Predigten, waren immer eine Suche nach der Einheit mit allen religiösen Richtungen. Er hat nie kritisiert, er war ein wahrhaft ökumenischer Mensch.«

»Für mich ist Padre Luis der größte Pädagoge.«

So wie es Luis bereits in Südtirol wichtig war, dass die Menschen verstehen sollten, worum es bei der Messe oder in den biblischen Aussagen im Wesentlichen ging, so war ihm dies auch in seiner Missionstätigkeit das zentrale Anliegen. Tereza, eine Mitarbeiterin der Liturgiegruppe in Cajazeiras, berichtet: »Ihm gefiel, was einfach, aber schön war; er hatte einen Sinn für Ästhetik und lehrte uns, das Schöne um uns herum zu entdecken und zu schätzen. In der Liturgie war es Padre Luis ein großes Anliegen, dass die Pfarrgemeinde jedes Symbol verstünde, jede Geste, jedes Tun, um besser die Botschaft des Wortes Gottes zu begreifen.« Und Susanne erzählt: »Von diesem Tag an hat sich mein Leben verändert. Hier bin ich Menschen begegnet, die meine Gabe, nämlich Zeichnen und Malen, zu schätzen wussten. Padre Luis und Pina baten mich, Plakate für die Kirche und den Kindergarten vorzubereiten. Mit Padre Luis haben wir begonnen, große Plakate für das Äußere der Kirche zu gestalten. Es sind dies gezeichnete Botschaften, damit sie von allen verstanden werden können.« Muss man dabei nicht an unsere mit Fresken bemalten Kirchenwände denken, die »Bibel der Armen«, damit all die Analphabeten des Mittelalters die Botschaft auch verstünden?

> *Seine einfache Art war für mich die größte Lektion in meinem Leben. Seine Fähigkeit des Zuhörens, sein Verständnis, seine menschliche Sensibilität ...*
> DOMINGAS, CASA DO SOL

Domingas, die pädagogische Leiterin der »Casa do Sol«, erzählt, wie die Begegnung mit Luis sie zutiefst geprägt hat: »Seine einfache Art war für mich die größte Lektion in meinem Leben. Seine Fähigkeit des Zuhörens, sein Verständnis, seine menschliche Sensibilität sind eine große Herausforderung für uns. Sein Lebensbeispiel dauert für immer in uns an!« Gedalva (50 Jahre), die Erzieherin der Kindergruppe in der Invasion »Oásis«, die bei Regen nur sehr schwer erreichbar war und die nach dem Tod von Luis geschlossen werden musste, schreibt: »Padre Luis hat uns regelmäßig besucht. Er war immer sehr aufmerksam jedem Kind gegenüber und auch auf das, was wir benötigten. Einmal besuchte ich einen Weiterbildungskurs für Erzieherinnen und eines

Tages sollte ich einige große Pädagogen nennen. Ich sprach von Paulo Freire, Piaget und anderen. Ich schloss ab, indem ich sagte: Der größte Pädagoge, dem ich je begegnet bin, ist Padre Luis. Er bleibt mein unvergesslicher Erzieher.« Anita (38 Jahre), eine Erzieherin in der »Casa do Sol«, erzählt: »Durch Padre Luis habe ich gelernt, dass meine Anwesenheit immer ein Dienst an den Kindern sein muss. Ich soll ihn mit Demut tun und die Kinder als Menschen achten, denn so entdecke ich, was sie mir zu geben haben. Ich muss mich auf ihre Stufe und die ihrer Familien stellen, sie als gleichwertig betrachten ... Ich bin überzeugt, wo auch immer Padre Luis sich jetzt befindet, er wird uns weiterhin Kraft geben und erleuchten, um in seinem schönen Projekt weiter zu arbeiten.« Und Aurora schreibt: »Padre Luis war sehr ›organisiert‹. Er lehrte uns, für alles Notizen anzufertigen, die Symbole, die Gesten und Anmerkungen mit großer Genauigkeit vorzubereiten, um nicht im Augenblick des Gottesdienstes über etwas zu stolpern, sondern damit die Feier gut verlaufe.«

»Seine Leidenschaft war das Wort Gottes.«

»Aus dem lebendigen Umgang mit dem Wort Gottes schöpfte Luis die Kraft für seine Aufgaben. Immer wieder suchte er die Stille, um dem Wort Gottes Raum zu geben. Es fiel mir oft auf, wie schweigsam, ja verschlossen er vor Eucharistiefeiern, vor dem Bibelteilen u.ä. war. Er trug das WORT und bewegte es in seinem Herzen, und wenn der Moment der Verkündigung da war, sprudelte es aus ihm heraus«, erinnert sich Sr. Felixine, die in der Lichtenburg jahrelang mit Luis zusammengearbeitet hatte. Den Reichtum der Bibel wollte Luis mit den anderen teilen, und er wurde nicht müde, nach immer neuen Wegen zu suchen, damit die Menschen rund um ihn soviel wie möglich von ihm entdeckten. Maria, eine Teilnehmerin der »Bibelschule« in Cajazeiras, berichtet: »Luis hatte noch eine Sorge: Die Jugendlichen glänzten durch ihre Abwesenheit bei den liturgischen Gemeinschaftsfeiern. Luis, der so erfüllt war vom Wort Gottes in seinem Leben und dessen Leidenschaft es war, akzeptierte es nicht, dass diese Jugendlichen das Wort Gottes nicht kannten. Dass sie nicht die Möglichkeit hatten, sich in dieses zu verlieben. Er war unzufrieden und träumte davon, dass alle Jugendlichen die Bibel gründlich kennen lernen sollten, um vom Wort Gottes her das Fundament und die Motivation für das eigene Leben zu finden. So haben wir an eine ›Bibelschule‹ für die Jugend gedacht ... Diese Erfahrung war für uns Jugendliche eine umwerfende Entdeckung. Jedes Treffen erfüllte uns mit einer ganz tiefen Freude. Wir entdeckten hauptsächlich den befreienden Aspekt der biblischen Texte und dass

> *Padre Luis ist eine große Gabe durch das Beispiel der Liebe zur Heiligen Schrift, die für ihn Quelle des Lebens war.* BISCHOF WILHELM EGGER

das Leben selbst das erste WORT GOTTES war: dass unser schweres und armes Leben Wort Gottes war. Luis war nicht nur sehr gut vorbereitet, er hatte eine Leidenschaft für die Bibel und damit steckte er die Jugendlichen an.« Bischof Wilhelm Egger sieht in Luis ein Geschenk Gottes an die Menschen, die durch ihn die Bibel lieben lernten: »Padre Luis ist eine große Gabe durch das Beispiel der Liebe zur Heiligen Schrift, die für ihn Quelle des Lebens war. (...) Das Interesse am Wort Gottes hat er immer gefördert und begleitet. Noch in den letzten Monaten schickte er auch mir aus Brasilien Behelfe zur Bibelarbeit.«[85]

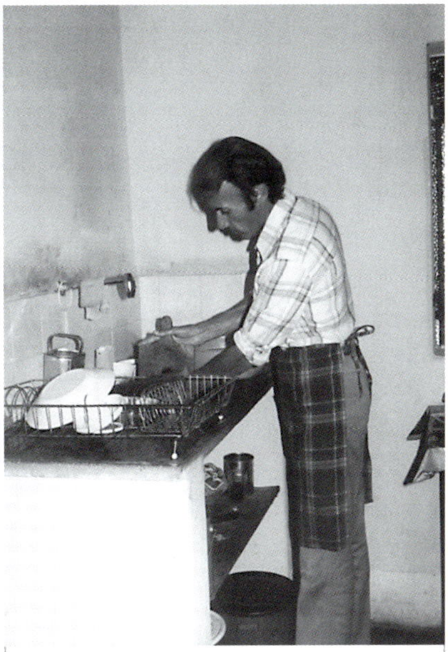

Ein gewohntes Bild in der ›Casa do Padre‹

»Padre Luis bleibt uns Vorbild im Dienen und Teilen.«

Sein blauer Tiroler Männerschurz hängt heute noch – wie ein stummer Mahner, worauf es in der Nachfolge Christi letztlich ankommt – am Haken in der kleinen Küche im Pfarrhaus von Cajazeiras. Jeder Gast, der mithilft, bindet ihn sich um, so, wie ihn Luis sich unzählige Male umgebunden hatte, um überall mitzuhelfen, ganz selbstverständlich. Gerade weil dieses Dienen zu seinem Wesen gehörte und er damit nicht groß »Beispiel geben wollte«, war es so beeindruckend. Er tat diese Dienste mit derselben Sorgfalt wie das Vorbereiten seiner Predigten; alles war gleich wichtig, darin gab es für ihn keinen Bruch. Filó, die Haushälterin, schreibt: »Luis war es, der uns den Kühlschrank und das Bratrohr reparierte und die Messer schliff. Wenn wir bei Treffen für viele kochen mussten, half er uns, die Teller und Pfannen abzuspülen.« Und Giuliana, mit der er die allerersten Schritte in Brasilien machte, zog sich einmal seinen tiefen Groll zu, als sie – wie bei den anderen Priestern von jeher gewohnt – auf dem Boot, das ihr »Pfarrhaus« war, seine Wäsche wusch. Tereza aus Salvador schreibt: »Die anderen waren für Luis immer an erster Stelle. Luis, als Mensch und als Priester, beanspruchte für sich stets den letzten Platz, stellte sich immer als letzter in der Reihe an. In der Kirche wollte er für sich nie einen Extra-Stuhl, oder einen erhöhten Sitz, sein Platz war inmitten des Volkes.« Bei einem seiner letzten Heimaturlaube besuchte Luis in einem entlegenen Bergdorf überraschend eine Frau, die zu seiner ehemaligen Jugend gehört hatte. Sie war ge-

Als Mensch und als Priester beanspruchte Luis für sich stets den letzten Platz. Auch in der Kirche war sein Platz inmitten des Volkes. TEREZA AUS CAJAZEIRAS

rade beim Anstreichen einer Küchenkredenz. Ohne zu zögern nahm ihr Luis den Pinsel aus der Hand: »Diese Arbeit habe ich schon öfter gemacht. Rast' du dich jetzt etwas aus und erzähle mir von dir, von euch allen … Ich streiche inzwischen weiter!«
Im Eifer, seinem Meister Jesus zu folgen, der nichts hatte, wohin er sein Haupt legen konnte, lebte Luis eine Radikalität, die bei so manchen seiner Bekannten und auch Vorgesetzten Kopfschütteln, ja Befremden oder ein mitleidiges Lächeln hervorrief. Wenige verstanden ihn auf diesem Weg. Zudem tat sich Luis nicht immer leicht, sich mitzuteilen, und viele begannen ihn erst zu verstehen, wenn sie einfach mit ihm lebten und so konkret erfahren konnten, wie er lebte und welche seine Grundideen und Haltungen waren. Er selbst glaubte immer wieder, vor allem im Zusammenleben in seinem Pfarrhaushalt, von den anderen nicht das verlangen zu können, was er von sich selbst forderte, und war nur deshalb bereit, Zugeständnisse zu machen. Besuchern aus dem fernen Südtirol bot er ganz selbstverständlich sein eigenes Bett an, solange er noch kein Gastzimmer hatte, und schlief irgendwo im Haus auf dem Fußboden. Einmal nötigte er jemandem seinen besten Regenschirm auf:

Ich komme schon ohne zurecht …,

sagte er. Wie oft er gerade in Tabocas in den Zeiten der großen Dürre, wo alle Familien Hunger litten, das letzte Brot wegschenkte, davon erzählte Rosy später ihren Freunden. Von seinen engsten Vertrauten konnte er aber auch mehr fordern. Francisca aus Tabocas erinnert sich: »Eines Tages sagte Padre Luis zu mir, dass wir Verantwortliche mit einer tieferen Bewusstseinsbildung die Pflicht hätten, einen höheren Prozentsatz für die Kirche zu zahlen.« Dass Luis anderen ihre Verantwortung am gemeinsamen Arbeiten ins Bewusstsein rief, wird auch aus einem Vorwort deutlich, das er Jahre zuvor während der Lichtenburger Zeit in einer Ausgabe des Heftes »die spur« geschrieben hatte:

Wir sind wieder etwas konsequenter geworden: diese spur bekommen NUR jene zugeschickt, die den Beitrag von 2000 Lire bezahlt haben und (was wichtiger ist!!) damit ihr Interesse bekunden. Gerade weil wir mit Angeboten überschüttet werden, wird eine bewusste Auswahl immer notwendiger – und die müsst ihr für euch treffen! Auch wir sind darauf angewiesen, dass aus euren Reihen zu unserer Zeitschrift mehr Echo und Kritik kommt: Ihr müsst sie mittragen, denn es soll ›eure‹ spur sein!

Luis war nicht nur bereit, seine materiellen Güter zu teilen, sondern ebenso seine geistigen. Gerne berichtete er Mitbrüdern aus anderen Pfarren von gelungenen Projekten in seiner Pfarre, aber nur, wenn er darum gefragt wurde. Er wachte nicht eifersüchtig über seine Ideen, denn es ging ihm um den

Weinberg des Herrn und die Ehre Gottes, nicht um seine eigene. So wurde auch das Pastoralzentrum in Tabocas zu einem Ort des Teilens und Weitergebens. Francisca schreibt: »Nach einigen Jahren Anwesenheit gelang es Padre Luis, mit finanzieller Hilfe seiner Freunde in Italien ein Gemeinschaftszentrum zu errichten. Dieses Zentrum ist unsere ›Universität‹ geworden. Jedes Wochenende stand es offen für Weiterbildungskurse für die verschiedensten Kategorien und verschiedenen Gruppen von Leuten. Dort haben wir Augenblicke echter Brüderlichkeit und tiefer Freude erlebt.« Dieses Pfarrzentrum stand von Anfang an auch für Gruppen anderer Pfarren zur Verfügung, und die verschiedenen Angebote konnten von Leuten von auswärts genützt werden. Ebenso öffnete Luis seine Bibelschule für die Jugend in Cajazeiras sofort auch für Jugendliche anderer Pfarren. Am besten gibt Maria aus Salvador wieder, welche Bedeutung das Teilen für Luis hatte: »Ich erinnere mich, dass Luis immer wieder sagte: Das Leben hat nur dann Sinn, wenn es mit den anderen geteilt wird.«

Das Leben hat nur dann Sinn, wenn es mit den anderen geteilt wird.

»Er sorgte sich um die Zukunft seines Volkes.«

Luis begnügte sich nicht, nur für das Heute zu sorgen und zu leben, augenblickliche Not zu lindern. Er wollte seinen Anvertrauten eine würdigere Zukunft sichern. Deshalb begann er vom ersten Tag seiner Arbeit in den Pfarren an damit, vorzusorgen für den Tag, an dem die Gemeinde auf eigenen Füßen stehen müsste. Francisca aus Tabocas erinnert sich: »Padre Luis hat sich nicht bloß um die Gegenwart, sondern auch um die Zukunft seines Volkes gesorgt. Er hat uns geholfen, einen Gemeinde-Gesundheitsdienst zu organisieren und zu lernen, wie man Vorschläge unterbreitet und auch einfordert. Ich will von etwas Wichtigem erzählen, der Zahlung des ›Zehnten‹ (nach dem biblischen zehnten Teil, der für die Armen bestimmt war; Anm. der Verfasserin) für den Unterhalt der Kirche in Tabocas. Ich erinnere mich noch an den Tag, an dem Luis die Verantwortlichen zusammen gerufen hat, um mit uns über die Organisation des Zehnten zu diskutieren. In der Diözese sprach man noch nicht davon. Luis war der erste Padre, der dies tat. Er sagte nämlich immer, die Spendengelder kämen von seinen Freunden, aber wenn einmal ein brasilianischer Priester die Pfarre übernähme, der nicht diese Freunde habe, dann wüsste dieser nicht, wovon er die Pfarrgemeinde erhalten solle. Man müsste alles so organisieren, dass die Arbeit weitergehen könne. Es brauchte dafür dann mehr als zwei Jahre der Vorbereitung, erst dann begann die ›Pastoral des Zehnten‹. Als Padre Luis am 5. Mai 1991 Tabocas verlassen hat, hinterließ er

In Padre Luis Lintner habe ich einen Propheten getroffen, einen eifrigen und kritischen Erneuerer der Kirche und der Gesellschaft. PADRE JOSÉ HEHENBERGER

eine ›super-organisierte‹ Pfarre, in jeder Gemeinschaft gab es sehr gut vorbereitete Verantwortliche.«

Luis war bekannt für seine Sanftmut, aber wenn es um die Rechte der Armen ging, konnte er »klug sein wie eine Schlange« und »kämpfen wie ein Löwe«. Noch wichtiger war es für ihn, seine Bauern zu ermutigen, im gemeinsamen Handeln selbst für ihre Rechte zu kämpfen. Er ließ sie immer spüren, wie sehr er hinter ihnen stand, und stärkte ihnen den Rücken. Öfter als einmal wurde er deshalb von seinen Vorgesetzten zur Zurückhaltung ermahnt, denn sie sahen ihn – nicht ohne Grund – in Gefahr. Doch Luis wischte diese Bedenken meist lachend wie eine lästige Fliege hinweg. Dabei war er nicht naiv, denn er war immer gut informiert und wusste auch seine Situation richtig einzuschätzen. Ihn kennzeichnete das große Gottvertrauen aller wahren Propheten. Padre José Hehenberger, ein gebürtiger Oberösterreicher und seit 1966 Missionar in Brasilien, der aufgrund seines Einsatzes für die Armen auch selbst wiederholt Morddrohungen erhalten hatte und schon mehreren Anschlägen entgehen konnte, schreibt: »In Padre Luis Lintner habe ich einen Propheten getroffen, einen eifrigen und kritischen Erneuerer der Kirche und der Gesellschaft.«[86] Was dies konkret bedeutete, erzählt José aus Tabocas: »Padre Luis hat für die Kleinbauern von Larga, einem Gemeinschaftsbesitz, gekämpft. Als er von unseren Schwierigkeiten erfahren hatte, hat er uns gesagt: ›Ich will euch helfen! Aber ihr müsst verteidigen, was euch als Recht zusteht – ihr müsst euch organisieren!‹ Padre Luis hat uns geholfen, uns in der Gewerkschaft der Kleinbauern zu organisieren mit der CPT (Landpastoral). Die Bauern haben Wissen, Bewusstseinsbildung und Mut erhalten, und es ist ihnen gelungen, die ›pistoleiros‹, die von den Großgrundbesitzern gedungenen Mörder, zu verjagen, die unseren Grund besetzt hatten. Wir haben unsere Erde wieder gewonnen, dank der starken Hand Gottes und der Führung von Padre Luis!« Und Francisca aus Tabocas erzählt: »Wir hatten ein furchtbares Dürrejahr. Luis lud den Bürgermeister zur Zusammenarbeit für ein Projekt ein, das den Familien die Grundnahrungsmittel sichern sollte. Es ist uns gelungen! Es wurden Köchinnen von der Gemeinde beauftragt, andere von der Pfarre. Aber der Bürgermeister zahlte ihnen drei Monate lang kein Gehalt. Daraufhin haben die Köchinnen mit Padre Luis und den Verantwortlichen der Pfarre Tag und Nacht das Rathaus besetzt, um die Bezahlung einzufor-

Die Erzieherin Tereza vor der geschlossenen Schule in der ›Oásis‹

dern. Es gab auch eine Versammlung auf den Straßen, die ihren Abschluss im Gottesdienst in der Kirche fand.«

Der Tod von Luis stellte für die pastorale und soziale Arbeit in Cajazeiras einen schweren Schlag und eine harte Belastungsprobe dar, besonders für die »creche« der Casa do Sol, denn den Kindern und vielen jungen Müttern war Luis ein Vater geworden. Dank des großen Einsatzes von Pina, Domingas und der Mitarbeiterinnen konnten alle Aktivitäten weitergeführt werden. Eine Erzieherin erzählt: »Wir spüren, dass Luis in uns so viel bewegt und aufgebrochen hat. Seine Arbeit und sein Einsatz haben so vieles in unserer Gemeinschaft verändert, so viel Gutes ist in den letzten Jahren gewachsen. Das wollen wir weiterführen, es ist das Erbe, das uns Luis hinterlassen hat.« Nur die externe Schule in der »Oásis« musste geschlossen werden, denn Kriminelle hatten den Moment der Schwäche ausgenutzt und den Eltern und den Verantwortlichen der »Casa do Sol« unmissverständlich zu verstehen gegeben, dass sie die Schule schließen sollen. Sie war ihnen schon seit längerem ein Dorn im Auge, denn wie jede Person, die von außen kommt, waren auch die Erzieherinnen und Lehrerinnen unerwünscht. Mehrmals war die Schule schon beschossen worden, so dass Lehrerinnen und Kinder schleunigst unter den Tischen und Bänken Schutz suchen mussten.

Ein demütiger Pilger ...

Eine Gruppe aus einer illegalen Landbesetzung in Cajazeiras, in der rund 4000 Familien leben, schrieb nach dem Tod von Luis an seine Familie: »Mit

Padre Luis war ein einfacher Pilger, der uns voller Liebe und Zärtlichkeit aufgenommen hat. GEMEINSCHAFT DER FAVELA ›JARDIM DAS MANGABEIRAS‹

viel Traurigkeit schreiben wir diese Zeilen. Wir bekennen, wer Padre Luis für uns hier im ›Jardim das Mangabeiras‹ war: ein einfacher Pilger, der uns voller Liebe und Zärtlichkeit aufgenommen hat und der alle Gruppen in der ›Casa do Sol‹ vereint hat.« So verstand sich auch Luis selbst: als einfachen Pilger, der »auf dem Weg« war, auf Pilgerschaft zum Haus des Vaters. Nicht fertige Rezepte oder Lösungen hatte er »von oben herab« anzubieten, wohl aber seine Freundschaft und das Gefühl, mit den Menschen auf diesem Weg zu sein, auf der gemeinsamen Suche nach mehr Gerechtigkeit und Liebe, auf dem Weg der Seligpreisungen. Und so bleibt er vielen Menschen in Erinnerung, als ein Freund und Vater, der den anderen Ruhe und Heimat schenkte, auch wenn er selbst in seinem Inneren oft unruhig und heimatlos war; als ein Bruder und Weggefährte, der ihr Leben, ihr Sich-Freuen und Leiden teilte, auch wenn er selbst sich oft einsam fühlte; als ein demütiger Pilger, der ihnen vorausgegangen ist in die ewige Heimat.

Kinder der ›Casa do Sol‹ an der Stelle, wo Luis ermordet wurde (Gedenkfeier am 16. Mai 2003)

Hier hat ein böses Herz die Hand gegen dich erhoben
– und dich uns entrissen.
Aber wir vergessen dich nicht
– dein Volk, dein armes Volk, es vergisst dich nicht!

Wir finden keinen Trost für das, was sie dir angetan haben.
Warum, mein Vater, haben sie dich uns weggenommen?!
Wir fragen den Herrn, ob es denn Sünde sei, uns Arme zu lieben!?
Er hat dich doch zu uns geführt, er hat dich doch uns geschenkt.

Mein Land hat es noch nicht begriffen:
Wer dem Armen nahe ist, ist dem Herrn nahe.
Mein Land liegt immer noch im Irrtum:
Es glaubt, wir Armen seien der Liebe nicht würdig.

Für Padre Luis, unseren Vater

Du hast anders gedacht, du hast anders gelebt
– und es bitter gekostet, es teuer bezahlt.
Du hast unseren Hunger nach Brot gestillt,
– doch mein Land hat es dir nicht gedankt.

Du hast den Samen der Liebe gesät,
– doch mein Land hat ihn nicht aufgenommen.

Wann wird Brasilien endlich erwachen!?
Wie viele Blumen müssen noch verblühen in den Gärten der Armen?
Und mit ihnen die Hoffnung auf ein besseres Morgen?

Wir wünschen dir, mein Vater, dass du glücklich seiest
– dort, wo es keine Tränen gibt, keinen Hunger, keine Gewalt.
Unseren Schmerz aber und unsere Traurigkeit,
wir legen sie in die Hände dessen, der uns ins Leben gerufen.

In stiller Trauer – für dein armes Volk,
Anita

Anita ist allein erziehende Mutter von sieben Kindern und lebt in ärmsten Verhältnissen. Am 16. eines jeden Monats legt sie einen Brief an der Stelle nieder, an der Luis Lintner getötet worden ist.

»... weil das Leben siegen wird!«

Ein Rückblick auf die 22 Jahre, in denen Luis in Brasilien seine Berufung als »Weggefährte der getretenen lateinamerikanischen Völker« gefunden und gelebt hat, lässt erahnen, wie er mehr und mehr in eine mystische und zugleich politische Nachfolge Jesu, des menschgewordenen und gekreuzigten Gottessohnes, hineingewachsen ist.

Der Beginn seines missionarischen Wirkens bedeutete für Luis eine große Umstellung, die gerade auch in der Art und Weise, religiöse Feste zu feiern, zum Ausdruck kam, etwa Weihnachten. Was er von seiner Kindheit und von Südtirol her äußerlich mit Weihnachten verband, gibt es in Tabocas nicht: winterliche Ruhe, Kälte, Schnee, heimelige Wärme in der Stube, Weihnachtsbaum, schöne holzgeschnitzte Krippen ... In Tabocas ist im Dezember Hochsommer. Glühende Hitze liegt über dem Land, die Bauern haben alle Hände voll zu tun – wenn es regnet; und wenn nicht, ist es eine Zeit des bangen Wartens auf das lebenswichtige Nass. Für Luis wurde dieses besorgte Ausschau-Halten nach dunklen Wolken am Horizont und dieses sehnsüchtige Hoffen auf Regen zum Sinnbild der messianischen Erwartung des Herrn. In Brasilien gewann er einen ganz neuen Zugang zur Botschaft der Heiligen Nacht. Das Geheimnis der Menschwerdung sah er zunehmend im Licht von Entblößung und Entäußerung. Mit »weihnachtlicher Romantik« konnte er nichts mehr anfangen. Vielmehr wurde Weihnachten für ihn zum Sinnbild des nackten, ungeschützten und gefährdeten Lebens des Menschen – und gerade deshalb zu einem Fest der Explosion von Hoffnung und Licht, weil Gott sich dieses Menschen angenommen und sein Sohn diese – und keine anderen – menschlichen Existenzbedingungen auf sich genommen hat.

Weihnachten ist ein Fest, an dem unser Glaube geprüft wird. Es lehrt uns den Blick von unten. Mit dem Kind, das am Boden liegt, blicken wir auf und lernen die Hoffnung kennen, die aufrichtet.

> *Nicht in einem Kaiserpalast in Rom und nicht in einer Hohepriesterresidenz in Jerusalem kam er zur Welt – theologisch wäre es dieselbe Menschwerdung –, sondern in der Peripherie der peripheren Stadt Bethlehem des peripheren Landstrichs Judäa, unter Armen, Randexistenzen und Wanderern.*[87]

Die armseligen Krippen der Hirtenfamilien von Tabocas wurden für ihn zum Sinnbild von Weihnachten. In ihnen liegt das Jesuskindlein auf dem nackten Lehmboden und die Kinder legen alles drum herum hin, was ihnen wertvoll ist: ihr Spielzeug, Blumen, ihr schönstes Kleidchen und vieles andere mehr. Mitten hinein in die konkrete Lebenswelt wird Jesus geboren, in die Lebenswelt der Armen und Ausgegrenzten.

Weihnachten ist ein Fest, an dem unser Glaube geprüft wird. Es lehrt uns den Blick von unten. In alten Weihnachtsdarstellungen liegt das Kind auf dem Erdboden, in den improvisierten ›Krippen‹ unserer ›campesinos‹ ebenso. Gott kam durch Maria nieder, mehr noch: er kam tiefer. Er wechselt seinen Platz. Er will uns nicht länger von oben her sehen. Er will uns von unten sehen: er will hautnah unser Leben und Leiden teilen, und nicht bloß zuschauen, wie wir leben und leiden.
Das ist Anlass genug, dass wir uns freuen und dass wir danken. Das ist aber auch unüberhörbare Herausforderung, dass wir den armen Bruder und seine Welt nicht länger von oben her sehen, sondern tiefer gehen: mit ihm fühlen und empfinden, vor allem aber teilen. (...) Mit dem Kind, das am Boden liegt, wollen wir aufsehen und durch Ihn die Hoffnung kennen lernen, die aufrichtet![88]

Luis war bewegt vom Wunsch, Mensch zu werden wie Jesus, sich zu entäußern wie er, sich zu lösen von Sicherheiten, Bindungen und Hemmungen, um sich ganz von Gott wandeln zu lassen. Für ihn bedeutete dies, aus gesicherten Räumen auszubrechen, an die Peripherie zu gehen, sich an den Rand zu wagen. Wie schwer ihm dies fiel, wie er darum rang und auch Momente des Zweifelns und der Unsicherheit aushalten musste, ja wie ihm eine Zeit lang selbst Gott fremd und fern wurde, kommt in einem seiner Gebete zum Ausdruck:

> *Luis hat immer mehr verstanden und gelebt: Der Arme ist es, der mich annimmt, und in dieser Annahme schenkt er mir Heil.*
> MISSIONAR LUIS SARTOREL

Herr, du entgleitest mir, gefällst dir, mich wie auf Eis ausgleiten zu lassen ... Herr, beutle mich durch, ›wandle‹ mich (oh welche Zweideutigkeit!). Aber tu's bald und für immer, lass mich nicht ewig zappeln![89]

Luis wollte frei werden, um den armen und an den Rand gedrängten Menschen ganz nah zu sein. So wollte er Jesus Christus nachfolgen, ihm, dessen Angesicht er in diesen Mitmenschen erkannte.

In der Theorie ist es uns wohl allen klar, dass wir im Armen, Sünder, Ausgeschlossenen ... dem Bruder Jesus begegnen, aber in der Praxis geht er uns dann derart auf die Nerven, dass wir uns abwenden oder aber ihn nochmals ausstoßen. Aber das Prüffeld unseres Glaubens ist eben genau hier und nicht anderswo. Und je öfter wir ›fallen‹, desto öfter müssen wir ›aufstehen‹![90]

Indem Luis auf den Armen zuging, ihn annahm und in ihm dem Bruder Jesus begegnete, spürte er, dass der eigentlich Angenommene und Beschenkte er selber war. Der Bozner Missionar Luis Sartorel machte mit Luis die Erfahrung: »Er hat immer mehr verstanden und gelebt: Der Arme ist es, der mich annimmt, und in dieser Annahme schenkt er mir Heil!«

Die letzten Rundbriefe von Luis waren »österlich«, geprägt von Hoffnung und Zuversicht, geschrieben in der Fasten- beziehungsweise Osterzeit. Eindrucksvoll bezeugen sie, dass Luis seinen Weg der Nachfolge Jesu mehr und mehr als Weg des Mitlebens, -leidens und -sterbens mit den ihm anvertrauten Menschen verstand und ging. Bat er in seinem allerersten Rundbrief:

Möge Gott mir geben, dass ich mit diesem Volk zu leben verstehe, dass seine Sorgen die meinen werden, dass ich seine Freuden teilen kann und dass wir gemeinsam wachsen können im Glauben an den HERRN und in liebendem Tun am Menschen, der sein Bruder ist[91],

so stellte er nach einigen Jahren fest:

Mir wird immer klarer, dass unser Dasein hier nicht nur bedeutet, mit dem Volk mitzuleben, sondern oft auch mit dem Volk mitzusterben. Mit ihm das Elend der Situation, die Ohnmacht und die Ausweglosigkeit mitzutragen.[92]

Luis wollte mit dem brasilianischen Volk leben, selbst wenn dies für ihn Leiden und Sterben bedeutete, und er blieb dieser Entscheidung treu bis zum Tag seines gewaltsamen Todes. Der Tod, den er erlitten hat, erscheint in diesem Blickwinkel als extreme Konsequenz seiner Lebensentscheidung und seines Lebensstiles. »Padre Luis hätte nicht wie andere auch im Bett sterben können; das wäre mit seinem Leben nicht vereinbar gewesen«, sagte nach seinem Tod Antonio, ein Freund von Luis und Katechet in einer Gemeinschaft in Brejolandia.

Wir verkünden Christus als den Gekreuzigten, das heißt, dass wir helfen sollen, die Gekreuzigten unserer Zeit vom Kreuz zu nehmen – auch auf die Gefahr hin, selbst zu Gekreuzigten zu werden.

Luis hat das Leid nicht gesucht, aber er hat es zugelassen, sich vom Leid der anderen so betreffen zu lassen, dass es zu seinem Leid wurde. Noch weniger hat er den Tod gesucht, aber er hat es zugelassen, dass die Gefahren, denen die Kleinbauern bei der Verteidigung ihres Bodens und die Bewohner der Favelas Tag und Nacht ausgesetzt waren, auch für ihn bedrohlich wurden. Dies nicht, weil er leichtsinnig gewesen wäre, sondern weil er Ernst gemacht hat damit, das Schicksal dieser Menschen zu teilen, sich auf ihre Seite zu stellen und einer von ihnen zu werden; weil er Ernst gemacht hat mit dem befreiungstheologischen Grundsatz, die Opfer und Entrechteten zum Ausgangspunkt seines Wahrnehmens und Handelns zu machen; und weil er Ernst gemacht hat mit dem Evangelium von Jesus Christus, dem Gekreuzigten:

Die Botschaft vom Kreuz ist eine einzige Provokation. Dieser Gott auf der Seite der Ohnmächtigen – das hat Konsequenzen. (...) In den zu kurz Gekommenen und den Ohnmächtigen ist Christus heute gekreuzigt. (...) Bei diesen Gekreuzigten der Geschichte müssen wir ihn suchen und bezeugen. (...) Wir verkünden Christus als den Gekreuzigten, das heißt, dass wir helfen sollen, die Gekreuzigten unserer Zeit vom Kreuz zu nehmen – auch auf die Gefahr hin, selbst zu Gekreuzigten zu werden.[93]

Die Nachfolge Jesu wurde für Luis mehr und mehr zur Kreuzesnachfolge. Auf diesem Weg gab er sich den ihm anvertrauten Menschen hin und sein gewaltsamer Tod ist – unabhängig von den Beweggründen seiner Mörder – zum Blutzeugnis seiner Liebe zu Gott und den Mitmenschen geworden.
Als das Missionswerk »Fides« von der Kongregation für die Evangelisierung der Völker im Jänner 2003 diejenigen in die Liste des »Martyrologiums der Kirche« aufnahm, die im Jahr zuvor ihren Einsatz für die Verkündigung des Evangeliums und für die Würde des Menschen mit dem Tod bezahlt haben, war unter den 25 Namen auch der von Luis Lintner. Papst Johannes Paul II. sprach in diesem Zusammenhang von »Märtyrern der Nächstenliebe«, deren Zeugnis die Kirche nicht vergessen dürfe. Schon im apostolischen Schreiben »Novo Millennio Ineunte« (2001) hatte er in der Nr. 41 geschrieben: »Die Kirche hat in ihren Märtyrern stets einen Samen des Lebens gefunden. Sanguis martyrum – semen christianorum: Dieses berühmte ›Gesetz‹, das Tertullian aufstellte, hat seine Wahrheit in der Geschichte bewiesen. Wird es nicht auch so sein für das Jahrhundert, ja das Jahrtausend, das wir gerade beginnen? Vielleicht haben wir uns zu sehr daran gewöhnt, die Märtyrer weit weg von uns zu rücken, als handelte es sich um eine Kategorie der Vergangenheit, die

Ich lade euch ein, den Morgenschimmer des neuen Tages zu umarmen.
(Morgenstimmung im Sertão)

vor allem mit den ersten Jahrhunderten der christlichen Zeitrechnung zu verbinden ist. Das Gedächtnis des Jubiläums (des Jahres 2000; Anm. des Verfassers) hat uns einen überraschenden Schauplatz eröffnet. Es hat uns gezeigt, dass unsere Zeit reich ist an Zeugen, die auf je eigene Weise trotz Widerstand und Verfolgung das Evangelium zu leben vermochten und dabei oft bis zur höchsten Hingabe des Blutes gegangen sind. In ihnen ist das Wort Gottes auf guten Boden gefallen und hat hundertfältige Frucht gebracht (vgl. Mt 13,8.23). Mit ihrem Beispiel haben sie uns den Weg in die Zukunft gewiesen und gleichsam geebnet. Uns bleibt nichts, als mit der Gnade Gottes in ihre Fußstapfen zu treten.«

Das Leben von Luis ist ein Zeugnis für den Mut zum Kleinen und Bruchstückhaften, zur Unvollkommenheit und zur Schwäche, ein leidenschaftliches Bekenntnis zur Hoffnung gegen jede Hoffnungslosigkeit:

> *Der seit immer Erwartete kommt in Kleinheit, ohne Aufmachung und Pomp, um zu sagen, dass er immer schon da war. Nur wenn wir eigene Armut und Gebrechlichkeit annehmen, können wir IHM begegnen und uns mit IHM, mit Leben und Welt versöhnen. Im frohmachenden Wissen, dass die Nacht dem Tag weicht, lade ich euch ein, den Morgenschimmer des neuen Tages zu umarmen und zu glauben, dass Friede und Versöhnung möglich sind.*[94]

In seinem letzten Rundbrief, den er wenige Wochen vor seinem Tod schrieb, formulierte Luis seinen Glauben an die Auferstehung. Es wurde sein geistliches Testament:

> *Das letzte Wort und die letzte Tat ist nicht Krieg, sondern Frieden; nicht Isolation, sondern Kommunion; nicht Finsternis, sondern Licht; nicht Kriminalität, sondern Solidarität; nicht Feinde, sondern Gemeinde; nicht Tod, sondern Leben! Das zu sagen, gibt uns Jesus Einladung und Autorität dazu: endgültig am Ostermorgen!*[95]

Dokumentation

Rundbriefe aus Brasilien

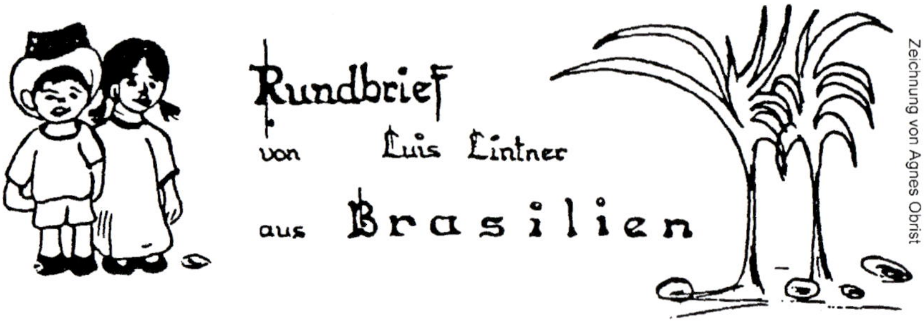

Zeichnung von Agnes Obrist

Barreiras, 15. Juni 1980

Liebe Freunde,

einen ersten Gruß aus Brasilien möchte ich euch heute schicken. Beinahe kann ich's selber nicht glauben, dass ich schon seit mehr als drei Wochen hier bin. So schnell läuft die Zeit – ein Zeichen, dass es mir gut geht. Jeder Tag ist voll gestopft mit neuen Erlebnissen und Eindrücken.

Ich möchte euch daran etwas teilnehmen lassen. Ich bin mir bewusst, dass ein vervielfältigter Rundbrief nicht die persönliche Note haben kann, die ich mir selber wünschte. Andererseits ist es für mich eine Möglichkeit, mit vielen von euch in Verbindung zu bleiben. Und daran liegt mir sehr viel: euch um mich wissen zu lassen; um mein Leben hier in einer völlig neuen Situation, um mein Arbeiten, Freuen und Sorgen. Und natürlich auch umgekehrt: dass ich erfahre, was bei euch in der Heimat los ist. Dies alles um unserer Freundschaft willen, aber auch um unseres gemeinsamen Glaubens willen, dass ich hier für dasselbe Reich Gottes arbeite wie ihr dort; beide aber leben vom Dialog.

Ich komme gerade von einer viertägigen Reise zurück. Pfarrer Gunther von Barreiras hat mich mitgenommen zu einigen sehr abgelegenen Ortschaften. Nur einmal im Jahr kommt hier der »Padre« (so wird hier der Priester genannt) hin, um mit den Leuten die heilige Messe zu feiern. Und das ist ein regelrechtes Fest. Tagelang bereiten sich die Leute darauf vor und bieten alles auf, was ihre Armut erlaubt. Vom Säugling bis zum alten Opa sind sie alle da. Eine Frau erzählte mir, dass sie 36 km weit hergekommen ist, zu Fuß. Andere, wenige, zu Pferd oder auf einem Esel. Die Lieder hören sich zum Teil sehr vielstimmig an; es stört aber niemanden, selbst mich nicht, denn ich merke, dass die Leute mit Herz singen. Dem Padre hängen sie an den Lippen; Zwischenbemerkungen und Bestätigungen – z. B. während der Predigt – sind nicht selten ... Natürlich sind – wie in den besten Tiroler Pfarreien – auch hier einige abseits, im Schatten eines Baumes, und führen dort ihre eigenen Gespräche oder treiben Handel. Als alles für die Taufe vorbereitet ist, geht es schon auf den heißen Mittag zu. Mir scheint, das ist für die Leute das freudigste Ereignis. Stolz und Freude spricht aus den Augen der Eltern und Paten. Die Kinder sind wirklich der Reichtum dieser Leute! Zum Fest gehört natürlich auch das Essen. Es wird zubereitet von flinken Frauenhänden in riesigen Töpfen: Reis, Mandiokamehl, Fleisch für alle. Der Padre hat auch jetzt noch viel zu tun: zuhören, Rat geben, ermuntern ... Und dann beginnt die Fahrt ins nächste Dorf, zum Teil über Wege, die schlimmer sind als ein Bachbett. Aber das soll ja die Verdauung fördern: auf geht's! Kaum ist der Padre angekommen, knallen die ersten Böller, damit alle verstreuten Gehöfte erfahren: heute Abend Gebetsversammlung und morgen heilige Messe und Fest. Hier in Barreiras wohne ich zurzeit bei Bischof Dom Ricardo Weberberger. Ich kann auf diese Weise langsam in die Seelsorgearbeit der Diözese hineinwachsen und vor allem die Sprache lernen. Erst dann werde ich selbstständig eine Pfarre übernehmen. Diese Phase des Eingewöhnens fällt mir gar nicht so leicht. Das größte Handicap ist die Sprache. Es ist ärgerlich, nicht mitreden zu können, bei jeder möglichen und unmöglichen Gelegenheit nachfragen zu müssen. Ich erlebte als echte Herausforderung, arm zu werden, klein, demütig und angewiesen. Aber »se Deus quiser« (wenn und wann Gott will), werde ich auch hier über den Berg kommen. Man sagt, es brauche ein Jahr, bis ein Europäer sich ganz eingewöhnt hat; natürlich bleiben in dieser Zeit kleinere und größere Wehwehchen nicht aus.

Ich erlebte als echte Herausforderung, arm zu werden, klein, demütig und angewiesen. Aber, wenn und wann Gott will, werde ich auch hier über den Berg kommen.

Barreiras zählt etwa 35.000 Einwohner und ist die westlichste, d. h. landinnerste Stadt des Bundesstaates Bahia; ca. 900 km von der Hauptstadt Salvador entfernt und 650 km von Brasilia. Die Stadt wächst unheimlich schnell, wohl begünstigt durch die Lage an der großen (fast ganz) asphaltierten Straße von Salvador bis Brasilia.

Seit vergangenem Sommer ist Barreiras Bischofsstadt. Der erste Bischof ist Dom Ricardo, ein Benediktiner aus Kremsmünster in Österreich. Er war vor seiner Ernennung hier schon fünf Jahre als Pfarrer tätig. Ihm stehen sieben Priester zur Seite und neun Schwestern, aber auch viele engagierte Laien. In der Diözese wohnen 200.000 Menschen und sie erstreckt sich über 72.000 km^2 (wie vielmal Südtirol ist das?). Ich zitiere einige Sätze aus der Rede des Bischofs von Barra, von dessen Gebiet unsere Diözese abgetrennt wurde; diese Sätze scheinen mir ein Programm zu sein: » ... Land, wo ein leidgeprüftes Volk lebt, das Befreiung sucht mit dem Licht des Glaubens. Wir gründen diese Diözese aufgrund des Glaubens in den Gemeinden, aufgrund eures Glaubens. Die neue

Diözese bedeutet für euch einen entschiedeneren sicheren Weg, wohl auch einen Weg der ›bloßen Füße‹, mit der Notwendigkeit, für die Befreiung des Volkes zu kämpfen.« Möge Gott mir geben, dass ich mit diesem Volk zu leben verstehe, dass seine Sorgen die meinen werden, dass ich seine Freuden teilen kann und dass wir gemeinsam wachsen können im Glauben an den HERRN und in liebendem Tun am Menschen, der sein Bruder ist.

Nun muss ich aber noch kurz zurückblenden auf meine ersten Tage in Brasilien. Ich erinnere mich mit Freude an den letzten Abend vor meiner Abreise in Kaltern. So viele sind gekommen, und wie viele kleine Überraschungen! Danke, dass ihr mir so den Abschied zu einem Fest gemacht habt. Und ihr, die ihr euch in aller Herrgottsfrühe am Bozner Bahnhof eingefunden habt, um zu sehen, ob es mir nun auch wirklich ernst ist. Ich bin oft in den Zug nach Italien eingestiegen, aber diesmal ist es doch ein eigenartiges Gefühl: Würde ich doch für einige Jahre die mir liebgewordenen Menschen und die Heimat nicht wiedersehen. Im Zug fällt mir plötzlich ein, dass ich – so was kann ja nur mir passieren! – das Geld zuhause liegen gelassen habe. Halb so schlimm, wenn ich nur in Mailand mein Visum bekomme! Das und damit mein heutiger Abflug hängen von einer Reihe von Umständen ab. Sie sind mir jedoch gewogen: Drei Stunden vor dem Abflug sind alle Papiere fertig und ich bin von einer sechsmonatigen Wartezeit befreit. Das Abenteuer kann beginnen.

Der Flug ist lang: Am 22. Mai um 14 Uhr heben wir von Mailand ab, nach Zwischenlandungen in Paris und Lissabon setzen wir um ca. 4 Uhr des 23. Mai (in Europa ist es bereits 9 Uhr) in Belém zur Landung an. 25 Grad meldet der Copilot. Das ist zum Aushalten, auch wenn's untertags um einiges wärmer wird. Mit mir fährt Giuliana, Entwicklungshelferin aus Bozen; seit 12 Jahren arbeitet sie auf einer Insel-Diözese in der Amazonasmündung. Sie lehrt mich die ersten Schritte auf diesem unbekannten Boden. Ich gehe sie so wackelig, wie das Boot ist, mit dem wir in ihre Pfarreien fahren. In der Millionenstadt Belém sehe ich Großkaufhäuser mit Riesenangebot und Luxusvillen neben elenden Hütten; im Stadtkern tosender Verkehr, in den Außenbezirken Wege, die bei jedem Regen zum Sumpf werden. Große Überraschung am Pfingstmontag: Giuliana hatte herausbekommen, dass ich Geburtstag habe. Schon zum Frühstück hatte Verina, die allerliebenswerteste und allereigenwilligste Hausfrau, Blumen hingestellt und ein Geschenk. Nach der Messe – meine zweite in Brasilien – gab's Glückwunschlieder und eine wunderschöne Hängematte für mich: Ab jetzt ist also »Zwischen Himmel und Erde Ausgestreckt-Sein« der Normalfall. Ich stottere einige Sätzchen und Gebetchen auf Portugiesisch; die Mädchen und Burschen sind sehr gerührt und Verina meint, das sei ja ein echtes Pfingstwunder.

Erwähnen muss ich auch noch, dass hier – die Diözese heißt Ponta de Pedra – die Grödner Künstlerin M. Teresa Gruber als 76-jährige eine Keramikschule

gegründet hat, die vorzüglich arbeitet. Von den Fahrten zu den Flussgemeinden ist mir der Rio Gurupà in guter Erinnerung. Dort sitze ich in der Versammlung der Männer, die mit Giuliana über ihre (nicht funktionierende) Schule sprechen, über Möglichkeiten sich zusammenzuschließen und ihre Wirtschaft aufzubessern. Sie sprechen ruhig und überlegt, mit großem Engagement. Und doch gibt's hier – wie fast überall – so viel an Intrigen, Uneinigkeit und Gewaltanwendung.
Es macht traurig, dass sich gerade die Armen in Leid und Kampf gegeneinander verbrauchen, anstatt einig zu sein im Kampf um ihre Rechte. Ich sehe mir ein Hauswesen näher an: Holzhaus auf Pfählen, zwei Räume, ein Obenauf als Schlafstelle, neben dem Haus eine offene Feuerstelle, Küchengeschirr an der Hauswand, daneben die Geräte zur Gewinnung des Mandiokamehles. In einer anderen »comunidade« fahren mich die Kinder im Casco-Einbaum spazieren, dann noch ein Schwimmwettkampf im braunen Wasser – und selber das Kahnfahren probiert!
Nach einer Woche in Belém fliege ich nach Salvador. Dort bin ich Gast im Franziskanerkloster, bei meinem lieben Studienfreund Frei Albano. Salvador ist wohl eine der schönsten Städte dieses riesigen Landes, jahrhundertelang der Hauptumschlagplatz für den Sklavenhandel und bis ins 18. Jahrhundert Hauptstadt. Ich fahre mit Albano öfters in die Armenviertel. Von einer Messfeier ist mir in Erinnerung, dass viele Kinder ganz selbstverständlich ans Mikrophon getreten sind, um frei Fürbitten und Gebete zu sprechen. Nach der Messe wurden alle Geburtstagskinder der kommenden Woche nach vorne gerufen und es wurde ihnen ein Ständchen gesungen, rückwirkend auch dem »padre amigo italiano«. Ich sehe auch, was hier für den Papstbesuch aus dem Boden gestampft oder restauriert wird. Vieles an diesem Besuch erscheint mir äußerst fragwürdig und ich kann nur beten, dass der Papst auch die wahren Probleme des brasilianischen Volkes sieht und die »institutionalisierte Ungerechtigkeit« (Bischofsversammlung von Puebla) offen und öffentlich angreift.
Nach einer zwölfstündigen nächtlichen Busfahrt erreiche ich am 4. Juni endlich Barreiras, »meine« Diözese. An der Grenze des Bistums empfangen mich dort der Bischof, einige Pfarrer und Schwestern, die gerade eine Diözesanversammlung beendet haben. Es ist 7 Uhr früh. Bis ich aber in Barreiras selber lande, vergeht nochmals ein Tag. Denn wir fahren abseits der Hauptstraße durch verschiedene Ortschaften, über holprige Wege. So lerne ich schon am ersten Tag Land und Leute etwas kennen. In Barreiras selber werde ich in kürzester Zeit »herumgereicht«: bei den Pfarrern, bei den Schwestern, in den Außenbezirken, bei Mitarbeitern. Überall bin ich mit viel Freundlichkeit aufgenommen. Jetzt liegt es an mir, mehr und mehr in die hiesige Wirklichkeit hineinzuwachsen und sie dann mitzugestalten. Ich freue mich darauf.

Dieser kurze Bericht, liebe Freunde, will auch ein Zeichen des Dankes euch gegenüber sein. Dank für eure Freundschaft und euer Gebet. Ihr sollt wissen, dass mir beides sehr wertvoll ist. Ich freue mich sehr, wenn ich von euch höre.

Pfiet Enk Gott! Ganz herzlich,

Euer Luis

Tabocas, Ende November 1980

Liebe Freunde,
was es hier am meisten gibt, sind Staub und Kinder – sagt mir ein alter Mann. Er hat Recht. Vor dem Erdstaub gibt es keine Rettung. Er ist allgegenwärtig. Und ich kann (leider) nicht meiner Köchin die Schuld geben, dass auf Tisch, Bett, Büchern Staub liegt. Fegt man ihn weg, so hat man zwar die Arbeit, aber keinen Erfolg. Denn mit Sicherheit ist eine halbe Stunde später wieder alles staubig. Noch schlimmer ist es, im Auto unterwegs zu sein, in diesen offenen kleinen Lastwagen, die hier viel verwendet werden. Braucht bloß Windstille zu sein, so dass die Wolken des von den Autos aufgewirbelten Erdstaubes stehen bleiben, dann ist es strichweise wie eine Fahrt durch Nebel. Das Endergebnis freilich ist, dass die Fahrgäste aussehen wie mein Vater selig, wenn er nach dem Korndreschen vom Stadel kam.

Bei Windstille bleibt der Staub minutenlang in der Luft stehen.

Aber lieber schreibe ich euch über den anderen Reichtum dieses unseres »Sertão« (Ödland), die Kinder. Während einer Abendmesse im Dorf Mambasa fragte ich mich, wie viele es wohl sind, die da herum sind. Auf den Stufen des Altarraumes sitzen sie und die Wand entlang. Die Kleineren kriechen und liegen auf der Plattform vor dem Altar. Im Dämmerlicht der Kerzen sehe ich, dass viele Mütter unten im Kirchenraum die ganz Kleinen auf dem Arm halten. Und weil in dieser schwachen Beleuchtung der Padre ja nicht alle sehen kann, machen sich andere durch lautes Schreien oder Weinen bemerkbar. Nach der Kommunion singt das Volk die Herz-Jesu-Litanei. Das ist die Volksseele des Sertão! Welche Melancholie, welches Leid, welche Ergebenheit in diesem Gesang! Die Litanei dauert lang. Ich sehe mir die Gesichter der Menschen an. Wie sehr das Leid sie geprägt hat und die harte Arbeit! Manches Frauengesicht ausgemergelt wie der trockene Boden draußen. Und dieses etwa zwölfjährige Mädchen hier, das seinen Blick langsam, fast kosend über die Herz-Jesu-Statue gleiten lässt – ich kann nicht unterscheiden, ob es Andacht ist oder einfach ein leerer Blick, der in die Ferne geht. Ob es schon weiß, was Leiden ist ... Da neben mir hat eine Mutter auf dem Erdboden ein Handtuch ausgebreitet; zwei Kinder schlafen darauf, zusammengekauert wie Katzen. Sie schlafen ruhig weiter, während draußen die Knallraketen steigen. Nur ein Hund flüchtet sich mit Angstgewimmel unter den Altartisch, und ein Säugling irgendwo hinten fängt an zu weinen. Kinder, der Reichtum dieses Landes ... – hier vor mir in dieser Kapelle sehe ich den Beweis.

Die Litanei geht weiter. Meine »Andacht« macht sich recht selbstständig; ich hänge meinen Gedanken nach. Ich sehe das vertraute Bild einer Mutter, die ein Kind im Arm hält, der ein zweites am Rock hängt, und deren Bauch verrät, dass bald schon ein weiteres nachrückt. Ich sehe die schmächtige Eunice mit ihren acht Jahren. Sie trägt, wo immer sie auftaucht, ihr Brüderchen. Dabei beugt sich ihre Körpergestalt wie die einer S-förmigen gotischen Madonna, so dass das Kerlchen auf der Hüfte aufsitzen kann. Es ist mir unverständlich, woher dieses zarte Mädchen die Kraft nimmt. Aber eins ist sicher: Bei ihm ist das Baby gut aufgehoben und die Augen beider leuchten vor Freude.

Ich denke an Chinquinha. Ich habe sie im Kindsbett besucht. Es war ihre vierzehnte Geburt. Das Kindchen liegt frisch und gesund neben ihr. Sie aber windet sich im Todeskampf, meint die Hebamme. Drei Tage später bringen sie das Baby, als wir gerade dabei sind, die Messfeier zu beginnen. »Padre, schnell taufen, es will sterben«. Der Mutter geht's inzwischen gut. Ihr Mann hatte sie und ihr Kleines im Ochsenkarren bereits heimgebracht. Wieder drei Tage später läutet das Glöckchen. Ich weiß: Januario – so hatten wir ihn getauft – ist gestorben. »Gott hat ihn gerufen«. Januario starb, er lebte sechs Tage. Er wurde geboren, lebte, starb. Er sprach noch nichts, kaum dass er weinte. Er wog keine 2,5 Kilo. Aber sein Tod ist schwer, hat großes Gewicht. Er schreit laut und klagt die Menschheit an: »Warum konnte ich nicht leben wie ihr? Wer gibt euch das Recht, dass ihr mir und vielen Tausenden anderen nicht die Möglichkeit zu leben und sich am Leben zu freuen gebt?« Aber solche Überlegungen stelle nur ich an ... Die Geschwister und ein Haufen anderer Kinder schauen bloß mit großen Augen, berühren das tote Körperchen im weißen Kleid. Sie revoltieren nicht, sie finden darin nichts Besonderes. Sie zünden einige Kerzen an, streuen Blumen und begleiten die kleine Prozession zum Friedhof. Dort verlängert Januario die lange Reihe der »Engelchen«, die uns anklagen: »Gebt Acht, dass ihr keines dieser Kleinen verachtet, denn ich sage euch, die Engel dieser Kleinen stehen die ganze Zeit nahe bei meinem Vater, dort im Himmel« (vgl. Mt 18,10).

Meine Gedanken surren weiter. Ich schmunzle. Denn ich erinnere mich, wie nach meinem ersten Monat in Tabocas einige Freunde aus Barreiras kamen, um mich zu besuchen. Im Nu war das Haus voller Kinder, wie aus dem Boden gestampft; viele, die ich noch nie gesehen hatte. Sie schauen mit großen Augen – schauen – ohne zu reden. Ich höre einen Bischof, der aus Europa zurückgekehrt, nüchtern und nachdenklich feststellt: »Was mir als erstes aufgefallen ist: Ich sah kaum Kinder.« Ich erinnere mich, in wie vielen Familien ich hier eine fast befremdliche Großzügigkeit gegenüber den Kindern festgestellt habe. Kinder dürfen hier alles. Wehe, wer einem Kind weh tut! Sie dürfen nach Belieben kommen, gehen, in die Häuser, in Versammlungen, in die Kirche. Sie wachsen auf und leben in einer eigenartigen Freiheit. Für sie gibt es kaum Geheimnisse oder Verbote. Sie nehmen an allem teil. Aber wer nicht hier lebt, verurteilt leicht den Kinderreichtum als Verantwortungslosigkeit, Rückständigkeit, Unterentwicklung, Unwissenheit und Schlimmeres. Die Bevölkerungsexplosion der Dritten Welt beunruhigt die entwickelten Länder sehr, und die Regierungen hier auch. Sie ergreifen auch Maßnahmen, ob es die richtigen sind? Ich sehe noch vor mir die Zeile in der Südtiroler Kirchenzeitung: 2,7 Millionen brasilianische Frauen sterilisiert, z.T. gegen ihren Willen. Die Armen dieses Landes sind doch kein Vieh, dessen Fortpflanzung man kontrolliert, ohne es zu fragen! Die Fruchtbarkeit der Armen hier ist ein Schrei der Hoffnung, ein Akt des Glaubens an das Leben, die große Kraft der Schwachen. In ihren Kindern geben die Armen ihre Hoffnung auf ein besseres Leben weiter, ihren unbeugsamen (und durch jedes Machtsystem geknebelten) Willen, jemand zu sein. Die Kinder haben bloß die Eltern, und die Eltern haben bloß die Kinder, denen sie vertrauen können. Deswegen gibt es im Leben dieser Armen keine verlassenen Alten, keine verlassenen Kinder. Wo jedoch das Lebenssystem der Großstadt in das Lebensgefüge dieses Volkes einbricht, dort wirkt es tödlich, dort gibt es verlassene Alte, verwahrloste Kinder, Kriminalität und Terror. Und das geschieht vornehmlich in den Elendsvierteln der Großstädte. Immer, wenn ich die vielen Kinder sehe, die braunen, schwarzen und weißen, die hellen und dunklen, mit ihren großen Augen, die in die Welt hinein schauen, denke ich an das zwölfte Kapitel der Apokalypse: Kampf zwischen Drachen und Weib. Die »alte Schlange« muss, menschlich gesprochen, den Kampf gewinnen und das Kind nach der Geburt verschlingen. Deswegen gibt das Weib nicht auf zu gebären. Die Geburt ist der Augenblick ihrer größten Ohnmacht und zugleich ihrer größten Macht. Sie und das Kind besiegen den Drachen. Ihre Ohnmacht ist stärker als die organisierte Macht. Der Drache ist unsichtbar, nicht greifbar. Ich kann gar nicht so genau sagen, wer er ist, der fortfährt, Kinder zu töten. Aber der Kampf findet statt – und das Leben wird nicht aufhören, sondern siegen. Diese kinderreichen Familien garantieren eine menschlichere Zukunft als die Technokratie der Macht. Die Legion der brasilianischen Mütter wird schließlich die Befreier gebären, Befreier von der vielgesichtigen Unterdrückung und Ungerechtigkeit in diesem Volke.

Ihr sagt mir vielleicht: Schwärmerei, Einseitigkeit, Romantik! Das alles stimmt. Und doch – so meine ich – ist es die ewige Geschichte von der Kraft, die viele Reiche zu Fall gebracht und alle überlebt hat – angefangen von den Pharaonen Ägyptens, über den Kindermörder Herodes bis zum modernen Imperium von Kapital und Gewinn. Auch dessen Sturz wird sie überleben.

Die Litanei in Mambasa ist aus. Die Leute gehen in die Nacht hinaus, in ihre z.T. sehr weit abgelegenen Häuser. Avelino, der für mich eine Lagerstatt herrichtet, erzählt beim letzten Kaffee: Als er vor 30 Jahren zuwanderte, gab es vier Häuser und alles andere war Wald; Anbau einiger Früchte, wenig Vieh. Das Fleisch besorgte man auf der Jagd. Heute ist es ein ansehnliches Dorf …

Die Kinder von Mambasa

Kinder, der Reichtum dieses Landes. Aber werden sie hier immer Platz finden? Werden sie hier bleiben, bleiben wollen oder können? Oder werden sie zum Auswandern gezwungen sein nach São Paulo, dem »Sankt Industriezentrum«? Werden sie dort ihr Glück finden oder das Elend oder das Heimweh als tägliche Nahrung? Das ist jetzt eine sehr beschwerliche Lektüre geworden, liebe Freunde. Verzeiht! Ich wollte nicht – aber jetzt lass ich's einfach stehen, in aller Einseitigkeit und Angreifbarkeit.

Nun noch einige Bemerkungen zu mir: Am 24. August habe ich eine Pfarrei übernommen – Tabocas do Brejo Velho. Sie ist die jüngste und kleinste Pfarrei unserer Diözese. Sie umfasst das Gebiet zweier Gemeinden (ca. 4000 km^2) und zählt etwa 18.000 Einwohner. Ich kam hier an und hatte gleich drei Stunden Verspätung. Es ist hier nichts Außergewöhnliches, dass sich der Bus verspätet, aber für mich hat es diesmal doch gereicht, nervös zu werden. Ich war aber offenbar der Einzige mit diesem Problem, denn das Volk von Tabocas hat seelenruhig in der Mittagshitze gewartet – ohne sich aufzuregen oder die Geduld zu verlieren – bis endlich dieser Pfarrer ankam. Gleich nach der Einstandsmesse habe ich 13 Kinder zu taufen und einige Hochzeiten zu feiern. Dann ist es Nacht und mir reicht's. Müde falle ich ins Bett. Man stelle sich vor: Schon vor Jahren haben die Leute hier ganz allein und unter großen Opfern ein Pfarrhaus gebaut; ein kleiner Garten gehört dazu. Sollte einmal wahr werden, dass ein Padre kommt, dann steht schon alles bereit. Und jetzt ist er da. Aus den Augen vieler strahlt Freude darüber und ein gewisser Stolz, ihn »erbetet« zu haben. Von den etwa 20 »Kapellen« habe ich noch nicht alle besucht. Ich habe auch nicht allzu große Eile. Lieber will ich in jedem Dorf wenigstens ein paar Tage verweilen, um Leute kennen zu lernen, Besuche zu machen, Mitarbeiter zu suchen. Diese letzteren zu finden und zu schulen, wird ein Hauptziel meiner Arbeit sein. Es ist eine Freude, festzustellen, wie viel guter Wille und Einsatzfreudigkeit da ist.

Ein Beispiel: In Cercadinho, das im »Hochland« liegt, ladet mich die Lehrerin ein, die Erstkommunion ihrer Kinder zu feiern. Große Freude im ganzen Weiler. Böller krachen, als ich nach einem vierstündigen Ritt in einer Affenhitze ankomme. Unter dem gewaltigen Laubdach eines Juazeiro feiern wir am nächsten Vormittag Messe. Einmal mehr bin ich erstaunt, wie viele Menschen zu diesem Anlass zusammenkommen. Freilich habe ich mich getäuscht, wenn ich meinte, die Kinder wären gut vorbereitet. Die Lehrerin ist kaum in der Lage, ein Lied auszusuchen. Auf eine Frage, die nicht gerade im Katechismus steht, weiß sie keine Antwort, geschweige denn die Kinder. Es fällt mir gar nicht leicht, meine europäischen Maßstäbe zu vergessen und verständig und geduldig zu bleiben. Wo soll Arcanja es auch her haben? Fünf Volksschulklassen hat sie besucht und damit lesen und schreiben gelernt. Jetzt bringt sie es anderen bei, um einen Hungerlohn und weit entfernt von zu Hause. Cesario, der mich beherbergt, hat nach jahrelangem, zähem Bitten erreicht, dass hier die kleine Schule gebaut wurde. Zum ersten Mal können die Kinder, 116 an der Zahl, heuer zur Schule gehen. Für den Lohn der »professora« müssen die Familien selber aufkommen.

Im Nachbarweiler hat die Präfektur (Gemeinderat) versprochen, eine Schule zu errichten, wenn die Leute eine Lehrerin engagieren und besolden. Kurz entschlossen übernimmt der hagere Bauernsohn José diese Aufgabe. Und wie er seine »Rammel« beisammen hat: 35 davon empfangen mich mit Liedern, Gedichten und Confetti. Er gibt auch Religionsunterricht und leitet die sonntägliche Gebetsversammlung. Weil sonst niemand die Voraussetzungen hat, hat er es jetzt auch noch übernommen, einer Gruppe von 14- bis16-Jährigen Katechismus und »Mores« beizubringen. Viele Jugendliche sind hier einmal getauft worden und dann geschah gar nichts mehr. Freilich sind nicht alle Dörfer so lebendig. Viele sind ohne jedes Interesse – verschlafen und ohne Führungspersönlichkeiten (an dem hängt's!).

Einmal bekomme ich hier im Pfarrhaus Besuch von den Mitbrüdern aus Barreiras. Das ganze Städtchen weiß es vor mir, und es ist dann ein Leichtes, mich zu finden, da ich grad bei einer Familie zu Besuch bin. Wo der Pfarrer ist, weiß man einfach; da gibt's keine Geheimnisse. In der Zwischenzeit bettelt die uralte Dona Franza, die Hebamme dieser Gegend, wie ganz selbstverständlich und frech eine Schüssel voller Obst zusammen und bringt es ... – denn der Pfarrer braucht doch was, um es seinen Gästen vorsetzen zu können. Übrigens: Dieses »Umsorgtwerden« kann auch ganz schön auf den Wecker gehen. Es setzt jedes Mal einen Kampf ab, wenn ich irgendwohin zu Fuß oder zu Pferd oder per Rad will – vor kurzem habe ich mir ein Veloziped gekauft –, oder wenn ich einfach allein gehen will, um nach meinem Belieben Leute zu treffen und so zu vermeiden, im Verwandtenkreis herumgereicht zu werden: Der Padre »hat« im Auto gefahren zu werden und unter Begleitschutz zu stehen!

Ich muss jetzt aufhören, liebe Freunde, sonst wird aus meinem Bericht ein Buch. Ich hätte noch vieles zu erzählen von beklemmenden und freudigen Ereignissen, von angetroffenen und selbstgemachten Schwierigkeiten, von Landschaft und Leuten, von ihrem und meinem Alltag, der hier genauso wie dort eintönig und aufreibend sein kann, von einem Volk, das wie ein Riese langsam aus dem Schlaf zum Bewusstsein erwacht und anfängt, seine Glieder zu strecken. Dabei kracht es da und dort, denn es fehlt das Öl in den Gelenken. Dieses Volk macht Riesenanstrengungen für eine bessere und gerechtere Zukunft. Der Weg wird lang sein und hart, denn die Hindernisse auf ihm sind auch riesig. Wie vielen von euch, liebe Freunde, habe ich zu danken für einen Brief, für einen Kartengruß, für das Interesse an meinem Leben und Arbeiten hier, für das Gebet (ja, ganz besonders!), für das Teilnehmendürfen an euren Gedanken und Erlebnissen, für eure Freundschaft. Jedes Mal, wenn Post kommt, erblüht in meinem recht schmucklosen Haus eine Blume und erfüllt mich mit Freude. Vergelte es euch Gott! Nicht allen werde ich persönlich antworten können. Habt bitte Verständnis! Aber lasst deswegen die Blumen in meinem Haus nicht aussterben.

Endlich regnet es wieder!

Noch ein allerletztes, das hier wenigstens genauso viel Freude und Verrücktheit auslöst wie bei euren Kindern, wenn der erste Schnee fällt: der Regen. Er fiel am letzten Oktobertag. Aus meinen Tagebuchaufzeichnungen: Noch im September habe ich das Dach meines Hauses ausgebessert, weil die Leute gesagt haben, jetzt wird es regnen. Seither warte ich und warte ich. Alle Zeichen

der beginnenden Regenzeit kommen; nur der Regen selber kommt nicht. Jeden Tag ist der Himmel blau, sticht die Sonne unbarmherzig, kommen Schwärme von Fliegen, wirbelt jeder Tritt oder Hufschlag Staubwolken auf; Wolken am Himmel, die Hoffnung geben und wieder vergehen. Es liegt Hitze über den Hügeln. Die Morgensonne braucht einige Zeit, bis sie durchbricht. Die Männer sitzen im Schatten, mal hier, mal dort, stundenlang. Was sie wohl immer zum Reden haben? Frauen gehen schleifenden Schrittes über die Straße oder sitzen im Schatten der Haustür, teilnahmslos. Nur die Kinder spielen in der Straße und kümmern sich nicht um den Schweiß, der über ihre Körper rinnt, und um den Schmutz. Nur da und dort arbeitet einer an der Ausbesserung seines Hauses oder ein paar Morgenstunden lang in der »roça«, dem Feld. Alles scheint mit der ausgedorrten Erde auf den Regen zu warten, apathisch, ohne Schwung, Windstille nicht nur in der Luft, sondern auch im Leben dieses vergessenen Dorfes. – Und dann kommt der Regen. Fern kündigt er sich an in der schwarzen Wolkenwand und in Blitzen. Windstöße, erste Tropfen. Dann schüttet der Himmel Kannen aus. Es geht wie ein Aufatmen durch die harrenden Menschen ... Regen ... seit Februar zum ersten Mal. Jetzt wird es eine eilige Zeit für die Bauern. Jetzt können sie Reis pflanzen, Mais, Bohnen, Gartenfrüchte, und die Erde wird Wachstum schenken in verschwenderischer Fülle und Fruchtbarkeit.
Ich möchte, dass dieser Brief euch noch vor Weihnachten erreicht. So kann ich euch sagen, dass ich an diesem Fest ganz besonders bei euch sein werde und bete, dass Gott sich in eurem Leben inkarniere und Wohnstatt finde und euch die Freude seiner Nähe geschenkt werde. Darf ich euch ein Weihnachtsbild von hier schenken? Ich wurde gebeten, der Dona Ana die Kommunion zu bringen. Sie wohnt etwa eine Gehstunde entfernt. Drei Mädchen und ein Mann machen sich mit mir auf den Weg. Ana hat verkrüppelte Füße und Hände und kann gerade ein bisschen arbeiten. Sie wohnt allein in einer Hütte. Diese hat keine richtigen Wände; einige in die Erde gerammte Stäbe und etwas Lehmverputz tun's auch. Jugendliche haben ihr ein Dach darüber gemacht, damit sie in der Regenzeit eine trockene Ecke hat. Sie erwartet uns und freut sich. Außer der Bank, auf der sie sitzt, gibt es in ihrer Hütte nichts, wo ich die Kommunion drauf stellen könnte. So lege ich die Hostie vor uns auf den festgetretenen Lehmboden ... »und sie beteten ihn

Dona Ana freut sich über den Besuch des Padre.

an« – so war es doch damals auch. Liebe Freunde, durch das Jahr 1981 möge euch Gottes Segen begleiten, damit ihr selber anderen zum Segen seid.

In herzlicher Verbundenheit,
euer Luis

Salvador da Bahia, Mitte Mai 1981

Liebe Freunde,
Salvador ist nicht Tabocas. Ich merke es daran, dass es draußen regnet, heute schon zum vierten Mal. In Tabocas hingegen ist schon die Trockenzeit eingekehrt. Es wird wieder staubig. Das Grün der Weiden und Hügel weicht dem monotonen Grau der »seca«. Die Bauern bringen die zweite Bohnenernte ein, den Mais und den restlichen Reis. Hier an der Küste hingegen regnet's, öfters am Tag fünf Minuten, dann kommt wieder die Sonne und trocknet Blätter, Gras und Wege.
Ich bin heute aufgelegt, solchen Dingen etwas nachzulauschen. Ich habe Lust, im Garten den Gesang der Vögel zu hören, die Raupen zu bewundern, die so groß und zottelig und gefährlich aussehen, und die Pflanzen und Blumen zu betasten, die es in Europa nur in Töpfen und Gewächshäusern gibt. Ich lege mich rücklings auf den Boden, strecke Beine und Arme von mir und schaue nach oben. In schwindelnder Höhe, gerade über mir, baumelt sanft im Wind, der vom Atlantik her weht, die Krone einer Kokospalme. An die zwanzig reife Kokosnüsse machen ihr Herz aus. Mir fallen Geschichten aus Missionskalendern ein, Bilder, die damals meine Phantasie beflügelt haben. Damals Phantasie – heute Wirklichkeit. Ich muss für mich selber lachen. Unter dem hellblauen Himmelszelt ziehen Wolken, weiß und aufgeschichtet, grau und regnerisch. Ich gönne mir dieses Stündchen und lasse mit diesem friedlichen Ineinander von Natureindrücken auch meine Gedanken spielen. In mir wird der Entschluss stark: Jetzt schreibst du deinen Freunden, du Schlawiner, mit einem Brief pro halbem Jahr kannst du doch keine Freundschaft aufrechterhalten?! Nutze die Zeit der Einkehrtage – fernab vom Alltag mit seinen Erfordernissen, fern von der gewohnten Umgebung, getragen von entspannter Besinnung.
Und so bin ich hier, Freunde, und will ganz einfach ein paar Erlebnisse und Gedanken mit euch teilen. Viele von euch haben es umgekehrt ja auch getan. Ihre Briefe liegen in Tabocas in meinem Zimmer. Ich bedanke mich ganz herzlich dafür. Verzeiht, wenn ich es heute nur zu einem allgemeinen Rundbrief bringe. Seit Februar habe ich jedes Mal, wenn ich auswärts war, ein Paket von Briefen mitgenommen, in der (vergeblichen) Hoffnung, sie diesmal doch zu beantworten ...

In diesen Tagen wird es ein Jahr, dass ich nach Brasilien gekommen bin. Wie die Zeit verrinnt! Vieles, was anfangs so aufregend neu war, ist jetzt grauer Alltag. Vieles, was damals ein Haus von Träumen ausmachte, ist jetzt auf ein realistisches Maß zusammengeschrumpft. Anderes, was gestern noch unübersichtlich und Angst erregend war, ist heute vertraut und »handlich« geworden. Ich hatte schon Zeiten, in denen ich mir vorkam wie ein Bub, der durch einen Zaun kriecht. Der Kopf ist schon durch und vielleicht ein Teil des Körpers. Aber dann geht's plötzlich nicht mehr – nicht mehr vorwärts und nicht mehr rückwärts. Diese Erfahrung kann sich auch in der Beziehung zum Volk ergeben.

Messe unter dem Juazeirobaum

Da erzählt mir Antonio nach einer Messe in Caraiba, einem kleinen »Bergdorf«, dass es dort keine Schule gibt, keinen Katechismusunterricht, nichts. Die Kinder wachsen auf »wie die Indios«. Ob er nicht Interesse habe, dass seine Kinder und Enkel etwas lernen könnten? Natürlich, sehr sogar. Der Präfekt hatte schon wiederholt versprochen, eine Schule zu bauen. Nichts geschah. Ich frage weiter, erfahre, dass viele andere auch interessiert sind, rede von Zusammenschluss, gemeinsamem Bittgesuch, Aufklärung der Eltern und was weiß ich … »Ja freilich, sehr wohl, sehr richtig …!« Aber wie andere Male habe ich den Eindruck, dass der Gesprächspartner innerlich den Dialog bereits unterbrochen hat. Er hört nicht mehr hin, bleibt aber da, um den, der spricht, nicht zu enttäuschen. Unser schlussfolgerndes Denken greift bei ihnen nicht. Sie möchten »erwachsen« sein und horchen gern jemandem zu, der mehr weiß als sie. So machen sie den Eindruck, alles zu verstehen: »Natürlich. Sehr richtig!« … In Wirklichkeit haben sie aber ihre Meinung beibehalten. Wie kann auch ein Überzeugungsgespräch von zehn Minuten eine gelebte Wirklichkeit von 365 Tagen ändern! Das heißt aber nicht, dass ein solches Gespräch nicht sehr wichtig ist. Die Leute leben verloren in der Zeit, ohne Geschichtsbewusstsein, ohne Übersicht. Ihre Wirklichkeit ist sehr eng. Sicherheit und Orientierung finden sie bloß in den Familienbanden und in der Religion, die ihnen der Padre bringt. Sie wissen nicht um ihre Unterdrückung und Ausbeutung und verstehen nicht, wenn man es ihnen erklärt. So kam ich in eine Klasse, die in Italien der 2. Mittelschule entspricht, und ließ jeden sagen, wie viele Einwohner Brasilien hat. Die Antworten sind von viertausend bis 40 Millionen. Als ich sage, dass es 120 Millionen sind, ist das Erstaunen nicht sehr groß. Offenbar sagen ihnen diese Zahlen nichts. Wenn ich etwas aus der alten Geschichte Europas erzähle, ist das in ihrem Gefühl weniger alt als »daaamals«, als der Urgroßvater dort hinten als erster den Urwald gerodet und eine Bambushütte gebaut hatte. Wenn ich erzähle, wo ich zuhause bin, dann meinen viele natürlich dort, wo ihre erfahrbare Welt aufhört – und das kann dort hinter jenem Fluss sein. Ozean, Flugzeug, andere Kontinente ... vermitteln ihnen keine klare Vorstellung.

Gott zu begegnen, geht über das Volk. Oh, ich habe noch viel zu lernen von jenem Jesus, der ganz ein Mann des Volkes war!

Enge Welt. Heile Welt? Öfters frage ich mich: Wie hat hier, konkret, Verkündigung des Evangeliums zu geschehen, wenn die Gute Nachricht Befreiung sein soll, Antwort auf die tiefsten Sehnsüchte? Welche sind es? Und laufen andere Antworten ihm nicht den Rang ab? Das Radio, das auch in den armen Hütten den ganzen Tag läuft, Illustrierte mit ihrer Werbung, die eine völlig fremde, aber faszinierende Welt des Luxus vorgaukelt und dann in den ärmsten Hütten an die Wand geklebt wird. Und wenn dann noch das Fernsehen kommt? Die Leute sind diesen Kräften ausgeliefert, ohne Antikörper, ohne Fähigkeit zu unterscheiden und auszuwählen, leichtes Opfer für jedbeliebige Idee – und Verführung. Wie dem Volk die eigenen inneren Werte aufdecken, wie die Freude wecken, sie zu pflegen und dadurch »jemand« zu sein? Der Einheimische beobachtet und bestaunt nicht die Schönheit der Sonnenuntergänge, die gewaltige Krone des Juazeirobaumes, die Vielfalt der Schmetterlinge, das Lichtspiel einer Vollmondnacht. Er findet es nicht schön. Es ist eben so und fertig. Für ihn ist die Natur noch feindlich und bedrohlich. Den Luxus einer »romantischen« Betrachtungsweise kann sich nur ein Tourist leisten, jemand, der die Härte und Armut des Lebens hier nicht teilt. In meiner Studienzeit las ich in Askese-Büchern: Wer schwierige Reisen unternimmt, um Gott zu begegnen, muss gewärtig sein, Wüstenstrecken durchzustehen, in denen ihm alles sinnlos erscheint und Gott ferner als je. Auch bei Johannes vom Kreuz steht Ähnliches. Dasselbe gilt für jemanden, der sich auf den Weg macht, einem Volk zu begegnen. Er beginnt, die Schwere der täglichen Routine zu spüren. Aller Zauber schmilzt dahin. Das Volk ist nicht mehr jene romantische Braut des Anfangs, sondern was es

Ein Bauer treibt sein Vieh zusammen.

eben ist: langsam, zerstritten, abergläubisch, unterwürfig, ohne Interesse, krank, selbstmitleidig. Es trotzdem und gerade deshalb lieben, um seiner selbst und Christi willen, ist nicht ganz einfach. Aber nur dann ist es möglich, hinter der rauen Schale seiner Mängel die »Flüsse lebendigen Wassers« zu entdecken und aufzudecken. Und der Weg, Gott zu begegnen, geht über das Volk, wenigstens dem lebendigen und wahren Gott der Bibel: Er ist ein Gott der Menschen, recht konkreter Menschen: Gott Abrahams, Gott Jesu Christi, Gott von Antonio, Adeleide und diesem ganzen Volk. Oh, ich habe noch viel zu lernen von jenem Jesus, der ganz ein Mann des Volkes war, in ihm den Vater entdeckte und aufdeckte. Dabei muss ich zugestehen, dass die Entfernung Himmel – Nazareth wohl größer ist als die Südtirol – Tabocas. Diese Liebe zum Volk, so wie es ist, ist in mir noch ein zartes Pflänzchen. Das wollte ich festgestellt haben und euch ums Gebet bitten.

Jetzt ist es aber genug, denn ihr habt euch wahrhaftig nicht theologische Reflexionen verdient, sondern einige Zeilen darüber, was ich mache und wie es mir geht. Wie gerne hätte ich mögen, dass ihr in der Karwoche dabei gewesen wäret. Zum Beispiel am Karfreitag, als der Kreuzweg in den Straßen gebetet wurde. Eine große Menge schob sich von Station zu Station, die jeweils eine Familie vor ihrem Haus errichtet hatte. Einige Stationen hat die Jugendgruppe aktualisiert und dramatisiert. Es war viel von einem Volksfest dabei. Mehr noch in der mitternächtlichen Prozession mit dem »cristo morto«, einer lebensgroßen Gipsstatue in einem Sarg. Nach der Karfreitagsliturgie bis zu dieser Prozession blieb die Kirche voller Leute, betend, singend und auch schwatzend. Ich setze mich hin und lasse die Situation auf mich wirken. Zuerst fast mit Widerwillen, dann fängt mich die Stimmung ein. Ich entdecke in diesen Gesängen der Traurigkeit und unendlichen Melancholie die gemarterte Seele dieses Volkes. Sie wiederholen sich in einer nicht enden wollenden Strophenfolge. Kinder drängen sich durch die Menge nach vorn, schauen in den Sarg mit dem toten Christus, drücken ihm einen Cruzeiro-Schein in die geöffnete Hand. Am Sarg betet versunken eine Frau, bewegt ihre Lippen in heißem Flehen. Eine andere legt Geld in die wunden Hände des toten Christus – vielleicht ist es wirklich der Pfennig der Witwe. Und dort die Frau, auf der Altarstufe sitzend: wie selbstverständlich nimmt sie das Kind einer fremden Mutter, die stehen muss, und bettet es in

Karfreitagsliturgie vor der Kirche von Tabocas

ihren Schoß, damit es dort schlafe. Männer, hinten in der Kirche, halten aus, drei volle Stunden. Die Osternachtfeier fällt deutlich ab. Weniger Leute, weniger Intensität, schwächere Gesänge ...

Anfang dieses Jahres hatten wir drei Kurse für Katecheten. Eine Katechetin aus Barreiras hat mir geholfen. Es waren etwa 80 Teilnehmer, versierte Lehrerinnen und schüchterne Mädchen, die zum ersten Mal außerhalb ihres Elternhauses waren. Könnt ihr euch vorstellen, welch neue Welt dies für sie war, wie vieles, so einfach es gesagt wurde, unverstanden blieb? Aber es war viel guter Wille da und alles andere wird wachsen. Ich finde, Kurse aller Art sind hier äußerst wichtig, um ein Führungspersonal heranzubilden. Denn der Padre reicht ja nicht überall hin (und das könnte auch kein Ideal sein). Das Programm des Kurses – und daraus folgend für das Schuljahr – war: Vater unser und Ave Maria. Ich stelle nämlich fest, dass der überkommene Religionsunterricht fast ausschließlich im Auswendiglernen einiger weniger Grundgebete besteht. Diese »berechtigen« zu Kommunion, Beichte, Firmung, Hochzeit ... Da tut Bewusstseinsbildung wirklich Not.

Abendstimmung im Sertão

Aus meinem Tagebuch zitiere ich: Versehritt nach Disterro. Der 82-jährige Pedro will sterben. Aus den Häusern grüßen die Leute, als wir vorbeireiten. Alle wissen schon, wohin unser Ausflug geht. Als wir den Abhang hoch klimmen, überholen wir einige Frauen, laufen uns einige Kinder voraus. Die ganze Nachbarschaft und Verwandtschaft versammelt sich um den Sterbenden. Als wir eintreten ist das Haus bereits voller Leute, sicher mehr als 70. Der Alte liegt schwer atmend danieder. Ich spende ihm die Heilige Ölung. Ich versuche zu erklären und eine kleine Katechese zu halten.

24 Kinder hat Pedro – von zwei Frauen; 14 von der zweiten, sehr viel jüngeren. Seine Verwandtschaft macht wirklich ein ganzes Dorf aus. Muss man sich so die Patriarchen des Alten Testamentes vorstellen? Jedes Mal, wenn mir jemand mit Stolz von seiner großen Verwandtschaft erzählt, von den Paten hier und dort, wird mir bewusst, wie sehr gerade das arme Volk sein Vertrauen ausschließlich in die Verwandtschaft und Familie setzt. Alles andere, außerhalb, gibt nicht Sicherheit: Reichtum, Land, Geld. Deshalb ist auch das Solidaritätsgefühl unter ihnen sehr groß. Der eine hängt vom anderen ab, im Leben und Sterben. Die Konsumgesellschaft zwingt die Menschen zum Gegenteil: ihr Vertrauen nicht in Personen zu setzen, sondern in Dinge,

Sicherungen, Institutionen, Statussymbole. Man sagt, das einfache Landvolk sei offener für Religion und Glauben, weil es arm ist und unaufgeklärt. Weil es nichts besitzt, findet es in Gott seinen »Besitz«. Städtische Gesellschaft sei wissender, unabhängiger – und entfremdet sich dem Glauben, weil sie Gott nicht mehr braucht. Ich meine aber, das ist nur die halbe Wahrheit. Bei echtem Glauben vertraut man nicht Dingen und Systemen, sondern Personen. Deshalb hat das Landvolk mit seiner starken Bindung an Personen einen stärkeren natürlichen Bezug und eine größere Bereitschaft für den Glauben, der sich ja auch an Personen richtet: Vater, Sohn und Geist.
Einige von euch fragen mich, wie's mir gesundheitlich geht. Ich bin recht zufrieden. Ich merke, dass ich mich ziemlich angepasst habe.

Blick hinunter auf Tabocas

Der Toyota-Geländewagen, den mir das Missionsamt Bozen spendiert hat, erspart mir natürlich eine Menge Strapazen. Aber ulkig ist: Seitdem ich diesen Wagen habe, habe ich weniger Zeit; aber diese Krankheit kennt ihr ja alle. Dass ich bei der doch recht einseitigen Kost ab und zu einen Knödel oder eine Pasta asciutta vertragen täte, könnt ihr euch denken. Auch das wird jetzt wohl besser, wenn zwei Entwicklungshelferinnen kommen, die Rosy und die Giuseppina. Ich gehe jetzt, um sie vom Flughafen von Salvador abzuholen. Möge Gott unser gemeinsames Arbeiten für sein Reich und mit seinem Volk segnen.
Euch alle grüße ich ganz herzlich und freue mich, dass ich in euren Gedanken und in eurem Gedenken bin.

Euer Luis

Tabocas, Weihnachten 1981

Liebe Freunde!
Brummend schneidet unser Toyota-Jeep die Wasserpfützen. Das dreckige Regenwasser spritzt vor der Kühlerhaube hoch auf. Es ist stockfinstere Nacht und bald wird es wieder regnen. Es ist gut, wenn wir vorher in Arlindos Fazenda ankommen, denn der neu aufgeweichte Lehm ist scheußlich, gleich gefährlich wie Glatteis in den Alpen. Wie ausgegossene Wäscheseife, sagt Pina. Rosy fängt an, nach »Gattern« Ausschau zu halten; denn irgendwo nach dem

dritten Gatter sollte Arlindos Haus nicht mehr fern sein. Wir überbrücken Zeit und Unsicherheit mit Singen und Witzen. Und dann auf einmal: Ein Mann und vier Kinder im Scheinwerferkegel. Froh grüßend drängen sie sich fast zum Autofenster herein. Natürlich, wir hätten es uns denken können, dass der erste Bewohner auf uns wartet und uns dann den Weg weist. So kommen wir an und mit uns kommt der Regen. Freudige Begrüßung. Nach dem Abendessen sitzen wir bis in die Nacht hinein beisammen: Arlindo mit seiner Frau Ornelina, einige anwesende Töchter mit Mann und Kindern und wir.
Am nächsten Morgen, bei Tageslicht, sehe ich mich etwas genauer um: Ein stattlicher Hof ist es. Alles ist gut gepflegt und verrät die Liebe eines Bauern zu seinem Boden. In der Nähe des Wohnhauses ist die »casa da farinha«, wo jeden Sommer Mandiokamehl gemahlen wird, das hiesige tägliche Brot, und wo die Bäuerin jeden Tag Kaffee mahlt und Reis stampft. Im Schatten großer Bäume steht die Zuckerrohrmühle und daneben der Pferch, der Stolz jedes Viehbauern. Als wir aufstanden, hatte Arlindo schon gemolken, und der Kaffee stand bald bereit. Ornelina hat aus Mandiokamehl schmackhafte Brotfladen gebacken. Es braucht nicht viel, den Bauern zum Erzählen zu bewegen. »Es sind noch keine 20 Jahre, dass ich hierher kam«, fängt er an. »Ich wurde hier ansässig, wo noch kein Menschenfuß gestanden hatte, mitten in der Unendlichkeit des Sertão. Was mich dazu bewog? Ich wohnte in der Ribeira, im Mittelgebirge. Auf einer Fußwallfahrt nach Bom Jesus da Lapa hatte ich einen Traum. Ich sah ein Land, ein schönes und fruchtbares Land: Hier möchte ich wohnen! Dieses Bild verlor im Lauf der Jahre nichts an Frische. Dann kam es, dass dort oben ein herrenloser Ochse auftauchte. Ich fing ihn ein und ließ in der ganzen Gegend das Brandmal bekannt geben. Jedoch der rechtmäßige Besitzer meldete sich nicht. Dafür stellte sich eines Tages ein Bauer vor, der von weit her kam. Er redete so, dass mir das Wasser im Mund zusammenlief: Da unten gäbe es herrliches Land, Wasser in Fülle, Weide fürs Vieh ... Ich machte mich auf. Es war Trockenzeit. Von wegen herrliches Land! Ich musste für mich hinter einem dicken Baum Schatten suchen und für das Ochsengespann unter einem schnell gebastelten Rindendach. Nichtsdestotrotz: Ich holte meine Familie, ließ mich hier nieder und wurde der erste Bewohner dieser Urwaldgegend. Man schrieb das Jahr 1963. Fünfmal lag ich an Malariafieber danieder. Die fünf Kinder sind mir beinahe weggestorben. Drei verpackte ich in einen Ochsenkarren und schlug mich mit dem Buschmesser durch den Urwald bis Lapa, über 60 km entfernt, wo ein Arzt sein sollte. Zwei, ebenso sterbenskrank, blieben mit der Mutter im Hause.« Arlindo erzählt von einer zweijährigen Dürreperiode, vom Austrocknen der letzten Wasserpfützen: »An allem mangelte es damals. Es gab kein Fleisch zu kaufen, nicht einmal im 20 km entfernten Brejolandia, das heute Stadt ist. Nichts zum Kaufen und auch keinen Absatz für die Früchte unserer Äcker. Damals musste die Frau das

Wasser für Haus und Küche sechs km weit auf dem Kopf her tragen, in der Regenzeit vier km. Und dort in der Wasserpfütze trank auch das Vieh und die Frauen wuschen die Kleider darin. Diese Pfütze trocknete ein. Ich schlug den Weg frei zu einem anderen Wasserloch, bis auch dieses vertrocknete. Die Mücken und die gefährliche Inchu-Fliege stachen die Kinder fast zu Tode ...!« »Ja, wirklich«, mischt sich jetzt Ornelina, die Bäuerin ein. »Nie wollte ich hierher kommen. Nur eben aus Verpflichtung, dem Manne zu folgen, wohin immer er zöge«. Sie setzt sich zu uns, eine Mittfünfzigerin. Ein Baumwolltuch, wohl selbst gewoben, hält ihr Haar zusammen; dieses ist grau, lässt aber vermuten, dass es einmal glänzend schwarz gewesen ist. Ihre Mundwinkel sind streng. Die Augen, die sie zu beherrschen weiß, strahlen Güte aus. Die Hände sind schwielig und groß. Wenn sie ihrem Mann widerspricht, tut sie's wie jemand, der ganz zu ihm steht, aber um seine »Muggn« (Flausen) weiß.

Frauen beim Wassertragen

»Ja«, reißt sie das Gespräch an sich, »in diese Ödnis bist du gezogen. Immer warst du unstet. Schon viermal hatten wir unser Haus gewechselt. Ich war damals im achten Monat schwanger«, wendet sich Ornelina an mich. »Weinend packte ich unsere Klamotten zusammen. Drei Tage waren wir auf dem Weg. Meine Füße schwollen an. Die Hennen verendeten. Als wir ankamen, war er zufrieden, ohne Haus, ohne Bett. Es war ein 18. Mai. Ich legte mit Hand an, ein Häuschen aufzustellen, den Herd. Niemanden in der ganzen Gegend kannte ich. Mein Mann, der Spinner, murmelte ich oft. Am 12. Juni kam Helena zur Welt.« Ob sie sich inzwischen eingewöhnt habe, fragte ich. »Das Heimweh nach dem Ort meiner Kindheit und Jugendzeit bleibt«, bekomme ich zur Antwort. Arlindo, der Bauer, hatte bisher schnell gesprochen, wie referierend und der vielen Schwierigkeiten spottend. Sein zahnloser Mund verzog sich oft zu einem Lachen und die Augen sprühten Feuer. Die schwieligen Arbeitshände und der gedrungene Körper sprechen davon, dass er noch Kraft und Willen hat, seine Zukunft selbst weiterzubauen. Jedoch als er vom Tod seines sechsjährigen Mädchens spricht – »es war damals, als wir noch da oben im Gebirge waren« – wird er ruhiger, die Gestik der Hände wird gemessener, seine Augen schauen an mir vorbei, in unbestimmte Ferne. Seine Stimme wird plötzlich tiefer, als er erzählt: »Damals, nach einer Nacht verzweifelten Jakobskampfes, hatte ich den leibhaftigen Tod in der Hand. Ich fand mich hilflos, ohnmächtig und sprachlos am Blumensarg meines unschuldigen Töchterleins. Dieser Tod – Gott ist groß – wurde mein Leben. Er bewirkte meine Umkehr. Ich fing ein anderes Leben an.« Was Arlindo jetzt weitererzählt, hatte er mir schon einmal erzählt. Er nannte es damals sein Saulus-Paulus-Erlebnis. Ich kann bestätigen, dass sein Damaskuserlebnis von Dauer ist. Er ist heute noch einer der feurigsten Lideres (Gemeindeverantwortlicher). Kaum ein Weiler in der Gegend, wo er nicht schon tätig war als Katechet, Missionar und Friedensstifter. Wenn ihm, was vorkommt, der Gaul durchgeht, verträgt er eine Zurechtweisung, ohne seine Begeisterung zu verlieren. Er fährt fort, von seinem früheren Leben zu erzählen: »Immer war es ein Durcheinander. Das wurde nicht besser, als ich diese 16-jährige Cousine heiratete. Mein Bruder Felipe und ihr Bruder arrangierten die Hochzeit. Fast über Nacht. Die Eltern wussten nichts davon. Der Vater war auf Reisen, als in einem Nachbardorf ein Pfarrer vorbeikam, um Hochzeiten einzusegnen, Kinder zu taufen, Messe zu feiern. Das ist die Gelegenheit! Noch im Dunkel jenes Samstags molk ich die Kühe. Im Morgengrauen war ich schon im 12 km entfernten Peixinno, ließ mir das Haar schneiden und war bereit. Ein Gewand hatte ich nicht. Jemand lieh mir seines, einen halben Meter zu groß.« Alle müssen wir lachen, wie er vom »Tag seines Lebens« so lustig erzählt. »Waren Sie einverstanden?«, wende ich mich an Ornelina. »Mehr als ich«, lacht Arlindo heraus und erspart ihr die Antwort. »Er hat nur Stroh im Kopf«, murmelt sie beleidigt. »Haben Sie es jemals bereut?«, frage ich beharrlich. Schnell und fest kommt die Antwort: »Nein, niemals, Senhor!« Dann ist wieder Arlindo am Fabulieren: »Nach meiner Heirat war ich natürlich mit meinen Freunden und Saufkumpanen, die ganze Nacht hindurch. Am darauffolgenden Tag war Messe in meinem Heimatdorf. Ich sah meine Frau kaum von der Ferne. Sie war eine eifrige Beterin, beichtete und kommunizierte in der Kirche. Ich jedoch schlug mich in den Schnapsbuden durch, voller Verachtung für dieses Weibergetue. Als ich heimkam, ließ meine Mutter kein gutes Haar an mir … dann aber war alles gut und sie stellte mir den Kaffee hin.« Ornelina fällt lachend dazwischen: »Die Reaktion meines Vaters war: Wie kannst du nur diesen armen Hundesohn heiraten!« »Wirklich wahr!« erinnert sich Arlindo. »Sie brachte einen Sack Reis in die Ehe und 150 Cruzeiros, ich die blanke Not. Am Tag darauf machte ich mich daran, ein Haus zu bauen. Hier bettelte ich ein Stück Holz, dort zwei Ziegel.

Arlindo

Aber das Trinken ließ ich nicht. Kein Fest, wo ich nicht dabei war ... ja eben, bis dann jener denkwürdige Tod meines Töchterleins mich umlegte ...« »Ich habe vieles von dem, was mein Vater erzählt, noch nie gehört«, sagte der 13-jährige Antonio, der jüngste der Buben. Antonio hatte sich schon seit geraumer Zeit dazugestellt.
Überhaupt wurde das Gespräch jetzt lauter und mehrstimmig, denn Nachbarn kamen, setzten sich zu uns, beteiligten sich, gingen wieder. Kinder kommen und gehen. Und sie alle bitten den Alten um den Segen. Zeitweilig bilden die Frauen einen eigenen Gesprächskreis. Vieles erzählt der Bauer noch aus seinem abenteuerlichen Leben. Oftmals war er in seiner Heimat, bat Bruder und Freunde, doch nachzukommen und mit ihm das Land wohnbar zu machen. Die Antwort war stets: »Du Spinner, wir holen uns doch nicht die Malaria und den Tod!« Dann gesteht er ehrlich zu, dass der unmittelbare Beweggrund, von seinem Land fortzuziehen, ein Racheakt war. Sein Vater sprach verächtlich zu jedermann: Dieser Lump bringt es bestimmt zu nichts, wird seine Familie halt durchhungern ... »Das war mir zu viel. Du Alter, du kannst mich, sagte ich mir – und zog fort, in die Einsamkeit dieser Ödnis. Eines muss ich euch noch erzählen«, sagt er, als er mein Drängen merkt (wir wollten doch ringsum alle Familien besuchen): »Miuscho, einer meiner Söhne, hat es mir gleich gedreht. Ohne ein Sterbenswörtchen zu sagen, zog er fort. Zuerst ins Haus seines Schwiegervaters. Dort gefiel es ihm nicht. Verarmt kam er zurück. Ich gebe ihm Land zum Bebauen. Bald darauf verkauft er es und verschwindet. Ich sag ihm noch: Das Land hier ist fruchtbar und ernährt alles, vom Schmetterling bis zum Ochsen. Aber wenn du fortgehst, dann geh wirklich. Komm nicht zurück, vergiss das Heimweh und bleibe hart.« Im Zuhören kommen mir die Ratschläge des greisen Tobit im Alten Testament in den Sinn.
Ihr merkt schon, liebe Freunde, ich habe diesen Kämpfer der Ödnis ins Herz geschlossen, seine unmittelbare Sprache, seine Grobheit, seinen Humor, seinen Mannesmut und seinen Glauben. Seine Lebensgeschichte erzählt mir mehr und anschaulicher vom Menschen des Sertão als einige Bücher über Soziologie und Anthropologie zusammen: von seinen Werten und Werken, von seinem Lieben und Leiden, von seinem Glauben und Zittern, von seinen Grausamkeiten und Zärtlichkeiten, von seinen Leidenschaften und seiner Treue. Deshalb wollte ich sie euch – ausschnittweise – erzählen.
Ich will euch auch von mir erzählen – und merke, dass ich nicht weiß, wo anfangen. Zu viel hat sich in diesem halben Jahr ereignet. Ich werde mich auf einige Streiflichter beschränken: ungeordnet und fast zufällig ausgewählt, jedoch ein jedes bedeutungsvoll; eben wie ich das Leben selbst hier erfahre. Man muss auf alle Systematik verzichten und ganz in der jeweiligen Situation aufgehen.

Wie ihr wisst, bin ich nicht mehr allein. Zwei Entwicklungshelferinnen, Rosy und Pina, sind mit mir. Das erleichtert vieles. Wir sind inzwischen in ein anderes Haus umgezogen, das sehr ruhig gelegen ist und einen geräumigen Garten hat. Dort steht schon kniehoch der Mais und die Bohnenstauden kommen nach. Später wollen wir Fruchtbäume pflanzen. Ich will sorgen, dass es verschiedenste Sorten sind, – selbst wenn ich für die »Dorframml« pflanze. Denn das habe ich schon gemerkt: Die Kirschen in Pfarrers Garten gelten auch hier als die besten.
Im Sommer wird hier mehr geheiratet als sonstwann. An einem Freitag im August gab es acht Hochzeiten. Ich habe mir gewünscht, ihr hättet dabei sein können, als die Hochzeitsgesellschaften hoch zu Ross ins Städtchen einritten. Jeweils ein großer Trupp kommt an: Mann im Sattel, Frau oder Mädchen im »Rücksitz«. Roter Staub wirbelt auf. Die Kinder springen zur Seite. Schweigen, nur einige Kommandorufe. Faszinierend ist dieses Bild, erinnert mich an Indianerfilme. Im Haus von Verwandten wird abgestiegen. Man wäscht den Staub vom Gesicht und bereitet sich plaudernd und lachend fürs Fest. Zur Hochzeitsfeier wird dann das Mädchen mit Musik geholt. Der Weg zur Kirche wird jetzt zu Fuß zurückgelegt. Hinter der Musikband geht ein ganzer Haufen von Leuten einher, die ganze Breite der Straße ausfüllend. Die kirchliche Feier findet am Nachmittag statt. In vielen Gesichtern entdecke ich Müdigkeit, vielleicht ist es auch schon ein bisschen Schläfrigkeit vom Schnaps. Während des Eheversprechens verziehen die Brautpaare keine Miene, auch nachher beim offiziellen Foto vor dem Altar mit dem Padre nicht. Die anschließenden Glückwünsche, der Austausch von sämtlichen Neuigkeiten erzeugen ein buntes Durcheinander in und vor der Kirche und ziehen sich in die Länge. Dann rüsten sich die Familien für den Ritt oder die Fahrt zum Fest. Dieses findet im Haus der Braut statt und dauert bis zum Morgen. Jedermann kann kommen – und kommt. Essen und Trinken muss für alle reichen. Was Wunder, wenn mancher Brautvater am Morgen sich als Bettler oder gar als Schuldner wiederfindet. Am Abend des Hochzeitstages findet die Junggesellen-Verabschiedung statt. Diesmal muss der Vater des Bräutigams »spucken«. Es ist praktisch ein Fest unter Männern. Es soll vorkommen, dass der zubereitete Ochse nicht reicht (jüngst waren zu diesem Polterabend tausend Leute zusammengekommen): dann werden eben noch Schafe ge-

Die Hochzeitsgesellschaft reitet ein.

schlachtet. Leider gibt es auch viel Unfug, Missbrauch und Alkoholgenuss auf diesen Festen. Wenn es keine Keilerei gibt, war das Fest schön. So muss man fast schlussfolgern. Wenn man am darauf folgenden Tag fragt, wie es war, ist bestimmt die erste Antwort: »Es verlief alles in Frieden«, das heißt ohne Schlägerei, und damit war das Fest pfundig.
Im August sind wir für eine Woche in Salvador, der Hauptstadt von Bahia. Sie liegt am atlantischen Ozean, und das Tagungshaus direkt am Wasser. Dort nehmen wir am jährlichen Treffen teil, das das »Kirchliche Zentrum für Lateinamerika« von Verona organisiert. Es tut gut, mit Freunden zu sein, ihren Geschichten und Erfahrungen zu lauschen. Es ist wie Balsam, wenn man aus dem dürren Landesinnern kommt und am windgepeitschten Meer sitzen kann, zwischen den Palmen mit ihren Kronen wie zerzausten Jungmädchenköpfen. Heimzu lassen wir uns verführen und folgen einem Wegschild: Lenzois – historische Stadt. Wir sind nicht wenig überrascht, als wir ein sauberes, schmuckes Städtchen vorfinden, an einem plätschernden Bach gelegen. Sämtliche Straßen gepflastert, Häuser mit barocken Fassaden, Arkaden, Musik-Pavillon. Die Frau Direktor klärt uns auf: Lenzois war eine Diamantenstadt. Ihr Auf- und Abstieg war wie ein Komet. Damals 36.000, heute 6000 Einwohner. Ich muss daran denken, wie in der Geschichte dieses Landes der Mensch immer dem Kapital geopfert worden ist: rapider Aufstieg irgend eines Wirtschaftszweiges und dann ebenso rapider Verfall; und zwischen den Rädern dieser Ausbeute-Maschinerie Millionen von Menschen um ihre Hoffnungen betrogen, um ihre Existenz gebracht, oder durch »Neureichtum« verdorben. Ich denke daran, dass ein hiesiger Bischof über die neue Papstenzyklika »Centesimus Annus« sagte: Sie ist haargenau auf unser Land zugeschnitten. Auf der Weiterfahrt sehen wir stundenlang vor uns eine Bergsäule, die sich aus der Ebene erhebt: Vater Inazio heißt sie. Die Bewohner erzählen uns, dass ein Alter dort oben wohnte. Wegen seiner Güte war er allen als »Pai Inazio« bekannt. Er verstand es auch, Leute zu heilen. Zu diesem Zwecke stieg er ab und zu ins Tal. Dann kehrte er wieder zurück in seine einsame Höhe. Dort starb er, von allen verehrt ob seiner Güte.
In dreizehn Dörfern unserer Pfarrei feiert die »comunidade« (Gemeinschaft) jeden Sonntag Gottesdienst. Es sind nicht sehr viele, die teilnehmen, aber sie sind wie Sauerteig für die »Masse« des Volkes. Nun haben die Gemeindeleiter ein interessantes Experiment angefangen: Jeden zweiten Sonntag im Monat besuchen sie den Gottesdienst in je einem Dorf, um zu sehen, wie es ihre Kollegen machen, um ihnen Anregungen zu geben, sie als Brüder im Glauben und im Einsatz für die Gemeinde zu stärken. Manchmal bin ich dabei und merke, wie engagiert sie sind, wie sie viel besser zum Volke reden können als wir »Gstudierten«. Einmal bringe ich ihrer vier im Auto heim: 18 km, die sie zu Fuß zurückgelegt hatten. In einem Dorf ist Erstkommunionfeier. 30 Kinder

sind vorbereitet. Ich lasse sagen, dass ich am Vorabend nur für diese Kinder komme. Denkste: Die Kapelle ist fast voll von Erwachsenen. Einmal mehr ist mein europäisches Ordnungsdenken durcheinandergebracht. Soll ich sie wegjagen? Ich habe Lust dazu. Aber dann zähme ich meinen Gaul. Es könnte ja sein, dass sie mithören und von der Katechese gar etwas profitieren wollen. Ich heiße also die Kinder sich auf den Boden setzen in einem großen Kreis mitten in der Kapelle und stelle zwei brennende Altarkerzen in die Mitte. Die Erwachsenen stehen außen herum. Los geht's. Stelle ich Katechismusfragen, dann kommen die Antworten wie aus der Pistole geschossen. Stelle ich normale Fragen, dann herrscht Verlegenheit, Unbeholfenheit, Schweigen. Ich lasse mein Tagebuch weitersprechen: »Ach Gott, was ist das doch für eine Kümmerform von Religion, meilenweit vom Leben entfernt, in einer (teuflischen) Sakralsphäre! Ich meine zu spüren, dass einige Erwachsene nervös werden über diesen Pfarrer, der nicht einfach ein paar Gebete abfragt, sondern normal reden und normale Reaktionen möchte!« Jetzt im Jänner gestalten wir wieder einen Kurs für Katechisten. Vielen beginnt schon zu dämmern, dass Religionsunterricht nicht bloß bewahren darf, sondern erziehen, ertüchtigen muss. Und das ist unsere Chance.

9. September, 15.10 Uhr. Test der neu angelegten Elektroleitung. Seit Mai arbeitet die staatliche Elektrogesellschaft an der Installation. Jetzt ist es soweit: Zum ersten Mal elektrisches Licht in Tabocas. Die Leute stehen in Gruppen herum, um es zu erwarten. Wie es aufleuchtet, zerreißen Knallkörper und Freudengeschrei die Stille. Der Übermut dauert nicht lange. Ein paar Tage nachher sind wir wieder im Finstern. Ein Transformator nach dem andern brennt durch: Falsch installiert? Unfähigkeit der Firma oder Korruption? Altes Material und das neue gestohlen? Allerlei wird geredet ... Hauptsache ist, dass die Leitung jetzt nach drei Monaten restauriert wurde und nun tatsächlich funktioniert. Die ersten Bewohner fangen an, das Licht ins Haus zu leiten. Ich denke ein bisschen darüber nach, wie wichtig der Strom für ein wirtschaftliches Wachstum und einen bescheidenen Fortschritt dieser Gegend ist. Wenn jetzt noch die Überlandstraße asphaltiert wird, die sechs km entfernt an Tabocas vorbeiführt, dann ist eine weitere Voraussetzung geschaffen für einen spürbaren Aufschwung. Ich gehe bestimmt nicht fehl, wenn ich behaupte, dass die Wahlen im kommenden Jahr an diesen und anderen »Wohltaten« schuld sind; dass das, was seit Jahren Pflicht war und in der Möglichkeit der Regierung lag, jetzt Geschenkcharakter annimmt (»die Regierung tut doch so viel für uns!«) und auf landesweiten Stimmenfang aus ist. Das kann in mir einen ohnmächtigen Zorn auslösen; dann aber sage ich mir: besser jetzt als nie, besser so als überhaupt nicht.

Ende September sind wir drei zwei Wochen lang in Santa Maria de Vitória, nicht sehr weit von hier, aber in einer anderen Diözese. Dort arbeiten vier italienische Pfarrer aus Bozen und eine Entwicklungshelferin. Sie wirken dort seit zehn Jahren segensreich. Mit sehr viel Mut und Engagement setzen sie sich für die Armen ein, besonders für die um alle Rechte gebrachte Landbevölkerung. Wir lernen sehr viel von ihnen und mit ihnen. Als Neuling ist man da besonders dankbar.

Ich merke immer mehr, dass eine spezialisierte Pastoral der verschiedenen Gruppen der Bevölkerung hier nicht weiterführend ist. Die lateinamerikanische Kirche sucht seit etwa 15 Jahren einen anderen Weg. Gruppen, die ein natürlich gewachsenes Sozialgefüge bilden, reflektieren ihr Leben im Licht des Evangeliums, und im Namen evangelischer Brüderlichkeit kämpfen sie um ihre Rechte. Sie tun sich zusammen und legen gemeinsam Hand an oder auch Geld zusammen, wenn einer von ihnen bedürftig ist. Bei unseren italienischen Kollegen habe ich erlebt, welche Sprengkraft solchen Basisgruppen innewohnt. In der kürzlich stattgefundenen Diözesanversammlung hat auch unsere Diözese sich verpflichtet, im Hinblick auf Gründung und Stärkung von Basisgemeinden all ihre Arbeit zu organisieren. Der Weg dahin ist weit, ist steinig, ist nicht ungefährlich. Aber es ist der Weg der Hoffnung. Er ist weit, denn er fordert einen völlig neuen Lebensstil der Kirche, derer »da oben« und derer »da unten«. Solche Umkehr darf sich niemand von heute auf morgen erwarten. Sie braucht die Geduld der Jahre und der Generationen. Steinig, denn ein schnelles Erfolgsdenken – Versuchung aller »Verbesserer« – wird zum Scheitern verurteilt sein. Kleinarbeit, Durchhaltekraft, Kampfbereitschaft und unverbrüchliche Hoffnung müssen Wegbereiter sein. Nicht ungefährlich, denn in dem Maße, als sich die brasilianische Kirche wirklich auf die Seite der Armen schlägt und die Verbindung mit den Mächtigen aufgibt, stößt sie auf erbitterte Feindschaft. Zurzeit gibt es 916 Konfliktregionen, wo Landbewohner verjagt, bedroht und um ihre angestammten Rechte gebracht werden. Und die darin verwickelten Familien übersteigen die Zahl 260.000. Dokumente sprechen von 70 »Märtyrern des Landes« in den letzten sechs Jahren. Das Volk in seinen mutigsten und besten Elementen erwacht zu einem neuen Bewusstsein und will selber sein Schicksal bestimmen – bestätigend, was Johannes Paul II. vor anderthalb Jahren zu seinen Vertretern gesagt hat: »Wer über die Wirklichkeit Lateinamerikas nachdenkt, wie sie sich zur Stunde darstellt, wird mit der Behauptung übereinstimmen, dass die Verwirklichung der Gerechtigkeit in diesem Kontinent vor einem klaren Dilemma steht: Entweder sie ereignet sich durch tief greifende und mutige Reformen, die der Menschenwürde den Vorrang geben – oder sie geschieht ohne dauer-

Die lateinamerikanische Kirche sucht seit etwa 15 Jahren einen anderen Weg. Gruppen reflektieren ihr Leben im Licht des Evangeliums, und im Namen evangelischer Brüderlichkeit kämpfen sie um ihre Rechte.

haften Erfolg und ohne zum Wohl des Menschen beizutragen, durch die Kräfte der Gewalt.«
Liebe Freunde, hier bin ich wieder. Einen Monat lang lag dieser Brief herum. Jeden Tag sollte er beendet werden, jeden Tag nahm ich mir vor, euch noch Verschiedenes zu erzählen – es blieb beim Vorsatz. Die Kräfte reichten einfach nicht aus. Jetzt, zwei Tage vor Weihnachten, schicke ich ihn einfach ab, unvollständig wie er ist. Ihr feiert Weihnachten dort, wo Kälte herrscht und Schnee liegt und warme Stuben zum Verweilen einladen; wir feiern es hier, wo seit Wochen die sengende Sonne unbarmherzig die Erde austrocknet und die Ernte der Bauern bereits verbrannt hat und so manche Familien ohne Trinkwasser sind. Aber hier wie dort feiern wir Weihnachten Jesu und unsere Weihnachten. Hier wie dort will und wird seine Geburt inmitten der Menschen und ihrer Armut diese selben Menschen befreien zu ihrer ursprünglichen Größe und Berufung, Söhne Gottes zu sein und Brüder untereinander. Übermorgen an der Krippe, und jeden Tag an dem uns zugewiesenen Platz wollen wir dem Kind-König dafür danken, gell!
Das Neue Jahr schenke euch Glück und Frieden und die Verwirklichung einiger Träume, die ihr habt. Die vielen von euch, die mir geschrieben haben und ohne Antwort geblieben sind, mögen bitte glauben, dass mir ihre Briefe viel Freude gebracht haben – und auch noch Antwort bekommen werden. Es war nicht böser Wille, der mich faul werden ließ, sondern es war Mangel an Zeit oder anderes. Schreibt wieder; vielleicht auch, worüber ihr in den Rundbriefen informiert werden möchtet. Rosy und Pina lassen auch ganz herzlich grüßen.
Pfiet enk Gott!

Euer Luis

Tabocas, Mitte September 1982

Liebe Freunde!
Meine Gedanken suchen euch. Sie gehen euch nach in die Arbeit und in die Entspannung, in das Schweigen und in das Sprechen, in die Traurigkeit und in das Lachen, in die Einsamkeit und in die Gesellschaft. Ich will und bete, dass es euch im einen wie im anderen, heute und morgen gut geht; dass ihr Kraft habt, die Zukunft zu bauen, und dass euch die Haare in der Suppe des Lebens nicht den Appetit verderben.
Es hat lange gebraucht, bis ich mich hinsetzte, um diesen Brief zu schreiben. Ich weiß selber nicht, warum. Ich merke jedoch, dass es nicht gut war, denn es gibt ein Schweigen, das wegzieht und es schwer macht, nachher ins Gespräch zu kommen. Aber mit euch im Gespräch bleiben möchte ich, weil ich

weiß, dass es für beide Teile wichtig ist. Während ich so schreibe und schreibend sinniere, drängen sich drei Dinge in den Vordergrund, über die ich mit euch plaudern möchte: ein »Fall«, der das Klima des gespannten Verhältnisses zwischen Kirche und Militärstaat ein bisschen spüren lässt; ein fünftägiger Ausflug zu Pferd; ein Stündchen im eigenen Haus.

Um den 20. Juni herum ist die Mitte und der Höhepunkt der Fußballweltmeisterschaft. Wie kann in dieser Zeit ein Brasilianer noch Aug und Ohr für anderes haben. Damit rechnet der Staatsapparat eines Unterdrückerregimes auch – und setzt für diese Tage den Prozess gegen 13 Kleinbauern und zwei Priester in Belém, Bundesstaat Pará, an. Er sollte unbeobachtet und unkommentiert von der Öffentlichkeit über die Bühne gehen. Das Urteil lautet: 130 Jahre Gefängnis: neun beziehungsweise acht Jahre für 13 so genannte »posseiros« (Kleinbauern); 15 beziehungsweise 10 Jahre für die beiden französischen Priester Aristides Camio und Francois Gurion. Die Rechnung des Militärgerichtes geht nicht ganz auf. Der Prozess fand in Brasilien außerordentliche Aufmerksamkeit. Auch im Ausland, bei euch. Ich war ein wenig überrascht, dass Thresl und Elisabeth, die uns kurz nachher besucht haben, nur aus einer »Nebenbei-Zeitungsnotiz« davon wussten.

Die Ausbeutung durch 400 Jahre Kolonialismus geht fröhlich weiter mit Riesenschritten, die, wo sie hintreten, die Menschen wie Ameisen zertreten.

Was war geschehen? Am 13. August 1981 kommt es in Araguaia, geographisch ziemlich genau im Mittelpunkt Brasiliens gelegen, zu einer bewaffneten Auseinandersetzung zwischen Bauern und »pistoleiros« (bezahlte »Pistolenmänner« der Großgrundbesitzer). Ein »pistoleiro« wird erschossen. Dahinter steht ein seit langem schwelender Landkonflikt.

Man muss wissen, dass in der Gegend (damit ist ein Gebiet gemeint, das wenigstens zweimal so groß ist wie Italien) das größte Erzvorkommen der Welt entdeckt worden ist, mit unvorstellbaren Mengen an Gold, Eisen, Aluminium u. a. Vom kapitalistischen Militärregime gerufene und unterstützte transnationale Unternehmen sollen die Riesenschätze abbauen und den Gewinn zum größten Teil ins Ausland (USA, Europa, Japan) verfrachten. Die Ausbeutung durch 400 Jahre Kolonialismus geht fröhlich weiter (dabei gibt es vielleicht sogar unter euch noch Leute, die meinen, wir zivilisierten und industrialisierten und an der eigenen Übersättigung krankenden Europäer hätten gelernt, mit der Dritten Welt zu teilen oder aber wenigstens sie nicht mehr auszusaugen wie eine Zitrone, o heilige Einfalt!), sie geht weiter mit Riesenschritten, die natürlich nicht behutsam darauf achten, niemandem weh zu tun (das kommt nur im Märchen vor!), sondern wo sie hintreten, zertreten sie die Menschen wie Ameisen. Das geschieht in ungezählten Gegenden Brasiliens, das geschieht auch in Araguaia. Was soll's, dass dort die Bauern schon 20 oder

30 Jahre lang leben, der Erde ihr Brot abringen! Wenn die Kirche in ihren besten Vertretern, der ursprünglichen Berufung folgend, Verbrechen nennt, was Verbrechen ist, wenn sie sich auf die Seite des geschundenen und getretenen Volkes stellt, dann ist sie in den Augen der Unterdrücker subversiv (aufwieglerisch), kommunistisch und eine öffentliche Gefahr für die nationale Sicherheit. Und die gesetzliche Grundlage des Prozesses von Belém ist genau das »Gesetz zur Nationalen Sicherheit«. Skurrile Situation: Ein Riesenstaatsapparat fühlt sich bedroht durch ein paar Priesterlein, die im Namen des Evangeliums Gerechtigkeit und Menschenrecht einfordern, und ein paar Handvoll Waldbauern, die nichts als in Frieden leben und ihre Familien ernähren wollen, und weil sie es nicht können, zur Selbstverteidigung greifen. Andererseits freilich ist es mehr als Skurrilität: »Der persische Koloss« (siehe Daniel 2) merkt instinktiv, wer ihn bedrohen und stürzen kann: das Volk, das erwacht und »es selber sein« will. Und dies geschieht in den vielen kirchlichen Basisgruppen, in den Selbsthilfeorganisationen, in den Gewerkschaften.
Zurück zum Prozess. Im Anschluss an die Schießerei werden 13 Kleinbauern eingelocht. Ebenso überfällt in noch dunkler Morgenstunde die Militärpolizei das Haus der zwei Priester und führt sie ab. Während der Gerichtsverhandlung im Juni (also fast ein Jahr später!) wird offensichtlich, dass vor dem Prozess auf alle »posseiros« in verschiedensten Formen Druck ausgeübt wurden und alle in der Haft misshandelt worden sind. Eines der Hauptbeweisstücke gegen die Priester sollte eine Predigt sein, die Aristides am 8. August 1981 im Haus eines »posseiros« gehalten hat. Aus ihr aber kann keineswegs auf Aufwiegelung zur Gewalt geschlossen werden. Außerdem waren nur zwei von den verurteilten »posseiros« bei der Messe anwesend. Nichtsdestotrotz: Die fünf Richter fällen ihr Urteil einstimmig. Von den 40 Plätzen auf der Zuhörertribüne des Gerichtssaales werden ganz willkürlich 21 in der Stunde der Prozesseröffnung von Polizisten in Zivil besetzt: offene Verachtung der vielen Menschen, die vor dem Gerichtsgebäude einen Tag und eine Nacht ausgehalten haben, um den Prozess verfolgen zu können. Zwei Tage lang gleicht das Stadtinnere einem Kriegsschauplatz: Über 1000 Polizisten, Hunde, berittene Polizei, Hubschrauber tun alles, um das Volk einzuschüchtern, das Volk, das auf Lastwägen aus dem Landesinneren gekommen war, aus den Stadtvierteln, andere aus allen Ecken Brasiliens. Da Kundgebung und Protest auf öffentlichem Platz unmöglich wird, öffnen die Bischöfe die Kirchen. Hier harren die Christen aus, zwei Tage und eine Nacht lang, betend und singend, sich Mut machend und das »Warum« dieses Davidkampfes gegen Goliath erklärend. Trotz Polizeigürtel, angedrohtem Tränengas und anderer Schikanen sammelt sich immer wieder Volk auf dem Platz, um seine Solidarität auszudrücken. Am Abend nach der Urteilsverkündung feiern 15 Bischöfe in Belém gemeinsam eine Messe, in der sie gegen das Urteil protestieren. Was ein Bischof er-

klärt, liegt auf der Hand: In Belém ist in Wirklichkeit eine Verurteilung der pastoralen Arbeit der Kirche, besonders der katholischen Landpastoral vollzogen worden. Und die eigentlichen Opfer dieses Militärgerichtsurteils sind ohne Zweifel die Bauern – die verurteilten und die anderen. Rosy, unsere Südtiroler Rosy, die in Tabocas arbeitet, besuchte mit vielen anderen Wartenden anfangs August die zwei Priester im Gefängnis. Besuchszeit ist nur eine Stunde pro Woche, erzählt sie. Besucher werden großen Schikanen ausgesetzt; der eine wird bis auf die Haut ausgezogen und untersucht, der andere hingehalten, bis die Zeit um ist, usw. Aber die zwei Gefangenen sind heiter und gelassen, berichtet Rosy, und geben ein Zeugnis wunderbarer Glaubensstärke.

In diesen Tagen wurden sie nach Brasilia überführt. Ende des Monats findet nämlich in Belém ein großes und berühmtes Volksfest statt. Wurden sie »umgesiedelt«, weil man das Volk fürchtet?

Liebe Freunde, vielleicht hätte ich euch das nicht so ausführlich erzählen sollen. Es kann falsche Eindrücke erwecken und zu einseitigen Urteilen führen. Andererseits aber drückt es etwas aus von der Spannung zwischen Volk und Militärdiktatur, zwischen Kirche und Staat, die sich da und dort entlädt – und das Morgengrauen eines freien Brasilien sein wird. Wer die ganze Dokumentation der Bischofskonferenz zu diesem Fall möchte oder die Dokumente in deutscher Sprache, kann schreiben an: Institut für Brasilienkunde in Mettingen, Deutschland (...).[96] Wer einen Akt der Solidarität und des Protestes ausdrücken will, schicke Telegramme und Expressbriefe an: Präsident der Föderativen Republik Brasilien, Brasilia (...); Justizminister, Brasilia (...); Bischofskonferenz, Brasilia (...). Das war ein Landkonflikt im großen Stil. Es gibt sie aber auch im Kleinen. Es ist doch ein Widersinn, dass Bauern hier vom Land vertrieben werden oder kein Land kriegen, wenn man bedenkt, dass Brasilien 30-mal so groß wie Italien ist, aber nur doppelt so viele Einwohner hat. Müsste also Land für alle sein, nicht?

Solche und viele andere Gedanken gehen mir durch den Kopf, während ich durch die Vereda reite. Die Vereda ist der Landstrich, in dem sich in der Regenzeit die Wasser des Flusses São Francisco mit den Bächen, die von den Hügeln fließen, treffen und vermischen. Es ist eine ganz besondere Gegend, mit zum Teil eigener Fauna und Flora. Seit langem wollte ich den Teil der Vereda, der zu unserer Pfarrei gehört, kennen lernen und die wenigen Familien, die dort noch wohnen, besuchen. Edesio, ein Gemeindeleiter, der früher in der Vereda einen Hof hatte, sucht mir ein »weiches« Pferd aus; das hindert nicht, dass mir bereits am Nachmittag der Hintere weh tut und ich gegen Abend Mühe habe, aufrecht im Sattel zu sitzen. Fast 50 km (insgesamt werden es 240 km sein), dann kommen wir zu einem Haus. Nun kann es Abend werden. Notilo und Nesinha werden sich um uns und unsere Reittiere kümmern. Die sieben dunkelhäutigen Kinder bringen es fertig, mit ihrem Geschwätze und

Gespiele uns die Müdigkeit vergehen zu lassen. Bei einbrechender Dunkelheit nehmen wir nackt (ach so: das ist ja ganz normal!) ein Bad in einem nahen Weiher. Welch ein Vergnügen, an die Dürre und den Staub von Tabocas zurückzudenken.
Spät gehen wir schlafen. Ich höre in mir noch das Echo der Geschichte, die mir Edesio erzählte, als wir unter stechender Sonne einher ritten. Vor sechs Jahren ist er genau hier mit einer Fuhre Zedernholz unterwegs gewesen, zum Rio São Francisco, um es dort zu verkaufen. Eines der ganz wenigen Produkte, die die Bauern damals absetzen konnten (und es wurde Raubrodung betrieben, so dass man heute nur mehr wenige Zedernstämme findet). An einem Abend spannt er ab, zündet Feuer an. Plötzlich bricht in das vertraute Geräusch von wiederkäuenden Ochsen und summenden Mücken das Gebrüll eines Leoparden ein. Hier müssen wir weg! – geht's ihm durch den Kopf. Tage nachher erzählt ihm ein Gevatter, dass er an jener Feuerstelle die Abdrücke der großen Tatzen gesehen hätte und die auseinander gekrallte Asche. Offenbar war das Biest verärgert, da es um das Abendbrot gebracht worden war. Aber beeindruckender und für mich auch reeller sind andere Bilder, die mich in den Schlaf begleiten. Zum Beispiel jener aufgelassene Hof, wo wir in der Mittagshitze abgestiegen sind: einst ein blühender Hof; die vielen Obstbäume hinter dem Haus und der Weiher dort rechts sprechen noch davon. Jetzt: ein eingefallenes Dach, rissiges Gemäuer, mannshohes Gras in der Haustüre, ein aller Eisenstücke beraubter Herd, wo nur mehr der Ruß von Heimeligkeit und Familienglück erzählt. Edesio bedeutet mir, dass hier in der Vereda etwa 40 Familien ihr Höfl hätten. Er selber auch, weiter vorn, wo wir morgen hinkommen, von einem Onkel geerbt. Dann kamen vor etwa sieben Jahren Männer von draußen: Fabrikbesitzer von Salvador, Spekulanten von XY. Auf einmal war das Land zum begehrtesten »Gold« geworden. Man kaufte riesige Flächen auf, um wenig Geld. Andere besetzten ganz einfach Land, oft mit gefälschten Dokumenten. Wieder andere kauften hier ein Stück Land, Kilometer weiter wieder eins, »vereinnahmten« dann die Fläche dazwischen und zäunten alles mit Stacheldraht ein. Ein Kleinbauer, der dann grad »eingezäunt« wurde, musste zum Mindestpreis verkaufen oder er wurde bedroht, vertrieben, seine Ernte vernichtet, sein Haus angezündet usw. Auch die Familien von hier kamen so um ihren Grund und

Ein verlassener Hof in der Vereda

Boden. Notilo erzählt, dass er jetzt das Fleckchen Erde, das er noch hat, auch verkaufen und sich als Viehhirt beim Großgrundbesitzer verdingen wolle (20 km lang sind wir heute durch dessen Besitz geritten). Das heißt für ihn Hungerlohn und völlige Abhängigkeit. Sein Haus wird verfallen, man wird die Ziegel vom Dach werfen, damit er ja nicht in Versuchung kommt zurückzukehren. Zum Frühstück bereitet Nesinha Cuscus, eine Art Polenta, und Mehlspeise. Brot essen die Kinder wohl nur ab und zu, wenn die Eltern grad eins aus der Stadt mitbringen. Das Beste aber ist die frische Kuhmilch. »Als der Kleine dort«, und sie weist auf ihren Jüngsten hin, »sich anschickte zur Welt zu kommen, fuhr mein Mann zur Fazenda dort hinten, um eine Frau zu holen, die mir bei der Entbindung behilflich sein sollte. Die Entfernung war groß. Die Wehen setzten ein. Ich war allein im Haus mit den Kindern. Bis zum nächsten Nachbarn sind es sechs Kilometer. Ich wollte unbedingt warten. Not und Angst waren groß. Als die Geburtshelferin kam, wurde ich erlöst. Sie sagte mir: ›Jetzt ist Mittag vorbei; um acht Uhr hätte das Kind zur Welt kommen sollen.‹ Es war tatsächlich schon blau.«

Unser Trab geht weiter. Erste Rast beim alten kastanienbraunen Pedrino und seiner Frau, früher Nachbarn Edesios, heute von der Erinnerung lebend. Nach den Kindern sind sie es, die wegziehen werden, »denn das hier ist kein Leben mehr«. Der Alte versteht nicht, welche Gaunerei man mit ihm getrieben hat. Für ihn ist alles »richtig und gehört sich halt so«. Auch das damals vor fünf Jahren, als zwei Männer des Landräubers (»grileiro«) Antonio in seine Hütte kamen. Dona Helena bewirtete sie mit Herzlichkeit wie jeden anderen auch. Dann setzten die zwei ein Dokument auf. Der Alte, vom Lesen und Schreiben keine Ahnung, drückt seinen Fingerabdruck darunter und sein Grundstück ist verkauft – für einen Spottpreis. Noch dazu wird Pedro um die Hälfte des Preises geprellt. Erst vor zwei Monaten zahlte der Landräuber, nach wiederholtem Drängen, den Rest. Heute, nach fünf Jahren, beträgt der Wert des Betrages – wegen der großen Geldentwertung – nur noch ein Fünftel. Pedro hat also heute für den ganzen Hof soviel Geld in der Hand, dass er damit zwei Kühe kaufen kann; in einem Jahr schon nur mehr eine Kuh. Gewissenlose Ausbeutung auf Kosten der Unwissenheit, Unerfahrenheit und Gutgläubigkeit der Bauern!

Edisio

Heute ist der Sonnenuntergang besonders schön. Der Wald scheint zu brennen, und die Reitersilhouette des sehnigen Edesio sticht gegen den

Himmel ab. Sein speckiger Lederhut steht ihm tief ins Gesicht. Die Sterne funkeln am Himmel, als wir das Häuschen von Pedros Tochter erreichen. Die gleiche Herzlichkeit und Gastfreundschaft. Mit dieser Familie wohnt die alte Ana, »allein wie ein Baum ohne Blätter«, klagt sie mir. Sie ist aus dem Süden eingewandert. Vor sechs Jahren hat sie ihren Mann verloren. Ob ihr Vater und ihre Schwester noch leben, weiß sie nicht. Aber ihr Heimweh ist noch nicht gestorben. »Und vor einer Woche ist mein einziger Sohn dort drüben, auf der anderen Seite des Flusses, ermordet worden.« Traurigkeit lese ich in ihrem Gesicht, aber keine Bitterkeit. Das Gespräch geht weiter am Feuer, das der Bauer vor dem Haus angezündet hat. Alle Männer sitzen drum herum. Nach der Hausarbeit kommt auch die Bäuerin dazu. Eines der Mädchen hilft ihr, die Bohnen für das morgige Mittagessen auszusuchen.

Am dritten Tag kommen wir am Fluss an, am »Vater Francisco«. Die Flüsse waren die Straßen, auf denen die ersten Bewohner ins Landesinnere vordrangen. Nesu setzt uns im Boot über. Er seufzt – jetzt hat der Gutsverwalter ein eigenes Motorboot gekauft. Das heißt für ihn, das bisschen Geld zu verlieren, das er mit seinem Boot bisher verdient hatte. Am anderen Flussufer liegt Paratinga, ein altes Städtchen. Die behäbige Kirche ist 300 Jahre alt (was hier sehr alt heißt). Ihre zwei festungsartigen Türme spiegeln sich friedlich im Wasser des Flusses. Vom Heimritt gäb's noch vieles zu erzählen, von der Storchkolonie, in die ich mich als Fotograf einschmuggelte, vom Honigschlecken bei wilden Bienen im Baum, von Jagdgeschichten, von den Urubus (der Gesundheitspolizei des Sertão), von persönlichen Nöten dieser Waldbewohner, von Familienproblemen, von ihrem tiefen Glauben und ihrer Fröhlichkeit, die tiefer ist als jedes Leid. Ja, das ist unser Volk, oft schwer zu verstehen, oft unverstanden. In jahrhundertelanger Unterdrückung hat es Überlebensmechanismen entwickelt, die einen Zugang oft schwer bis unmöglich machen. Jedoch es hat uns »verkopften« Europäern so vieles zu lehren von den Tiefen, wo das Leben fließt.

Liebe Freunde, das Plauscherchen wurde länger als ich gedacht habe. Danke fürs Zuhören. Briefe, die ich von euch bekomme, fragen immer wieder, wie's uns geht. Es geht uns gut. Wir sind zu dritt im Team. Wenn man zu dritt fröhlich ist, wird's kein kopfloser Übermut; wenn man zu dritt klagt, endet's nicht in der Niedergeschlagenheit. Pina ist Ende August heimgefahren, um eine Krankheit auszuheilen, die sie schon seit längerer Zeit belästigt. Wir hoffen sehr, dass sie bald und geheilt zurückkommt.

Dieser Sommer hat besonders Rosy und mir viel Freude gebracht. Zweimal bekamen wir Besuch aus Südtirol. Elisabeth und Thresl hielten sich längere Zeit bei uns auf. Herr Hohenegger vom Missionsamt kam auf Blitzbesuch. Wie gut doch ein Roggenbreatl und ein Speck auch hier in Südamerika schmecken! Bestimmt gibt es auch hier Tage, die einander gleichen. Aber es

Besuch aus Südtirol (von rechts): Elisabeth, Luis, Thresl, Rosy und Pina

gibt wenige, die nicht irgendeine Überraschung bereithalten – und das macht es so schön. Wir drei versuchen allmählich, uns die Aufgabenbereiche aufzuteilen, jedoch legen wir den größten Wert auf die Gemeinschaft und auf gemeinsam geplantes Arbeiten. So fehlt, wenn es nur irgendwie möglich ist, nicht die Zeit gemeinsamen Betens und auch nicht die des gemeinsamen »Zurückschauens« am Abend. Von Rosy und Pina füge ich hier ganz herzliche Grüße an. Ich bin froh, dass ich in eurer Freundschaft und in eurem Gebet stehe. Seid glücklich!

Euer Luis

Tabocas, Mitte August 1983

Liebe Freunde!
Aus der Küche ruft es, dass das Mittagessen auf dem Tisch steht. Wollt ihr vielleicht mithalten? Heute gibt's Bohnen – unser National- und auch tägliches Gericht –, die wir gesät und geerntet haben. Ein gutes Gefühl. Dabei hat's mit einer Spielerei angefangen. Ein Bauer bietet Rosy einen seiner frisch gebrachten Äcker an ... Sie nicht feig ... Wir haben viel Glück, dass wir schon beim ersten Regen säen. Spätere Saaten sind fast alle zugrunde gegangen, einschließlich Mais und Reis. So steht's in meinem Tagebuch von April. Heute muss ich schmunzeln, wenn ich daran denke, wie mir eine Woche später jemand allen Ernstes seine Fazenda verkaufen wollte. Er meinte, ich würde jetzt tatsächlich auf Ackerbau umsteigen. Jetzt ist die Zeit, wo man das Mandiokamehl mahlt. Aber die Erntebräuche, die zu den schönsten und fröhlichsten gehören, bleiben in diesem Jahr fast stumm. Nichts von den alten Liedern, vom unkontrollierten Übermut der Familien aus Nachbarschaft und Verwandtschaft, die sich zusammentun, um wochenlang in der »casa da farinha« das weiße Mehl zu mahlen.
Auch die Zuckermühlen stehen dieses Jahr still. Dort gewinnen die Bauern in einer primitiven Presse den Saft des Zuckerrohres und verarbeiten ihn dann in großen Eisenpfannen zu Zucker. Dieser ist so grob und schwarz, dass sie sich schämen, ihn einem so feinen Persönchen wie dem Pfarrer anzubieten. Einige haben jedoch längst herausgekriegt, wie verrückt das feine Persönchen

ist auf alles, was ihr Schweiß und ihr Fleiß erzeugt. Und sie bringen dann einen »Zuckerziegel« ins Haus, hmm!

Es ist so schade und problematisch, dass viele dieser an den Rand gedrückten und vergessenen Landbauern den Glauben an sich selber verloren haben, den Glauben an ihr Können und den Wert ihrer Arbeit! Helfen, dass sie diesen Glauben an die eigene Kraft und Geschichte wiedergewinnen, geht Hand in Hand mit der Verkündigung des Glaubens an den Gott Jesu Christi, der sie befreien will. Es kam nicht von ungefähr, sondern ist langen Überlegungen entsprungen, dass unser Pfarrteam heuer vorrangig an der Gründung und Begleitung von Gruppen arbeiten will. Diese sollten sich langsam, aber gewiss zu Kirchlichen Basisgemeinden entwickeln.

Ochsen bewegen die Zuckerrohrpresse.

Ach, wie liegt mir noch die hölzerne Musik der Kokospalmblätter in den Ohren! Vor ein paar Monaten war's, als ich während eines überstaatlichen Treffens von Vertretern Kirchlicher Basisgemeinden, ans Zimmerfenster gelehnt, ihr lauschte. Wenn vom Meer her ein Wind aufkam, schwoll das Raunen der sich reibenden Blätter an. Verwehte der Wind, erstarb die Musik in einer fast unheimlichen Stille. Dann wieder ein Takt und wieder einer – ohne erkennbaren Rhythmus. Wie versinnbildlichte sie mir die Realität der Basisgemeinden. Von außen – auch Europa ist außen – schaut man auf sie mit viel Hoffnung, sieht in ihr ein neues Kirchenbewusstsein, meint in ihr die Kraft für eine sozial-politische Umkrempelung wachsen zu sehen, verfolgt – bezaubert oder entsetzt – ihren Mut, die Bibel als »ihr« Buch zurückzuerobern und sie treffsicher zu interpretieren, dass einem Sehen und Hören vergeht, oder – wenn man auf der Seite der Armen steht – Augen und Ohren aufgehen und zu einem neuen Tun führen. In der Tat, wenn man im Kontakt mit dem Volke ist, dann spürt man, dass das Volk viele Werte des Reiches Gottes hat und lebt. Wenn dann Gruppen von Christen – wie die Basisgemeinden – sie »in die Hand nehmen« und »beherzigen«, geben sie gewaltige Kräfte und Impulse frei. Von daher wird mir verständlich, dass die herrschende Partei im Wahlkampf von 1982 offenbar eine unheimliche Angst hatte (und hat) vor Kirchlichen Basisgemeinden und anderen »movimentos populares« (Gruppen, die sich um ein lokales Problem herum zusammenschließen und ihr Recht erkämpfen). Daher gab's und gibt's auch eine regelrechte Verfolgung, begleitet von allerhand Schikanen, wie z. B. Fälschung kirchlicher Dokumente und Nachrichtendienste, Hausuntersuchungen, Verleumdungen … Folgenden Gesang der Hoffnung singen wir oft: »Kirche ist ein Volk, das sich organisiert; unterdrückt sucht sie Befreiung, mit Jesus Christus aufersteht sie«. Noch gut erinnere ich mich an Melania, die mich zu jenem Treffen begleitet hat. Sie ist eine unserer treuesten Mitarbeiterinnen. Es war das erste Mal, dass sie eine längere Reise unternommen hat. Zum ersten Mal sah sie die Hauptstadt, das Meer, ein Flugzeug, Großstadtverkehr. Zum ersten Mal saß sie im Kino … Wie ein Schwamm saugt sie alle Eindrücke in sich auf; mit stolzer Bauernwürde weiß sie zu unterscheiden, was für sie taugt und was nicht. Heimzu fahrend machen wir Pläne, was wir in Tabocas verwirklichen können.

Hier ist der Alltag randvoll mit Arbeit. Je mehr wir tun, desto mehr sehen wir das viele, das wir nicht die Kräfte haben, zu tun. Wenn wir die Zeit schön einteilen, um »effektiver« zu sein, kommt bestimmt der alte José, um den sich kaum jemand kümmert und beansprucht einen von uns. Oder Kinder kommen, die von unseren Erwachsenensorgen nichts verstehen. Oder eine Frau von weit her mit einem kranken Kind im Arm. Oder die Katechetin von Hintertupfing, die ihre Sorgen loswerden will. Oder ein junger glücklicher Vater, der Frau und Kind vom Spital holen muss und nicht das Geld hat, ein Auto zu bezahlen. Oder ein anderer, der mich dringend auf seinen Hof bittet, weil's dort spukt, oder weil eine Tochter den Verstand zu verlieren droht.

So sorgt der liebe Gott immer wieder, dass wir nicht in erster Linie Pläne und Programme verwirklichen, sondern dem konkreten Menschen dienen.

So sorgt der liebe Gott immer wieder, dass wir nicht in erster Linie Pläne und Programme verwirklichen, sondern dem konkreten Menschen dienen. Ich muss gestehen, dass ich manchmal nicht mehr mag, dass ich jemandem die Tür weisen möchte, dass ich schreien möchte, in Ruhe gelassen zu werden … dann setzt sich die Frau Dora aber und zieht aus ihrer dreckigen Tasche ihre ersten reifen Orangen hervor – für uns; oder Oscar überreicht frische Brotfladen aus Mandiokamehl, die seine Mutter schickt; oder João eine Flasche voll wilden Honig, weil er damals im Auto mitfahren durfte; oder die alte Frau Virgina einige köstliche Früchte aus ihrem Garten, weil der Padre ihr Haus besucht hat; oder das dunkle scheue Mädchen vom Nachbardorf, das ganz einfach sehen will, wie' s uns geht, und ein Glas Wasser trinken … Eins muss ich sagen: Von diesem einfachen, armen Volk lerne ich, was glauben heißt und christlich leben. Wie wird mir der Jubelruf Jesu verständlich: »Ich preise dich, Vater, dass du dies den Kleinen geoffenbart hast …!« (vgl. Mt 11,25).

Viele von euch, liebe Freunde, fragen, wie's uns geht, der Rosy, Pina und mir. Uns geht's gut, wie ihr seht, und wir haben dem Herrgott bestimmt jeden Tag zu danken dafür. Es tut mir leid, dass in den letzten Monaten viele eurer Brie-

fe unbeantwortet geblieben sind. Ihr sollt wissen, dass ihr mir mit jedem zugesandten Lebenszeichen große Freude macht. Ich danke für euer Gebet und die vielen Weisen, unseren Mut zu stärken.
Vielleicht interessiert euch noch – ich habe andere Male davon geschrieben –, wie's mit den zwei französischen Priestern und den 13 Kleinbauern aus Pará weiterging. Sie alle sind noch im Gefängnis. Man macht sich Hoffnung, dass im letzten Berufungsverfahren die Bauern freigesprochen werden und die Haftstrafe der Priester gekürzt wird. Sie sind bei den Armen des Landes inzwischen zu einem leuchtenden Zeichen des Widerstandes gegen alle Ungerechtigkeit und Ausbeutung geworden und zum Zeichen der Hoffnung.
Auch in Boa Vista do Procópio hält Leid und Angst an. Ständig werden die Familien der »posseiros« bedroht, vertrieben oder sogar ermordet zu werden. Kürzlich sagte mir einer der Söhne des ermordeten Manoel Dias: Zement, Kalk und Wasserrohre habe er längst gekauft, aber er habe kein Interesse, sein Haus auszubessern, da er ja nicht wisse, ob er morgen noch drin wohnen werde, oder ob's schon niedergebrannt sein werde wie das seines Vaters.
Ich will hier abbrechen. Im Herbst bin ich in Südtirol. Vielleicht reicht's dann für ein Ratscherle, ja? Pfiat enk Gott!

Euer Luis

Tabocas, Mitte März 1984

Nur mehr sehr vage erinnere ich mich an die Minotaurus-Sage: Als die alten Griechen noch von Kreta abhängig waren, mussten sie alle neun Jahre sieben Mädchen und sieben Knaben liefern, die dann dem Ungeheuer geopfert und zum Fressen vorgeworfen wurden. Wie niedlich nimmt sich diese Sage aus im Vergleich zur harten Tatsache unseres Nordostens. Hier sterben in diesem Jahr Tausende von Kindern an Hunger oder dessen Folgen. Oder wie Erzbischof Lorscheider ausgerechnet hat: Falls die Dürre im Nordosten anhält, ist 1984 mit drei Millionen Hungertoten zu rechnen.
Aber nicht bloß die Dürre ist schuld: Das Elend ist auch über den Nordosten hinaus verbreitet. Zuverlässige Schätzungen gehen davon aus, dass 40 der 120 Millionen Brasilianer in absolutem Elend leben. Dies geht auf Kosten des Minotaurus IWF (Interna-

Ein neu angelegter Brunnen

tionaler Währungsfonds), der sich nicht um die hungernden Kindermäuler kümmert, sondern wie er sein eigenes gieriges Maul voll stopft. Die wirtschaftliche Situation Brasiliens ist ausweglos, die Auslandsverschuldung so hoch, dass das Land nicht in der Lage ist, auch bloß die Zinsen und Rückzahlung alter Kredite zu bezahlen. Es ist dem Diktat des IWF völlig ausgeliefert. Auf Portugiesisch heißt der Moloch FMI – Fundo Monetario Internacional; das Volk aber buchstabiert: F wie Fome/Hunger, M wie Miseria, I wie Ignorancia.
Zehn Millionen Arbeitslose (ohne Arbeitslosengeld) und weitere zehn Millionen Unterbeschäftigte führen zu einer täglich wachsenden Zahl von »saques« (Plünderungen, insbesondere von Supermärkten). Eine weitere soziale Konsequenz des Wirtschaftsmodells der letzten 19 Jahre militärischer Herrschaft sind die alltägliche Gewalt und die Angst, die immer mehr um sich greifen. So wurden z. B. in den Straßen von São Paulo im vergangenen Jahr mehr Menschen ermordet als insgesamt im Krieg um die Falklandinseln. Ein »salario minimo« (gesetzlicher Mindestlohn), der eine Familie ernähren sollte, ist nicht in der Lage, einen Junggesellen zu ernähren (128 DM pro Monat). Halbjährig wird er der Inflationsrate angepasst. Da die Inflationsrate ca. 200 Prozent ist, verliert er bis zur nächsten Erhöhung wieder die Hälfte an Kaufkraft. Im Dürregebiet des Nordostens organisiert die Regierung allerorten »Arbeitsfronten«. An Arbeitstrupps werden Arbeiten vergeben, die später dem Gemeinwesen zugute kommen sollen, wie z. B. Wasserdeiche bauen, Weiher ausheben, Brunnen graben, Straßen und Wege ausbessern. Was die Regierung zahlt, sind umgerechnet 38 DM pro Monat, bei vier Tagen Arbeit in der Woche. Mit knirschenden Zähnen sagt zu mir José: Besser ausgebeutet werden als an Hunger krepieren! Kommt dazu, dass vielerorts dieser Hungerlohn noch verspätet ausgezahlt wird oder die Trupps gezwungen sind, große Fazendas zu »benefizieren«. Müßig zu fragen, welche soziale Schicht die Hauptlast dieser Lotterwirtschaft tragen muss: Es sind die Armen und die Ärmsten der Armen. Das Titelbild der letzten Ausgabe 1983 der »Veja« (des brasilianischen »Spiegels«) ist schlicht schwarz: »1983 – siehst du was? – Nichts« ist um einen roten Rahmen herum zu lesen. Ohne Zweifel nicht nur der Leser der »Veja« sieht schwarz in Bezug auf 1983, und zweifellos noch schwärzer in Bezug auf 1984.

Liebe Freunde,
das sind ein paar eilig hingeworfene Zahlen und Fakten, die sich bis Tabocas verirren, wenn einmal jemand eine Zeitung aus der Stadt mitbringt oder die Post ein »boletim« einer Diözese oder einer sozial engagierten Gruppe ins Haus bringt. Den traurigen Beweis für die Richtigkeit kriegen wir täglich geliefert, auch hier im hintersten Sertão. Viele Jugendliche wollen Arbeit haben,

finden aber keine. Andere, auch viele Familienväter gehen auswärts auf Arbeitsuche, nicht selten in große Fazendas. Dort werden sie als Holzfäller, Tagelöhner, Kuhhirten nach Strich und Faden ausgebeutet. Viele Bauern haben wegen der Dürre wenig oder gar nichts geerntet. Wie wollen sie überleben? Ich weiß es nicht; ich wundere mich nur, dass sie überleben: Der Sertão-Bewohner hat eine Kunst des Überlebens entwickelt, die uns Dickbäuchern unverständlich ist. Mehr Kinder und Jugendliche als sonst bleiben der Schule fern, weil der Vater das Schulgeld nicht zahlen kann oder die Schuluniform oder die Bücher. Andere müssen daheim helfen, weil das Wasser für Vieh und Haus kilometerweit herzuschleppen ist. Wenn unsereiner draufkommt und helfen will, ist es oft schon zu spät. Wohl einige Familien verkaufen das Höfl und ziehen in das Amazonasgebiet oder in die Großstadt – von Verzweiflung getrieben, oder dem Wandertrieb folgend, oder von falscher Propaganda verführt – einer unsicheren Zukunft und einem (fast sicheren) noch größeren Elend entgegen. Kürzlich war ich zu Besuch in einem Weiler von vielleicht 30 Familien, die Schulter an Schulter mit großen »fazendeiros« (Großgrundbesitzer) wohnen. Osvaldo erzählt mir, dass einer der Großgrundbesitzer alle Kleinbauern zu einer Versammlung eingeladen hat, um für lausiges Geld ihr Stück Land aufzukaufen. Skrupellos nützt er die verzweifelte Situation der von Dürre und Hunger heimgesuchten Bauern aus, um sie von ihrem Boden zu »vertreiben« und sie um alles zu bringen.

Wir versuchen zu verstehen, zu helfen, Freund zu sein, aufzuklären, Mut zu machen, anzupacken, unter die Arme zu greifen, unmittelbare Not zu lindern.

Wir versuchen zu verstehen, zu helfen, Freund zu sein, aufzuklären, Mut zu machen, anzupacken, unter die Arme zu greifen, unmittelbare Not zu lindern. Von euch, liebe Freunde, bereitgestelltes Geld hilft. Geld kann helfen. Unbedacht eingesetzt jedoch, kann es sehr viel mehr zerstören als aufbauen. So haben wir Anfang des Jahres eine Pfarrcaritas gegründet. Verantwortliche Männer und Frauen, die die tatsächliche Lage jeder Familie kennen, garantieren eine gerechte Verteilung der Mittel und Gelder, die eingehen. Aber was ist das, was sind andere Initiativen, der unmittelbaren Not beizukommen; was ist unsere Bewusstseinsbildung, dass es schließlich nicht um Verteilung von Almosen gehen darf, sondern um die gerechte Verteilung der Güter gehen muss ... kaum ein Tropfen auf heißem Stein. Mir wird immer klarer, dass unser Dasein hier nicht nur bedeutet, mit dem Volk mitzuleben, sondern oft auch mit dem Volk mitzusterben. Mit ihm das Elend der Situation, die Ohnmacht und die Ausweglosigkeit mitzutragen, zuzusehen, wie es dem Minotaurus (nennt er sich nicht Kapitalismus?) geopfert wird ... Jedoch dieses getretene und missbrauchte Volk übt auch die Auferstehung – wie sein »Bom Jesus« (der gute Jesus). In diesem entdeckt es immer mehr den Partner, der arm geworden, geblieben und gestorben ist, der »wohnt unter uns«, den Armen, solidarisch mit unserem Elend. Diese Kraft des Volkes, im Leiden die Hoffnung hochzuhalten, im Dunkel ans Licht zu glauben, in der Armut der Mittel um soziale Gerechtigkeit zu kämpfen, sprang auf mich über als ich erlebte, wie Vertreter Kirchlicher Basisgemeinden einem Bischof offen und engagiert widersprachen, als dieser (wohl etwas ungeschickt) in der Predigt sagte, die von ihnen herbeigesehnte neue Gesellschaftsordnung werde nie verwirklicht werden. Ihr hättet sehen sollen, wie sie den Glauben an ihre bessere Zukunft verteidigt haben und im Kampf darum sich einig wussten! So wollen schließlich auch wir in all dem, was wir tun, beitragen, dass das Teilchen Volk, mit dem wir leben, Vertrauen in sich und in seine Zukunft gewinne, sich zusammenschließe und organisiere und den Kampf aufnehme um ein menschenwürdiges Leben. Und dazu gehört doch wohl, auch laut Bibel: Brot für jeden, ein Haus zum Wohnen, Land zum Bebauen, Kleidung zum Anziehen, Arbeit zum Lebensunterhalt, Fürsorge für die Gesundheit.

Ein vertrocknendes Wasserloch

Während ich im Schreiben mich erhitze, fährt auch mein Körper fort, vor Hitze zu schwitzen. Nur die Nacht bringt etwas Kühlung, Die Tage sind heiß. Kaum eine Wolke am Himmel. Mit voller Kraft und ungehindert dorrt die Sonne die Erde aus. Wenn es zwischendurch einmal einen Regenguss gibt – am Tag darauf merkt man nichts mehr davon. Die Bauern haben die Ernte praktisch verloren. Einige wenige haben ein paar Bohnen oder einen Hühnerfutter-Mais eingebracht. Überall, wo wir hinkommen, dieselbe Situation, dieselbe Klage und auch dieselbe Bereitschaft, es hinzunehmen. Wehmütig denke ich an die Freude zurück, als ich aus dem Heimaturlaub zurückkam. Es war Ende November. Ich schaue aus dem Busfenster und sehe überall grüne, fette Pflanzungen. Wie groß war die Freude der Bauern und »Kleinhäusler«, die Saatgut über Vermittlung der Pfarrei bekommen hatten! Und jetzt!? … Der Grundwasserspiegel ist schon so tief, dass man das Schlimmste befürchtet, wenn es nicht noch in diesem Monat regnet.

Agapito bringt einen dicken Kürbis in unser Haus. Ich weiß, dass es einer der ersten und einer der wenigen ist, die heuer auf seinem Acker gereift sind. Dona Felipa wird ihre Hühner schlachten oder verkaufen, weil sie keinen Mais mehr hat zum Füttern und zum Kaufen kein Geld. Mütter kommen mit ihrem kranken Kind im Arm: Dona Rosy muss helfen. Dankbar stellen wir fest, dass an den Animadores- (Gruppenleiter) und Katechistenkursen immer mehr Leute teilnehmen, die verantwortlich arbeiten und wirklich das Volk »führen«. Die Zusammenarbeit mit dem Bauernsyndikat (in der Verantwortung von Pina) ist einer unserer Schwerpunkte und wird viel Kraft erfordern. »Gesundheitspfleger« auszubilden, die aus der Gemeinde kommen und in der und für die Gemeinde wirken, hat Rosy sich vorgenommen. Zwei Kurse hat sie schon zur Zufriedenheit der Teilnehmer gestaltet. Abgelegene und vergessene Gebiete unserer Pfarrei will ich etwas verstärkt in unseren Evangelisierungsplan hereinnehmen. So hat jeder von uns, Gott sei Dank, reichlich Arbeit. Das Wissen, dass ihr uns mit Freundschaft und Gebet begleitet, stärkt unseren Mut und gibt uns Ausdauer.

In früheren Briefen habe ich von Boa Vista do Procópio erzählt und wie Manoel Dias Santana ermordet wurde. Kürzlich haben Rosy und ich dort einen Besuch gemacht. Auf geliehenen Fahrrädern 30 km steppeinwärts, bei sengender Hitze: Schön war's, groß die Freude der Familien über den Besuch. Ein Gerichtsspruch hat ihnen garantiert, dass sie dort, auf dem angestammten Boden, bleiben könnten. Aber das ist auch alles. Der Großgrundbesitzer fährt fort, sie zu bedrohen, sie mürbe zu machen, ihnen das Dableiben zu vergällen. Mehrere Familien waren gerade dabei, in die nächste Stadt umzuziehen, damit die Kinder dort zur Schule gehen könnten. Die Mutter wird dort für sie sorgen; der Vater wird allein auf dem Hof bleiben. Der Präfekt hat ihnen nämlich keinen »professor« (Lehrer) geschickt.

Ein zerstörter Hof in Boa Vista do Procópio

Hier eine sehr freudige Nachricht: Nach einer nervenaufreibenden Schlussetappe sind die beiden französischen Priester Aristides und Francois seit 17. Dezember in Freiheit. Ebenso die 13 inhaftierten »posseiros«. Wie kam's dazu? Anfang Dezember hatte der Kongress (Gesetzmacher) einem Gesetzentwurf für das neue »Gesetz zur Nationalen Sicherheit« zugestimmt. Damit werden zahlreiche Delikte politischer Natur aus der Zuständigkeit der Militärgerichtsbarkeit herausgenommen. Die Strafmaße für die verbliebenen Vergehen werden gesenkt. Davon ausgehend, haben die beiden Priester schon »Überstunden« abgesessen, ihre Strafen sind verbüßt. Sie und die »posseiros« wurden von herbeigeeilten Freunden mit einem Fest und Feuerwerk empfangen.

Aber jetzt reicht's – auch euch, nicht? Ich will abschließen. Mir bleibt noch, ganz herzlich zu danken für eure Freundschaft und das echte Interesse, das ihr anlässlich meiner Ferien mir und unserem brasilianischen Volk entgegengebracht habt. Dass ihr uns im Gebet begleitet, ist uns Kraft. Bestimmt sind mir die nicht böse, die zu besuchen ich nicht geschafft habe. Rosy und Pina schicken zusammen mit mir ganz, ganz liebe Grüße. Möge der auferstandene Herr uns Emmausjünger begleiten und uns die Augen auftun, damit wir sehen, wo Er anwesend ist in dieser argen Welt und mitten in deren Armut und Bosheit Sein Reich der Gerechtigkeit aufbaut! Ich schließe mit einer Strophe aus einem neuen Lied der Basisgemeinden:

> Wir sind ein neues Volk,
> wir leben die verbindende Einheit,
> wir sind ein Volk,
> Samen einer neuen Nation,
> wir sind ein neues Volk,
> wir leben die Liebe,
> wir bilden Gemeinde,
> Volk unseres Herrn.
> Ich lade ein meine Brüder, die Arbeiter,
> die Bauern, die Tagelöhner und die anderen.
> Gemeinsam wollen wir feiern
> Die Zuversicht in unserem Kampf.
> Uns gehört die Hoffnung
> Auf Land, Brot und Frieden.
> Unser Lied wird das Land erfüllen,
> wir singen die Freiheit
> und knechten das Leid.

In herzlicher Verbundenheit,
euer Luis

Tabocas, Ende November 1984

Liebe Freunde!
Hinter uns ist längst die Sonne untergegangen. Vor uns ist der Himmel noch klar, und am Horizont schimmern einige Wolken zwischen Silber und Grau. Ist's noch der Widerschein der Sonne, oder ist's der Mond, der bald aufgehen muss? Ich will Acht geben, damit ich sein Kommen bemerke und gebührend bestaune; ich erinnere mich noch gut an die ersten Vollmonde in Brasilien: So groß und hell standen sie am Himmel, dass ich fast nicht glauben konnte, es sei nur der Mond. Auf! Pina, lass dein Pferdchen nicht einschlafen: In einer Stunde sind wir zuhause! – Hatten wir bis jetzt gesprochen und beredet,

Abendstimmung im Sertão

wie's dort war in den beiden Gruppen, so reiten wir jetzt schweigsam nebeneinander her. Müde sind wir, grad noch gut, uns im Sattel zu halten. Und im Trab meines Pferdes werden meine Gedanken und Träume durcheinander geschüttelt. Da und dort brennt ein Petroleumlicht in der offenen Hütte und lässt ein paar Leute erkennen, die an die Mauer gelehnt die frische Nachtluft genießen. Wie gut muss es tun nach der brütenden Hitze des Nachmittags! Zweimal grüßt eine Stimme aus dem Dunkeln: »Hallo Luis, hallo Pina!« – Wie ist das bloß möglich, wo unsereiner nicht eine Kuh von einem Baum unterscheiden kann!

Wieder kommt mir die junge Mutter in den Sinn, in deren Haus heute das Gruppentreffen stattfand. Ich sehe ihr glückstrahlendes Gesicht, als sie mir ihren Buben vorstellt, der letzte Nacht geboren ist. – Wer hier oben die Hebamme ist, frage ich. »Diesmal war's Nossa Senhora, Unsere Liebe Frau«, nimmt ihr die Nachbarin die Antwort ab. Es ging so schnell, dass kaum sie, die Nachbarin, zurecht kam. Als sie mir dann erzählt, wie sie die Nabelschnur durchschnitten und alles weitere gemacht hat, denke ich bloß: »Da muss unsere Liebe Frau wirklich ihren Schutz dazugeben.« Aber sie wird's tun, denn ein solcher Mut der Nachbarin kann nicht unbezahlt bleiben. Feste feiern, wie sie fallen: Nach dem Treffen gab's Kaffee und Kuchen für alle. Der Leute kamen so viele zu unserem Treffen, dass wir in den Schatten eines Cedrobaumes ausweichen mussten. Das Gespräch ging um die Früchte des Bösen, die sie zusammen mit vielen anderen zu essen bekamen: Fehlen von Schule, Arbeit, Gesundheitsfürsorge, Streit, Ausbeutung, hohe Lebenskosten usw. Eine Antwort blieb mir hängen, die Antwort einer Mutter: »Manchmal am Abend habe ich nichts, was ich in die Pfanne geben könnte. Da versammle ich die Kinder und sage: Kommt her, wir wollen beten, heute gibt's nichts zum Essen.«

Warum auch regnet es nicht, Herrgott! Vor drei Wochen hat's so hoffnungsvoll angefangen: drei Tage Regen. Wie in Ezechiels Knochenfeld kam Leben in die Bauern. Alle haben gepflanzt: Bohnen und Reis und Mais; vielfach ausgeliehenes Saatgut, die etwas größeren mit Bankanleihe gekauft. Seither bratet die Sonne jeden Tag die Erde, und der Same »hat nicht den Mut« (so drückt sich eine Bäuerin aus) zu wachsen. Vor zwei Wochen sagten mir die Bauern: »Wenn es vier Tage so heiß bleibt, ist's mit der Saat geschehen.« Heute sagen sie dasselbe, obwohl es seither nicht geregnet hat. Ich weiß nicht, ob die Saat schon herausgedorrt ist oder ob sie – und nur dies kann es sein! – die Hoffnung dieser Armen noch am Leben erhält.

Ausgehungertes Vieh nach der langen Trockenzeit

Schon tauchen vor uns die Lichter von Tabocas auf; bald sind wir zuhause. Als ich durch die Stadt reite, um den Besitzern die Pferde zurückzugeben, fällt mir einmal mehr auf: Als es noch kein Fernsehen gab, war zu dieser Stunde noch Leben auf der Straße. Die Familien saßen vor der Haustüre, Nachbarn rückten zusammen, Kinder spielten auf den schlecht erleuchteten Plätzen. Jetzt sind's wenige, die noch auf der Straße zu sehen sind, und man möchte meinen, es seien Verirrte. Alle Welt sitzt oder liegt vor dem neuen »Gott« wie in einem stadtweiten Anbetungsverein. Ich sollte wohl nicht so zynisch sein: Vielleicht spricht aus mir nur der Neid der Besitzlosen, vielleicht sollte ich mich nicht so sehr vom Rausch des Anfangs beeindrucken lassen, der dann sicher abklingt; vielleicht sollte ich mich der Tatsache freuen, dass z. B. bei einer Werktagsmesse die Teilnehmer nicht weniger wurden, sondern eher mehr, und bezeugen, dass es Leute gibt, die zu unterscheiden und zu entscheiden wissen.

Seit Juni arbeitet Jacy in unserem Team mit. Er ist der erste Neupriester unserer Diözese. Bloß ein Jahr lang wird er mit uns bleiben, um sich einzuarbeiten und dann in eigener Verantwortung eine Pfarrei zu übernehmen. Mit jugendlichem Schwung geht er die Arbeit an. Das Volk liebt und schätzt ihn. Man möcht's aber nicht glauben: Die Arbeit wurde für jeden von uns nicht

weniger, sondern mehr. Grad heute sprachen wir darüber, und ich meinte: »Ja, Jacy, die zwei ersten Schritte unseres Einsatzes sind und bleiben wahrscheinlich diese: von den hundert absolut notwendigen Arbeitsgebieten drei auszuwählen und dann die restlichen 97, ebenso als notwendig empfundenen, auszuklammern, ohne dabei ein schlechtes Gewissen zu kriegen. Die Situation lehrt einen Gelassenheit und den Glauben, dass der Gottesgeist das Reich aufbaut, und nicht ge- und verplantes eigenes Können. Diese Erfahrung, Grenzgänger zu sein (Grenzen der eigenen Kraft zu spüren und annehmen zu müssen, Grenzen des eigenen Glaubens, Grenzen der schon gemachten Erfahrungen, Grenzen des angelernten Wissens, Grenzen der Planbarkeit ...), ist manchmal hart, stählt aber und schenkt Liebe zum Provisorium.
In diesem Zusammenhang denke ich an die sehr freudige Erfahrung, dass es wie ein neuer Schwung durch die Leute geht: An allen Ecken der Pfarrei wollen sie Glaubensgruppen gründen. Eine Anzahl von Familien trifft sich wöchentlich oder vierzehntägig, um ihren Alltag und ihren Ort in der großen Gesellschaft zu reflektieren und im Lichte des Evangeliums nächste Schritte zu entdecken, wie sie diese Gesellschaftsordnung brüderlicher und gerechter machen können. Wir möchten das Entstehen solcher Basisgruppen begleiten, kommen zurzeit aber gar nicht nach, so viele sind es. Sehr wichtig ist es, der Aus- und Weiterbildung der Animadores ein besonderes Augenmerk zu schenken. Bisher war es so, dass bei Kursen oder Treffen die Christengemeinde von Tabocas stramm stehen musste für Unterkunft und Verpflegung von bis zu 70 Leuten. Der einzige Raum, einen Kurs abzuhalten, war das Schulgebäude. So haben wir jetzt beschlossen, ein kleines Pfarrzentrum zu errichten, um effektiver arbeiten zu können. Dies wird im kommenden Jahr wohl einige Energie und einiges Geld verschlingen. Klar ist eines: Die Animadores sind die Multiplikatoren in der Katechese, im Syndikat, in der Jugend, in der Familie, in der Gemeinde, von der Stadt bis in die entlegensten Weiler. Sie sind die eigentlichen Missionare des Sertão.

Die Situation lehrt einen Gelassenheit. Grenzgänger zu sein, ist manchmal hart, stählt aber und schenkt Liebe zum Provisorium.

Wenn dieser Brief in euren Händen liegt, ist dort in Europa das Rennen auf die Geschäfte längst wieder losgegangen, um dicke Pakete fürs Weihnachtsfest zu besorgen; darunter bestimmt einiges Überflüssiges und Nutzloses. Wenige sind's, die dadurch schockiert werden. Hier bei uns ist eine Tatsache, die uns täglich schockiert, wie die Leute mit niedrigem Einkommen behandelt werden, wie wenig sie respektiert werden, die Armen, die Arbeiter, die Unterbeschäftigten. Es sind Millionen in ganz Brasilien. 75 Prozent der Beschäftigten verdienen bis zu zwei Mindestlöhne. Das absolute Minimum, um zu überleben, liegt bei drei Mindestlöhnen. Die Menschen kämpfen dagegen, aber es

ist schwer, etwas zu verändern, weil dahinter eine politische Philosophie steckt. Die Aufopferung, der langsame Tod der Menschen, das ist das schwer wiegendste Problem von allen. Und es stimmt haarscharf, denn Mord an einem Volk geschieht nicht nur durch Angriff und Waffen, sondern auch durch Entzug des Lebensnotwendigen, der Lebensbasis. Der einzige Unterschied ist der Verzögerungseffekt, und der blufft.
In Brasilien spricht man seit Monaten von nichts anderem als von der Präsidentenwahl, die am 15. Jänner stattfindet. Das Volk wollte die Direktwahl. Im Frühjahr gingen Millionen auf die Straße, um dies zum Ausdruck zu bringen. Wie Volksfeste muten jene Demonstrationen an, und wie ein politischer Frühling ging's durch die Massen, nach 20 Jahren Militärherrschaft zum ersten Mal. An einem Tag wurde alles abgewürgt. Nun begannen Verhandlungen auf allen Ebenen und mit allen Mitteln. Heraus kamen zwei Kandidaten: Paulo Salim Maluf für die Regierungspartei, Tancredo Neves für eine zusammengekleisterte Liberale Allianz, die alle Oppositionsparteien umfasst. In einer Note nennt die Bischofskonferenz den Wahlkampf von einem beklagenswert tiefen Niveau. Die Korruption schleiche sich in alle politischen Spielregeln ein und verursache Unsicherheit und Lüge. Die Note warnt: Eine Nation, die sich zivilisiert nennt, muss sich gegen einen (neuen) Staatsstreich zur Wehr setzen. Der Kandidat der Demokratischen Allianz steht weit voran im Rennen. Das Volk jubelt ihm spontan zu, wo immer er auftritt. Ich persönlich glaube aber erst nach dem 15. Jänner, dass er der Präsident sein wird. Und was wird oder kann er ändern? Einige Sächelchen bestimmt. Aber eine spürbare Veränderung zum Besseren ist illusorisch. Die Verelendung der Armen wird weitergehen, der Hunger wird Urstand feiern, die politischen und die Geldmächte von außen werden weiterhin den Rhythmus diktieren.

Liebe Freunde, ich danke euch fürs Zuhören, für die vielen Zeichen des Mitgehens mit uns und unserem Volk, die ihr uns zukommen lässt. Es tut gut, um eure Freundschaft zu wissen.
Wenn wir uns an der Krippe des Gottessohnes treffen, werden wir nicht nur das äußere Elend jener Geburt sehen, sondern auch das innere Leuchten, das die Welt hell macht. Wir werden uns nicht lähmen lassen vom Blick auf die weltweit und perfekt organisierte Ungerechtigkeit, die gegen den Menschen ist, sondern wir werden Füße kriegen und die Gerechtigkeit des Christkindes, die für den Menschen ist, ins Leben und in die Welt tragen. Mit Blick auf Jesus ist Hoffnung möglich. – Hoffnung, die die Kraft gebiert, sich dagegenzustemmen und durchzuhalten – nicht mit aufeinander gebissenen Zähnen, sondern mit einem frohen Herzen und einem lachenden Gesicht, weil Er, niedersteigend zu den Verarmten und unter ihnen bleibend, sie schon befreit hat. Die Herausforderung von Weihnachten ist notwendig!

Notwendig auch, dass wir uns als Kirche zu den Armen und zu den Peripheren (Rand-Existenzen?) gesellen, wie Er in Bethlehem. Ich wünsche euch eine heilige Christnacht, voll des hintergründigen und offenherzigen Lächelns des Jesuskindes.

Euer Luis

Tabocas, 2. Adventsonntag 1985

»Danke, ich mag's lieber so!«, schrie ich und gab meinem Pferdchen die Sporen. In wenigen Minuten würde sich der Tropenregen über die Gegend und den einsamen Reiter ergießen. Ich sah und hörte ihn kommen, dort von den Hügeln herunter: pechschwarzes Gewölk und hundertstimmiges Rauschen im Blätterwerk des Waldes. Dona Lia war's, die in der Haustür stand und mir zugerufen hatte: »Nimm doch einen Schirm, um nicht nass zu werden«. – Ich wollte aber nass werden und bei dem Wasser, das kübelweise vom Himmel fiel, hätte dies der beste Regenschirm der Welt nicht verhindern können. – Schön war's, dort in Caraiba, dachte ich bei mir, während ich das Wasser leckte, das über mein Gesicht zum Mund rann. Es waren wohl nicht sehr viele Leute in die Messe gekommen, weil alle Welt es mit Pflanzen eilig hat. Aber es war umso familiärer und offener. Die Männer erzählten mir, dass vor wenigen Tagen ein Fazendeiro aus der Nachbargemeinde, ohne zu fragen, ohne zu warnen, mit Stacheldrahtzaun einen Weg abgeschnitten hatte, der ihr Dorf mit dem Nachbardorf und der Stadt verbindet. »Fünfzig Jahre, dass ich denke, und ich weiß den Weg immer offen und von allen benützt«, sagt einer; und ein anderer fügt hinzu: »Es ist wahr, seitdem die Welt besteht, konnte hier jedermann passieren«. Ich sagte ihnen: »Männer, schneidet den Stacheldraht in Stücke. Wenn ihr alle geht, haben alle ›Schuld‹ und niemand. Lasst euch eure Rechte nicht nehmen von einem dahergelaufenen Neureichen …« Sagt ihr mir, liebe Leser, wiegelt hier ein Padre zu Gewalt und Ungesetzlichkeit auf?
Dann erzähle ich noch den Fall, der sich vor einem Monat unweit von hier ergab. Ein »legalisierter« Landräuber wollte sich einer »Almfläche« bemächtigen, wo seit Generationen Bauern aus zwei Gemeinden in der Trockenheit ihr Vieh auftreiben. Als ein Lastwagen Baumaterial für ein Haus anfahren wollte, tauchten 130 berittene Bauern aus dem Buschwald auf und ritten auf ihn zu. Es war ein Kleines, den Mann aus dem Revier zu verjagen. Rührend fand ich auch, dass Leute sich dort nach Thresl und Elisabeth erkundigten, zwei Südtiroler Mädchen, die vor zwei Jahren mit mir zu einem Blitzbesuch dort gewesen waren; wie es ihnen gehe und sie sollten doch wiederkommen. Auch dass Rosy und Pina nicht mit mir kamen, fanden sie nicht gut: Sie hätten immer am liebsten alle bei sich, um sie zu verwöhnen.

Mein Pferdchen galoppiert sanft dahin. Es braucht keinen Sporendruck mehr, denn es weiß, dass es bald daheim ist. Der Weg hat sich inzwischen zu Pfütze und Bach gewandelt, so dass das Wasser hoch aufspritzt. »Ah«, sage ich zu ihm, »heute bist du mutiger als gestern. Gestern hast du am ganzen Leib gezittert, als du bis zum Bauch eingesunken im lehmigen Sumpf stecken geblieben bist und ich absteigen musste, damit du wieder rauskämst.« Allein hätte ich ja den Kilometer weiten Umweg geritten, aber mit Antonio kam's anders. Er begegnete mir zufällig und sagte mir, er reite übers Moor, ob ich nicht auch die Abkürzung nehmen wolle. Mit ihm zusammen wurde es dann ein ganz tolles Abenteuer: drei Kilometer weit im bauchhohen Wasser dahinreiten, das Spiel der Wolken über sich beobachten und den Flug der Wasservögel um und über sich.

Der Flug der Wasservögel

Liebe Freunde,
einige von euch haben mich gefragt, ob sie vielleicht den letzten Rundbrief nicht zugeschickt bekommen hätten, so lange seien sie ohne Nachricht von mir geblieben. Leider war's so: Seit Ostern will ich schreiben. Aber die Ereignisse und die Eile der Tage besetzten mich so stark, dass ich erst jetzt Zeit und Ruhe finde zum Schreiben. Verzeiht mir. Ich möchte ja, dass wir in Verbindung bleiben, dass ihr von uns wisst und wir von euch wissen dürfen, dass ihr uns mit Wohlwollen und Gebet begleitet. Ohne Verbindung mit der Heimatkirche verlöre unser Einsatz fürs Gottesreich hier viel von seinem Sinn.
In diesem Zusammenhang möchte ich anführen, wie gut uns im Sommer der Besuch von Reinhard, Alfons und Sepp getan hat, drei Priesterfreunden aus Südtirol. Besucher aus der Heimat haben ja in ihrem Koffer nicht nur Fotoapparat und ein Hemd zum Wechseln, sondern auch Offenheit für unsere »andere« Arbeit, Interesse für unser Volk, einen Haufen Grüße und Streicheleinheiten von unseren Freunden in der Heimat. Bestimmt gehen sie auch beschenkt wieder fort, denn unser armes Volk übertrifft sich an Gastfreundschaft. Beschenkt sind aber auch unsere Leute. Ich merke es daran, dass sie immer wieder nach den Besuchern fragen und von ihnen erzählen.
In diesem Frühjahr haben wir mit dem Bau eines Pfarrzentrums begonnen. Einige Versammlungssäle, eine Küche und sogar Schlafräume sollen ermöglichen, Treffen und Kurse zu beherbergen. Es wird – entgegen dem ursprüng-

lichen Plan – erst im Jänner 1986 bezugsfähig sein. Der Schwierigkeiten waren und sind so viele, wie ich sie nie erwartet hätte. Baumaterial zu bekommen, ist eine Sisyphusarbeit. Alles, was mit Transport zusammenhängt, ist ein Ausbeutespiel sondergleichen. Dann hatte ich noch das Pech, einen Vorarbeiter anzustellen, dessen Wursteleien und sogar Betrug ich erst nach geraumer Zeit entdeckte. Das nötige Geld haben uns großzügigerweise das Diözesane Missionsamt und auch viele in- und ausländische Freunde geschickt. Gott möge allen reichlich vergelten!

Während ich schreibe, ist es noch sehr früh am Tag. Tabocas schläft noch. Auch Pina und Rosy. Gott sei Dank. Denn sie brauchen Kräfte für die Reise: Pina nach Salvador, Rosy in die Dörfer zu einer Reihe von Versammlungen mit den Bauern. Draußen regnet es schon wieder oder immer noch. Der einzige, der sich darüber nicht freut, ist wohl der Padre. Denn der Regen behindert ganz arg die Bauarbeiten. Aber für das Landvolk ist er ein Segen, wirklich die »Barmherzigkeit« Gottes – wie sie sagen –, die niederfällt und neues Leben garantiert. Singt nicht auch ihr in genau diesen Ausdrücken jetzt in der Adventszeit? Und erneuern wir nicht gemeinsam die Hoffnung, dass der Messias-König kommt und auf dieser Erde Gerechtigkeit wächst? Vorgestern noch haben wir in der Novene unserer Kirchenpatronin davon gesprochen, dass am 23. November ein alter, pensionierter Bauer ermordet worden ist. Es geschah in Maranhao, einem Bundesstaat weiter nördlich von hier. Hundert Militärpolizisten, kommandiert vom Staatssekretär für Gerechtigkeit und Sicherheit (meines Wissens die höchste Staatsautorität auf dem Gebiet), störten gewalttätig eine Bauernversammlung und nahmen zwei junge Bauern gefangen. Drei Tage lang wusste die Öffentlichkeit nicht, wo sie gefangen gehalten wurden. Unter Androhungen wurden sie gezwungen, Aussagen zu unterschreiben, die sie nie zu Protokoll gegeben hatten, und die besonders die Priester und Pastoralarbeiter der Diözese beschuldigen, Waffen ausgeteilt und den Aufstand organisiert zu haben.

Für das Landvolk ist der Regen ein Segen, wirklich die »Barmherzigkeit« Gottes – wie sie sagen –, die niederfällt und neues Leben garantiert.

Im nächsten Dorf traf das Militärkontingent auf fast leere Häuser, weil alle Bauern bei der Feldarbeit waren. Sie schossen wild in die Luft und auf die Häuser. Der 75-jährige Manoel wollte fliehen, sank aber hinter seinem Haus im hundertfachen Kugelregen in den Tod. In derselben Messe der Novene wurde auch der grausamen Ermordung des italienischen Missionars Ezechiel gedacht (es geschah im Juli dieses Jahres in einem anderen Bundesstaat) und Dutzender anderer – im gesamten Brasilien sind es Hunderte – von Toten »um der Gerechtigkeit willen«, wie wir mit Jesus bei Matthäus 5,10-11 sagen. Oder ist es nicht mehr als gerecht, dass jede Landfamilie eine Handvoll Boden zum

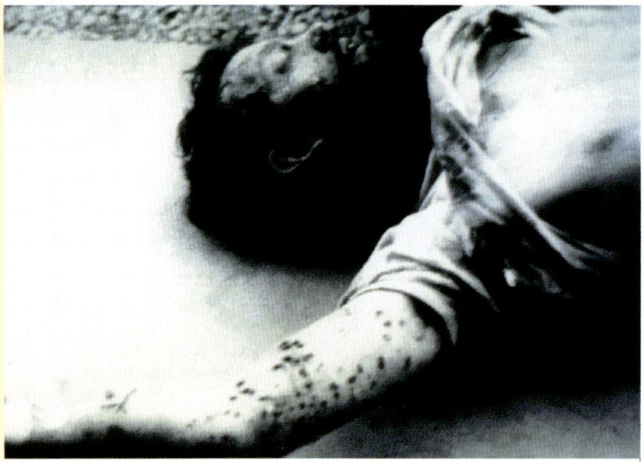

† Padre Ezechiel Ramin (1953–1985)

Bebauen hat, eine Hütte zum Wohnen, Bohnen und Reis auf dem Tisch, eine Schule für die Kinder und das Recht, in Frieden zu leben? Wir sagen aber auch mit Ihm, dem größten aller Verfolgten und Verleumdeten: »Freut euch und jubelt«, – denn diese Toten halten die Hoffnung aufrecht, dass der Kampf für eine brüderliche Welt noch nicht aufgegeben ist und dass er einmal zum Siege führen wird.

Mein Herz krampft sich zusammen, wenn ich daran denke, dass dies alles und noch schlimmere Dinge in der »Neuen Republik« geschehen, die im März dem Militarismus in Brasilien ein Ende gesetzt hat. Mit messianischen Erwartungen hat das Volk dieses Ereignis gefeiert – und überschätzt. Welch nüchternes Erwachen nach dem ersten Dreivierteljahr dieser Regierung! Von den großen Versprechungen sind nur die vergilbten Plakate übrig geblieben, von den Hoffnungen des Volkes auf Wohlstand und Gerechtigkeit nur Fetzen. Aber wie ich dieses Volk und seine Geschichte kenne, wird es nochmals drangehen, aus den Fetzen ein Tuch zu nähen, auf dem das Gesicht eines »caboclo« (Bewohner des Amazonasgebietes) und eines Mestizen lächelt, eines »operaio« (Arbeiter) und eines »campesino« (Hirte), eines Kindes vor einer vollen Reisschüssel und eines Alten, der in Frieden sterben darf.

Am 1. Dezember hat Jacy, der erste einheimische Priester unserer Diözese, zusammen mit Paulo, eine eigene Pfarrei übernommen. Er war ein und ein halbes Jahr bei uns in Tabocas. Er hat sehr viel Gutes tun können und war nimmermüde in der Arbeit. Meinungsverschiedenheiten und Auseinandersetzungen haben bestimmt beiden Seiten gedient. Im vergangenen Monat fand das erste diözesane Jugendtreffen statt. Unsere Pfarrei war mit über 200 dabei; in drei vollbeladenen Lastwagen waren wir unterwegs nach Barreiras. Heute noch sind die Jugendlichen bezaubert von dem großen Erlebnis – und für uns beginnt (seit langem) die Sorge: wie die Begeisterung hochhalten und der pfarrlichen Jugendarbeit Dauer und Tiefe verleihen? Bestimmt eine der wichtigsten und eine der schwierigsten Aufgaben des kommenden Jahres. Auch die Arbeit mit dem Bauernsyndikat ist an einer entscheidenden Wende angelangt. Im März gibt's Neuwahlen und vieles wird von den neuen Verantwortlichen abhängen, ob ein offener und aufrichtiger Kampf um die Grundrechte dieser Menschen weitergeht.

Vielerorts drängen die Leute, »comunidades« zu gründen, d. h., ob wir behilflich sein können, regelmäßige Treffen einzuführen und zu garantieren. So entstehen neue Gruppen von Familien, von Jugendlichen, von Kinderkatechese, von Gesundheitspastoral, die sehr viel Begleitung und Ermutigung unsererseits brauchen. Übersetzt heißt dies: stundenlange Fußmärsche in Lehm oder Staub, Radfahrten auf nicht mehr enden wollenden Feldwegen, Ritte in unwegsame Gegenden, Fahrten über löchrige Straßen, die den Wagen strapazieren und den Fahrer. Dies bedeutet: geopferte Nächte, ab und zu Flöhe in fremden Betten, Müdigkeit zum Umsinken. Das bedeutet aber auch: sich freuen am Regenbad und dass die Haut nicht durchlässig ist, oder aber am Sonnenbad und dass zuhause jemand auf einen wartet und schon das Abendessen auf den Tisch gestellt hat; die Freude an den kleinen Dingen wieder entdecken und staunen können über die Gewalten der Natur. Dies bedeutet auch: in den Armen Brüder entdecken, die uns soviel zu geben haben; Dankbarkeit lernen am Lächeln der schmutzigen Kinder und an den durchlittenen Lebensschicksalen mancher Eltern; froh werden im Wissen, dass Gott unter ihnen sein Zelt aufgeschlagen hat, lange vor uns und ohne uns, und dass er uns gerufen hat, gemeinsam mit diesem Volk zu wandern.

Bei der Wallfahrt in Bom Jesus da Lapa

Ich möchte euch alle mit Liebe umarmen und ich wünsche und bete, dass ihr glücklich seiet und froh an der Krippe des Gottessohnes.

Euer Luis

Tabocas, letzte Julitage 1986

Liebe Freunde,
einen Tag und eine halbe Nacht lang sitze ich im Omnibus. Ich komme vom Treffen der Kirchlichen Basisgemeinden. Es fand in Trindade statt, einem Wallfahrtsort in Goiás. Dort steht die einzige Kirche der Welt, die dem Himmelvater (»Divino Pai Eterno«) geweiht ist. Es waren vier äußerst intensive Tage. Rund 1500 Leute sind gekommen, fast alles Frauen und Männer aus dem einfachen Volk. Sie vertreten beinahe alle Diözesen dieses Riesenlandes. Der Bus schaukelt mich heimzu, auf der einzigen Asphaltstraße, die die Bundeshauptstadt Brasilia mit unserer Landeshauptstadt Salvador verbindet – 1600 km. Nach stundenlanger Fahrt entfährt es meiner Nachbarin: »Es ist doch lächerlich, dass es – wie manche behaupten – in diesem Brasilien kein

Land gibt für die 12 Millionen landlosen Bauern, wo ich doch seit 300 Kilometern keine Stadt und kein Dorf sehe, nur offenes Land, soweit das Auge reicht, und ab und zu eine Hütte am Straßenrand!« Sie hat Recht, die Schwester Goncita. Sie ist aus Ecuador und war als Beobachterin beim Treffen. Aber erst jetzt lerne ich sie kennen.
Mit welcher Klarheit hatten doch die »Bauerntölpel«, wie die »Großkopfeten« die einfachen, oft des Lesens und Schreibens unkundigen Landarbeiter apostrophieren, mit welcher Klarheit hatten sie in ihren Beiträgen die soziale und politische Situation analysiert! Natürlich nicht im Jargon der Soziologen, sondern in der direkten, manchmal etwas holprigen Sprache, die ihrem harten Leben besser entspricht: die Regierung der »Republica Nova«, die sich demokratisch gibt, aber derselbe autoritäre Knochen geblieben ist wie im Militärregime; die Landreform, die nur auf dem Fernsehschirm geschieht und auf dem Papier, aber die Agrarstruktur völlig unangetastet lässt und damit die Mehrzahl der Brasilianer zwingt, weiterhin am Hungertuch zu nagen; die Kirche, besser gesagt, der militante und engagierte Teil der Hierarchie und der Basisgemeinden, die zusammen mit der Gewerkschaft als Sündenbock herhalten muss für sämtliche Sauereien der Regierung. Zu keiner Zeit unter den Militärs waren so viele Gewerkschaftsführer, Sozialkämpfer, Leute aus den Führungskreisen der Gemeinden und sogar Priester ermordet worden, wie in diesen anderthalb Jahren der »Demokratie«: über 200. Es wurde still im Raum, als dort in Trindade während einer Feier aufgefordert wurde, es möge sich erheben, wer schon mit Ermordung bedroht worden war, sozusagen auf der Abschussliste stehe: Es waren nicht wenige. Oder als die Mutter des Padre Josimo, eines jungen brasilianischen Priesters, der am 12. Mai aus dem Hinterhalt erschossen worden war, weil er einen solidarischen Kampf mit seinen getretenen Landarbeitern gefochten hatte, ans Mikrofon trat. Die Großgrundbesitzer organisieren sich landesweit, um ihren »Privatbesitz« zu verteidigen, und lehren die Regierung das Fürchten – und den Krebsgang. Ihre noch nicht einmal ein Jahr alte »Demokratische Union« soll bereits 20.000 Ochsen versteigert haben, um mit dem Erlös den Wahlsieg ihrer Leute zu sichern. Am 15. November wählt Brasilien nämlich Kongress

Ein Ründchen in Ehren …
mit der Häuserin Melania

und Abgeordnetenkammer. Diese werden als erste »Hausaufgabe« eine neue Staatsverfassung zu schreiben haben. Die Volksmasse ist langsam, fast immer zu langsam im Sich-Organisieren. Aber ich meine zu spüren, dass sich in den letzten Jahren etwas Neues getan hat: In ihren besten Vertretern und Gruppen ist sie von der Verteidigung zum Angriff übergegangen. Dies zu sehen, nährt eine ungeheure Hoffnung.

Ich lehne mich zurück im Sessel und lasse mich nochmals beeindrucken von dem, was die Vertreter des südlichsten Bundeslandes erzählt haben: Im Monat Juni machten die 250 landlosen Bauern einen Fußmarsch von 450 km, um Landreform zu fordern und ein Ende der Gewalt gegen wehrlose Landleute. Sie vertraten 1500 Familien, die seit acht Monaten die brachliegende, 10.000 ha große Fazenda Annoni besetzen und ihre Enteignung und Verteilung fordern. Die bisherige Antwort der Regierung war, einen Teil zu übergeben – auf gut deutsch: sie will einen Keil unter die Fordernden treiben, damit sie sich entzweien und aufgeben. Aber die Bauern haben als Gegenantwort ein sit-in (ein live-in, wenn es diesen Ausdruck gibt) im Landvermessungsgebäude organisiert und gehen von dort erst weg, wenn sie die garantierte Zusicherung ihrer Forderungen haben. Wer erinnert sich da nicht an die Befreiung der Hebräer aus Ägypten und ihren Marsch in Richtung Verheißenes Land!?

Diese Lieder sind Feuer, keine Wiegenlieder – es sei denn, dass sie an der Wiege eines neuen Brasiliens, eines neuen Lateinamerikas gesungen werden.

Es ist Nachmittag. Im Bus wird es schwül. Ich lass mich in einen leichten Schlaf schütteln. Aber ich träume nicht, als ich wieder den Manoel vor mir sehe, einen Indianer aus dem nördlichen Amazonas. Ich war erstaunt, wie gut er lesen und schreiben konnte. Er sagte, dass er 15 Tage im Ruderboot sitze, um von seinem Dorf in die nächste Stadt zu kommen. Man hat ihm und einigen Kollegen anderer Stämme die Flugreise nach Trindade ermöglicht. Die Indianerdelegation hat sich kein Blatt vor den Mund genommen, als sie die Indianerpolitik der Regierung angegriffen hat, die – wenn es so weitergeht – in circa 30 Jahren den letzten Indianer begräbt. Nur der, der die Geschichte des Kontinentes nicht kennt oder Bretter vor dem Kopf hat, wurde nicht getroffen und vielleicht zu Tränen gerührt, als Manoel in offener Versammlung mit der ihm eigenen Ruhe und Festigkeit ins Mikrofon sprach: »Wir sind die rechtlichen Herren dieses Landes. Aber wir lieben die weißen Brüder, wenn sie uns leben helfen«. Melania und Eliria haben mit mir unsere Diözese vertreten; die eine ist die Urenkelin einer Indianerin und der anderen steht ihre Indianerabstammung ins Gesicht geschrieben.

Jetzt ist's aber an der Zeit, ein bisschen zu schlafen – nach den kurzen Nächten dort auf dem Boden der Pilgersäle in Trindade. Vier Jugendliche aus benachbarten Diözesen, die im selben Bus reisen, singen die Lieder, die wir dort in

Besuch bei einem Bauern in Curral Velho

hundertfacher Begeisterung gesungen haben. Es sind Lieder von Poeten aus dem einfachen Volk, die manchmal in holpriger Sprache, aber immer mit Treffsicherheit das harte Leben der Ausgebeuteten besingen. Sie sind ansteckend, und sie verbinden die Rinnsale kleiner Hoffnungen zu einem Bach, dem schwer zu widerstehen sein wird. Sie singen von der Misere der Entrechteten, vom legalisierten Verbrechen der Herren der Situation, von der Kraft der Gemeinde, vom Weg des Armen aus Nazaret, vom Aufbruch aus dem Sklavenhaus ins verheißene Land ... Einnickend denke ich noch: Diese Lieder sind Feuer, bestimmt keine Wiegenlieder – es sei denn, dass sie an der Wiege eines neuen Brasiliens, eines neuen Lateinamerikas gesungen werden, wo's nicht mehr Ausgebeutete und Ausbeuter gibt, wohl aber Brüder. Eine unauffällige, ärmliche Frau hat es dort ins Mikrofon gesagt: »Verheißenes Land erfüllt sich, wenn mein Mann ein Stück Erde hat zum Arbeiten, meine Kinder eine Schule zum Lernen, wir alle ein Haus zum Wohnen und Pflege, wenn wir krank sind. Diese vier Tage waren für mich wie ein Aperitif des Himmelreiches, wegen der gelebten Brüderlichkeit und dem Wohl, das alle für alle wollen.«

Inzwischen sind acht Tage verflossen. Verzeiht mir, dass ich so viele Seiten über Trindade geschrieben habe, das euch kaum interessieren wird. Aber für mich war es wichtig. Ich erlebe es als große Gnade, bei der Geburt einer neuen Kirche gegenwärtig sein zu dürfen. Von den »Kleinen« habe ich auch neu (und anders) beten gelernt: im leidenschaftlichen politischen Einsatz für den Bruder. Heute Nacht habe ich Socken angezogen, um meine Füße aufzuwärmen. Es ist jetzt der Höhepunkt der Dürre. Der Lauf der Stunden wird vom unerträglichen Wechsel flammender Tage und eisiger Nächte bestimmt »Die unerhört gleißende Helligkeit des Tages«, schreibt ein brasilianischer Dichter, »überwältigt die schweigende Natur, in deren Mitte das blattlose Gezweig der niedergeworfenen Flora in langanhaltender, stummer Agonie erstarrt und dahinsiecht«.

Gestern waren wir den ganzen Tag in Curral Velho (Alter Leger) beim Treffen von fünf Basisgemeinden. Wir haben das Pfarrgebiet in neun Regionen aufgeteilt, weil es nicht mehr möglich ist, dass alle Gruppen sich an einem Ort tref-

fen. So viele sind es inzwischen geworden. Wir haben diskutiert, gesungen, gebetet, gefeiert. Rosy hat mit ihrer Fröhlichkeit selbst gesetzte Familienväter angesteckt, den Reigen mitzutanzen.
Mal sehen, ob ich noch ein paar Dingelchen anführe, die sich seit dem letzten Rundbrief ereignet haben. Das Pfarrzentrum versieht seinen Dienst zur Zufriedenheit von uns und besonders der Kursteilnehmer. Zurzeit bauen wir eine Art Freilichtbühne zwischen den Hausblöcken, die vielfältig verwendet werden kann. Dann reicht mir die Bauerei!
Im Monat April hat die neue Direktion der Bauerngewerkschaft zu arbeiten angefangen. Es hat viel Einsatz, Aufklärungsarbeit und Organisationstalent gebraucht, um einer aufgeschlossenen, hingebungsvollen Direktion zum Siege zu verhelfen. Pina hat diese Arbeit in langen Monaten, in vielen Fahrten und Besuchen mit Zähigkeit und Ausdauer geleistet. Im Juni ist Pina nach Hause gefahren. Es war so beschlossen wegen ihrer angeschlagenen Gesundheit. Aber Gott sei Dank ist sie gesund weggefahren und es geht ihr sehr gut. Nur die »saudade« (Heimweh) setzt ihr arg zu. Und uns auch. Und unzähligen Freunden ebenso, die sie hier gewonnen hatte. In einem Jahr will (sprich muss) Rosy auch schon in Südtirol sein. Wir haben Zuversicht, dass ein Priester und eine Entwicklungshelferin aus Südtirol nachkommen. So kann die angefangene Arbeit weiterhin begleitet werden. Dies ist wichtig, und ich sehe in dieser Hilfestellung eine gewisse Verpflichtung unserer Diözese Bozen-Brixen. Ich selbst habe es nicht für möglich gehalten, dass es in unserer relativ kleinen Pfarrei Winkel gibt, wo noch kein Padre hingekommen ist. Aber dann wurde ich in Agua Fetida (Stinkendes Wasser) eines Besseren belehrt. Ich kam dort an, in Begleitung von Wastl und Hans, nach sechs Stunden Radfahrt. Ich war erschöpft: Dicht über dem Boden vibrierte die Atmosphäre wie über offenen Feueröfen, in diesen heißesten Tagesstunden. Ich fand Jugendliche vor, die noch nicht getauft sind, eine Familie mit bereits erwachsenen Kindern. In der kommenden Woche gehe ich wieder hin. Es wird die erste Messe und die erste Tauffeier für das dortige Volk sein.
Trotz der argen Trockenheit ist jetzt eine schöne Zeit. Die Bauern mahlen und trocknen das Mandiokamehl. Dies versammelt die ganze Familie, Nachbarn und Verwandte über Wochen hin. Am Schluss gibt's ein Fest und einige durchgehauene Nächte. Ebenso ist die Gewinnung des Rohzuckers eine Gemeinschaftsarbeit, die

Eine Familie beim Mahlen der Mandiokawurzeln

besonders den Kindern lieb ist. Sie laufen dann tagelang herum, tätowiert und verschmiert mit Zuckerbrei und Staub. Diese Arbeiten erinnern mich ans »Ruabn-Firmen« in meiner Kinderzeit: ein Paradies für die Kinder, Arbeit für die Großen. Es braucht so wenig, um glücklich zu sein.
Ich will jetzt zu einem Amen kommen. Ich bitte um Verständnis, wenn für wohl einige, die mir geschrieben haben, dieser Rundbrief die einzige Antwort sein wird. Kräfte und Stunden reichen ganz einfach nicht aus. Auch sage ich ein großes und aufrichtiges Vergelt's Gott all denen, die mit Geldspenden in vielfältiger Weise helfen. Andere fragen an, wie's mir gesundheitlich geht. Gut, Gott sei Dank, nach einigen Jahren Anpassung ist der Körper widerstands- und belastungsfähiger geworden. Ganz besonders danke ich auch für euer Beten. Manchmal spürt man hautnah, von der Huld Gottes eingehüllt zu sein und vom Gebet und den guten Wünschen der Freunde getragen.
Ich wünsche euch glückliche Ferien. Ich bete, dass ihr in Stunden der Entspannung und in Tagen der Hast die Freude wieder entdeckt, von Gott geliebt und von Freunden umgeben zu sein.

Euer Luis

Salvador da Bahia, Anfang Mai 1988

Liebe Freunde!
Heute Nacht ging ein Tropenregen nieder, so stark, dass ich meinte, das Dach des Franziskanerklosters in Salvador würde zusammenbrechen. Als ich wieder einschlief, verschwamm in meinem Halbtraum das Bild von armen Menschen, unter ihnen Frauen mit Kindern, die ich gestern Nacht auf dem Gehsteig auf einer ausgebreiteten Zeitung liegen oder schlafen sah, mit dem Bild meines Wunsches, dass der Regen auch bei uns zuhause fiele, 800 km landeinwärts. Dabei weiß ich, dass dort erst im Oktober wieder Regen zu erwarten ist. Ich weiß auch, dass ich mit unseren Bauern Gott danken darf für das verhältnismäßig gute Regen- und Erntejahr. Ich habe den Eindruck, dass es für die Bauern das beste Jahr war, seitdem ich in Tabocas bin. Freilich ist dies auch sehr relativ. Denn sie können ihre Ernte nicht verkaufen, es sei denn zu Schleuderpreisen, und die Lebenskosten steigen von Woche zu Woche. Ich bin in die Landeshauptstadt gekommen, um unser »Stoffprojekt« flott zu kriegen. Bäuerinnen aus unserer Pfarrei spinnen und weben aus Baumwolle Stoffe, den wir in unseren Heimatländern verkaufen möchten. Seit einem Jahr sind aber Einfuhr in Italien und Ausfuhr hier blockiert. Ich hoffe aber sehr, dass ich diesmal nach Tabocas zurückkehren kann mit der Nachricht, dass die Weberinnen arbeiten können und der Baumwollstoff und später auch konfektionierte Stücke ausgeführt werden können. Es wäre wenigstens ein ange-

messener Nebenverdienst für einige Dutzende armer Landfrauen und damit eine Lebensverbesserung für einige Hundert Menschen.
Ich schäme mich, wenn ich daran denke, dass mein letzter Rundbrief an euch fast zwei Jahre zurückliegt. Verzeiht bitte diese meine allzu lange Funkstille. Jedoch der Volksmund sagt: Besser spät als nie.
In unserem Pfarrteam hat es in dieser Zeit einige Veränderungen gegeben. Seit über einem Jahr arbeitet Padre Josè aus Stilfes mit. Er bringt eine Menge jugendlichen Schwung und Idealismus ein und das Wichtigste: eine tiefe Liebe zum Volk. Rosy ist nach Südtirol zurückgekehrt. Sechs Jahre hat sie mit dem Volk, besonders mit den Ärmsten, gelebt, gelitten, geweint, gearbeitet und gelacht. Es ist rührend zu sehen, wie die Leute ihr dies danken: Es vergeht kein Tag, dass nicht jemand nach ihr fragt oder Grüße bestellt. Die »Gesundheits-Kommission«, die Rosy durch aufopferungsvolle und kreative Arbeit ins Leben gerufen hat, gibt sich viel Mühe, die Arbeit fortzuführen.

Im Gespräch mit Bauern

Seit kurzer Zeit arbeitet Pina wieder in Tabocas. Sie musste krankheitshalber für längere Zeit nach Italien heimkehren. Auch heuer bereiten wir wieder eine Region, d. h. 18 Dörfer unserer Pfarrei auf die Pastoralvisitation vor. Ein Team von zehn Leuten aus dem Volk und uns zwei Pfarrern besucht zweimal alle Gemeinden, versammelt Kinder, Jugendliche und Erwachsene zur Katechese und versucht nach Möglichkeit an jedem Ort Bibelrunden, Jugendgruppen und Kinderkatechesen zu gründen. In vielen der besuchten Gemeinden hat der Großteil der Jugendlichen noch nie gebeichtet und kommuniziert. Diese also bereiten sich nicht auf die Firmung, sondern auf die Erstkommunion vor. Die »animadores« (Leiter) all dieser Gruppen versuchen wir in einem Kurs zu ihrer Arbeit zu befähigen. Es sind also Leute vom Volk, die ihr eigenes Volk missionieren. Mir scheint es ein gesunder Versuch zu sein.
Die soziale und politische Situation Brasiliens sieht schlecht aus. Die »Neue Republik«, die die Militärregierung abgelöst hat, hat kaum eine von den vielen Versprechungen gehalten. Das mittlere Reallohneinkommen sank in den letzten 20 Monaten um 40 Prozent, lese ich. Sogar auf dem Wochenmärktchen von Tabocas macht sich der Schwund der Kaufkraft des Geldes von der einen Woche zur anderen bemerkbar. Zum Beispiel entspricht der Tageslohn eines landwirtschaftlichen Arbeiters zwei Flaschen Bier; in italienischem Geld dürften das ungefähr 2000 Lire sein. Gewiss ist es auch ein Ausdruck von Un-

zufriedenheit und Protest, wenn in fast allen Gemeinden der PT (»partido dos trabalhadores« = Arbeiterpartei) gegründet wird. Mir scheint es die einzige Partei zu sein mit einem annehmbaren Programm und einer politischen Ethik. Auch in den zwei Gemeinden, die unsere Pfarrei ausmachen, wurde die Arbeiterpartei gegründet. Ein guter Teil der Führungskräfte übte schon Verantwortung in den kirchlichen Gemeinden aus. Obwohl vereinzelt Konflikte aufbrechen werden, muss gesagt werden, dass kirchliches Engagement und Fortbildung die Leute befähigt hat, gerade als Christen politische Verantwortung zu übernehmen.
Dieser Tage las ich in einer kritischen Zeitschrift etwas, was mich traurig und zornig gemacht hat: Tausende von Tonnen radioaktiv verstrahlter Lebensmittel konnte man seit dem Frühjahr 1986 in der Europäischen Gemeinschaft nicht mehr absetzen. So versah man sie mit einer Unbedenklichkeitserklärung und bot sie Ländern an, die auf billige Nahrungsmitteleinfuhren angewiesen sind. Die brasilianische Regierung arbeitete solidarisch mit, indem sie z. B. ihre Grenzwerte für Trockenmilch von 1300 bq/kg auf 3700 bq/kg hoch setzte. Als sich der erste Widerstand regte, waren schon Tausende von Tonnen des radioaktiv verseuchten Milchpulvers im Nordosten des Landes und in den Favelas verteilt worden. Abfall in Europa – Nahrung für die Dritte Welt? Wie wahr erweist sich hier wieder die Tatsache, dass der Wohlstand der Industrieländer auf Armut und Ausbeutung der armen Völker basiert! Das Prinzip der Solidaritätsarbeit, die Ursachen des Übels im eigenen Land zu bekämpfen, wird immer wichtiger. Dankbar denke ich hier an viele Begegnungen zurück, die mir in meinem Heimaturlaub geschenkt worden sind. Ich durfte Menschen kennen lernen, unter ihnen besonders viele Jugendliche, die Ernst machen mit Jesu Aufruf zur Brüderlichkeit und ihrem Traum von einer gerechten und Einen Welt. Ich danke für ihr Zeugnis und wünsche, dass es stark und stärker werde, indem sich alle Gleichgesinnten eng zusammenschließen.

Ich durfte Menschen kennen lernen, die Ernst machen mit Jesu Aufruf zur Brüderlichkeit und ihrem Traum von einer gerechten und Einen Welt.

Wollt ihr noch einen kurzen Blick in unser Pfarrhaus tun? Wir haben jetzt ein Telefon angeschafft. Im Garten wird beim nächsten Neumond gepflanzt. Es sind nur mehr zwei Beete übrig geblieben. Alles Übrige deckt der Schatten der hohen Mangobäume zu. Dieser kühlende Schatten ist eine der wertvollsten »Einrichtungen« unseres Widums.
Ich lasse euch jetzt, liebe Freunde. Seid glücklich. Vergessen wir nicht, dass Gebet und im Glauben an den Vater gegründetes Wohlwollen Kräfte sind, die uns verbinden und beglücken.

Euer Luis

Liebe Freunde!
Zu beiden Seiten der Straße flaches Weideland. Stundenlang fährt der Bus und ich sehe nichts anderes als dürre Stengel, meterhoch. Dieses Steppengras widersteht der sengenden Tropensonne. Sobald der Regen fällt, kleidet es sich binnen weniger Tage in Grün. Ich bin unterwegs zu Heimatfernen unserer Pfarrei. Der Gedanke kam mir, als letzten Sommer eine Familie aus Tabocas mit Kind und Kegel in den Bundesstaat Mato Grosso auswanderte. In behaglicher Ferienstimmung lehne ich mich in den weichen Sessel des Überlandbusses zurück. Ich denke an die Hunderten von Familien aus unserer Pfarrei, die Vater oder Söhne irgendwo im großen Brasilien verstreut arbeiten oder leben haben; tausend bis zweitausend Kilometer »heimatfern«. Ich traue meinen Augen nicht. Auf der ausgedorrten roten Erde am Straßenrand sehe ich die bleichen Knochen eines Tierskelettes. Und wieder und wieder. Ich lasse mir sagen, dass im Mato Grosso Tausende von Rindern der Dürre zum Opfer gefallen sind. Ein paar Stunden später: zu beiden Seiten umgepflügte Erde, so weit das Auge reicht. Hier wird Soja angepflanzt oder Mais. Eine Propagandatafel buchstabiert: »Bundesstaat Mato Grosso: ab heute Brasiliens erster und größter Körnerproduzent«. Es flimmert vor meinen Augen, und ich »sehe« brasilianische Mütter auf dem Markt, die ihre wöchentliche Bohnenration für die Familie nicht kaufen können, weil der Preis schon wieder gestiegen ist; ich »sehe« brasilianische Kinder mit Hungerbäuchen – und ich »sehe« europäische Rinderherden, gemästet mit den Körnern, die man hier den Mündern der Armen wegstiehlt.

*Es flimmert vor meinen Augen:
ich »sehe« brasilianische Kinder mit Hungerbäuchen
und ich »sehe« europäische Rinderherden,
gemästet mit den Körnern, die man hier den Mündern
der Armen wegstiehlt.*

In Cuiabá, der Landeshauptstadt von Mato Grosso, steige ich aus. Wenn ich die Reise nicht unterbrochen hätte, um in Goiania die drei Seminaristen unserer Diözese zu besuchen – einer von ihnen kommt aus Tabocas –, hätte ich zwei Nächte und einen Tag lang ununterbrochen im Bus gesessen. Ich mache die Familie der Dona Petra ausfindig. Sie hat sich zurechtgefunden. Die Töchter haben Glück gehabt und Arbeit gefunden. Der Mann ist unter die Goldgräber gegangen, fast 1000 km von hier entfernt. Noch einmal wollte er sein Glück versuchen wie vor 30 Jahren. Damals hat er wirklich einen Goldklumpen ausgegraben und ist in Tabocas mit einem Lastwagen aufgekreuzt: Es soll der erste gewesen sein, den man dort gesehen hat. Zufällig kommt er von der Schatzsuche zurück, als ich noch dort bin; müde und abgerackert zeigt er mir ein Medizinfläschchen voll dreckigen Goldstaubes. »Luis, jetzt reicht's mir.

Ich bleibe zu Hause«. Ja, Piroca, es hat sich vieles geändert in den letzten zwanzig Jahren. Nicht mehr alles, was glänzt, ist Gold, und vom brasilianischen Wirtschaftswunder ist nur der Name übrig geblieben. Nachts besuche ich zwei Auswandererfamilien in einem »grilo«, wie's die Leute nennen. Es ist eine Landbesetzung am Stadtrand, die Hunderte von Familien unter sich absprechen und dann in einer Blitzaktion durchführen. In kürzester Zeit sind die Baulose aufgeteilt, und ein jeder hat auch schon eine Baracke aus Pappkarton oder Wellblech aufgestellt. Nicht selten werden die Besetzer mit brutaler Polizeigewalt vertrieben und ihre Hütten niedergerissen. Oft sind sie drei Tage später wieder da und stellen ihre Behausungen wieder hin. Das brutale Spiel beginnt von neuem. Sie haben ja nichts zu verspielen. Meistens bleiben sie dann Sieger. Der Staat ist gezwungen, sie zu dulden, da er ihnen sonst nichts anzubieten hat. Hier in der »Himmelsecke«, wo Josè Carlos und Cida mit ihren vier Kindern »wohnen«, ist es etwas menschlicher hergegangen. Man hat die Landbesetzer zwar schikaniert, aber nicht vertrieben. Es sind noch keine vier Monate vergangen und schon wird Licht installiert und eine Wasserleitung gebaut. Die »glückliche Schuld« an diesem Entgegenkommen hat wohl das Wahljahr: Mitte November gibt es Gemeindewahlen, und da tut jede Partei ihr Möglichstes, um die Gunst der Massen zu gewinnen. »Cida, kommt's dir nicht ein bisschen eng vor in dieser Baracke mit einem Raum so groß wie ein Hühnerstall?« »Ja schon, aber weißt du, es ist besser als in Tabocas, wo mein Mann ohne Arbeit war. Wenn wir zusammenhalten, werden wir imstande sein, schon bald eine bessere Hütte zu bauen«. Als ich mich verabschiede und über den schmalen Steg tänzle, um nicht in die stinkenden Abwässer zu treten, weiß ich nicht, ob in Cida das Heimweh nach Tabocas größer ist oder der unbedingte Wille, sich hier zu behaupten.

Aber nun, liebe Freunde, zurück zu unserer kleinen Welt in Tabocas. Wenn ihr hier wäret und die Kinder, könntet ihr auch die Geduld unserer guten Haushälterin Melania auf die Probe stellen. Sie rührt nicht dreimal den Reistopf um, kommt schon ein Lausbub zur Tür herein und bettelt: Gib mir eine Mangofrucht! Manche tun's fast weinend, wohl in der Meinung, auf diese Weise schneller und mehr zu bekommen. Ist ja auch zum Kuckuck, dass die Mangos im Pfarrgarten drei Wochen eher reif sind als im übrigen Tabocas! Und Melania kommt in eine Glaubenskrise, wenn ich ihr weismachen will, dass eben die heilige Gegenwart der Pfarrer die Reife der Früchte beschleunige.

Vorgestern kamen Sepp und ich aus Barreiras zurück, als uns Pina erzählte, dass hier auf offener Straße ein alter Mann erschossen worden ist. Er war etwas betrunken und suchte Streit mit einem stummen, durchaus harmlosen Jugendlichen. Dessen Bruder verlor die Kontrolle, zog den Revolver und erschoss kurzerhand den Ruhestörer. Ein kleines Glied in einer langen dicken

Kette von Gewalttaten, die allesamt bekunden, wie wenig wert das Leben ist in einer Gesellschaft, wo das Recht der Stärkeren oberstes Gesetz zu sein scheint. An diesem ungeschriebenen Gesetz wird auch die neue Staatsverfassung nicht so schnell etwas ändern. Fast 600 Volksvertreter haben sie in anderthalb Jahren ausgearbeitet und am 5. Oktober mit viel Pomp promulgiert. Sie bringt beachtenswerte Neuerungen, besonders auf dem sozialen Sektor und im Hinblick auf die politische Mitbestimmung des ganzen Volkes. Bleibt nur zu hoffen, dass sie nicht toter Buchstabe bleibt.

Im letzten Brief schrieb ich euch, dass wir die Pastoralvisitation des Bischofs vorbereiteten. Sechsmal war wenigstens ein Mitglied des Pfarrteams – meistens zusammen mit Laienhelfern – zu Besuch in jeder Gemeinde. Wir haben erste Schritte in Richtung von Gemeindebildung angeregt und versucht: Gemeinden, deren Familien sich wöchentlich treffen, um das Wort Gottes zu betrachten und in die Alltagswirklichkeit zu übertragen, oder aber ihre gelebten Schwierigkeiten – von Hunger bis Familienstreit, von Krankheit bis Fehlen eines Schullehrers – zu diskutieren und gemeinsam im Licht des Gotteswortes eine Lösung zu finden; Gemeinden, die sich um die Kinderkatechese bemühen, um die Jugendarbeit; Gemeinden, die sich in der Gewerkschaft organisieren und um ihre oft verweigerten politischen und sozialen Rechte kämpfen. Wir haben viel Unbeholfenheit festgestellt, aber auch viel guten Willen. Die vier Bischofsmessen an vier zentralen Orten waren sehr gut vorbereitet und besucht. Über 200 Jugendliche empfingen das Sakrament der Firmung, andere die Erste Kommunion. Einige Gruppen waren sehr kreativ in der Gestaltung des Festes.

Pastoralbesuch von Dom Ricardo (Mitte); rechts hinter dem Bischof Josè Wieser, rechts außen Pina

Dies war Ende September. Nicht alle haben nachher weitergemacht. Wir hatten uns mehr erhofft. Tatsache aber ist, dass es noch viel Arbeit und Geduld und Ausdauer braucht. Wir brauchen uns ja wohl auch nicht um die Ernte zu sorgen, sondern nur um die Aussaat.

Heuer machten sich Geldknappheit und Arbeitslosigkeit in tragischer Weise bemerkbar wie vielleicht noch nie, seitdem ich hier bin. In einer solchen Situation könnt ihr euch vorstellen, welch leichtes Spiel die Kandidaten für Bürgermeisterei und Gemeinderat haben. Fröhlich korrumpieren sie, handeln Stimmen für ein Hemd, für einen Kilo Reis, für eine Buskarte. Es herrscht ein

scheußliches Klima von Spannung, Uneinigkeit, auf der Lauer-Sein, dem andern eins Auswischen – harte Probezeit für unsere Gemeinden. Abwarten und Tee trinken, bis zum 15. November. Nach den Wahlen wird sich die Lage langsam normalisieren. Politik ist hier eine Leidenschaft, die Leiden schafft. Argumente zählen nicht. Systematische Arbeit muss erst gelernt werden. Demokratie steht erst (oder schon) auf dem Papier. Allein in unserer kleinen Landgemeinde Tabocas reißen sich sieben Parteien und siebzig Kandidaten um die Gunst der Wähler. Bloß zehn werden ins Gemeindehaus einziehen.
Liebe Freunde, ich lasse es für diesmal bewenden. Es tat mir gut, mit euch zu plaudern. Es ist schön, eure Freundschaft und euer Mitgehen zu kennen. Ich grüße euch alle ganz herzlich. Auch von Pina und Sepp. Macht euch nicht Sorgen um uns: uns geht es recht gut. Pfiat enk Gott! – Ein gesegnetes Weihnachten und einen glücklichen Jahresbeginn!

Euer Luis

Tabocas, Allerheiligen 1989

Liebe Freunde!
Da bin ich wieder, ob ihr's glaubt oder nicht. Mein langes Schweigen war nicht vorsätzlich. Es ist das Ergebnis von Umständen, die größer waren als mein Vorsatz. Dabei hatte ich mir sooo vorgenommen, einmal pro Trimester zu schreiben! Ich merke, wie schwierig es ist, über ein ganzes Jahr zu berichten. So vieles, was mir im Moment schien, ich müsste es mit euch teilen, ist unwichtig geworden, in den Hintergrund getreten. Anderes jedoch erweist sich als hintergründig. Ich will ganz einfach mit euch über ein paar Dinge plaudern, indem ich meine Kalendernotizen zu Hilfe nehme.
Ich lese da, dass ich am neunten Jahrestag meines Pfarreinstandes in Tabocas – Ende August – der Pfarrei fern bin. Ich wache auf. Zaghaft dringt das erste Morgenlicht durch das dreckige Glasfenster. Ich fühle mich so wohlig ausgeruht, obwohl die Knochen vom Liegen auf dem Betonboden schmerzen. Die Kameraden und Kameradinnen schlafen noch. So liege auch ich still da. Was wird wohl aus unserem Gang zum Staatssekretär der Agrarreform? Mich würd's nicht wundern, wenn es ein Bluff wird, wie ja schon der Name eine Lüge beinhaltet, denn einen Willen zur Landreform gibt es offiziell seit Oktober 1988 nicht mehr. Zu diesem Zeitpunkt wurde nämlich die neue Staatsverfassung proklamiert, die jede Landreform abwürgt und eine Welle immer größerer und blutigerer Konflikte zwischen Bauern und Großgrundbesitzern und Militär einleitet ... Jetzt zwitschern einige Vögel. Wie schön! Mitten in der Großstadt Salvador! Mein Nachbar räkelt sich; wäre doch gelacht, wenn ein Bauer diesen Wecker überhörte! Unserem Bitt- und Forderungsgang zu den höchsten staat-

lichen Behörden war einiges vorausgegangen. In den beiden Gemeinden unserer Pfarrei war und ist heuer eine harte Zeit: teilweiser und in manchen Orten völliger Ernteausfall. Regen fiel wenig. Schon im Monat Juni machte sich Wassermangel, insbesondere für das Vieh, bemerkbar. Bauerngewerkschaft, »Movimento Popular« (eine Art Interessenverband der ausgebeuteten Volksschichten) und Kirchengemeinde veranstalteten ein großes Seminar, um Gründe und Hintergründe der Dürrekrise zu diskutieren und um zusammen mit den Gemeinde»vätern« und staatlichen Organisationen Auswege zu suchen. Von den namentlich eingeladenen Gemeinderäten erschienen bloß zwei, von den beiden Bürgermeistern keiner – Enttäuschung unter dem Volk – man gründet eine Kommission – diese fährt 800 km weit in die Landeshauptstadt und beschränkt sich auf zwei Forderungen:
Arbeitseinheiten in allen Dörfern; die Männer sollten Gelegenheit erhalten, zusammen Arbeiten zu verrichten, die später der Gemeinschaft zugute kämen (zum Beispiel Wasserlöcher ausheben, Zufahrtswege ausbessern ...), und sie sollten von der öffentlichen Hand bezahlt werden. So könnten sie im Dorf und bei der Familie bleiben und wären nicht zum Abwandern gezwungen. Zugleich hätten sie einen sicheren Wochenlohn und könnten Lebensmittel für die Familie einkaufen. Die zweite Forderung war, Samengut zu erhalten, ohne das viele nicht säen könnten. Bohnen zum Pflanzen erhalten wir über die Caritas. Mit der ersten Forderung sind wir, wie könnte es auch anders sein, abgeblitzt. Es war ein stundenlanges »väterliches« Gerede des Staatssekretärs, um uns zu sagen, dass er nicht helfe. Ich war aus Solidarität mit meinen Bauern und Bäuerinnen mitgekommen. Zum Schluss fragte ich ihn, ob die Regierung guten Gewissens zusehe, wie Tausende von Familien Hunger litten und Hunderte an Unterernährung stürben – er nickte »Ja«. Zu sprechen getraute er sich nicht, da mein Tonbandgerät lief. Ein Nebenprodukt unserer Petitionsreise war, dass wir in Erfahrung brachten, dass für beide Gemeinden bereits Katastrophengeld flüssig gemacht worden war. Es war nicht viel, aber sinnvoll eingesetzt konnte es einige Not lindern. Niemand wusste davon. Die Bauerngewerkschaft hat es jetzt publik gemacht und Mitsprache in der Anwendung gefordert. Ihr hättet die Reaktion sehen sollen, es war die eines Hundes, der einen Fleischbrocken gestohlen hat und ihn nun mit Gebell und Gebiss nach allen Seiten verteidigt. Einige Prankenhiebe hat natürlich auch die kirchliche Gemeinde abbekommen.
In den letzten Maitagen waren Bischof Wilhelm Egger und Dr. Josef Innerhofer bei uns in Tabocas. Der Besuch war sehr kurz, aber für mich und unsere Leute ein sehr tiefes Erlebnis. Auch Sepp Wieser, der im Februar eine eigene Pfarrei übernommen hat, ist gekommen. Ihr Freunde in Südtirol habt ja durch Fernsehen und Presse einiges erfahren. Ich will mich also hier nicht in Schilderungen ergehen. Der Besuch unseres Bischofs war und ist für mich ein

menschliches Zeugnis. Er kam im Namen der Christen Südtirols. Ihnen fühle ich mich jetzt mehr verbunden. Wenn mir auch nur ein kleiner Teil persönlich bekannt ist, bin ich angerührt durch die Tatsache, dass wir in einer äußerst realen Weise Brüder sind. Brüder wissen und dürfen umeinander wissen, füreinander beten, miteinander teilen, glauben, hoffen und kämpfen, damit diese kleine Erde eine Erde werde, wo es gut zu leben ist – für alle und nicht nur für privilegierte Minderheiten.

Hoher Besuch aus Südtirol; von links: Melania, Luis, José Wieser, Bischof Wilhelm Egger und Josef Innerhofer

Ich sehe hinter diesem Bischofsbesuch die kleine Zahl der Frauen und Männer, die sich rufen lassen für einen Missionseinsatz, aber auch die große Zahl derer, die Missionare sind im eigenen Volk. NICHT ALLEIN, sondern gemeinschaftlich: durch einfachen Lebensstil, durch Sympathie für die Armen und Empathie für die Ausgeschlossenen, durch unermüdlichen Einsatz für Gerechtigkeit und Frieden auch jenseits aller Gartenzäune, durch freches Beten um Gerechtigkeit, wie das der Witwe in Lukas 18. Ich bin glücklich zu wissen, dass gerade Jugendliche (in Missions-, Selbstbesteuerungs-, Dritte-Welt-, Friedens- und anderen Gruppen) solche neuen Wege der Mission im eigenen Haus gehen oder, wenn ihr wollt, alte Wege neu gehen. Weiters war Bischof Wilhelms Besuch – diesmal stark an seine Art mit Menschen umzugehen gebunden – für mich Bestätigung, wie wichtig es für die Kirche der Gegenwart und Zukunft ist, vom Zentrum in die Peripherie zu gehen, Kirchen- und Gotteserfahrungen anderer ernst zu nehmen, zuhören zu können, dynamisch zu bleiben oder zu werden. Noch eines ließ mich angenehm angerührt sein: die einfache und umwerfende Freundschaft unseres Volkes zum Bischof: Er ist der Heimatbischof von Padre Luis, Padre Luis arbeitet mit uns und ist unser Freund, also ist es auch der Bischof und seine Lokalkirche. Und so haben sie mit einfachsten Mitteln, aber mit großer Freude »ihr« Fest des Bischofsbesuchs vorbereitet und gestaltet. Es wurde »unser« Fest. Wir in Barreiras sind zehn Jahre Diözese. In einer großen Versammlung haben wir Gott gedankt und gelobt, aber auch den Geist befragt, was wir tun müssen.

Wie wichtig ist es für die Kirche, vom Zentrum in die Peripherie zu gehen, Kirchen- und Gotteserfahrungen anderer ernst zu nehmen, zuhören zu können …

Die sozio-politische Situation – treues Spiegelbild Gesamtbrasiliens – ist nicht rosig. Unvorstellbare Kontraste kennzeichnen sie: Agrarbusiness und Primitivlandwirtschaft, Latifundien und Minibetriebe, Landflucht und hektisches Anwachsen und Verelenden der Stadtrandgebiete; reiche Minderheit mit american-way-of-life und unwürdige Behausungen mit Unterernährung der Massen; politische Mitbestimmung auf dem Papier und in der Praxis zum Schweigen und Leid verurteiltes Volk; laut Gesetz Schule für alle, in Wirklichkeit ist jeder zweite Analphabet; bei Krankheit Gratisbehandlung, aber erst 800 km entfernt und wann es die Warteliste erlaubt. Die religiöse Realität braucht neue Antworten: Dörfer, die zum ersten Mal einen Priester sehen, ein Gutteil der Landbewohner, die vielleicht dreimal im Jahr Eucharistie feiern können, religiöse und auch moralische Unwissenheit, riesige unwegsame Entfernungen, massiver Einbruch fundamentalistischer Sekten, traditionelle Pastoralmethoden, die in säkularisierter und urbanisierter Gesellschaft unwirksam werden, geringe Zahl an Priestern (19 für 300.000 Einwohner auf 72.000 km^2) und Pastoralhelfern und Pastoralhelferinnen.

Bei einer Hochzeit in Tabocas

Wenn ihr diesen Brief in Händen habt, hat Brasilien einen neuen Präsidenten. Zum ersten Mal nach 30 Jahren und einer langen Periode von Militärregimen wählen die Brasilianer auf demokratische und direkte Weise ihren Staatschef. 22 Kandidaten bewerben sich. Von Scharlatanerie bis ernstem politischen Ringen wird alles aufgetrieben, um zu gewinnen. Wer schließlich gewinnt, der hat's nicht leicht, denn er kriegt ein völlig abgewirtschaftetes, verschuldetes und zerrüttetes Brasilien in den Schoß gelegt.
Ich will nun gehen und den Brief einwerfen, jedoch für fünf Minuten schließe ich die Augen. Ich will jeden Einzelnen von euch sehen, mit jedem Einzelnen mich freuen, weinen, für jeden Einzelnen und allen zusammen dem Vater danken. Ich grüße euch ganz herzlich.
Ich weiß mich mit euch verbunden in Freundschaft und Gebet.

Euer Luis

PS: Der Sr. Felixine Kofler CSSR einen ganz lieben Dank, dass sie über all die Jahre den Rundbrief mit so viel Sorgfalt verschickt hat. Sie ist nun als Oberin im Generalrat in Rom, sozusagen auch in Mission. Wir wünschen ihr alles Gute für die neue Aufgabe.

Tabocas, 1. Adventsonntag 1990

Liebe Freunde!
Vielleicht habe ich Glück, so dass dieser Brief noch zu Weihnachten bei euch ist. Weihnachten ist ein Fest, an dem unser Glaube geprüft wird. Es lehrt uns den Blick von unten. In alten Weihnachtsdarstellungen liegt das Kind auf dem Erdboden, in den improvisierten »Krippen« unserer »campesinos« ebenso. Gott kam durch Maria nieder, mehr noch: er kam tiefer. Er wechselt seinen Platz. Er will uns nicht länger von oben her sehen. Er will uns von unten sehen: er will hautnah unser Leben und Leiden teilen, und nicht bloß zuschauen, wie wir leben und leiden. Das ist Anlass genug, dass wir uns freuen und dass wir danken. Das ist aber auch unüberhörbare Herausforderung, dass wir den armen Bruder und seine Welt nicht länger von oben her sehen, sondern tiefer gehen: mit ihm fühlen und empfinden, vor allem aber teilen. Dieses Weihnachten wünsche ich euch, wünsche ich uns. Mit dem Kind, das am Boden liegt, wollen wir aufsehen und durch Ihn die Hoffnung kennen lernen, die aufrichtet!

Kühlendes Nass, Traum und Sehnsucht vieler

Ich komme gerade von einer Außenstation zurück über relativ gute Straßen. Nur musste ich da unten weit über eine Stunde lang warten. Sämtlicher Verkehr ist im Lehm des Straßenumbaus hängen geblieben. Und dies weil es, sage und schreibe, eine ganze halbe Stunde lang geregnet hat. Seit April hat es nicht mehr geregnet – die beste Zeit, Straßen zu bauen. Aber nein, man fängt jetzt an, wo der Regen einbricht und mit absoluter Sicherheit alles im Dreck stecken bleibt. Verständlich ist das nur für einen, der schon lange Zeit hier lebt. Jetzt nämlich gibt es politische Wahlen, und da muss der Staat – oder besser die Regierungspartei – zeigen, wie sehr er beziehungsweise sie für das Gemeinwohl arbeitet; etwas klarer gesagt: wie viele Milliarden für Stimmenfang ausgegeben werden. Sind die Wahlen dann vorbei, bleibt alles wieder beim Alten. Nur hat der kleine Anrainer gesehen, welch gewaltige Maschinen und welch gigantische Projekte sein geliebtes Vaterland hat und welch große Taten es verwirklichen könnte. Und von dieser Kost muss er leben bis zu den nächsten Wahlen. Unser Regierungspräsident ist im März angetreten mit dem Plan, Brasilien in kurzer Zeit zu einer Erste-Welt-Nation zu promovieren. Seine Arroganz ist unerträglich und wird ständig Lügen gestraft. Schon in der ersten Regierungsnacht hat er fast sämtliche Ersparnisse in den Banken für anderthalb Jahre eingefroren; nur: wenige Monate später waren über 80 Prozent des Geldes wieder flüssig; wie zu erwarten: das Geld der Unternehmer, Großgrundbesitzer, Großhändler. Bis dato ein- und zugefroren bleiben die Sparbüchlein der Kleinsparer: Millionen von Arbeitern, Bauern, Angestellten, die dadurch auf Eigenheim, Mietwohnung, Kühlschrank und millionenfach auf ein »anständiges« tägliches Brot verzichten müssen. Und die Rentner? Isaura sagte mir heute, ihre Rente reiche kaum für Mandiokamehl, Bohnen, Maccaroni, Kaffee, Brot, Milch, Fleisch – seit langem habe sie aufgegeben, davon zu träumen. Was Wunder, dass mit dieser Kost alle Welt krank und die Pharmazeutik einer der lukrativsten Industriezweige ist. Vor 40 Jahren wurde in Brasilien das Mindestgehalt gesetzlich eingeführt. Jeder Arbeiter hat das Recht, seine Grundbedürfnisse: Essen, Trinken, Wohnen, Gesundheit, Schule zu befriedigen. Heute hat der Mindestlohn noch 22 Prozent der Kaufkraft von damals. Konnte der Arbeiter damals damit 491 Liter Milch oder 93 kg Fleisch kaufen, so heute nur mehr 159 Liter Milch oder 15,2 kg Fleisch. Dass unsere neue Regierung – die erste direkt und demokratisch gewählte – rundherum ein Bluff ist, beweist auch ihre Indianerpolitik. Hat doch Präsident Collor in seinen ersten Regierungswochen eine Reihe geheimer Landungspisten der Goldsucher im Amazonasurwald in die Luft sprengen lassen, dabei aber verschwiegen, dass viele Dutzende anderer weiterbestehen ... und heute sind auch die gesprengten wieder intakt. Seine Indianerpolitik ist, trotz gegenteiliger hochheiliger Beteuerungen, auf Ausrottung oder Integration der Indios in die westliche Kultur und Wirtschaft aus; das zweite bewirkt aber genau das erste. Der totale Kampf wurde der Inflation angesagt. In diesen Kampf riss das Wirtschaftsteam der Regierung das ganze Volk mit – auf Biegen und Brechen. Die Opfer, die das Arbeitervolk dafür brachte, sind hoch: Verdoppelung der Arbeitslosen, Zehntausende von Entlassungen aus den öffentlichen Ämtern, Stagnation fast aller Wirtschaftszweige, erschreckendes Anwachsen der Gewalt in den Favelas und auch auf dem Land. Wer den fetten Rahm abschöpft, sind wieder einmal die seit immer schon Reichen und Einflussreichen: Für sie ist das gegenwärtige Brasilien ein Traumland. Kürzlich habe ich im Fernsehen gesehen, wie der Präsident auf dem Weg in den Regierungspalast an einer Frühlingsblume gerochen hat: Fast rennend zur Arbeit hat er sich Zeit genommen, der Nation ein Beispiel zu geben; jeden zweiten Tag wird er beim Radeln oder einem anderen Sport gezeigt; dann wieder, wie er höchstpersönlich im Supermarkt Preise vergleicht; dann wieder, wie er einen alten zittrigen Mönch um den Segen bittet.

Ich entdecke Gott nicht oben, wo Politiker und Satte nur an sich selber Interesse haben, wohl aber unten, wo Arme noch Solidarität kennen; Hungernde noch teilen können; Ausgebeutete nicht wieder ausbeuten.

Im Wahlkampf, den er auf unmoralische Weise geführt hat, war mein ständiger Eindruck, dass der Präsident ein Produkt der Massenmedien ist, der mit allen niederen und höheren Gefühlen des Volkes spielt, und diesen Eindruck habe ich heute noch. Mit einer ungeheuer raffinierten Maschinerie an Propaganda und Augenauswischerei wird das Volk für blöd ausgegeben oder aber für blöd verkauft. Gegen diesen Eindruck kommt auch das angeberische Alphabetisierungsprogramm nicht an, das die Regierung im Oktober geboren hat. Auf dem Papier gar nicht schlecht, aber in Wirklichkeit ein weiterer Bluff. Auf dasselbe gehen die vielen Programme der Gewaltbekämpfung hinaus: Wie kann man Gewalt bekämpfen, wenn man Hunger, Arbeitslosigkeit, Favelisierung der Städte produziert? Wie in anderen Bundesstaaten haben auch in Bahia bei den Wahlen im Oktober die reaktionären Elemente den Sieg davongetragen; ich sehe ungute Zeiten voraus. Viele Senatoren und Abgeordnete sind Kinder der Militärdiktatur und als solche wiedergewählt worden. Allen voran unser Governador, der schon einmal Bahia regiert hat und schon damals und seither bis heute bewiesen hat, dass er ein ungeheuer autoritärer Knochen ist. Nichts und niemand wird ein Wort zu sagen haben – und so was nennt man hierzulande partizipative Demokratie! Freilich muss gesagt werden, dass bei diesen Landeswahlen ungefähr jeder dritte Brasilianer den weißen Stimmzettel abgegeben hat, Ausdruck der Überdrüssigkeit und der Sattheit, ewig ausgenützt zu werden.
Aber jetzt, liebe Freunde, ist es an der Zeit, dass ich zu meinem ersten Absatz über Weihnachten zurückkomme. Ich entdecke Gott nicht da oben, wo Politiker und Satte nur an sich selber Interesse haben, wohl aber da unten, wo die Folgen durchgelitten werden. Hier entdecke ich Arme, die noch Solidarität kennen; Hungernde, die noch teilen können; Analphabeten, die die Zeichen der Zeit zu entziffern vermögen; Obdachlose, die gastfreundlich sind; jeder Hoffnung Beraubte, die ein weiteres Pflänzchen Hoffnung hegen; Ausgebeutete, die nicht wieder ausbeuten. Wo solches geschieht, ist Weihnachten geworden, und da singen wie damals wohl auch heute Gottes Engel.
Aus meiner kleinen Pfarrwirklichkeit ein paar Illustrationen dazu: Ihr könnt euch vorstellen, dass es uns am Herzen liegt, die Pfarrei einigermaßen gehfähig zurückzulassen. Umso mehr, als bestimmt einige Zeit vergeht, bis ein Nachfolger gefunden wird. So sind diese Monate vollgestopft mit Organisations- und Ausbildungsarbeit. Es tut ausgesprochen gut zu sehen, dass Dutzende von Leuten bereit sind mitzuhelfen und einen kirchlichen Dienst zu übernehmen. So ist jetzt in allen Pfarrsprengeln ein Team eingesetzt, Eltern und Paten für die Kindertaufe vorzubereiten. Jugendliche unterrichten Jugendliche in den Firmgruppen. Ein pfarrliches Finanzierungssystem fasst Fuß; es ist auf freiwilliger Mitarbeit der Armen (denn die Reichen beißen bei solchen Sachen nicht an) aufgebaut, lehnt sich an den biblischen Zehnten an

und müsste größtenteils oder völlig die pfarrliche Autonomie in finanziellen Dingen garantieren. Die Frauenbewegung ist auffallend stark gewachsen; das, was wir Jahresprogramm der brasilianischen Kirche nennen könnten, hat mit seinem heurigen Thema über die Frau positiv dazu beigetragen. Das Bauernsyndikat hat sich fast völlig von der Pfarrei freigeschwommen, im positiven Sinn, und arbeitet mit viel Idealismus. In der politischen Erziehung helfen wir vom Pfarrteam noch stark mit; mit dem Ausschuss der Arbeiterpartei und anderen Interessierten halten wir ab und zu ein Studienwochenende zur Geschichte Brasiliens, zur politischen Lage und zu den politischen Geschäften in der Gemeinde ab. Ich hoffe, dass es bei den nächsten Gemeindewahlen gelingt, neuen Wind und neue Leute in die Verwaltung zu bringen.

Ein Huhn zum Abschied

Noch etwas, liebe Freunde: Sollte es mir nicht möglich sein, persönlich zu schreiben, wenigstens denen, bei denen ich in Briefschuld bin, so verzeiht mir das bitte und ... versteht diesen Brief als eine persönliche Plauderei, auch wenn er kaum Persönliches enthält. Ich spüre den Drang, euch noch tausend Dinge zu erzählen. Aber das überstiege den Sinn dieses Rundbriefes und würde auch nach Egoismus riechen – so als ob hier bei uns der Nabel der Welt wäre.

Ich hoffe sehr und freue mich darauf, dass wir uns in den Ferien wiedersehen werden und ein Zeitchen füreinander finden. Fürs neue Jahr wünsche ich euch die Huld Gottes und dass Seine Liebe euch begleite und spürbar sei an jedem Tag.

In Freundschaft,

euer Luis

Salvador da Bahia, Fastenzeit 1992

Liebe Freunde!

Wie's dem Mädchen mit seinen Haaren erging, so ergeht es mir mit meinen Gedanken. Ich habe es auf der Straße beobachtet: Seine langen losen Haare, zerzaust vom Winde, flatterten ihm um den Kopf. Es hatte ständig Mühe, sie zu fassen. Genauso das Spiel meiner Gedanken und Erinnerungen: Es gelingt mir nicht, sie zu »fassen«, zu bündeln, in einen Brief zu stecken ... Trotzdem

will ich es versuchen, weil ich euch teilhaben lassen möchte an meinen Erlebnissen dieses vergangenen Jahres.
Anfangs Mai bin ich aus Tabocas weggegangen, auch meine Mitarbeiterin Pina. Es war ein Abschied, der wehgetan hat. Viele Leute haben die Tränen nicht zurückhalten können, andere sind nicht zum Dankgottesdienst gekommen, weil sie es nicht ausgehalten hätten, wie sie sagten. Ich habe in Tabocas mehr als zehn Jahre gearbeitet. Jahre, vollgestopft mit Freuden und mit Leiden, mit Aufbauarbeit und Versuchen, eine Kirche zu werden und zu sein, die tief verwurzelt ist im Volk, in seinen kulturellen, sozialen, familiären und religiösen Gegebenheiten. Besonders die letzten zwei Jahre waren ganz darauf ausgerichtet, die Pfarrei so zu organisieren und zu dynamisieren, dass sie auch ohne Priester lebens- und wachstumsfähig ist. Es war eine große Freude zu erleben, dass Dutzende von Frauen, Männern und Jugendlichen sich begeistern ließen und heute eine missionarische Pfarrei garantieren. Höhepunkte seelsorgerlicher Freude waren in den letzten Monaten unserer Präsenz die Priesterweihe des Antonio, eines dunkelhäutigen Bauernsohnes von hier, der Ordenseintritt von vier Mädchen unserer Pfarrei und die Teilnahme von elf Animadores (Gemeindeleitern) an einem Fortbildungskurs auf nationaler Ebene, dem besten und intensivsten, den die brasilianische Kirche anbietet.

Kind in einem Vorort von São Paolo

Einige Freunde hier und in der Heimat haben uns gesagt: Wie könnt ihr bloß die Leute allein lassen? Ich nehme diese Frage durchaus ernst, aber es scheint mir, dass sie nicht richtig gestellt ist. Die Leute bleiben nicht allein; sie bleiben (bloß) ohne residierenden Pfarrer, der einen Dienst unter vielen getan hat. Sie bleiben nicht allein; sie haben gelernt, miteinander Kirche zu sein – in einem Netz von kleinen Gemeinden. Sie bleiben nicht allein; der Geist Gottes, den wir dort schon bei unserer Ankunft am Werke fanden, führt sein Werk garantiert auch in unserer Abwesenheit fort. Wir wollten ja schließlich nicht »unser Werk« schaffen, sondern Handlanger am »Werk Gottes« sein.
Im Sommer habe ich sehr bereichernde Ferien in Südtirol gemacht, mit einigen Abstechern in Nachbarländer. Es hat gut getan, die Familien meiner Geschwister und viele Freunde wiederzusehen. Es waren mir viele bereichernde Begegnungen und erholsame Bergwanderungen gegönnt. Die Erinnerung an eure Freundschaft trage ich in mir. Diese wurde greifbar in vielen Zeichen der

Solidarität. Meinen herzlichen Dank. Ich hätte ja so gern euch alle getroffen, aber leider war es nicht möglich.
Dann kamen die vier Monate Fortbildungskurs in São Paulo – Brasilien. Insgesamt waren wir 40 Leute aus zwölf lateinamerikanischen Ländern, gut gemischt zwischen Frauen und Männern, Einheimischen und Ausländern, Alt und Jung, zwischen Laien, Schwestern und Priestern aus vier Konfessionen; alle aber Bauleute einer besseren Welt, in der Geschwisterlichkeit und Gerechtigkeit, Menschenwürde und Lebensqualität die Grundfarben abgeben. Ich sehe noch vor mir den Luciano: nach grausamer Tortur, er und seine Frau, ins politische Exil gezwungen. Ich erinnere mich, wie Jacobo aus Guatemala erst nach Wochen erzählt hat, dass am Tage seiner Abreise zum Kurs drei seiner Pastoralhelfer mitten auf dem Dorfplatz niedergeschossen wurden, weil jemand der Militärpolizei »weisgemacht« hat, dass es staatsfeindlich und umstürzlerisch sei, Leute zum Bibelgespräch und zum Gebet zusammenzurufen. Ich lernte den Carlos aus El-Salvador kennen, einen lutherischen Pastor, der mit der Guerilla arbeitet und Don Romero gekannt hat. Seit Bischof Romeros Ermordung vor zehn Jahren sind 60.000 El-Salvadorianer den gleichen Weg des Martyriums gegangen. Mir klingen noch in den Ohren und im Blut die Lieder der Arelis, des lebenshungrigen Negermädchens aus der Dominikanischen Republik. Und erst die Schwester Edda, kastilianisches Gesichtsprofil, die mehr Begeisterung als Persönchen war für ihre kolumbianischen Amazonasindianer! Ich sehe unseren »Patriarchen« vor mir, einen ehemaligen französischen Arbeiterpriester, der dann jahrzehntelang im Nordosten Brasiliens tätig war und jetzt in einer zeugnishaften Armut und Einfachheit unter den Ärmsten in einer Favela lebt. Dann die Frauen aus Nicaragua, die ihr Leben der sozialistischen Revolution verschrieben hatten und jetzt in neuen Verhältnissen dieselben Ideale leben wollen. Alle diesen KumpanInnen sind der größte Reichtum des Kurses. Ihr Zeugnis und ihre Kraft zu leiden und zu hoffen fordern mich heraus, noch viel mehr Weggenosse der getretenen lateinamerikanischen Völker zu werden.

Modernste Entwicklung und skandalöse Armut wohnen, beziehungsweise vegetieren hier zusammen. ... für meine Begriffe kann hier nicht gelebt, bestenfalls vegetiert werden.

Aber noch viele andere gute Dinge hat dieses »Erneuerungsbad« des Kurses (für mich nach 25 Priesterjahren) gebracht. Für mich Provinzler war das Leben in der Metropole São Paulo mit ihren 14 Millionen Einwohnern eine ununterbrochene Herausforderung. Fast nichts von meinem bisherigen gesellschaftlichen Koordinaten- und Orientierungssystem stimmt mehr. Modernste Entwicklung und skandalöse Armut wohnen, beziehungsweise vegetieren hier zusammen. Für mich persönlich war der größte Schock ein Besuch (bloß ein Besuch!) in den »corticos« – den Hinterhöfen alter, aufgelassener und heruntergekommener Gebäude im Stadtzentrum, die für gutes Geld vermietet werden. In einem dieser Häuser wohnen siebzehn Familien. Sie teilen den einzigen Wasserhahn, ein Waschbecken, ein nicht funktionierendes Bad. Pro Familie langt es für einen Raum oder Korridor in der Größe eines Zimmers. Dort sind untergebracht: Elternzimmer, Kinderzimmer, Stube, Küche, Abstellraum und alles, was die Familie »besitzt«. Für meine Begriffe kann hier nicht gelebt werden, bestenfalls vegetiert. Die Klosterfrau und der Priester, die hier arbeiten, haben uns erklärt, dass diese »corticos« tatsächlich Brutstätten von Brutalität und Gewalt sind. Wen wundert es?

Besuch in einer Favelahütte

Aber wir sind hier auch Frauen begegnet, die diese »untermenschliche« Situation mit Würde tragen, und Kindern, die lachen und hüpfen vor Freude. Ich habe verstanden, dass die Kinder und auch die Erwachsenen auf der Straße »zuhause« sind, denn hier herinnen geht es wirklich nicht. Um einiges besser fand ich die Situation in den Favelas. In einer Pfarrei mit ihren sieben Kirchen haben Pina und ich einen zehntägigen Praxiseinsatz gemacht. Favelas oder Slums sind Stadtrandsiedlungen. Hier häufen sich auf engstem Raum unzählige Baracken. Deren Besitzer wohnen fern vom Arbeitsplatz, aber sie müssen keine Miete zahlen. Diese ist für eine Arbeiterfamilie unerschwinglich, reicht das Gehalt doch nicht einmal für das tägliche Brot. Andere Familienchefs, man spricht von drei Millionen nur in São Paulo, sind arbeitslos.

Ich bin einem Mann begegnet, der in einem der größten Autowerke gearbeitet hat, aber das Gehalt reichte nicht für das Allernotwendigste. Heute verkauft er Trödeleien an der Straßenecke – und verdient mehr. Ich lese, dass die Volkswirtschaft Brasiliens zu fast 50 Prozent Untergrundwirtschaft ist, Schwarzmarkt. Familienväter, Männer in der Vollkraft der Jahre, verkaufen auf irgendeinem Gehsteig Plastikpuppen oder anderes unnützes Dingsda, produziert von der kapitalistischen Industrie, um den Armen das Geld aus dem Sack zu ziehen, das sie nicht haben.

Ich sehe auf meinen Gängen durch die Favelas abgrundtiefes Elend und unmenschliche Demütigung der Arbeiterklasse. Aber all das und mehr ist nicht in der Lage, in diesen Menschen den Lebenswillen zu töten oder die Hoffnung auf eine bessere Zukunft. Sie sind noch imstande, sich zu begeistern für das, was zählt. Sie haben die Fähigkeit zu teilen und die Fröhlichkeit des Herzens zu erhalten. In ihnen wird Jesus jeden Tag neu geboren und mit ihnen wirkt er Wunder auch heute. Wie sollte es auch anders sein als damals? Nicht in einem Kaiserpalast in Rom und nicht in einer Hohepriesterresidenz in Jerusalem kam er zur Welt – theologisch wäre es dieselbe Menschwerdung –, sondern in der Peripherie der peripheren Stadt Bethlehem des peripheren Landstrichs Judäa, unter Armen, Randexistenzen und Wanderern.

São Paulo ist das kranke, dilatierte Herz Brasiliens, aber auch das Herz, das starke und immer neue Lebensimpulse gibt. Dort ist die Zentralstelle vieler Bürgerinitiativen (»Movimento Popular«). Aus meiner Sicht der Dinge fällt diesen eine äußerst wichtige Rolle zu, heute schon und noch mehr morgen. Der Übergang von den Militärdiktaturen zu Demokratien ist hier in Lateinamerika höchstens auf dem Papier passiert. Faktisch ist es eine seismische Zeit, die Wellen sozialen Elends für die Volksmassen zeugt, begleitet von politischer Unfähigkeit und Korruption der Führungsschichten. Es ist die Stunde und die Chance des »Movimento Popular«, zu neuem Bewusstsein zu erwachen, sich zu organisieren, echte Demokratieerfahrungen an der Basis zu machen und so zu einer politischen Umgestaltungskraft zu werden. Ich habe zum Beispiel einer Sitzung beigewohnt, auf der die Vertreter des »Movimento Popular« sich dranmachten, eine Bundeszentrale zu gründen. Es war und ist ergreifend zu sehen, wie Gruppen, Initiativen, Einzelne, Gemeinschaften, allesamt den armen Volksschichten zuzurechnen, Geld zusammengeschossen haben, um Reisen, Propagandazettel, Informationsschriften usw. zu finanzieren (durch Straßenverkauf von selbstgenähten Kleidungsstücken, selbstgebackenen Brötchen, wiederverwertetem Müll, Versteigerungen, usw.). Während dieses unseres Praxiseinsatzes habe ich bei einer Unterschriftensammlung mitgeholfen. Die »Bewegung für die Wohnrechte der Favelabewohner« organisierte eine Nationale Karawane in die Bundeshauptstadt, um vom Bundeskongress sozialere Wohngesetze zu erzwingen. Eine Million Unterschriften wurden in Handkarren aufgefahren.

Die Armen sind nicht faul, unmoralisch, gewalttätig ... Die Armen sind nicht schlecht, wohl aber schlecht dran!

Schon in den ersten Tagen unseres Kurses hat jemand im Vortragssaal groß an die Stirnwand geschrieben: »Die Hoffnung ist nicht umzubringen«. Und als ob es vereinbart worden wäre, blieb die Schrift erhalten bis zum letzten Kurstag. Es liegen wirklich Geheimnis und Kraft in der Hoffnung der Entrechteten und Verarmten: Wir Kinder des Wohlstandes können sie oft nur feststellen und bewundern, aber nicht verstehen.

Seit vier Monaten wurde der Mindestlohn nicht erhöht, obwohl die Inflation monatlich ungefähr 20 Prozent der Kaufkraft frisst. Gestern habe ich mir eine Flasche Bier geleistet. Das Bier hat sehr bitter geschmeckt, denn ich habe zu rechnen angefangen. Hier das Resultat: Wer ein Mindestgehalt bezieht (und

viele Arbeiter müssen mit weniger auskommen!), kann sich täglich eine und eine halbe Flasche Bier leisten und sonst gar nichts mehr. Do frogsch di, gib's dös!?
Von der Gewalttätigkeit und den vielen Ermordeten in den Favelas und anderswo will ich euch nicht schreiben ... Da informiert das europäische Fernsehen bestimmt bestens. Tragisch ist in diesem Zusammenhang, dass es dort und hier noch Menschen gibt, die überzeugt sind, dass die Armen faul sind, unmoralisch, gewalttätig, schlecht ... Die Armen sind nicht schlecht, wohl aber schlecht dran!
Nach Kursende ergab sich die Gelegenheit, den Süden Brasiliens kennen zu lernen. In Landschaft, Kultur und Leuten ist er sehr verschieden von unserem Nordosten. Ich bin durch Gegenden gefahren, die man mit unserem Alpenvorland verwechseln könnte. Ich habe in Küchen gesessen, die die meiner Mutter in den fünfziger Jahren gewesen sein könnten. Ich habe dort auch das Team kennen gelernt, das das ökumenische Großtreffen der Basisgemeinden für 1992 vorbereitet. Dieses Treffen ist zusammen mit der Lateinamerikanischen Bischofskonferenz in diesem geschichtsträchtigen Jahr 1992 das größte kirchliche Ereignis unseres Subkontinents.
Wenn ihr bis hierher die Geduld hattet zu lesen, wird euch, liebe Freunde, wohl noch interessieren, wie es mit mir weitergeht. Wir, Pina und ich, wollen in Salvador, der Landeshauptstadt von Bahia, in einer Favela arbeiten. Wir haben bereits mit dem dortigen Bischof gesprochen. Freilich wird noch ein Zeitchen verrinnen, bis endgültig feststeht, wo genau wir arbeiten und welches unsere pastoralen Vorzugsbereiche sein werden. Auch ist hier im Jänner alle Welt in Ferien. So nutzen wir die Zeit, um einige Freunde in anderen lateinamerikanischen Ländern zu besuchen und vor allem gelungene Versuche von Slum-Seelsorge kennen zu lernen.
Zu den Weihnachtsfeiertagen waren wir »zur Aushilfe« in Tabocas, bei unseren lieben alten Freunden. Es waren wunderschöne Tage, die uns viele und liebe Begegnungen schenkten und auch die Zufriedenheit zu sehen, wie das Pfarrvolk weitermacht und weitergeht, mit Kreativität und Ausdauer.
Der liebe Gott hat in seinem Kalender bestimmt schon vorgemerkt, was uns an jedem Tag des neuen Jahres zugedacht ist. Wir können wunderlich sein. Besser ist, wir glauben, dass es Gutes ist, und bitten, dass wir es in Seinem Licht zu lesen verstehen. Dies bitte ich für uns alle – und danke, dass 1992 ein Jahr des Heiles sein wird.
Pfiat enk Gott!

Euer Luis

Es ist nicht schlimm, dass es nur langsam hell wird.
Die Blumen haben keine Eile, genauso wenig die Früchte.
Sie wissen, dass der Minuten Langsamkeit
mehr Süße bringt im Herbst, der kommen muss.
Also ist es gar nicht schlimm,
dass langsam der Tag die Nacht niederringt
in ihren westlichen Reichen.
Was uns zu tun bleibt ist
die Augen auf und trocken zu halten –
und der Wille aufzuwachen.

Liebe Freunde!
Dieser Vers eines Poeten ist in der Rundherumkrise unseres lateinamerikanischen Kontinents gesprochen und vermittelt Hoffnung und Mut, in den Schwierigkeiten zu bestehen. Auch für mich persönlich ist er eine Herausforderung. »Der Minuten Langsamkeit« war derart, dass wir acht Monate lang auf Arbeit warten mussten. Ich sage »wir«, weil die italienische Entwicklungshelferin Pina auch hier in Salvador mit mir arbeitet. Viele von euch kennen sie bereits.
Es hat also gedauert, obwohl wir bereits eineinhalb Jahre vorher unser Vorhaben den hiesigen kirchlichen Oberen mitgeteilt haben. Aber jetzt wissen wir, wo wir hingehören. Der »bairro« (Vorstadtort) der Landeshauptstadt heißt Cajazeiras. Hier arbeiten wir mit einem jungen Pfarrer zusammen. Er kommt aus Fulda. Er hat uns sehr freundlich aufgenommen. Sofort konnten wir ein leerstehendes Haus besetzen. In der Pfarrei, die erst vor drei Jahren errichtet wurde, wohnen etwa 150.000 Menschen. Von den sieben bestehenden »comunidades« übernehmen wir pastorale Verantwortung für vier – mit dem Gedanken, später Bildungsarbeit auf pfarrlicher und überpfarrlicher Ebene zu leisten und uns um die Menschen in den »invasões« (illegale Landbesetzungen) zu kümmern; von diesen bestehen in unserer und der Nachbarpfarrei bereits ein Dutzend. Und sie werden wachsen. Diese unsere Wohngegend besteht aus Wohnblöcken, Einzelhäusern und Baracken. Sie wurden nach einem Landesprojekt gebaut: sehr billig, sehr eng und sehr unzureichend. Aber im Vergleich zu zentraleren Armenvierteln haben wir mehrere Vorteile: Es ist etwas ruhiger und weniger gewalttätig, es gibt mehr Raum und mehr Grünes. Nachteilig ist die große Entfernung zum Stadtzentrum oder Arbeitsplatz (eineinhalb Stunden Busfahrt ist ziemlich normal) und das Fehlen der öffentlichen Dienste (für 300.000 Menschen gibt es keine Bank, nur eine Polizeistation und seit neuestem ein Postbüro).

Die Familien kommen aus dem Landesinnern, vertrieben von Dürre oder Großgrundbesitzern, auf der Suche nach Arbeit oder angelockt durch die Reize der Großstadt. Andere siedelten aus anderen Stadtvierteln um, verdrängt durch die hohen Mietpreise. Andere wiederum, weil sie sich eine etwas ruhigere Wohngegend aussuchen wollten. Es ist also eine zusammengewürfelte Gesellschaft, wo der eine dem anderen fremd ist. Und jeder ist so sehr mit seinem und seiner Familie Überleben befasst, dass wenig Zeit und Wille besteht, zwischenmenschliche und soziale Beziehung aufzubauen. Hier, in diesem Vorfeld der Religion, tut sich auch für die Kirche eine wichtige Aufgabe auf: die Menschen annehmen, zusammenbringen, ernst nehmen, neue Heimat schaffen und Freund sein.

Die zahlenmäßig wenigen Leute, die zu den religiösen Veranstaltungen kommen, haben viel guten Willen. Sie haben uns mit Freude an- und aufgenommen. Dies ist bestimmt die beste Basis, dass auch ein gemeinsames Arbeiten und Gemeindebauen möglich sein wird. Es wurde beschlossen, eine Art Volksmission durchzuführen, die sich über ein halbes Jahr erstrecken soll. Ich hoffe, dass es auf diese Weise gelingt, viele Leute anzusprechen und sie an der christlichen Gemeinde zu interessieren.

Vor zwanzig, teilweise noch vor zehn Jahren, war die ganze Gegend noch Dschungel. Aber nicht nur hier, sondern auch an vielen anderen Stellen ist Salvador schnell und ungeordnet gewachsen. Hatte die Stadt durch ein Jahrhundert den Einwohnerstand von etwa 350.000 beibehalten, so schnellte sie seit 1960 in die Höhe. Heute ist sie mit 2,5 Millionen die drittgrößte Brasiliens. Verständlich, dass ein so rapides Wachstum Probleme verschiedenster Art mit sich bringt. Die Stadtverwaltung hat seit langem nicht mehr den Überblick über die »invasões«, geschweige denn die Kontrolle. Sie schießen, fast wöchentlich, wie Pilze aus dem Boden, zum größten Teil als Barackenviertel, versehen mit fast gar nichts, was es für ein einigermaßen menschenwürdiges Leben bräuchte. Analphabetismus, Arbeitslosigkeit, Gewalt, Prostitution, offenes Abwasser, Krankheiten, Fehlen von Schulen und Kindergärten, Straßenkinder und Drogen breiten sich »natürlicherweise« im selben Rhythmus aus. Man muss wissen, dass es zwei paar Stiefel sind, ob man hier von Stadt spricht oder in Europa. Traurig stimmt mich und hilflos lässt mich die Tatsache, dass die offizielle Kirche auf diese Riesenprobleme auch keine Antworten findet und viel zuwenig intensiv danach sucht. Auf diese Weise rutschen viele Menschen in kirchenähnliche Institutionen ab, um nicht zu sagen in Sekten, wo ihnen das Blaue vom Himmel versprochen wird und sie früher oder später als Geschröpfte dastehen.

Bevor wir nach Salvador kamen, wollten wir die vorkolumbianischen Kulturen der Azteken in Mexiko und der Inkas in Peru kennen lernen, wenigstens in ihren historischen Zeugnissen. Es war ein existentieller Schock, vor den imposanten Zeugen ihrer Vergangenheit zu stehen und nachzuvollziehen, dass fast alles innerhalb kürzester Zeit von einem Haufen spanischer Abenteurer zunichte gemacht wurde. Und die Entfremdung, Ausbeutung, Dezimierung, Versklavung, Ermordung, Ausrottung von unzähligen Völkern dieses Kontinents und ihrer Kultur und Geschichte zieht sich durch 500 Jahre hindurch. Wahrhaftig, nicht die Spanier und die Portugiesen haben diesen Kontinent »entdeckt«, sondern die Völker dieses Kontinents haben die Europäer »ent-deckt« in ihrer Geldgier, Menschenverachtung, Brutalität, Gottlosigkeit. Um Verzeihung bitten, wie der Papst tat bei der Eröffnung der vierten lateinamerikanischen Bischofskonferenz in Santo Domingo im vergangenen Oktober, ist Zeichen einer Kirche, die sich besinnt und umkehrt, aber es ist wenig. Mehr und ein kräftigeres Zeichen wäre es, wenn die »christlichen« Länder der Ersten Welt endlich die Schulden dieser unserer Dritten Welt erließen! Einen Schuldenberg, der sie erdrückt und ihnen den Hoffnungsblick in eine menschlichere Zukunft verstellt.

Im ›heiligen Tal der Inka‹ in Peru

Vor wenigen Wochen wohnten wir einem nationalen Schauspiel bei, dem schönsten, das ich in zwölf Jahren Brasilien erlebt habe. Das brasilianische Volk, allen voran die Jugend, hat ihren Präsidenten abgesetzt. Vor zweieinhalb Jahren demokratisch gewählt (nach 17 Jahren Militärdiktatur), zweieinhalb Jahre lang tyrannisch inkompetent und korrupt regiert, hat der Herr Collor de Mello Brasilien in Rezession, Elend und Verzweiflung gestürzt. Dann ging das Fass über: Das Volk hat in unzähligen Protestmärschen und Demonstrationen das Impeachment (Amtsverhinderung, später Amtsenthebung) erreicht – auf fast spielerisch demokratische Weise. Eine Einübung von Demokratie, die sich sehen lassen kann, besonders in einem Land ohne demokratische Tradition wie es das unsere ist. Freilich ist in diesem Prozess nur die Spitze des Eisberges der Korruption sichtbar geworden; der dicke Rest geht quer durch alle politischen und anderen Institutionen und wird noch seine Zeit brauchen abzuschmelzen.

Im September hat das achte nationale und ökumenische Treffen der Basisgemeinden stattgefunden. Neues hat sich mit Macht nach vorn gedrängt. So zum Beispiel die Frau in der Kirche. Bestimmt ist das Phänomen der kirchlichen Basisgemeinden nicht zu überschätzen, aber es ist entscheidend für

den Weg der Kirche in diesem Kontinent als Utopie einer menschlicheren, geschwisterlichen, gerechten, jesuanischen Welt. Ich will mit Präsenz und Arbeit, mit Räumen und Beten dafür einstehen, dass auch in unserem Cajazeiras ein kleines Stück dieser Welt Urständ feiert.
Für die Weihnachtszeit, liebe Freunde, wünsche ich euch nichts Besonderes, wohl aber, dass ihr besonders stark erlebt, dass Gott diese unsere Welt wie eine Mutter in Liebe umhüllt – trotz Ozonloch und Abschmelzen der Pole. Er ist in dieser seiner schöpferischen Geste noch nicht müde geworden. Unser Teil ist, uns lieben zu lassen und uns untereinander zu lieben.
Dona Tereza ist mir ein weihnachtliches Beispiel geworden. Sie wohnt in einem kleinen Haus unweit des Hauses, wo ich Messe feiere. Vier Kindern hat sie das Leben geschenkt, drei Kinder anderer dazugenommen – bis dato »bloß drei«, sagt sie! Einen alten Bettler hat sie von der Straße aufgelesen, seitdem ist er fixer Bestandteil ihrer Familie. Wie sie dies so ganz ohne Aufhebens erzählt, leuchten nicht nur ihre Augen, sondern die Fluren von Bethlehem fangen an zu singen ein uraltes Lied: Gloria in Excelsis Deo! Oder Rilza, eine unverheiratete Frau, die in unserer Pfarrei Mutter von zwölf Straßenkindern geworden ist und mit entschiedener Hand dieses Projekt vorantreibt. Vergangene Woche ist eine andere bettelarme Familie endgültig zerbrochen: Der Mann ist verduftet und die Frau, nervlich zerrüttet und depressiv, bleibt mit vier kleinen unterernährten Mädchen zurück. »Komm zu uns, » sagt Rilza, »auf ein Dutzend macht das nicht viel aus.«

Gott wird nicht müde, unsere Welt wie eine Mutter in Liebe zu umhüllen. Unser Teil ist, uns lieben zu lassen und uns untereinander zu lieben.

Ich danke euch allen herzlich für die wohlwollende Liebe und das Interesse, mit dem ihr uns begleitet. Auf Nachricht von euch freue ich mich gewaltig. Wenn ihr erst mal in Salvador seid, ruft uns an, wir holen euch mit Vergnügen ab. Abraço,

euer Luis

Salvador, im Advent 1993

Liebe Freunde!
Es stimmt nicht so ganz, wenn man in europäischen oder auch in gewissen brasilianischen Breitengraden sagt, der Brasilianer sei faul und arbeitsscheu. Zu dem Schluss kam ich einmal mehr, als vor einigen Wochen ein Supermarktkonzern ein Stellenangebot ausschrieb: 2700 Arbeitsplätze – angemeldet haben sich sage und schreibe 37.000. Man musste das Fußballstadion der Stadt mieten. Hunderte haben eine oder zwei Nächte vor den Toren des Sta-

Ich setze meine Hoffnung auf die Armen, auf ihren Überlebenswillen, ihre Kreativität und ihre Solidarität. Auf ihrer Seite zu stehen, mit ihnen einen Vorwärtsmarsch in eine neue Geschichte zu gehen, dazu bin ich da.

dions geschlafen, um am nächsten Tag vorne dran zu sein. Irgend eine Arbeit zu haben, welcher Art sie auch sei; irgendein Geld zu verdienen, wie viel oder wie wenig es auch sei: (unerfüllte) Sehnsucht von Millionen. Freilich darf man sich nicht Sand in die Augen streuen lassen: Der Konzern stellt nicht in einem Anflug von Mitleid mit den Arbeitslosen so viele Neue ein, sondern um ebenso viele Leute zu entlassen und auf diese Weise den Sozialverpflichtungen auszuweichen.

Vorgestern kam auch Givaldo kopfhängend nach Hause: Sein Busunternehmen hat über Nacht 18 Leute entlassen. Was wird er seiner Frau und den zwei Kindern sagen? Was wird er ihnen zum Essen und zum Anziehen kaufen? Odalia fürchtet Ähnliches. Als sie Antonio geheiratet hat, gab sie ihren Beruf auf. Sie haben drei Kinder. Zwei Geschwister aus dem Landesinnern wohnen mit ihnen in der Zweizimmerwohnung. Antonio ist Wächter in einem Baumaterialiendepot. Wie lange noch? Niemand weiß es. Odalia will Eventualitäten zuvorkommen und zusammen mit anderen Hausfrauen Häkeln lernen, da sie von einem Caritasprojekt gehört hat, das nach Italien exportiert.

Man sagt, dass 50 Prozent der brasilianischen Arbeiter auf dem Schwarzmarkt arbeiten. Laut Statistischem Jahrbuch sank das Pro-Kopf-Einkommen in den letzten zehn Jahren um 5,8 Prozent. Heute müssen 10 Prozent der Ärmsten mit 0,8 Prozent der erzeugten Reichtümer auskommen, während 10 Prozent der Reichsten 48,7 Prozent verschlingen. Von der Bevölkerung in einem Angestelltenverhältnis müssen 4,8 Millionen mit weniger als einem Mindestgehalt (ungefähr 70 Dollar) leben, 10,2 Millionen mit einem halben bis einem Mindestgehalt. Brasilien ist also ein Land für einen kleinen Teil der Brasilianer. Die große Mehrheit vegetiert im Vierte-Welt-Brasilien dahin. Die Quadratur des Kreises besteht darin, dass die Ersteren umdenken und umhandeln – und die Letzteren ebenso. Ich setze mehr Hoffnung auf die Letzteren, auf ihren Überlebenswillen, ihre Kreativität und ihre Solidarität. Auf ihrer Seite zu stehen, mit ihnen einen Vorwärtsmarsch in eine neue Geschichte zu gehen, dazu bin ich da. Ich lebe von der Überzeugung, dass Jesu Angebot in Wort, Praxis und Person dazu eine wesentliche, gott-geschenkte und unumgängliche Hilfe ist.

Gestern bettelten zwei Buben an unserer Haustür. Anstatt auf meine Frage, ob sie Eltern hatten, wo sie wohnten usw. einzugehen, sagten sie bloß und wiederholten immer wieder: Besser so wie wir's machen als stehlen oder rauben. Obwohl man ihnen anmerkt, dass die »Rechtfertigung« eingelernt ist: Recht haben sie durchaus.

Denn viele ihrer Altersgenossen beißen sich mit brutaleren Methoden durch. Es ist ein Kampf ums Überleben. Kinder und Jugendliche sind die Schwächsten. Rund eine Million heranwachsender Brasilianer treiben sich auf dem Großstadtpflaster herum. Aus einer Zeitung: Die Großstadt wirkt wie ein Magnet auf die Kinder und Jugendlichen der Favela. Im Großstadtdschungel scheinen die Überlebenschancen besser als in der trostlosen Wüste der Bretterbuden draußen in der Peripherie. Mit Diebstahl und Bettelei, Handlangerdiensten und als Kuriere der Rauschgifthändler halten sich die Kinder über Wasser, sie schnüffeln Tischlerleim und unterdrücken ihren Hunger. Jede Nacht sterben Kinder und Jugendliche als Opfer der Gewalt und eines stillen Krieges auf den Straßen Brasiliens. 424 tote Straßenkinder im letzten Jahr allein in Rio de Janeiro, vier Kindestötungen jeden Tag in ganz Brasilien – lautet die Horrorstatistik. Beim Massaker in der Candelaria-Kirche in Rio im Juli wurden acht ermordet, in Lobato-Salvador fünf, in unserem Nachbarbairro Pau da Lima drei. Allemal wurde aus Polizeiwaffen gefeuert.

Ein Kongressmitglied kommentiert die Mordtat von Rio so: Es ist ein lukratives Geschäft, Straßenkinder zu töten. Schlecht bezahlte Polizisten erhalten Geld für ihre »Straßensäuberung« nach Dienstschluss. Viele Krokodilstränen wurden öffentlich vergossen, hier und in der Ersten Welt; aber dahinter verbirgt sich manchmal eine schweigende Zustimmung: Straßenkinder sind eine Pest, die ausgerottet gehört. Oder aber ein fehlender politischer Wille. Wenigstens sagt es so ein erfahrener Jugendrichter aus Rio: »Das Problem der so genannten Straßenkinder lässt sich in 48 Stunden lösen, die Politiker und Behörden müssen es nur wollen.«

Liebe Freunde, ich erinnere mich noch, dass ich im letzten Rundbrief meiner Freude über die Absetzung unseres korrupten Staatspräsidenten Ausdruck verlieh. Von allen an dem Korruptionsskandal Beteiligten sitzt meines Wissens nur eine biedere Sekretärin hinter Gittern: Der Hauptdrahtzieher hat sich ins Ausland absetzen können und wird jetzt von der Interpol in London gesucht – wer's glaubt. Fast aufs Jahr genau explodierte ein weiterer Korruptionsskandal. In ihn sind zig Bundestagsabgeordnete und Parlamentarier verwickelt. Es geht um den Bundeshaushaltsplan der letzten Jahre. Millionen und Abermillionen Bestechungsgelder an Unternehmen, Politiker, Private ... Das Schönste ist, dass der Mann, der dem vorjährigen Prozess vorgesessen hat und als äußerst unbestechlich galt, mit am dicksten drin sitzt. Das Volk ist wie gelähmt. Es glotzt hin, schüttelt den Kopf und fragt sich: Gibt's dös? Oder kündet unterschwellig sich Neues an? Wer Augen hat zum Sehen, wird's bemerken. Die Zivilbevölkerung, enttäuscht von ihren Militär- und demokratischen Regierungen, startete eine landesweite »Kampagne gegen Hunger und Armut und für das Leben«. In ihrem Aufruf heißt es, dass 32 Millionen nicht das Nötige verdienen, um essen zu können. Allein in Bahia konzentrieren sich 4,3 Millionen von ihnen, das sind 37 Prozent der Landesbevölkerung. Ihr Ziel ist, in jeder Stadt, in jedem Stadtviertel Komitees zu bilden, die lokale Lösungen suchen, um des Hungers Herr zu werden. Nach Lebensmittelsammlungen usw. sollen aber auch die strukturellen Fragen angegangen werden, die Hunger und Elend schaffen und produzieren. Ungezählte Komitees funktionieren bereits. Die Mittel- und Oberklasse wird aufmerksam, dass Brasilien nur zu retten ist, wenn alle zusammenstehen, um dieser nationalen Schande des Hungers in einem reich gesegneten Land Herr zu werden. Dieses Beunruhigtsein muss zu neuen Formen ziviler Verantwortung, Zusammenarbeit, Organisation führen – und zur Fähigkeit, neue politische und soziale Verhaltensmodelle einzuüben. Diese Richtung nehmen bestimmt auch ungezählte Bürgerinitiativen, Organisationen und Vereine kirchlicher, gesellschaftlicher und parteilicher Natur, die wie ein riesiges Solidaritätsnetz das Land überziehen. Sie speisen die Hoffnung auf eine neue, bessere Zeit, biblisch ausgedrückt: dass sich der Herr noch einmal seines Volkes, seines »Weltdorfes« erbarmt. Es hat seinen tiefen, seinen lebensnot-wendigen Sinn, wenn wir zu Weihnachten wieder einmal mehr diesen Erbarmer in unserer Mitte feiern – und uns seinem Gesetz der Liebe beugen. Dies nicht zu tun, ist nämlich die Todeskrankheit der alten Welt.

> *Wie gerne hörte ich aus eurem Munde Worte, die den Kindern und den Kleinen Mut ins Morgen zusprechen! Wie gerne sähe ich eure Hände für Gerechtigkeit und Erhaltung der Schöpfung arbeiten!*

Wie sehr möchte ich mit euch allen persönlich sprechen können! Wie gerne möchte ich euch sehen! Wie gerne mochte ich am Glanz eurer Augen able-

sen, dass ihr froh seid! Wie gerne hörte ich aus eurem Munde Worte, die den Kindern und den Kleinen Mut ins Morgen zusprechen! Wie gerne sähe ich eure Hände für Gerechtigkeit und Erhaltung der Schöpfung arbeiten! Wie gerne möchte ich den Schritt eurer Füße übernehmen, die Boten des Friedens sind. Wie sehr möchte ich hineinspringen in den Reigen eurer Ideen, Pläne und Träume für ein menschenwürdiges Morgen aller und nicht bloß einiger Menschenkinder; für eine Chance für alle Geschöpfe dieser großen, kleinen Welt! Ich werd's in besonderer Weise tun in jener Heiligen Nacht, in der der Himmel die Erde küsst und Emmanuel geschieht. Sei sie eine Minute oder eine Stunde lang: Die Weihnacht wird uns als Geschwister zusammenführen und uns dem Licht weihen, das aus ihrer Mitte aufleuchtet. Möge das Lächeln des Lichtkindes sich in eurem, unserem Antlitz widerspiegeln und keinen Tag ohne Freude sein lassen!
Seit über einem Jahr arbeiten und wohnen Pina und ich hier und »versorgen« drei Gemeinden einer riesigen Großstadtpfarrei. Ab Weihnachten freilich werden wir in »unsere« Pfarrei übersiedeln, (wenn wir ein Haus finden, was uns bisher noch nicht gelungen ist,) und uns ganz der Arbeit dort widmen. Bereits im vergangenen März haben wir sie offiziell übernommen. Sie besteht aus vier Stadtquartieren. Was uns dort erwartet, ist ein Querschnitt durch alle Probleme einer Großstadtseelsorge. Der Abschied hier wird nicht leicht sein. Viele sind uns Freunde geworden. Dies kommt des öfteren dadurch zum Ausdruck, dass sie Kuchen bringen oder ganze Menüs aus der Negerküche. Eines Sonntags, als ich alleine zuhause war, luden mich Klosterschwestern zum Mittagessen ein. Als ich anschließend nach Hause kam, wartete ein Mädchen an der Haustür: »Mutti lädt dich zum Essen ein.« Ich lehne dankend ab. Vergehen nicht fünf Minuten, da kommt die Tochter einer Nachbarin mit einem warmen Mittagessen, das für wenigstens drei reicht: Abendessen heute und Mittagessen morgen sind sichergestellt. Ich nutze die Zeit aus, mich aufs Ohr zu legen. Da klopft's schon wieder. Diesmal ist' s die schwarze Fernanda: »Du warst nicht da, so konnte Mammi dich nicht zum Essen einladen. Aber da schickt sie dir Kuchen und Saft.« – Ist wirklich nicht zu verstehen, dass ich nicht wohlgenährter aussehe!
In unserer Pfarrei arbeiten seit drei Jahren Klosterschwestern, liebe Kerle. Und was am wertvollsten ist: wir kommen gut überein und ein Zusammenarbeiten ist möglich. Das hat sich zum Beispiel in dieser Woche wieder gezeigt, als wir Taufhelfer vorbereitet haben. Diese werden in Zukunft Eltern und Paten der Täuflinge versammeln und in Sinn und Aufgabe dieses Sakramentes einführen. Dies ist beim krassen religiösen Unwissen unserer Leute notwendig. Zugleich ist es eine Chance, neue Familien kennen zu lernen und an unserem Angebot zu interessieren. Religion ist hier ein Supermarkt: Hunderte von Religionen und religiös motivierten Ideologien bieten ihre »Produkte« oder sich

selber als Heils-Produkt an. Der »Kunde« hat die Wahl. »Wer die Wahl hat, hat die Qual«, sagt das Sprichwort. Viele scheuen diese Qual und wählen überhaupt nicht. Die Stadt wird gott-los. Hier tut sich die ursprüngliche Aufgabe der Kirche auf: sich anbieten und »sich verkaufen« als Sakrament des Gottes der Geschwisterlichkeit und der Gerechtigkeit.
Liebe Freunde, ich wünsche euch von Herzen Frohe Weihnachten, schöne Urlaubstage und ein Gutes Neues Jahr. Pfiet enk Gott!

Euer Luis

Salvador, Jahresanfang 1995

Liebe Freunde!
Zum neuen Jahr wünsche ich euch Gutes! Das Schlimme kommt von alleine, sagt man hier. Stimmt und stimmt nicht! Ein bisschen hängt es auch von uns ab, was da kommt: Also wünsche ich uns Erkenntnis und Mut, dem Guten Wege und Türen zu öffnen. Ein anderes bisschen hängt es auch von uns ab, ob das, was da kommt, uns und anderen zum Guten oder zum Bösen ausschlägt: Also wünsche ich uns Unterscheidungsvermögen und Entschiedenheit. – Die Rollenträger der christlichen Weihnachtsgeschichte können uns diesbezüglich vieles lehren.
Seit August wohnen Pina und ich in »unserem« Haus; das erste Mal in meinem Leben ein eigenes Haus. Lange Monate waren wir auf Suche nach einem Baulos oder einem Haus. Fast verlor ich die Geduld, denn ich war's satt, in der eigenen Pfarrei nur als auswärtiger Besucher, per Wagen oder Rad, aufzutauchen und nach getaner Pflicht wieder zu verduften. Im Mai war uns das Glück dann hold. In drei Monaten war das Haus dann umgebaut, besser gesagt, fast neu gebaut. Um einen Schrebergarten zu retten (der Traum eines größeren Stückes Erde zum Pflanzen erfüllte sich nicht), stockten wir auf. Das »Obenauf« ist mehr familiär, das Parterre dient als Küche, Abstellraum und Saal, wo kleinere Versammlungen gut stattfinden können. Schon seit Wochen essen wir Gemüse aus unserem Garten und trinken Tee von einem Dutzend unserer Heilkräuter. Zu wissen, dass das alles hundertprozentig natürlich (sagt man biologisch?) ist, tut auch psychologisch gut. Dazwischen hat's noch etwas Platz für Zierpflanzen und Blumen. In den Müll kommt aus unserem Minihaushalt fast nichts mehr, da wir auch eine Kompostanlage fabrizierten. Das Haus ist nur zur Straße frei, also eingezwängt zwischen Nachbarn. Das hat den Nachteil, dass der Lärm der nachbarlichen Stereo-Anlagen manchmal unerträglich ist (von einer zumutbaren Dezibelzahl hat der Brasilianer nie etwas gehört … ach ja, wie kann er auch, da das Radio so laut schreit?!), hat aber den Vorteil, dass das Haus relativ sicher ist gegen Diebstahl oder Überfall

und wir untertags oder auch nachts wegbleiben können. Wenigstens bis heute ist uns die Erfahrung des Paulo – einige Reihen hinter uns – erspart geblieben. Einmal kam er von einem Verwandtenbesuch zurück und fand sein Haus ausgeräumt vor. Sogar das Kilo Fleisch und die Margarine waren weg; offenbar war es den Dieben zu umständlich, den Kühlschrank aufs Dach zu hieven, wo sie ein Loch aufgemacht hatten.

Ich habe eine Pfarrei übernommen, wo die Probleme zahlreicher sind als die »Pfarrkinder«. Dies fängt damit an, dass kein Raum oder Saal für irgendwelche Pastoral- oder Sozialarbeit vorhanden ist; es gibt insgesamt aber vier Kapellen. Bisher ist es mir noch nicht gelungen, ein Stück Boden für einen späteren Pfarrzentrumsraum oder so aufzukaufen. Im Gegenteil, ein an die Pfarrkirche angrenzendes Stück, das noch leer steht, geht wahrscheinlich verloren. Es scheint hier wirklich so zu sein, dass in diesen und vielen anderen Dingen der den Vorteil davonträgt, der gewaltsamer und ungerechter vorgeht, bestimmt nicht der, der auf Logik und Gesetz baut.

Bei einer Kindermesse in seiner neuen Pfarrkirche

Dann ist da eine Sache, die mir manchmal fast zum Alpdruck wird. Es sind nicht die vielen Sekten, es ist nicht der Synkretismus mit afrikanischen und anderen Religionen, es ist nicht der Berg Arbeit, der vor einem liegt ... es ist die Art des Glaubensverständnisses und der Glaubenspraxis der »Kirchentreuen«, die völlig losgelöst ist vom Alltagsleben und von der gesellschaftlichen Situation des eigenen Volkes. Ein unkritischer und entkeimter Glaube, der über den Dächern schwelgt oder im Individualismus erstickt. Freilich, wenn ich dann weiter nachdenke, werden mir Dinge verständlich: von der geschichtlichen Gewordenheit dieser Großstadtkirche, von den Megatendenzen, vom Einzelschicksal, von der völligen Entwurzelung dieser Vorstadtmenschen her.

Ich empfinde es als eine Gnade, dass Pina, drei Klosterschwestern und ich in den Grundideen und -leidenschaften übereinstimmen oder uns zusammenreden. Geteilte Last ist leichter. Eine Portion geschichtliches und menschliches Verständnis und zwei Portionen Humor helfen über gar manche besch... Situation hinweg. Und nach einem Jahr sind erste Anzeichen sichtbar, dass gar manche unser Angebot einer alternativen Pastoral beherzigenswert finden; einer Pastoral, die brüderliche und missionarische Gemeinschaft aufbaut; die den ganzen Menschen ernst nimmt und sein gesamtes soziologisches Umfeld;

die den Pluralismus der postmodernen Welt respektiert, aber kritisch bleibt sich und ihm gegenüber; die im Evangelium und im täglichen Miteinander Licht und Kraft findet, »anders« zu sein und Träger der Hoffnung auf eine bessere, humanere, gerechtere, fröhlichere Welt.

Henrique

Da hat mich kürzlich Henrique sehr beeindruckt. Ich habe ihn zufällig in einer Taizé-Brudergemeinschaft in einer hiesigen Nachbarstadt getroffen. Er ist ein junger Mann aus der französischen Schweiz. Er hatte Künstlerruhm und Geld. Seit sieben Jahren lebt er mit den Straßenleuten als einer von ihnen, seit vier Jahren hier in Salvador. Er weiß nicht mehr, was Bett ist, geregelte Mahlzeit oder Wohnung. Wenn er in den Abfällen nichts findet und er an den Haustüren betteln muss, um den Hunger zu stillen, zieht er sich, so sagt er, eine Stunde lang in einer Kirche zurück um zu beten; erst dann findet er die Kraft dazu. Seine Pennbrüder verstehen sein Zeugnis. Als anlässlich eines »Blitzes« Polizisten ihn schikanieren wollten, ging sie eine schmächtige Frau direkt und resolut an: »Den da rührt ihr mir nicht an!!« Henrique scheint mir ein Mann zu sein, der mitten in der Gewaltsamkeit die Zärtlichkeit nicht verloren hat. So sagte er: Am Tage, an dem er Hass und Zorn über die gesellschaftlichen Missstände spüren würde, wüsste er, dass er nicht mehr am rechten Platz sei unter seinen Gossenkameraden und er »aussteigen« müsse.

Pina fängt in unserer Pfarrei eine versprechende Arbeit mit einem alternativen Gesundheitsdienst an, mit Frauen einer »invasão«, einer ungesetzlichen Landbesetzung, eine Fast-Favela. Zunächst geht es ums Kennenlernen, Anpflanzen und Auswerten von Heilpflanzen, dann um eine kräftigere Ernährung mit Nahrungsmitteln, die den Armen zur Verfügung stehen, später um eine Bairro-Hausapotheke mit kommerziellen Zwecken.

O Wunder aller Wunder: Seit sieben Monaten haben wir hier in Brasilien eine Inflation von nur zwei bis drei Prozent monatlich, nach langen Jahrzehnten, in denen sie bis an die 40 Prozent stieg und fünf aufeinanderfolgende Wirtschaftspläne nichts dagegen vermochten. Der »Architekt« dieses Wunders ist jetzt Ministerpräsident. Man kann neugierig sein, wie und wie lange er diese »künstliche« Situation sichert. Dass die Landeswährung stärker ist als der Dollar, hat für uns Ausländer den kleinen Nachteil, dass wir beim Wechseln bis zu 18 Prozent verlieren, genauso viel wie wir früher auf dem Schwarzmarkt gewonnen haben. Insgesamt verlieren also ausländische Valuten circa ein Drittel ihrer Kaufkraft. Einfache Vergleiche ergeben, dass auf diese Weise nicht wenige Produkte fast so teuer oder teurer sind als in Europa; und dies bei einem hiesigen Mindest-Monatsgehalt von umgerechnet 80 Dollar. Soweit so gut. Aber circa 30 Millionen beziehen überhaupt kein Gehalt, das heißt, sind »ausgeschlossen« aus der normalen Gesellschaft. Sie sind inexistent für »Brasilien Nummer 1« (Elite, Ober- und zum Teil Mittelschicht), oder besser gesagt, eine Eisenkugel an seiner Ferse im Marsch zur Ersten Welt. Die Fastenaktion der Katholischen Kirche in Brasilien wird heuer genau dieses Riesenproblem der Ausgeschlossenen (»excluidos«) der lateinamerikanischen Gesellschaft (oder, weiterdenkend, der Küche der freien Marktwirtschaft) unter die soziologische, politische und christliche Lupe nehmen.

Welch ein Schweizerkäse das Geschichtsgedächtnis einer Nation sein kann, beweist die Tatsache, dass im Dezember der Oberste Gerichtshof den Expräsidenten Collor und sein Komplott freigesprochen hat. Das Volk, das ihn vor vierzehn Monaten wegen Korruption usw. aus dem Präsidentenstuhl gehoben hat, hat gar nicht Piep gemacht. Ebenso wenig als in der ersten Woche der neuen Bundesregierung diese nichts Besseres zu tun wusste, als einen Gesetzesantrag einzureichen, nach dem das Gehalt des amtierenden und der ausgeschiedenen Präsidenten und Vize um 180 Prozent und das der Parlamentarier und Abgeordneten um 148 Prozent angehoben werden sollte.

Zum Jahresschluss ziehen immer einige Rückblicke die Aufmerksamkeit auf sich. Wenn ihr noch nicht müde seid, ihr Lieben, könnt ihr hier einige lesen: Salvador, die Stadt, in der ich arbeite, hat dreimal so viel Verkehrstote wie São Paulo, sechsmal so viel wie New York und neunmal so viel wie Tokio. Wie müsste ich Gott nicht danken, dass ich im Auto und auf dem Rad verschont geblieben bin? Brasilien liegt auf dem 53. Platz unter den Ländern der Welt, was Pro-Kopf-Einkommen anbelangt, obwohl es unter den Industrienationen den neunten Platz einnimmt. Die Einkommensverteilung gehört zu den ungleichsten der Welt: 20 Prozent der Reichsten stecken sich 26-mal mehr in den Sack als die 20 Prozent der Ärmsten. Ein Prozent der Reichsten besitzt 14,6 Prozent des Nationaleinkommens gegenüber den 50 Prozent der Ärmsten mit nur 11,2 Prozent. Die Indianerpolitik geht in Richtung Ethnozid, bereits bis zum Jahr 2000 alle Indianervölker zu »integrieren«. Pax Christi International listet in einem Dossier 40 Namen auf von Leuten »marcados para morrer« (öffentliche Todesdrohung durch »pistoleiros«), dies in nur einem Bundesstaat, und deckt den

Es besteht viel Grund zur Hoffnung, die sich in Menschen ausdrückt, die an dieser Welt und dieser Menschheit Freude haben und sie deshalb menschlicher machen wollen … und dazu konkrete Schritte tun; nicht aus Berechnung, sondern aus Solidarität; nicht bloß allein, sondern im Miteinander.

Handel von Buben und Mädchen zwischen elf und 17 Jahren zu Prostitutionszwecken auf. Das Arbeitsministerium spricht von 16.000 Arbeitern, die in echter, klassischer Sklaverei leben. Eine Quelle spricht von 3000 Kindern, die 1993 nach Europa »ausgeliefert« wurden, um den Markt der Organverpflanzungen zu versorgen. Stellte die Untersuchung eines Sozialamtes fest, dass 1989 täglich ein Straßenjunge oder Straßenmädchen umgebracht wurde, so waren es 1994 bereits vier ..., »die meisten von ihnen Arme und Schwarze«. Die Uni von Tel Aviv weiß, dass Brasilien 1993 eine der größten Wachstumsraten des Nazismus aufweist.
Zahlen, die einen das Fürchten lehren! Und die Zahlen, die einen das Vertrauen und die Hoffnung lehren? Ich kenne sie nicht, denn sie scheuen den Rechnungsschieber. Ich weiß aber, dass viel Grund zur Hoffnung besteht. Hoffnung, die sich nicht in Zahlen ausdrückt, sondern in Menschen, die an dieser Welt und dieser Menschheit Freude haben und sie deshalb menschlicher machen wollen ... und dazu konkrete Schritte tun; nicht aus Berechnung, sondern aus Solidarität; nicht bloß allein, sondern im Miteinander.
Liebe Freunde, jetzt reicht's. Ich habe eure Geduld mehr als auf die Zerreißprobe gestellt. Ich bin glücklich, wenn ich im Mai und Juni das Gespräch mit euch persönlich fortführen kann. Ich bin während meiner Ferien wohl erreichbar bei meiner Schwester in Sankt Justina oder bei meinen Brüdern in Aldein. Pfiet enk Gott, ganz herzlich,

euer Luis

Salvador da Bahia, erster Advent 1995

Liebe Freunde!
Da lese ich vom Untersuchungsergebnis einer Londoner Firma: 7000 Menschen aus sechs Ländern (Australien, Deutschland, Indien, Japan, USA und Großbritannien) wurden befragt, welches aus einer Reihe von Symbolen ihnen bekannt sei. Ergebnis: Das »M« von Mc Donald's und die Muschel der Petroleumgesellschaft Shell sind bekannter als das Kreuz des Christentums. Aber das bekannteste der neun vorgestellten Symbole waren die Olympiaringe (92 Prozent). Mc Donald's und Shell wurden von 88 Prozent wiedererkannt, das Kreuz von 54 Prozent. Ob es in Brasilien, dem bekanntlich größten katholischen Land der Welt, sehr viel anders ist, weiß ich nicht. Ich weiß nur, dass auch hier noch unendlich viel Evangelisierungsarbeit vor uns liegt und alles, was wir tun können, sehr wenig ist und in den Wellen des nackten Überlebenskampfes einerseits und des Profitdenkens andererseits fast untergeht.
Da hat mir doch letzte Woche der Direktor eines halbstaatlichen Bauunternehmens, mit dem ich über ein kleines Grundstück – wegen eines Kapellen-

baues – verhandeln wollte, Folgendes erklärt: Ihr müsst mir zuerst das schriftliche Einverständnis aller Anrainer bringen. Ich will nämlich nicht noch einmal den Tumult und Protest der Volksmenge heraufbeschwören, den sie mir kürzlich machten, weil ich in einem anderen Stadtteil ein Landstück zu einem Kapellenbau freigab, wo sie doch eine »Pagode« wollen (eine Art Wochenend-Band für heiße Rhythmen); fast hat es mir meinen Kopf gekostet ... Eine Weihnachtsgeschichte aus dem katholischen Brasilien, aus der Stadt des Heiligen Erlösers (São Salvador) ... »es gab keinen Platz für sie«.

Gott weiß, dass es aber auch viele »andere« Weihnachtsgeschichten zu erzählen gäbe. Zum Beispiel die der Dona Conceicão (wobei mir das Dona im Hals stecken bleibt, da sie noch mädchenhaft jung ist). Sie hat mich gelehrt, dass Liebe, wenn sie unter uns Menschen geschieht, wirklich eine göttliche Tugend ist, wie die Theologie sagt. Conceicão wohnt in einer Zweizimmer-Wohnung. Ihr Mann verlor die Arbeit und treibt es in allen Tonarten mit ihr. Nur die zwei kleinen Kinder halten sie noch im Haus. Als ihre Schwester mit ihrem kleinen Sohn vor ihrem Mann fliehen musste, fand sie bei ihr Unterkunft. Sie besetzt die Hälfte der Wohnung, ist aber nicht gewillt, irgendwie im Haushalt mitzuhelfen. Aber das ist nicht alles: Conceicão weiß seit langem, dass ihr Mann sie mit einer Nachbarin betrügt, die sie zu ihren Freundinnen zählte. Wer Conceicão nicht gut kennt, erspürt nichts von ihrem verborgenen Leid. Sie ist jung, vital, attraktiv, jederzeit zu einem Scherz aufgelegt und ihr Gelächter steckt an. Und noch weniger Menschen wissen von ihrem Großmut. Klopft doch anderntags besagte Nachbarin an ihre Tür – weinend, weil sie nichts, aber schon gar nichts zum Kochen im Schrank hatte. »Da ging ich sofort mit der Einkaufstasche los und übergab sie ihr gefüllt«, sagt Conceicão. Und als sie meinen fast vorwurfsvollen Blick bemerkt, fügt sie leise hinzu: »Ich konnte doch nicht zusehen, wie ihre Kinder vor Hunger weinen!«

Größere Projekte: gar nicht dran denken!
Kleine Dinge: sich mit wenigem zufrieden geben, vertrauend, dass es Samen ist und wächst ...

Liebe Freunde; wenn ich auf dieses vergangene Jahr zurückschaue, kann ich nur danken. Ich bin gesund. Ich habe im Sommer wunderschöne Ferien gehabt. Einige von euch habe ich besuchen oder treffen können. Es war wie Balsam und eine Verjüngungskur. Habt Dank! Mit unserem Haus, oder besser gesagt Häuschen, haben wir es gut erwischt; es ist relativ ruhig und sicher und vor allem angenehm kühl, wenn's bei den Nachbarn heiß zum Zerschmelzen ist. Unsere Nachbarn sind liebe Leute, jederzeit hilfsbereit. Unser Gästezimmer ist viel besetzt. Das bringt Abwechslung in den Alltagstrott. Jede und jeder in seiner Art ist eine große Bereicherung für uns. Wir hatten in diesem Jahr Leute aus Südtirol zu Gast, aus Italien, Deutschland, Schweden und natürlich aus verschiedenen Ecken Brasiliens.

Ganz kleine Schritte – aber doch Schritte – sind uns gelungen in Richtung einer lebendigeren Kirche. Da ist zum Beispiel unsere Bibelschule bereits anderthalb Jahre alt. Es tut so wohl zu merken, wie die Teilnehmer sichtlich aufleben, eine kritischere und befreiende Sicht der Dinge kriegen; und den Mund auftun, wenn's um das Zeugnisgeben in der Gemeinde und im Wohnort geht. Zelia hat, mit großen Opfern, Brillen gekauft, damit sie »endlich mitlesen« kann. Dalva kommt jeden Abend direkt von der Arbeit, nach einer Stunde Busfahrt, ziemlich geschafft: »Ich lass mir das nicht nehmen, auch wenn der Magen knurrt und der Mann brummt« (wer sie kennt, weiß um das unnennbare Leid dieser Frau, deren Mann ein notorischer Säufer ist und nicht einen Pfennig nach Hause bringt). Oder da ist Filó: Auf ein Kompliment zu einer gelungenen Theateraufführung der Bibelschule antwortet sie geradeheraus: »Nicht uns, nein! Ihr verdient es, denn ihr habt es fertiggebracht, dass wir zum ersten Mal im Leben jemand sind und uns als jemand fühlen.«

Ich könnte euch auch von der Gesundheitspastoral erzählen. Diese mutigen Frauen sind jetzt dabei, einen Heilkräutergarten anzulegen und serienweise Natur-Heilmittel herzustellen. Ihr könnt euch kaum vorstellen, welch ein Segen es wäre, wenn möglichst viele Familien da einsteigen würden und etwas wegkämen von der Medikamentitis! Weit über medizinische Fachsimpelei hinaus würde das heißen, uraltes, erprobtes indianisches und afrikanisches Wissen wiederzugewinnen und zu den Wurzeln des eigenen Volkstums vorzustoßen; also ein brenzlig politisches Unternehmen. Ich müsste euch auch erzählen von der Liturgiegruppe. Sie wächst langsam, aber sicher zu einem reiferen Selbstverständnis heran und macht Schritte zu einer echten »Inkulturation« des Evangeliums, mit vielen Elementen der afro-amerikanischen Stammesreligion.

Afro-brasilianischer Feuertanz

Auf der ganzen Breite der informellen Bildung (»educacão popular«) merkt man, dass eine völlig neue Zeit angebrochen ist. Der Enthusiasmus der Achtzigerjahre ist verflogen. Größere Projekte: gar nicht dran denken! Kleine Dinge: sich mit wenigem zufrieden geben, vertrauend, dass es Samen ist und wächst, wenn nur mal die richtige Jahreszeit kommt; einfach da sein, aushalten bei und mit einem zur Verarmung verdammten Volk; tun, was im Moment getan werden kann; Zärtlichkeit einüben; die Wirklichkeit, oft besch... Wirklichkeit annehmen, wie sie ist, und ihr Gutes abgewinnen; die Wege in

eine bessere Zukunft nicht verbauen und »das Licht nicht ausgehen lassen« in der Hoffnung, dass es irgendwann wieder heller aufleuchtet.
Die einfachen Leute, mit denen wir leben und die in größerem Zusammenhang die Volksmasse sind, sind wirklich 24 Stunden pro Tag mit der Kunst oder auch dem Kampf des Überlebens befasst. Sie sind wie Laub im Winde. Von nirgendwo kommt ihnen Hilfe. Die freie Marktwirtschaft denkt nicht daran, ihnen einen Platz (es muss ja nicht gleich einer an der Sonne sein!) zu reservieren. Der Neoliberalismus ist viel mehr als ein Wirtschaftssystem. Er ist eine Kultur, die wie die Luft eingesogen wird und krassen Individualismus erzeugt, die Person zur Sache macht, den Träumen die Flügel stutzt und den Menschen zum Spielball macht und ihn nicht mehr Spieler sein lässt.
Wer kann da einfach zusehen? Mir wird es immer mehr bewusst, dass es in einer solchen Situation Aufgabe der Kirche ist, einfach da zu sein, mitzuleiden, Durchhaltevermögen zu stärken und die Hoffnung zu pflegen wie eine kostbare Pflanze, die Hoffnung, dass in dieser verwelkenden Erde bereits die neue Erde der Apokalypse latent vorhanden ist. Es bleibt unsere Aufgabe, Hebammen der Hoffnung zu sein.
Ein schönes Zeugnis von Solidarität gaben unsere Gemeinden, als im Juni dieses Jahres (ich war in Ferien) fast 100 Familien unserer Pfarrei obdachlos wurden, weil ein Erdrutsch als Folge anhaltender Regengüsse ihre Behausungen weggetragen hat. Kleider wurden gesammelt, Lebensmittel, Hausgeräte, Spielzeug, Medikamente. Zahlreiche Frauen – niemand hat gefragt, welcher Kirche oder Religion sie angehören – haben sich zur Verfügung gestellt, täglich Besuche zu machen, die Kleinkinder zu versorgen, Trost und Orientierung zu geben. Mit dem Ankauf eines Grundstückes für ein Pfarrzentrum wurde es immer noch nichts. Die Bürokratie und Schlamperei ist unendlich groß. Ein unangenehmer Nebeneffekt des Wartens, unter anderem, ist, dass das Bauen ständig teurer wird, trotz gegenteiliger Behauptung von offizieller Seite.

Freunde, ich habe mich erschreckt, wie »lang« ich geworden bin. Ich wünsche euch von Herzen ein gutes Weihnachtsfest. Als Gottesvolk sind wir beauftragt, das zweite Kommen Jesu vorzubereiten. Sein Reich ist ja schon immer unter uns, wenn auch als unvollkommene Kostprobe des endgültigen. Machen wir Augen und Herzen auf, dass wir es entdecken und seiner uns freuen! Das neue Jahr bringe euch und euren Familien eine gute Mischung, die euch reifen lässt, euch stärkt und froh macht.
Behüt euch Gott!

Euer Luis

Liebe Freunde!
Soeben komme ich von der Weltkonferenz des Ökumenischen Rates der Kirchen nach Hause. Sie tagte hier in Salvador mit 600 Teilnehmern aus 90 Ländern. Es war eine äußerst bunte Gesellschaft an Hautfarbe, Kleidung, Sprache, Gedankengut, theologischen Ansichten und kulturellen Beiträgen: ein faszinierendes Bild und ein beeindruckendes Zeugnis der Einheit in der Vielfalt. Jesus Christus eint, aber die Menschen in ihren Kirchen ziehen (noch) stark auseinander.
Das Thema war: »Zur EINEN Hoffnung berufen«. Dass ich bei dieser »Kirchlichen UNO«-Konferenz dabei sein durfte, war für mich ein wunderschönes Adventgeschenk – und mehr als »Zufall«. Ein Bibliker und guter Freund von mir meinte, hier im Bundesstaat Bahia – nach Nigeria dem zweitgrößten schwarzen Land – wäre es mehr als notwendig, einen Bibelbehelf zu erarbeiten, der sowohl die Realität der Afrikanischen Religionen der Nachkommen der Negersklaven berücksichtige, als auch die Eigenart unserer lateinamerikanischen Bibelbewegung. Gesagt, getan: Zu fünft, zwei davon Neger, haben wir jeden Tag einen Behelf produziert. Sieben Tage hindurch haben die Konferenzteilnehmer in kleinen Bibelgruppen die Apostelgeschichte studiert und gebetet. Es war ganz prima. Nebenbei hatte ich die Möglichkeit ein bisschen etwas davon mitzukriegen, was da auf einem Riesenkongress so läuft, auf der Bühne und hinter den Kulissen. Als Katholik war und bin ich traurig, dass unsere Kirche nur in Beobachterfunktion dabei ist.
Aus so einem Pfingsterlebnis in den Alltag zurückzukommen, nagt auch an meinem Mark, genauso wie damals bei den Aposteln und der Urgemeinde. Im Alltag des Gemeindelebens ist nämlich Babel bei weitem noch nicht überwunden. In den Gemeinden, die zu unserer Pfarrei gehören, wimmelt es von Krisen, von Kleingläubigkeit, von Uneinigkeit. Allem zum Trotz haben wir heuer alle Pfarrgremien erneuert. Einige Personen werden neue Begeisterung hereintragen. Einige Außenstehende fühlen sich in die Pflicht genommen. Dies wurde klar bei der Pfarrvollversammlung im November: Bestandsaufnahmen, Erarbeiten von Ziellinien und Prioritäten mündeten in ein großes Fest ein. Essen, Tanzen, Beten und Spielen haben nicht gefehlt. Gleich danach kommt die kalte Dusche in Form eines Briefes, der mitteilt, dass unsere drei Pfarrschwestern abgezogen werden. O Schreck, das heißt, dass über Nacht 60 Prozent der Arbeitskraft des Pastoralteams abgezogen werden. Natürlich habe ich gleich der Schwester Oberin zurückgeschrieben ...; abwarten und Tee trinken. Ihr fragt: und unsere Laien? Ja natürlich! Aber ich zittere, wenn ich daran denke, wie wenig sie vorbereitet sind, eine organisierte Evangelisierungsarbeit zu übernehmen und vor allem durchzuhalten. Freilich, in

meinen besten Stunden macht mir das alles nicht so furchtbar viel aus und ich halte es mit dem Volk, das sagt: Gott weiß, was er tut!
Einige Pläne werden aufs nächste Jahrtausend warten müssen, erübrigen sich vielleicht bis dahin oder beweisen ihre Kurzsichtigkeit. In ein notwendiges und zwielichtiges Abenteuer freilich werden wir uns noch in diesem Advent stürzen: Wir werden ein Pfarrzentrum bauen. Volle zwei Jahre versuchte ich dies mit grundbuchlicher und gemeindlicher Genehmigung zu tun; vergebens, auf legalem Weg geht es nicht – so wird ab jetzt schwarz gebaut! Vor zwei Wochen habe ich die Leute in einer Invasion (»illegale« Landbesetzung) besucht. Sie gehört zu unserem Pfarrgebiet und ist vielleicht die letzte größere noch unbebaute Fläche. Da die Besitzverhältnisse unklar sind, haben die landlosen Armen die Gelegenheit beim Schopf gepackt – jetzt sind bereits nahezu tausend Familien dort. Mit Hütten aus Planen und Palmblättern fangen sie an und bauen dann, im Maße ihrer Verhältnisse, mit besseren Materialien. Aus eigener Initiative haben die Leute ein Baulos für den Bau einer Kapelle ausgewählt und bereits zum Bauen angefangen. Ich habe dabei geteilte Gefühle, weil ich möchte, dass zuerst die Leute in einer einigermaßen würdigen Hütte wohnen, und auch, weil nicht ausgeschlossen ist, dass die Polizei – wie bereits viermal – ein fünftes Mal kommt, die Hütten zerstört und die Leute vertreibt. Die Eile jedoch besagt ganz klar, wie sehr die Kapelle – noch mehr wenn in Gemeinschaftsarbeit gebaut – Zusammengehörigkeitsgefühl gibt und psychologische Sicherheit. Es tut sich also dort eine weitere Arbeitsfront auf. Alles von vorne anfangen. Aus »Zusammengewürfelten« eine Gemeinde machen. Ob willkommen oder nicht, Dutzende von Pfingstkirchen werden sich um dieselben Leute bemühen. Warum macht es jede für sich und machen es nicht alle gemeinsam für IHN? Eine Weltkonferenz kann da nicht viel weiterhelfen. Wohl aber können es neue ökumenische Verhaltens- und Evangelisierungsmuster, die aus den Leuten nicht in erster Linie Kirchenmitglieder machen, sondern ihnen leben helfen wollen. In einer anderen Invasion ist ein skurriler Fall passiert: In den Ferien war das von uns hergerichtete Gemeinschaftshaus geschlossen. Zwei Tage vor Beginn des Katechismusunterrichtes hat eine Frau mit fünf Kindern die Türe aufgebrochen und das Haus besetzt. Hinter ihr stand natürlich eine kleine Mafia. Sie gab das Haus nicht mehr frei: Gute Worte und Drohungen nutzten nichts. Sie

Die Kapelle in der Favela ›Jardim das Mangabeiras‹

und ihre Hintermänner wussten genau, dass der Pfarrer nicht brutale Gewalt gebrauchen würde, wie das »normal« wäre. Blieb also nichts anderes übrig, als es über die Justiz zu versuchen. Nach sechs Monaten war es endlich so weit, mit Hilfe einer befreundeten Advokatin. Natürlich habe ich für den Spaß mehr bezahlt als damals, als ich das Haus angekauft habe.
In der Adventzeit wird uns die Utopie von Täler-Auffüllen, Hügel-Abtragen und Wege-Ebnen in Erinnerung gerufen. Während eines Bibelkreises in einer Invasion hat ein Mann dies auf folgenden Nenner gebracht: Für uns hier würde das bedeuten, dass wir hier unten nicht von oben angesehen werden, dass die da oben in gut gebauten Häusern nicht ihre Abfallsäcke zu uns herunter werfen, dass wir hier nicht versteckt und ausgegrenzt leben müssen, sondern auf gleich mit gleich mit allen anderen.

Für diese Utopie hat Jesus geliebt und gelebt, für sie ist er in den Tod gegangen, in seiner Auferstehung hat er uns mit ihrer Kraft angesteckt – für immer.

Liebe Freunde, ich will an diese kleine-große Utopie glauben und auch im kommenden Jahr das Meinige dazu tun, damit sie sich da und dort verwirklicht. Für diese Utopie hat Jesus ja geliebt und gelebt, für sie ist er in den Tod gegangen, und in seiner Auferstehung hat er uns mit ihrer Kraft angesteckt – für immer.
Ich wünsche uns eine Weihnacht, die unsere besten Träume nährt, und ein neues Jahr, das uns 365-mal aufwachen lehrt. Ich bin froh und dankbar, dass ich mit euch plaudern durfte. Ich schätze eure Freundschaft und brauche euer Wohlwollen. Behüt euch Gott!

Euer Luis

Salvador da Bahia, im Advent 1997

Liebe Freunde!
Sie wusste den Namen ihres Kindes nicht mehr. Ein kurzes, verlegenes Lächeln, bis ihre Nachbarin sie stupste: Dona Eleonora, ihr Töchterchen heißt doch Gisele! So geschehen in einem Müttertreff vor der Eröffnung unserer »creche« (Kinderhort). Ach ja, über die materielle Armut hinaus gibt es so viele andere Formen dieser treuen Begleiterin unserer Leute! Heute kommt Gisele in den Kinderhort; ihr Blick ist abwesend; ihr Gesichtchen viel älter als ihr Geburtsschein vermuten lässt. Nicht selten, wenn ihre Mutter verschläft oder sie eine Gelegenheitsarbeit findet, wird Gisele von ihrem Bruder hergebracht, einem Teenager, dessen grobes Gehaben viel erlittene und auch schon praktizierte Gewalt vermuten lässt. Wir hoffen und arbeiten, dass Gisele und andere 30 Kinder in unserem Kinderhort die Liebe, Achtung und Begleitung fin-

den, die ihnen hilft, zu ausgeglichenen und gesunden Menschen heranzuwachsen. Alle drei Erzieherinnen stammen aus zum Teil sehr problematischen Favelaverhältnissen und wissen aus eigener Erfahrung, woran diese Kinder Mangel leiden. Wir merkten mit Genugtuung, wie die Pfarrgemeinde angesichts der eröffneten »creche« sich in Pflicht nimmt: Monatlich sammelt sie konservierbare Lebensmittel. Zusammen mit Geldspenden der Kirchenleute muss dies den Küchenzettel der »creche« garantieren. Das Projekt »Agata Smeralda« (Adoption von ferne), an dem auch einige von euch mitbeteiligt sind, übernimmt das Gehalt der Erzieherinnen und im Maße, wie die Kinder heranwachsen, auch andere Formen der Unterstützung. Unsere »creche« ist soviel wie nichts angesichts der Zehntausenden ins familiäre und gesellschaftliche Abseits geborenen oder gestoßenen Kinder allein in unserer Stadt. Aber sie ist mehr als nichts, wenn wir konkret und einfach an die 30 Familien denken, die durch sie ein bisschen hoffnungsvoller in die Zukunft blicken können. Sie wird zu einem Ort, an dem sich Solidarität kristallisiert, die sonst vielleicht »verpufft« oder »abgetrieben« würde.

Ende Oktober haben wir unser neues Pfarrzentrum gesegnet. Es gab wohl einige Schwierigkeiten, bis wir den Bau abgeschlossen hatten. Jetzt Daumen halten und wachen, dass es wirklich zu einem Zentrum wird, das zusammenführt, in dem echte Begegnung zwischen Menschen und Begegnung der Menschen mit Gott stattfindet. Ich träume davon, dass es zu einer Werkstatt der Einheit der Christen, der Vertiefung des Glaubens und der Einübung der Solidarität werde. Das Geld – und es war nicht wenig! – kam von vielen von euch und anderen Freunden. Hier nochmals mein und unser herzliches Vergelt's Gott. Als eine erfrischende Kostprobe der Freude und Dankbarkeit unserer Pfarrgemeinde empfand ich die Tatsache, dass alles in ein richtiges Fest einmündete, von dem niemand ausgeschlossen blieb. Einzelne und Gruppen brachten Kuchen, Brötchen, Hausgebackenes aller Art, Fruchtsäfte, Aperitifs, eine selten gesehene Vielfalt von Dingen zum Knabbern, Schlucken, Lutschen und Trinken, dass es eine Freude war – vielleicht auch eine Vorwegnahme der familiären Einheit in der geschwisterlichen Vielfalt der Pfarrei, die in diesem »Zentrum« täglich genährt werden soll. Ob diese Utopie nicht auch ein bisschen mehr genährt werden sollte bei Großveranstaltungen wie dem (dritten) Papstbesuch in Rio de Janeiro? Zahlen wie

Kinder in der Favela ›Jardim das Mangabeiras‹ …

… und in der ›Casa do Sol‹

diese tun mich mehr erschrecken als begeistern: zwei Millionen Menschen bei der Feldmesse, 7,4 Millionen Dollar für einen Besuch von drei Tagen, Papamobil und Altarpyramide von x Metern Höhe, Monopolisierung der Massenmedien. Etwas später war es der Unfalltod der Prinzessin Diana, wieder etwas später der Staatsbesuch Clintons, der über Fernsehen das Volk rund um die Uhr »unterhielt«. Die Medienbosse wissen sehr gut, wie die Volksmassen »beschäftigen« und wie sie vor den eigentlichen Problemen blind machen. Des Papstes Dienst als Wanderer für Frieden und Gerechtigkeit sollte nicht in die Versuchung fallen, den Glauben als einen Konsumartikel unter anderen zu vermarkten. In einer Welt, in der der Konsum globale und oberste Richtschnur ist, sollte er die »Mundialisierung« der Solidarität fördern, ein konkreter Name für christliche Nächstenliebe.
Heute beim Frühstück ist mir das Brot im Halse stecken geblieben: So dick hatte ich mir das nicht vorgestellt. Gab da doch ein Radioreporter eine Untersuchung der UNESCO unter 400 Jugendlichen der Bundeshauptstadt Brasilia bekannt: Bloß 0,2 Prozent glauben an die Arbeit der Politiker, 0,6 Prozent an die Justiz, (immerhin) sechs Prozent an die Kirche. 96 Prozent geben als Sinn des Lebens einen Beruf mit dickem Gehalt und minimaler Arbeit an. Kein Einziger gab an, schon mal gearbeitet zu haben. Aus diesen Kreisen kamen die vier Jugendlichen, die im Mai in Brasilia den Indio Galdino mit Benzin übergossen und angezündet haben. Er war dorthin gekommen als ein Delegierter unter vielen, um die Rechte der indigenen Nationen einzufordern. Da die

Herberge schon geschlossen war, schlief er, in eine Decke eingehüllt, in der Nähe einer Bushaltestelle. Lebendige Flammen als makabrer Zeitvertreib für die Elite. Kennen wir das nicht schon aus Neros Zeiten? Aus diesen Kreisen muss auch die Richterin stammen, die die jugendlichen Kriminellen auf freien Fuß setzen ließ. Wer ist nicht versucht zu sagen, dass auch unser Bundespräsident aus diesen Kreisen wenn nicht stammt, so doch von ihnen infiziert ist, wenn er zur Witwe des Galdino und zu Vertretern seiner Indio-Nation sowie der Menschenrechtsorganisationen bei einer Protestdemonstration in Brasilia nichts anderes zu sagen hat als: »Ich kann bedauern, aber am Richterspruch nichts ändern«.

Ach ja, Freunde, wir haben noch viel zu tun in einer Welt, in der das menschliche (und nicht nur) Leben weniger Wert ist als ein Nervenkitzeln von wenigen Minuten oder Sekunden. So liefern sich bei einem Fußballmatch die Fans der Clubs richtige »Stadionschlachten«; am vergangenen Wochenende, zum Beispiel, mit mehr als hundert Verwundeten, aber – welch Wunder: – mit keinen Toten! Dann sehe ich im Fernsehen, wie Jugendliche im Vorstadtgürtel Rios Passagiere aus dem fahrenden Zug werfen und so verstümmeln oder töten. Vor der Kamera sagen sie, dass es so lustvoll sei, sterben zu sehen, und: »Klar, einmal wird es auch uns an den Kragen gehen!« In einer solchen und keiner anderen Welt bereiten wir uns wieder vor, Gottes Erscheinung in Jesus von Nazareth zu feiern. Das Fest hat sich zum Sakrament des Profits und der Ausgrenzung der Armen dieser Welt »gemausert«. In dieser Situation ist es wichtig, dass die Kirchen und wir in ihnen die Prophetie »wiedererfinden« und die Hoffnung hochhalten auf einen Gott, der kommt, um dem Leiden der Armen ein Ende zu setzen. Es ist der Wachtraum der Völker einer gerechteren und geschwisterlichen Erde; es ist die Sehnsucht der Erde selbst, die in Geburtswehen liegt, um vom Joch der Unterdrückung und Ausbeutung befreit zu werden. Advent ist mehr als eine liturgische Zeit; er ist eine Mystik; er ist eine Inspiration, die sich als Seufzen des Universums kundmacht und als Suche nach Gott, die alles und alle in Bewegung bringt. Der seit immer Erwartete kommt in Kleinheit, ohne Aufmachung und Pomp, um zu sagen, dass er immer schon da war. Nur wenn wir eigene Armut und Gebrechlichkeit annehmen, können wir ihm begegnen und uns mit ihm, mit Leben und Welt versöhnen. Im frohmachenden Wissen, dass die Nacht dem Tag weicht, lade ich euch ein, den Morgenschimmer des neuen Tages zu umarmen und zu glauben, dass Friede und Versöhnung möglich sind.

Es ist wichtig, dass wir als Kirche die Hoffnung hochhalten auf einen Gott, der kommt, um dem Leiden der Armen ein Ende zu setzen.

Ich leide ein bisschen darunter, dass ich mir immer weniger Zeit nehme, persönlichen Briefkontakt mit euch zu halten. Ich habe vorläufig aber keine Me-

dizin dagegen. Verzeiht mir also bitte! Auch diesmal wird für die Mehrzahl von euch dieser Brief mein einziger sein. Deshalb möchte ich in ihn meine große Dankbarkeit für eure Freundschaft einpacken und für euer Interesse, mit vielen anderen zusammen an einer partnerschaftlichen und solidarischen Welt zu bauen. Mir persönlich geht es gut. Vor einigen Monaten habe ich mich übernommen, was in ein Magengeschwür ausartete. Aber jetzt kann ich wieder Bäume ausreißen. Na ja, so großmaulig sollte ich nicht reden, denn ich muss lernen, die Grenzen anzunehmen, in die mich das Alter verweist. Nach jahrelangen Schwierigkeiten gelingt es mir so langsam, auch ein Stadtbürger zu werden, ohne nur das Negative dieses »status quo« zu sehen, und mit dem Schönen und dem Machbaren zu paktieren.
Ganz besonders in diesen adventlichen Tagen werde ich für euch und eure Familien beten. Auch bitte ich um euer Gebet in meinen Anliegen. Mögen euch in der Weihnacht die Engelstimmen verführen, weiterhin an den Traum Gottes zu glauben, dass diese Erde neu werde!

Euer Luis

Salvador, Weihnachten 1998

Liebe FreundInnen!
Noch nie wurde mir das so bewusst wie heute, so bedrückend und befreiend bewusst: Die Weihnachtsgeschichte wird täglich neu geschrieben. Und wir alle, aber schon gar alle, sind darin Akteure. Da kommt heute nach der Messe Christiane auf mich zu im »Jardim das Mangabeiras« – Marillengarten oder so ähnlich würde das bei uns heißen; freilich lassen sich die Marillenbäume an der Hand aufzählen und der Garten ist zum Barackenviertel degradiert. – Ja, gut: Christiane kommt auf mich zu, noch in der Kapelle, und fragt, ob das mit der versprochenen Hütte geklappt habe; sie musste nämlich aus einer geliehenen ausziehen und war jetzt unter freiem Himmel zu Hause. Es ist zu lustig: Schon während der Messe ist ihr Töchterchen wiederholt nach vorne »gewatschelt« und gab sich erst zufrieden, als ich es auf meinen Arm hochhob und liebkoste; es war grad während des Fürbittgebets. Wollte das Kleine auf seine Weise mich und/oder den

Mutter mit ihrem Kind in der Favela ›Jardim das Mangabeiras‹

Himmelvater bitten? Und ich hatte nichts anzubieten!! Ich hatte nämlich vor Monaten von der Sozialassistentin eines Volkswohnbau-Unternehmens (in Wirklichkeit sind es Hütten für die Ärmsten von weniger als 30 Quadratmetern) die Zusicherung bekommen, dass sie einige wenige Häuschen für unsere vielen Härtefälle reservieren würde. Ich habe dies neben anderen auch der Christiane als halbes Versprechen weitergegeben, Hoffnungen geweckt. Heute musste ich ihr sagen, dass es Lüge ist. Ungezählte Male war ich hinter der Assistentin her, per Auto, per Telefon, über ihre Bürokolleginnen, im Lob und im Schimpf: Vertröstungen und schließlich verneinendes Schweigen. Und die Heilige Familie ist unter dem »funkelnden südlichen Sternenhimmel« (heißt es nicht so in den Reiseprospekten?) zuhause. So heilig ist diese vom »Jardim das Mangabeiras« andersrum auch nicht: Christiane ist wieder schwanger, zum zweiten Mal Opfer männlicher Verantwortungslosigkeit. Aber Gott sieht dies wohl kaum ausschließlich mit der Brille unserer Moral ... Es war für mich eine Erleichterung zu erfahren, dass einige Nachbarn schon ein paar Bretter und Blöcke zusammengetan haben, um dieser Familie über das Schlimmste hinwegzuhelfen. Das öffnet auch uns die Möglichkeit, unauffällig mitzuhelfen. Aber wo bin ich in dieser Weihnachtsgeschichte? Wer bin ich im Bethlehem von heute? Und wer sollte ich sein?

Stolz zeigt diese kleine ›Bahiana‹ dem Padre ihre Tracht.

Eine weitere Geschichte zur Weihnacht, diesmal am anderen Ende unserer Pfarrei. Vor sechs Jahren hat Meire ihre große Liebe gefunden, in Carpo, um viele Jahre älter als sie. Sie haben dem Vitalino das Leben geschenkt, einem äußerst aufgeweckten und intelligenten Bürschchen. Carpo schlug sich mit Gelegenheitsarbeiten durch. Dann aber kam's schlimmer. Er wurde überfallen und ausgeraubt. Ohne Dokumente fand er auch keine Anstellung mehr. Dann sind sie regelrecht untergetaucht – in einer Art Schlucht, uneingesehen von der Straße, die oben vorbeiführt. Er kam zum Suff; sie litt an Epilepsie, die sich jetzt verschlimmerte. Aber es gelang ihnen, mit einigen Balken einen Unterschlupf zusammenzunageln. Carpo »tauchte auf«, wenn es ihn in die Schenke drängte oder aber wenn er aus den Müllhaufen da oben etwas Essbares oder Brauchbares herauskratzte. Wie dann Meire unsere »creche« (Kindergarten) entdeckte, weiß ich nicht. Lange Monate war Vitalino dort wie ein scheues Rehlein aus dem Wald. Dann wuchs aber sein Zutrauen und auch das der Mutter. Heute ist er der erste, der auf die Tante oder Pina oder mich zuspringt und »Busslen« austeilt. Anfang dieses Jahres kam dann ein Störfaktor in dieses Familienidyll (verzeiht diesen Ausdruck). Ein paar Dutzende anderer Habenichtse kamen nach und nach an, gruben die Abhänge der Schlucht um und bauten ihre Notunterstände. Das blieb aber der oben erwähnten »Volkswohnbaufirma« nicht verborgen. Sie, die sich Herrin aller Baugründe wähnt, ließ 15-mal die Buden niederreißen. Und als die Bewohner (wie euphemistisch!) noch einmal kamen, rückte sie mit Lastwagen an und schleppte einfach ab, was von Hütte und Mobilien übrig geblieben war. Bei diesen Anlässen wurde auch Carpos Hütte dem Erdboden gleichgemacht. Da sie ja nirgendwo hinziehen konnten, blieben sie dort, auch ohne Haus; richtige Waldmenschen. Und da wundern wir »Zivilisierten« uns, dass solche Menschen verhaltensgestört werden! Nicht weniger schlimm, wenn auch nicht überraschend, ist, dass anfangs Dezember der kleine Vitalino ins Spital eingeliefert wurde, mit akuter Lungenentzündung, und erst jetzt sich langsam erholt.

Arme helfen Armen. In den Armen hat Gott so viel Liebe und Phantasie versteckt!

Von der Regierung und damit von Steuergeldern des Volkes geförderte Volkswohnbaufirma: ein Bild von Inkonsequenz und Inkompetenz! Und auch Meire hatte über dieselbe Sozialassistentin die Zusage eines Häuschens bekommen! Nochmals ein Weihnachten für sie, hart und kalt wie in der Stadt Davids. Ein Lichtblick, wenn auch ein kleiner, ist, dass sie vom Kindergarten das Essen für die Tage der Ferien mitnehmen kann und dass jemand ihre Medikamente bezahlt. Ein etwas größerer Lichtblick ist wohl, dass die armen Familien einer benachbarten Favela während ihres Hausgottesdienstes zur Weihnachtsnovene beschlossen haben, Carpos Familie über das Schlimmste hinwegzuhelfen: Sie wollen Lebensmittel sammeln und mit eigenen Händen seine Hütte wieder zusammenkleistern und bewohnbar machen. Arme helfen Armen. In den Armen hat Gott so viel Liebe und Phantasie versteckt! So wird's auch uns möglich, ein bisschen mehr und unauffällig mitzuhelfen. Genauer gesagt seid ihr es, denn unser ist euer Geld ja nicht! Und wiederum die Frage: Wo genau bin ich in dieser Herbergsuchegeschichte? Und wo sollte ich sein? Und wer ist was in der Herbergsuchegeschichte der Armen dieser Welt? Wo ist der Platz der so genannten Ersten Welt?

Auch die Herodesgeschichte fehlte heuer nicht, wenn auch in leicht veränderter Auflage. Seitdem Eliane zur Gruppe der Gesundheitshelferinnen gehört, wächst ihr Selbstgefühl und ihr Wille, selbst ihr Leben und das der zwei Kinder zu gestalten und sich nicht bloß als Anhängsel ihres Mannes zu verstehen. Für diesen war sie die Zweitfrau, die herhalten musste, wo, wann und zu welcher Stunde er wollte. Versorgung und Erziehung der zwei Kinder liefen zu ihren Lasten. Je mehr der Mann Lunte roch von der Emanzipation der Frau, desto brutaler wurde er zu ihr und auch zu den Kleinen. Mehrere Male schlug er sie und haute in der Hütte alles klein. Einmal floh sie und wir holten Polizeischutz, um die Kinder zu holen, die schon schliefen. Als sich die Polizei endlich bewegen ließ mitzukommen, war lustig zu erleben, wie sie – bewaffnet – »heldenhaft« oben blieb und Eliane und ich alleine in die Favela hinuntersteigen mussten. Die Familie schlief einige Nächte in unserem Pfarrzentrum, um seinen Racheakten auszuweichen. Als richtiger Held raubte er sich dann seine »Sabinerin« aus unserer Kirche, mitten in der Sonntagsmesse. Das war uns willkommener Anlass, ihn zu verklagen. Auf der Polizeistation gab er sich recht kleinlaut und gefügig, kochte aber vor Wut, dass jemand den Mut hatte, seine Allmächtigkeit anzugreifen. Für Eliane und die Kinder war der einzige Ausweg die Flucht. In einer Nacht- und Nebelaktion brachten wir sie in eine 120 km weit entfernte Stadt, wo sie fürs Erste im Haus einer Freundin von uns unterkam. Zurückkommen? Nur unter Lebensgefahr. Wir haben es bereits hingekriegt, dass sie hier das Häuschen verkaufen konnte und dort eins kaufen. So kann sie ein neues Leben anfangen. Und nochmals die Frage: Wo in dieser Fluchtgeschichte ist mein Platz und wo sollte er sein?

Bastelstunde in einem Favela-›Klassenzimmer‹

Liebe FreundInnen, in richtig egoistischer Weise habe ich mit mir begonnen – und nicht mal gefragt, ob euch solche Geschichten überhaupt interessieren. Ich hoffe, dass jede(r) von euch eine Weihnacht erlebt hat, welche das Gutsein Gottes greifbar werden ließ; eine Weihnacht, die Ansporn wurde, Gottes Gutsein für andere in uns greifbar werden zu lassen. Für mich seid ihr solche Kristallisationspunkte, Kristalle, die in der Weltmasse leuchten, oder Sterne, die am Firmament funkeln.

Fürs neue Jahr wünsche ich euch festen Schritt auf dem Weg der Gerechtigkeit, offene Hände zu empfangen und zu geben, klaren Kopf in notwendigen Entscheidungen, Freude an der Einfachheit und an den kleinen Dingen, einen Rhythmus in Arbeit und Freizeit, der euch leben hilft, einen Blick, der jenseits des Horizontes sieht – und nicht zuletzt, Erfüllung der guten Wünsche, die euer Herz bewohnen. Mir wünsche ich, dass mir eure Freundschaft erhalten bleibt.

Ganz kurz noch zu zwei Initiativen, die ihr in den letzten Jahren begleitet habt: Das Pfarrzentrum wurde wirklich zu einem Zentrum pulsierenden Lebens. Ort vieler Treffs. Neben den gängigen Pastoralveranstaltungen ist die kulturelle Arbeit mit Capoeira und Theater hervorzuheben, die immerhin 70 jungen Erwachsenen Lebensorientierung, gesunde Freundschaft und Selbstbewusstsein vermittelt. Eine Gruppe von Frauen, die sich mit einfachen Mitteln um Gesundheit, gesunde Ernährung und Lebensorientierung der zumeist armen Familien kümmert, hat dort die Möglichkeit, Leute zusammenzurufen und zu begleiten. Neben Brotbacken, Obstverwertung, Körpermassage, Reflextherapie, Nachhilfestunden für Schüler usw. alphabetisieren sie Erwachsene, führen Zuschneide- und Nähkurse durch.
Die »creche« – Kindergarten ist zu einem Bezugsort nicht nur für die Kinder, sondern auch für deren Mütter geworden. Pinas sachkundige, einfühlsame und strenge Begleitung dieses Projektes macht sich sehr positiv bezahlt. Wir sind einem größeren Projekt angeschlossen, das seinen Sitz in Florenz hat, und sich« Adoption von ferne« nennt. Alle Adoptionseltern sind SüdtirolerInnen. Ihre Hilfe an monatlichen Geldbeträgen und nicht weniger an menschlicher und geistlicher Energie durch Liebe und Gebet ist großartig. Wohl einige schreiben mir, dass ihr »Jüngstes« in ihrem täglichen Beten steht. Dreizehn von den Kindern überschreiten jetzt das Alter und verlassen den

Mit Kindern aus der Favela ›Oásis‹; links außen die Erzieherin Gedalva; im Hintergrund von der Regierung erbaute Wohnblocks

Kindergarten. Mit ihnen werden wir ab Februar eine Klasse Vorschule bilden, um sie zu befähigen, im kommenden Jahr in die öffentliche Schule überzutreten. Das heißt u. a. auch, dass wir wenigstens dreizehn neue Adoptionsfamilien suchen. Wir vertrauen sehr, dass wir sie auch finden – vielleicht über euch, die ihr diesen Brief lest! SüdtirolerInnen sag ich, weil für Adoptionseltern, die nicht italienisch verstehen, die Kommunikation zum Zentralsekretariat hin schwer wird. Das Projekt zielt klarerweise auf viel mehr hin als bloß darauf, die Kinder während des Tages zu beschäftigen und die Familien zu entlasten. Es soll Beziehungen fördern, zu verantwortungsvollen Bürgern erziehen, latente Fähigkeiten entfalten, die Familien und Nachbarschaft mit einbeziehen, zu gesundem Selbstbewusstsein und Unternehmungsgeist erziehen, das »Immunsystem« gegen Drogen und alle Typen von Gewalt und Hass stärken, einen Gott des Lebens und der Liebe erfahrbar machen ... Von hier aus gesehen ist es sehr wertvoll, dass sich die Pfarrgemeinde mehr und mehr mit »ihrem« Kindergarten identifiziert. Monatlich sammelt sie Geld und Lebensmittel. Sie übernimmt verschiedene Freiwilligendienste. Auch Vorurteile gegen Favelabewohner werden langsam abgebaut ...
Zum Schluss will ich euch nochmals ein herzliches Vergelt's Gott sagen. In inniger Verbundenheit durch Gebet und Freundschaft.

Euer Luis

Salvador, Ende Februar 2000

Liebe FreundInnen!
Um unsere Welt wäre es schlimm (oder wenigstens schlimmer) bestellt, wenn es keine Idealisten gäbe: Menschen, die geben, ohne Entgelt zu fordern, Menschen, die Solidarität leben, ohne Rechnungen vorzuweisen. Zehn von diesem Freiwilligenteam könnte ich euch mit Namen nennen. Es sind UniversitätsstudentInnen, ProfessorInnen und ArbeiterInnen, die 40 AbiturientInnen für die Aufnahmeprüfung zur Universität vorbereiten wollen. Die Initiative ging von der Katholischen Jugend unserer und der Nachbarpfarrei aus. Ich muss vorausschicken, dass hier der Schulabgang nicht für die Universität befähigt. Die Jugendlichen müssen sich durch einen Jahreskurs dazu vorbereiten. Dies wiederum ließ eine richtige Industrie entstehen, fast ein paralleles, privates Schulsystem. Nur wer viel Geld hat, kann sich's leisten. Die anderen rutschen einfach ab. Diese anderen, das sind die Jugendlichen aus armen Familien: Sie leben in der Stadtperipherie, sind Kinder von Arbeitern oder Arbeitslosen, sind zum allergrößten Teil Schwarze. Vierzig von denen werden ab März einen Abendkurs in unserem Pfarrzentrum besuchen. Für die zehn vorgeschriebenen Fächer haben wir bereits ProfessorInnen gefunden, die die Vorlesungen unentgeltlich übernehmen. Wir träumen also, dass zum Jahresende

einige arme und schwarze Jugendliche in der Universität sitzen. Schaden täte ein kleiner Ausgleich ja nicht: Nur etwa zwei Prozent der Universitätsstudentlnnen sind Schwarze, jedoch 80 Prozent der Stadtbevölkerung.
Mit Kindergarten, Vorschule und Alphabetisierung von Erwachsenen geht es uns ähnlich: Der Staat und die Gemeinde haben die Pflicht, auch den armen Bevölkerungsschichten den Zugang zu garantieren. Tatsächlich aber tun sie wenig dazu – und die Leidtragenden sind die Armen, die ausgegrenzt werden. So sind wir auch hier initiativ und bieten eine Lösung an. Dies alles zehrt an den Kräften, lässt aber das Herz froh werden. Wenigstens für eine kleine Gruppe von Ärmsten tut sich eine Türe auf. Vergangene Woche ist eine neue Gruppe in den Kindergarten und in die Vorschule eingezogen. Sie alle haben bereits »Adoptiveltern« in Südtirol, die monatlich einen Geldbetrag einzahlen, mit dem wir alle Auslagen finanzieren können. Vor kurzem wollte eine wohlhabende Frau ihren Buben in unseren Kindergarten einschreiben: »Ich weiß, dass es einer der besten ist und ich bezahle, was ihr wollt«, sagte sie. »Leider«, sagte ich, »ist unser einziges Auswahlkriterium die Armut: Wer am ärmsten ist, hat Vorrang«. Mir kommt heute noch das Schmunzeln, wenn ich an ihren verblüfften Gesichtsausdruck denke.

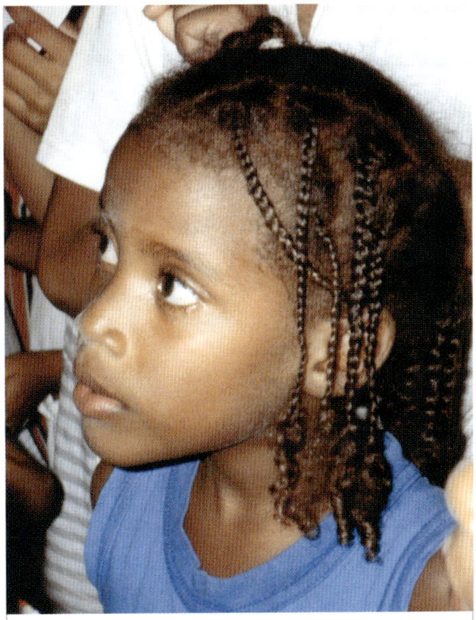
Besonders die schwarze Bevölkerung wird immer noch diskriminiert.

Ich bin immer mehr davon überzeugt, dass kleine Schritte wie die beschriebenen den Weg in eine menschlichere Zukunft ausmachen. Es mag pessimistisch klingen, ist aber realistisch: Von oben haben wir nicht viel Gutes zu erwarten; die Leute selber müssen sich zusammentun und ihr Schicksal in die Hand nehmen. Unzählige kleine Inseln der Solidarität und Zeichen einer gelebten Gerechtigkeit nähren das Pflänzchen Hoffnung. Tun, ohne zu klagen, dass die anderen nichts tun; vorwärts gehen, ohne aufzugeben, weil es langsam geht; Licht sein, anstatt über die Finsternis zu klagen; über sich (und nicht nur) lachen, anstatt über andere zu schimpfen; Brücken bauen, anstatt Abgründe aufzureißen; Freunde suchen anstatt, über das Alleinsein zu philosophieren; glauben, dass ein Elterngott uns mag und seine/unsere Welt … Ich will mir's vornehmen!
Ihr Lieben, wir hier in Brasilien und in Salvador leben ein Klima der Euphorie: 500-Jahr-Feier der »Entdeckung« und 450-Jahr-Feier der Stadtgründung. Alte Märchen und Halbwahrheiten werden aufgewärmt. Perspektiven werden

verschoben, damit wir »groß herauskommen«. Die Wirklichkeit ist etwas anders. Von daher gibt es auch Widerstand gegen den aufgeblasenen Pomp. »Andere 500 Jahre« nennt sich eine Volksbewegung, die den »Überfall« im Jahre 1500 seitens der Portugiesen etwas kritischer unter die Lupe nimmt und nicht verschweigt, dass die »Eroberung« Brasiliens Millionen Indianern schon in den ersten Jahrzehnten das Leben gekostet und später Millionen Schwarzen die Sklaverei beschert hat. Und dass der Völkermord – unter veränderten Vorzeichen freilich – noch fröhlich weitergeht. Um nur ein Beispiel zu nennen: Ausgerechnet da, wo die portugiesischen Schiffe anlegten, hat ein Indianerstamm ein schweres Dasein. Sein Gebiet wird ständig überfallen und dezimiert; fünfhundert Militärpolizisten sollen für »Ordnung« sorgen; in Wirklichkeit aber belästigen sie die Indianer mehr, als sie ihnen helfen, und stehlen ihnen Mandioka und Früchte.

Unzählige kleine Inseln der Solidarität nähren das Pflänzchen Hoffnung: tun, ohne zu klagen, dass die anderen nichts tun; vorwärts gehen, ohne aufzugeben, weil es langsam geht; Licht sein, anstatt über die Finsternis zu klagen...

Im Juni und Juli bin ich in Urlaub in Südtirol. Ich werde mich sehr freuen, wenn ich euch wiedersehen kann. Dann können wir etwas ausgiebiger plaudern. Für heute danke ich euch ganz herzlich. Eure Freundschaft und euer Interesse an unserer Arbeit sind Nahrung für meine Seele.
Vergelt's Gott! Ihr steht täglich in meinem Beten.

Euer Luis

Salvador da Bahia, Ostern 2001

Ihr Lieben!
Ich bin grad dabei, die Osterliturgien vorzubereiten. Ostern heute: Wo geschieht Ostererfahrung heute ... Nicht zum ersten Mal ist mein Kopf leer. Da fällt mir plötzlich ein, was mir vor wenigen Wochen Edvaldo gesagt hat. Er ist Vater von drei Kindern; arbeitslos; täglich auf Suche nach einer Gelegenheitsarbeit. Seine Hütte besteht aus einem einzigen Raum. Am gemauerten Grundriss kann man ablesen, dass sie hätte größer werden sollen. Dann hat er es aber nicht mehr geschafft. Fast zufällig mache ich einen Besuch, da ich grad seine Frau im Türrahmen stehen sehe. Wie ich eintrete, bietet sie mir einen alten Stuhl an. Auf dem Tisch liegen die Schulhefte der kleinen Dulce. Alles atmet Einfachheit, aber Ordnung. Nach wenigen Minuten unterbricht Edvaldo die Plauderei und sagt mir, mit feuchten Augen: »Padre, heute ist der glücklichste Tag meines Lebens!« Ich höre, verstehe aber nicht. Dann fügt der Mann hinzu: »Heute bist du in meine Hütte gekommen.« Wir haben dann

über alles Mögliche geredet. Was in mir jedoch hängen blieb, ist sein strahlender Gesichtsausdruck, seine spontane Freude, dass da jemand bei ihm eingekehrt ist. Als ich dann bei mir zuhause ankam, hämmerte mir die Frage im Kopf herum: Und wenn schlussendlich dies das Wesentliche an der Mission wäre: besuchen, Hände drücken, zuhören, sein und sein lassen? War mein zufälliger Besuch für Edvaldo eine Ostererfahrung?

Auf Wunsch unserer Bischöfe soll uns in den nächsten zwei Jahren die Apostelgeschichte als Meditations- und Reflexionsbuch begleiten. Wir strengen uns an, dass in jedem »bairro« (Quartier) mehrere Reflexionsgruppen entstehen. Mit den Leitern werden wir wöchentliche Treffen vorbereiten. Als Pfarrgemeinde möchten wir versuchen, mit und von den ersten JesusnachfolgerInnen zu lernen. Dieses Projekt durchzuhalten, wird nicht ganz einfach sein. Die Leute haben wenig Zeit und wenig Interesse. Der Pfarrgemeinderat hat aber befunden, wir sollten es versuchen, sei doch die Gemeinde heute der Erscheinungsort des auferstandenen Christus; in ihr und durch sie müsse Ostererfahrung möglich werden; und dies lohne den Versuch, heute wie damals.

Bei der Einweihung der Kapelle in Cajazeira 6; links Don Lino aus der Valtellina (Juni 2001)

Mich persönlich beschäftigt in diesen Monaten der Kirchenbau in einem größeren »bairro«, der zu unserer Pfarrei gehört. Besser gesagt: eine Kapelle mit einem kleinen Pastoralzentrum. Die Ausführung dieses Planes wurde möglich, als über einen italienischen Pfarrer ein ungenannter Wohltäter das Geld vorstreckte. Die Leute hatten seit Jahren davon geträumt und darum gebetet, dass sie ihre Keller-Kapelle umbauen und vergrößern könnten. Das Geld, das sie zusammenzuschießen vermochten – Verkaufsstände, Frühstück nach der Messe, Kirmes … –, reichte aber kaum zum Anfangen. Jetzt sind sie überglücklich. Jetzt gilt es, die Mauern mit Leben zu füllen und mit Tätigkeiten; die Gemeinde aufzubauen und in erster Linie den Armen eine Hilfe zu werden; zu warten, was sich da als dringlich und sinnvoll und zukunftsorientiert erweist. Vor drei Jahren, als wir das Pfarrzentrum fertig gebaut hatten, war ich auch arg verzagt: Was tun, damit die Säle nicht leer dastünden …?! Heute muss man ein Künstler sein, um allen Gruppen eine Stunde und einen Saal zur Verfügung zu stellen. Im oben genannten »bairro« wird mit zu den ersten Initiativen die Altenarbeit gehören. Als vor gut zwanzig Jahren das »bairro« gebaut wurde, wurde es fast zur Gänze von jungen Fami-

Wärmer ums Herz wird mir, wenn ich euch von den Kindern erzählen darf.

lien bewohnt. Mittlerweile wohnen hier alte Menschen in großer Zahl – und nicht selten in Einsamkeit und vernachlässigt. In einem weiteren »bairro« mit der neuesten riesigen Invasion (illegale Landbesetzung) unserer Pfarrei wird auch ein Bau nötig, damit wir überhaupt mit einer zielgerichteten sozialen und pastoralen Arbeit anfangen können. Dort sind die Leute unvorstellbar arm, in miserablen Wohnverhältnissen, aus allen Himmelsrichtungen zugezogen, jeder bis über die Ohren damit beschäftigt, wie er Fuß fassen und überleben kann. Verständlich, dass die Gewalt und der Futterneid sehr groß sind. Wenn da die Kirche eine positive Präsenz sein, neue und zwar geschwisterliche und respektvolle Beziehungen aufbauen könnte ..., dann könnte dies eine kleine Ostererfahrung werden.
Wärmer ums Herz wird mir aber, wenn ich euch jetzt nicht von Bauten, sondern von den Kindern im Kindergarten und in der Vorschule erzählen darf. Die Arbeit macht sehr viel Freude. Mittlerweile helfen außer den Adoptiveltern in Südtirol und in der Valtellina auch viele Hände hier mit. Es ist uns ein großes Anliegen, dass das Projekt weiterläuft, auch wenn Pina und ich nicht mehr da sind. Ebenso, dass das Projekt immer mehr von Gemeinde und Staat getragen wird und mithilft, ein neues Bürgerbewusstsein zu schaffen. Das Bewusstsein, dass die Leute das Recht haben und es einfordern, BürgerInnen mit Würde und Zukunft im eigenen Land sein zu können. Jedoch Recht und Gerechtigkeit zu fordern ist hier wie anderswo schwieriger, als um Spenden zu bitten.
Mütter unserer Kinder, die voriges Jahr mit den Frauen der Gesundheitspastoral einen Kochkurs gemacht haben, wurden aus Lehrlingen zu Lehrerinnen. In den verschiedenen Favelas rufen sie andere Mütter zusammen und geben das Gelernte weiter. Für sie wird es spaßig ernst, wenn sie merken, wie ihnen jetzt die Knüttel in den Weg gelegt werden und sie mit ihnen fertig werden müssen, die voriges Jahr sie selber anderen in den Weg gelegt haben. Wertvoll bei alledem ist, dass Kreise gezogen werden, dass Gutes sich ausbreitet – und dadurch plötzlich auch die Sozialbeziehungen in der Favela positiv beeinflusst werden. Leider gibt es auch die eine oder andere Schwierigkeit, vor der man

hilflos dasteht, wie zum Beispiel, wenn eine Familie ihre zwei Kinder nicht mehr in den Kindergarten kommen lässt wegen eines Missverständnisses, oder eine andere, weil sie gegen uns aufgehetzt wurde. Es tut dann weh, mit ansehen zu müssen, dass die Kinder wegen solcher Ignoranz mit Hunger und ohne Schule bleiben müssen. Mit den Workshops der jungen Erwachsenen: Capoeira, Theater, Gesang und seit heuer auch Flöte, gibt's auch dankbare Erfahrungen. So haben zum Beispiel kürzlich bei einem größeren Treffen über Drogenabhängigkeit zwei von ihnen mit klaren Worten gesagt, dass die Teilnahme am Workshop sie vor dem Weg in die Drogenszene gerettet hat. Vorbeugen ist also auch hier wichtiger (und leichter) als heilen. Gerechtigkeitshalber müsste ich hier die Namen von fast zwei Dutzend Leuten anführen, die in der Kinder- und Jugendarbeit mit Herz und Hand mitwirken und denen es – wie uns – um mehr geht als bloß darum, ein paar Fertigkeiten zu vermitteln.
Ihr könnt es nicht wissen: Wir haben hier vor Ort (100 km) ein Taizé: Vier Mönche mit einer Schar von Freiwilligen machen sehr wertvolle spirituelle Arbeit in Treffen mit Jugendlichen und vielen anderen Initiativen. Im Juni werden wir mit unseren Firmgruppen dort eine Zeit verbringen. Möge es uns so gut tun wie damals vor 25 Jahren, als wir mit Südtiroler Jugendlichen von der Lichtenburg aus nach Taizé in Burgund unterwegs waren!
Und Alter schützt vor Torheit nicht: Heuer habe ich eine kleine Gruppe von Jugendlichen dafür gewonnen, den Fasching mal anders zu verbringen, nämlich im Zeltlager in einer abgelegenen, moorigen Gegend, ohne Elektrizität und Straße. Als die bäuerlichen Familien der Umgebung unser gewahr wurden und wessen Geistes Kind wir sind, wurde der Aufenthalt zum Fest. Jeder wollte etwas zum Essen bringen; Orlando brachte uns im Einboot übers Watt und übers Meer; üppige Natur mit Baden unter Wasserfällen; Wandern bei 30 Grad Celsius und mit heraushängender Zunge; Geistergeschichten, von Einheimischen erzählt, und der Besuch der Moorkönigin um Mitternacht; hundertstimmiges Froschkonzert am Abend und Vogelgezwitscher am frühen Morgen ...; für die Kinder des Asphaltes und des Betons der Großstadt war dies eine gesunde Abwechslung!
Danke, dass ihr bis hierher gelesen habt. Vielleicht haben manche von euch zu Weihnachten oder Jahresbeginn eine Nachricht von mir erwartet. Verzeiht, dass sie erst jetzt kommt. Es ist die Unfähigkeit, mich zu organisieren. Das Unmittelbare hat immer Vorfahrt; und so vergingen die Tage und Wochen. Ich möchte euch herzlich danken für eure Freundschaft und alle kleinen und großen Zeichen davon. Wenn wir hier eine Kleinigkeit tun können, so ist es auch wegen eurer Großherzigkeit, die uns mit Spenden und Gebet unterstützt.
Zwei Bilder kreuzen sich in meinem Kopf, beide festgehalten auf den Fernsehschirmen der ganzen Welt. Beide von einer schrillen roten Farbe. Das eine

Bild ist aus Rom: 44 neue Kardinäle in ihren purpurroten Gewändern, um den Papst geschart; im Hintergrund die Peterskirche, besonders im vergangenen Jubiläumsjahr Schauplatz riesiger Glaubenskundgebungen. Das andere Bild aus São Paulo hier bei uns: Blutlachen und Blutspritzer auf dem Asphalt und an den Wänden; im Hintergrund die imposante und furchterregende Fassade des Carandirú-Gefängnisses: Ein Aufstand und interner Krieg der Internierten hat wieder einmal zahlreiche junge Leben gekostet. Was haben die beiden Bilder miteinander zu tun? Nichts und sehr viel. Eine symbolische Assoziation könnte uns, entlang der roten Farbe, bedeuten, dass das Glauben mit dem Leben verbunden sein muss und dass das Wirken der Kirche nicht absehen kann von der Realität um sie herum und von den Tränen und Schreien der Verzweifelten.

In Seiner Auferstehung unsere Auferstehung! In unserer Auferstehung ein Herz und zwei Hände für die Entrechteten und Geknechteten der Erde! Ich wünsche und bete, dass die Osterzeit unsere Fähigkeit zu träumen und unseren Willen zu teilen nähre.

Herzliche Grüße auch von Pina und allen unseren Mitarbeiterinnen.

In großer Dankbarkeit,

euer Luis

Eine symbolische Assoziation könnte uns, entlang der roten Farbe, bedeuten, dass das Glauben mit dem Leben verbunden sein muss und dass das Wirken der Kirche nicht absehen kann von der Realität um sie herum und von den Tränen und Schreien der Verzweifelten. (Kardinalserhebung im Vatikan, Februar 2001)

Ihr Lieben!
Da bin ich wieder! Ich bin froh, dass euch dieser Rundbrief zum Osterfest erreicht. Da dürfen wir doch miteinander sagen und glauben: Das letzte Wort und die letzte Tat ist nicht Krieg, sondern Frieden; nicht Isolation, sondern Kommunion; nicht Finsternis, sondern Licht; nicht Kriminalität, sondern Solidarität; nicht Feinde, sondern Gemeinde; nicht Tod, sondern Leben! Das zu sagen, gibt uns Jesus Einladung und Autorität dazu: endgültig am Ostermorgen!
Pina fliegt morgen nach Italien. Sie will und muss weiterhin ihrem jüngeren Bruder Andrea beistehen. Dieser ist vor fünf Monaten am Berg abgestürzt. Wie durch ein Wunder ist er am Leben geblieben, aber vom Schultergürtel abwärts ist er immer noch ohne Bewegung. Wir hoffen und beten, dass er die Bewegung zurückgewinnt. Bitte, helft auch ihr mit in eurem Beten.

Es ist so schön, sich mitzufreuen mit den Müttern, die plötzlich für ihre Kinder Zukunft erblicken.

Für unsere Führungskräfte im Sozialbereich ist Pinas Abwesenheit besonders schmerzlich spürbar. Bestimmt hat sie jetzt zu Jahresbeginn alles in die Wege geleitet und vorbereitet. Jetzt kommt's aber ganz auf die Frauen drauf an, die im Kindergarten, in der Schulnachhilfe, in der Alphabetisierung von Erwachsenen, auf dem Gesundheitssektor, in der Frauenselbsthilfe arbeiten. Ich muss sagen, dass sie bereits unter Beweis gestellt haben, dass Eigenständigkeit, Initiative und Mitverantwortung keine leeren Worte sind, sondern sie darin gereift sind. So wird die schmerzliche Abwesenheit der Pina zur gesunden Herausforderung für unsere tapferen Frauen.
Andrea hatte uns im vergangenen August besucht. Die Tatsache seines Unglücks hat einen sympathischen und christlichen Grundzug unserer Leute zu Tag gefördert. Jedermann und jedefrau betet für ihn und seine Familie – es ist, sagen sie, wie wenn dieses Unglück uns selber passiert wäre –, unsere Leute, aber genauso Bekannte anderer Kirchen und Religionen: eine grenzüberschreitende spirituelle Solidarität!
Vor einem Monat hat die Arbeit im Kindergarten wieder angefangen. Nach einigen wenigen weinerlichen Tagen füllen jetzt Sonne und Lachen die Stun-

den aus. Es ist so schön, sich mitzufreuen mit den Müttern, die plötzlich für ihre Kinder Zukunft erblicken. Andersrum macht es traurig, wenn wir Mütter wegschicken müssen, weil eben kein Platz mehr da ist. Unsere Jugendlichen (eine Gruppe davon) haben an einem Taizé-Treffen teilgenommen und sind begeistert heimgekommen. Verschiedene Familien unserer Pfarrei haben auswärtige Jugendliche beherbergt. Dies alles hat einen gesunden und frischen Wind gebracht. Wir wollen jetzt Gebetstreffen in der Art von Taizé anfangen. Wir haben eine Erhebung der Situation unserer Senioren durchgeführt. Es ist eine viel höhere Zahl von alten Menschen da als wir uns vorgestellt hatten. Es wird jetzt eine unserer Prioritäten sein, eine Altenpastoral anzufangen und aufzubauen. Eine gesunde Herausforderung auch für mich – aus zwei Gründen: weil ich selber schon zu den Angesprochenen gehöre, und weil wir aus dem Nichts schöpfen müssen, da hierzulande noch wenige Erfahrungen mit Altenarbeit gemacht wurden.
Ich wünsche euch nochmals gesegnete Ostern. Möge das Licht des auferstandenen Herrn euer Leben hell machen und mit Freude erfüllen! Ich danke Gott, dass es euch gibt und dass ich mich zu euren Freunden rechnen darf.

Möge das Licht des auferstandenen Herrn euer Leben hell machen und mit Freude erfüllen!

Euer Luis

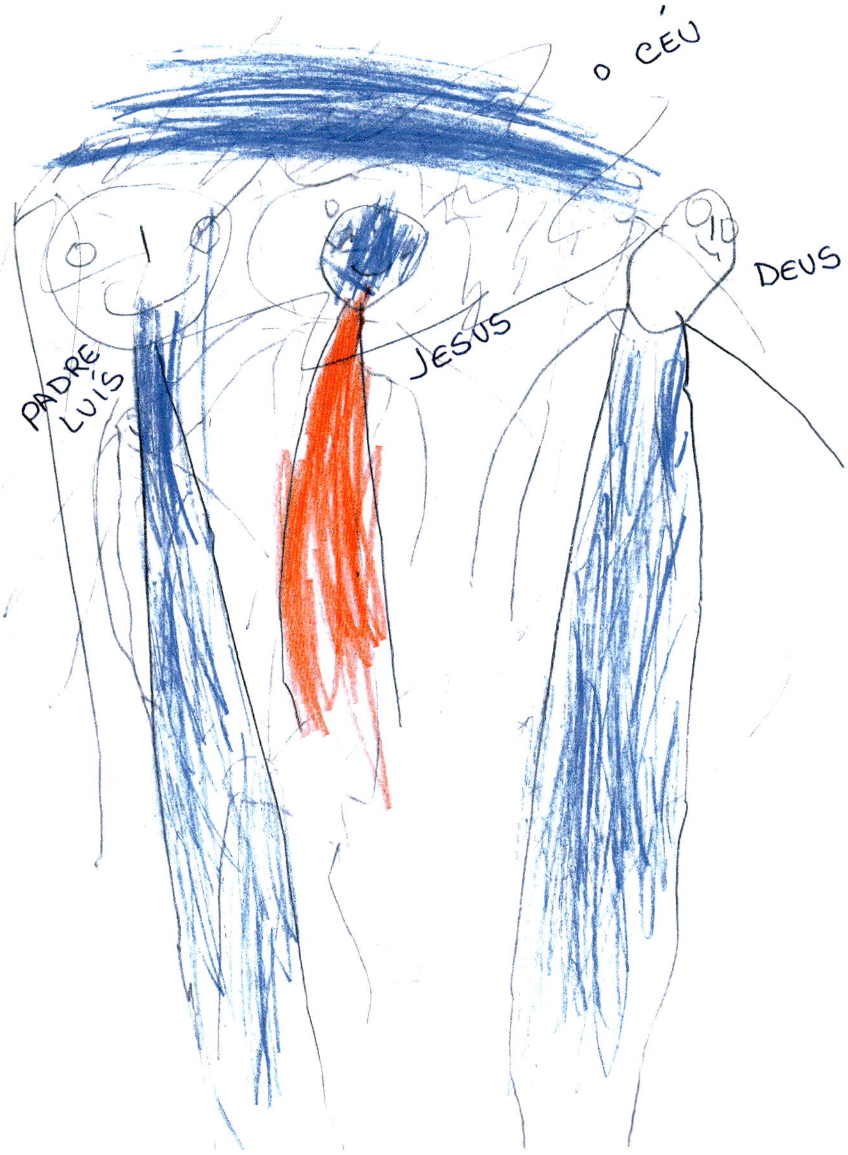

Zeichnung von Diego, fünf Jahre, Casa do Sol:
›Padre Luis bei Jesus und Gott im Himmel‹ (Juni 2002)

Anhang

Luis Lintner –
biographische Übersicht

Brasilien 1980–2002

Geographische Karten

Bildnachweis

Autorenangaben

Anmerkungen

Luis Lintner – biographische Übersicht

25. Mai 1940	geboren um 23.30 Uhr auf dem Schornhof in Aldein, Südtirol, als sechstes Kind des Thomas Lintner (17.12.1892–12. 9.1972) und der Rosa, geborene Matzneller (29.8.1896–30.7.1956)
26. Mai 1940	getauft in der Pfarrkirche von Aldein
Sept. 1947–Juni 1952	Besuch der Grundschule in Aldein
Sept. 1952–Juni 1960	Besuch der Mittelschule und des humanistischen Gymnasiums-Lyzeums im bischöflichen Knabenseminar »Johanneum« in Dorf Tirol bei Meran (Reifeprüfung am 15. Juni 1960)
Sept. 1960–Juni 1963	Theologiestudium im Priesterseminar von Trient
Sept. 1963–Juni 1964	zwei Freisemester an der theologischen Fakultät in München
Sept. 1964–Juni 1966	Theologiestudium im Priesterseminar von Brixen
29. Juni 1966	Priesterweihe im Dom von Brixen durch Bischof Joseph Gargitter
3. Juli 1966	Primiz in der Heimatpfarre Aldein
Sept. 1966–Aug. 1967	Kooperator in Nals und Tiers
Sept. 1967–Aug. 1970	Kooperator in Terlan
Sept. 1970–Aug. 1971	Kooperator in Naturns
Sept. 1971–Juni 1973	Weiterstudium am »Institut für Katechetik und Homiletik« in München
Sept. 1973–Aug. 1979	Jugendseelsorger im diözesanen Bildungshaus »Lichtenburg« in Nals
Sommer 1978	erste Reise nach Lateinamerika (Bolivien)
Okt.–Dez. 1979	Vorbereitungskurs auf den Missionseinsatz in Verona
22. Mai 1980	Abflug nach Brasilien
24. Aug. 1980	Übernahme der Pfarre von Tabocas, Diözese Barreiras (Bahia)
Aug.–Okt. 1983	erster Heimaturlaub
Nov. 1987–Jan. 1988	zweiter Heimaturlaub
5. Mai 1991	Abreise von Tabocas
Mai–Juli 1991	dritter Heimaturlaub

Aug.–Nov. 1991	Vorbereitungskurs auf die Seelsorge in den Elendsvierteln in São Paolo
Januar 1992	Reise nach Ecuador, Mexiko, Peru und Bolivien auf den Spuren der vorkolumbianischen Hochkulturen
Mai–Sept. 1992	Versuch, in den illegalen Landbesetzungen von »Golfo Persico« und »Kuwait« in »Pituaçú«, Salvador da Bahia, Fuß zu fassen
Sept. 1992–Febr. 1993	Mitarbeit im Pfarrgebiet von »Cajazeiras«, Salvador da Bahia
7. März 1993	Übernahme der neuen Pfarre »Ss. Virgem Maria de Nazaré« in der Favela »Cajazeira 5«, Salvador da Bahia, und der dazugehörigen Gemeinden von »Cajazeiras 4, 6, 8/a und 8/c«
Sommer 1995	vierter Heimaturlaub
Sommer 1997	fünfter Heimaturlaub, Teilnahme an der Zweiten Ökumenischen Europäischen Versammlung in Graz
April 2000	Veranstaltungsreihe in Österreich zum Thema »Bibelteilen in Brasilien – was können wir davon lernen?«
Sommer 2000	sechster Heimaturlaub
20. Juni–10. Juli 2001	letzter Besuch in Südtirol
16. Mai 2002	um ca. 8.15 Uhr mit zwei Schüssen vor seinem Haus in Cajazeira 5, Salvador, ermordet
24. Mai 2002	beerdigt auf dem Friedhof der Heimatpfarre Aldein, Südtirol

Brasilien 1980–2002

Die wichtigsten politischen Ereignisse und »Blitzlichter«, auf die Luis Lintner in den Rundbriefen zum Teil Bezug nimmt

1964–1985	Militärdiktatur mit massiven Verletzungen der Menschenrechte
1980	eine schwere Wirtschaftskrise führt zu einer galoppierenden Inflation und zu einer extrem hohen Auslandsverschuldung Brasiliens; Gründung der Arbeiterpartei (PT), die vor allem von Gewerkschaften, Intellektuellen, sowie kirchlichen und sozialen Gruppen unterstützt wird
1985	Ende der Militärdiktatur und Beginn der »Republica Nova«; im März bestimmt ein Wahlmännerkollegium Tancredo Neves zum ersten zivilen Präsidenten seit dem Militärputsch von 1964, der aber vor Amtsantritt stirbt; Nachfolger wird sein Stellvertreter José Sarney; Sabotage der Agrarreformpläne durch radikale Großgrundbesitzer: Hunderte Frauen und Männer (Landarbeiter, Gewerkschaftsführer, Rechtsanwälte, kirchliche Mitarbeiter, Priester ...) werden von »pistoleiros« ermordet; die »Bewegung der Landlosen« MST (»Movimento dos Sem Terra«) beginnt sich mit kirchlicher Unterstützung zu formieren
1987	die Inflationsrate beträgt 365 Prozent
1988	im Oktober tritt die neue Staatsverfassung der »Föderativen Republik Brasilien« in Kraft, die u. a. die Direktwahl des Präsidenten vorsieht
1989	Brasilien wird ungeachtet der Misere des größten Teils der Bevölkerung die neuntgrößte Volkswirtschaft der Welt; Fernando Collor de Mello gewinnt in einer Stichwahl gegen Luis Inácio »Lula« da Silva von der Arbeiterpartei die ersten freien und demokratischen Präsidentschaftswahlen
1990	Collor de Mello startet ein Finanzsanierungsprogramm: Er lässt vorübergehend Bankguthaben einfrieren und setzt auf Privatisierung und Liberalisierung, doch er scheitert bei der Inflationsbekämpfung; Inflationsrate beträgt 1132 Prozent
1991	Präsident Collor de Mello erklärt Brasilien für zahlungsunfähig; bei seiner dritten Brasilienreise besucht Papst Johannes Paul II. Salvador da Bahia

1992 im Oktober werden bei einer Revolte in einem total überfüllten Gefängnis in São Paolo fast 200 Häftlinge erschossen; nach wochenlangen Massendemonstrationen der Bevölkerung kommt es zum Amtsenthebungsverfahren gegen Collor de Mello wegen Korruption und Amtsmissbrauch; sein Vize Itamar Franco übernimmt die Präsidentschaft

1994 die achte Währungsreform seit zehn Jahren (der »Real« löst den inzwischen mit einer jährlichen Inflationsrate von etwa 2500 Prozent völlig entwerteten »Cruzeiro Real« als Zahlungsmittel ab) bringt eine drastische Senkung der Inflationsrate in den folgenden Jahren; der Finanzminister Henrique Cardoso gewinnt die Präsidentschaftswahlen gegen seinen wichtigsten Gegner Luis Inácio »Lula« da Silva

1996 im April erschießen Polizisten 19 Bauern in Eldorado do Carajàs im Amazonasgebiet von Parà, die sich gegen die Großgrundbesitzer zur Wehr gesetzt haben; in Rio de Janeiro wird erstmals ein Polizist wegen der Ermordung von acht Straßenkindern zu über 300 Jahren Haft verurteilt

1997 das staatliche Institut für Geographie und Statistik gibt bekannt, dass 17 Millionen Brasilianer, die älter als 10 Jahre sind (über 13 Prozent der Bevölkerung), Voll-Analphabeten sind

1998 Wiederwahl von Henrique Cardoso zum Präsidenten

1999 Abwertung des Real; »Brasilien-Finanzkrise« erschüttert weltweit die Finanzmärkte

2000 die pompösen 500-Jahr-Feiern der Entdeckung Brasiliens werden von Demonstrationen gegen die Indianerpolitik der brasilianischen Regierung begleitet; aufgrund der ausbleibenden Agrarreform organisiert die Landlosenbewegung teils heftige Protestaktionen; am Unabhängigkeitstag am 7. September gehen in ganz Brasilien Hunderttausende auf die Straße, um gegen die Wirtschafts- und Sozialpolitik der Regierung zu protestieren

2001 im Februar fordert eine Revolte im Gefängnis Carandirù in São Paolo 17 Tote und zahlreiche Verletzte

2002 bei seiner vierten Kandidatur gewinnt Luis Inácio »Lula« da Silva im Oktober die Präsidentschaftswahlen

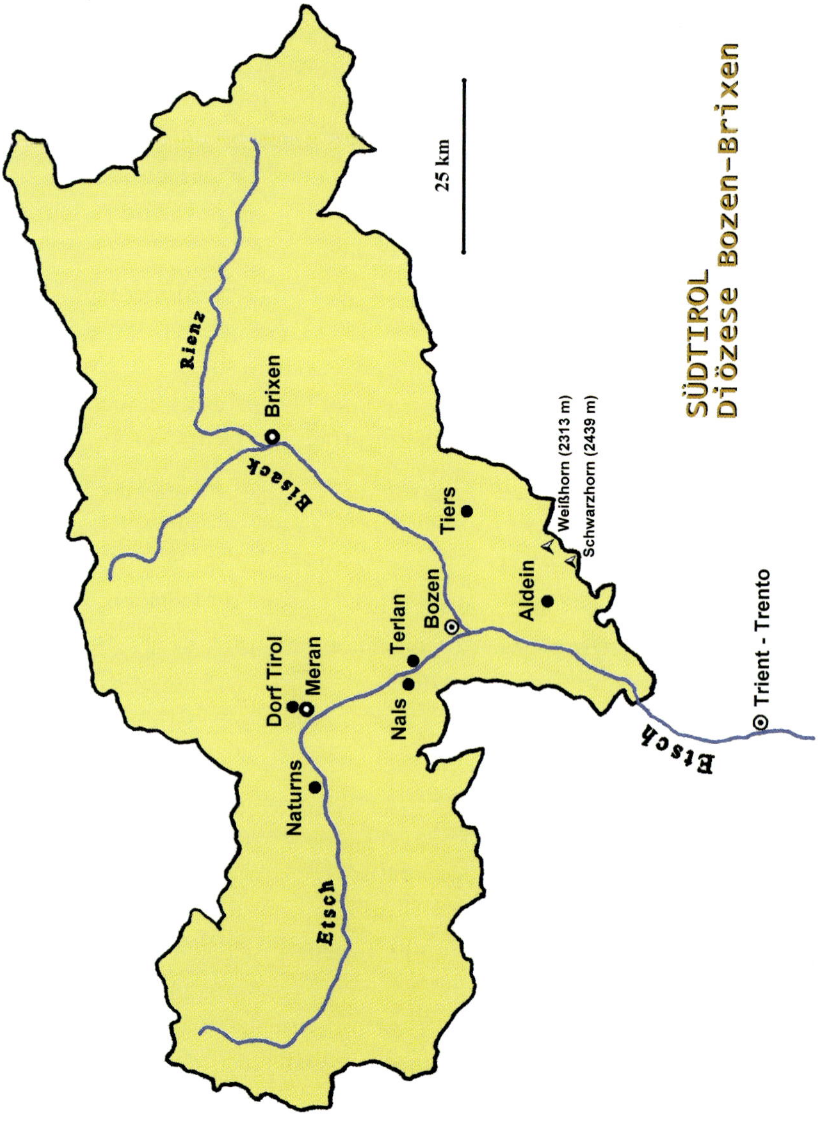
SÜDTIROL
Diözese Bozen-Brixen
25 km
Rienz
Brixen
Eisack
Tiers
Weißhorn (2313 m)
Schwarzhorn (2439 m)
Aldein
Bozen
Terlan
Nals
Dorf Tirol
Meran
Naturns
Etsch
Etsch
Trient - Trento

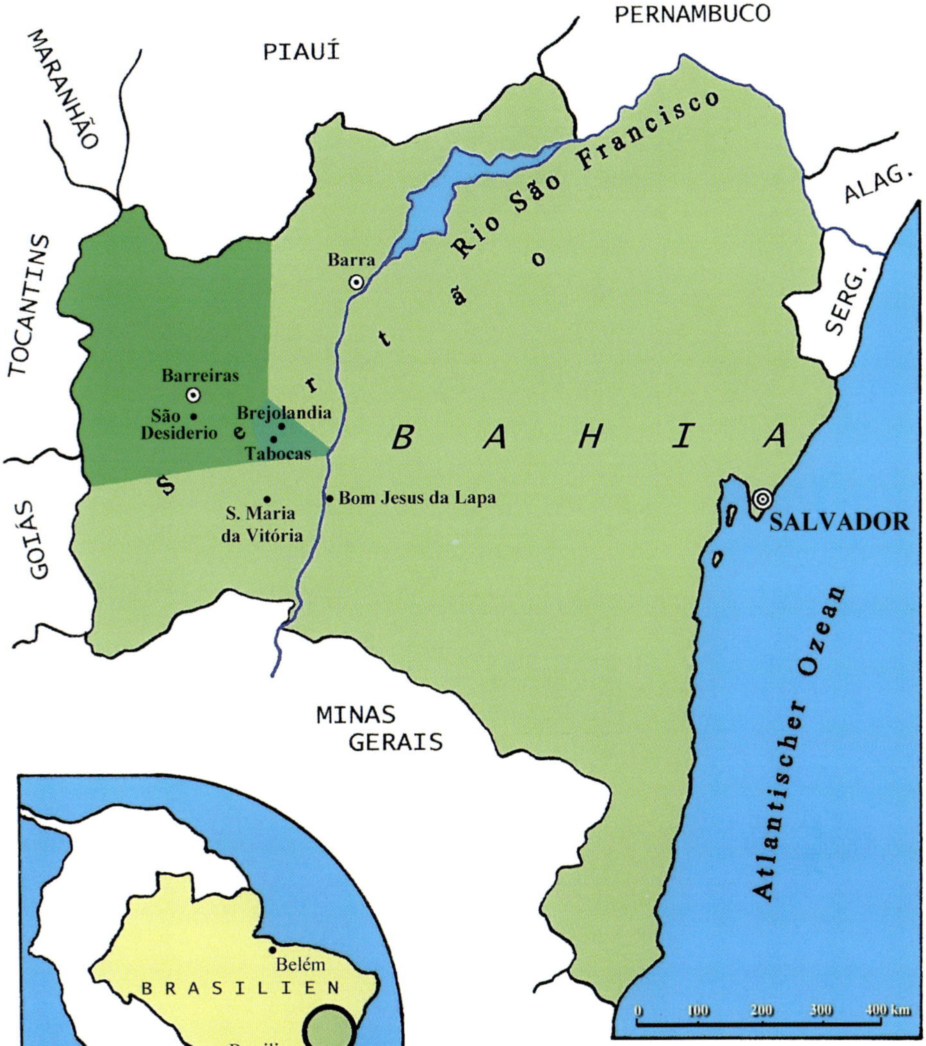

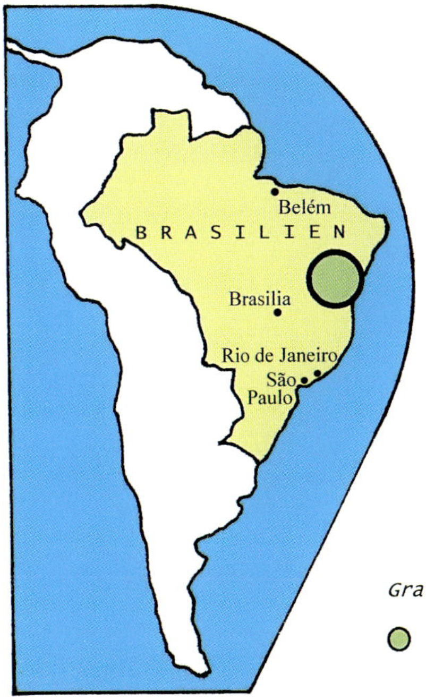

Diözese Barreiras (72.000 km^2)

Pfarrgebiet von Tabocas und Brejolandia (4.000 km^2)

B A H I A (567.000 km^2)

Grafik links

Lage des Bundesstaates BAHIA im Nordosten Brasiliens

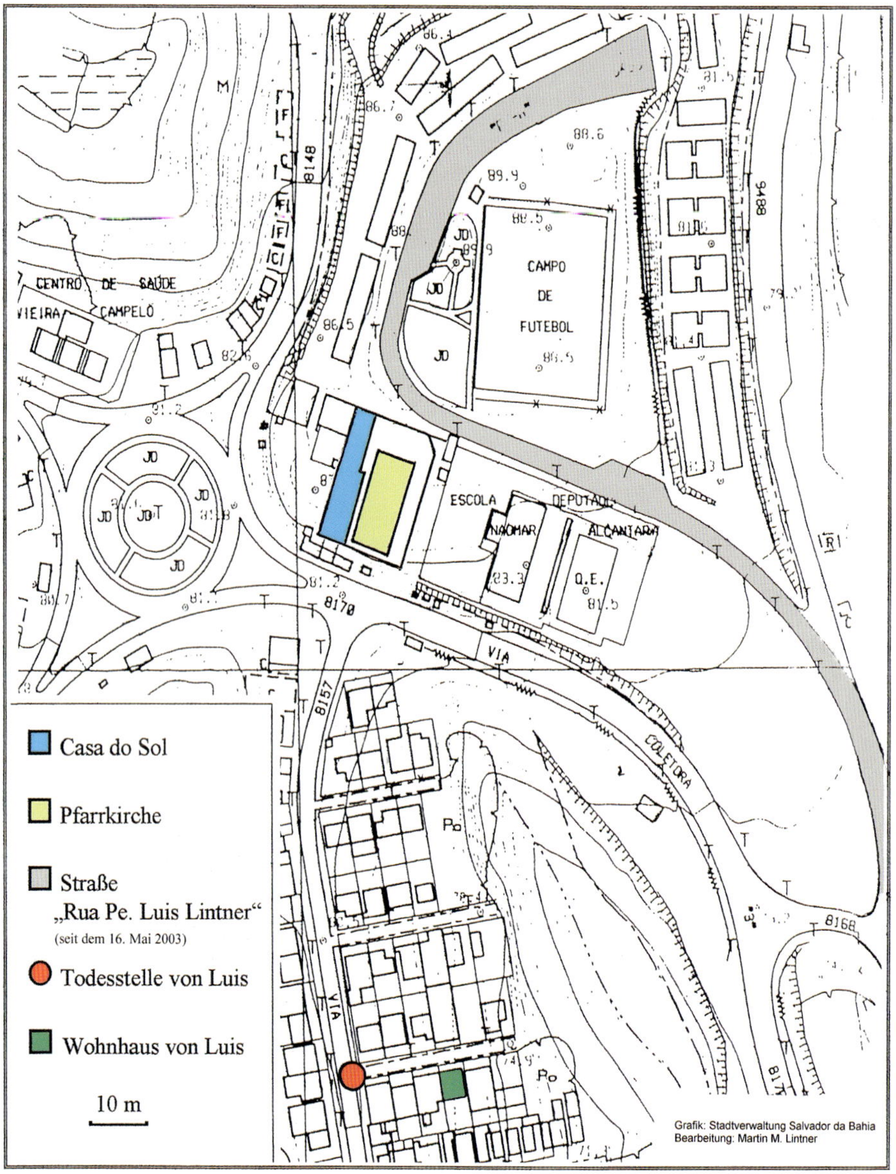

Salvador - Cajazeira V - Quadra 6

Bildnachweis

In alphabetischer Reihenfolge:
Aldo Barbera: 92, 119; Detlev Beushausen: 21; Alda Bordoni: 247; Sr. Ana Graça Bressan: 127, 139; P. John Clark: 196; Familienbesitz: 19, 20 o., 22, 120; Patrick Kofler/helios: Umschlag hinten Bild 1 von rechts; Luis Lintner und Nachlass: Umschlag hinten Bild 1 von links, 18, 20 u., 23, 24, 25, 27, 33, 34, 36, 37, 45, 46, 47, 52, 58, 59, 62, 63, 64, 65, 66, 67, 71, 103, 104, 152, 155, 157, 158, 160, 161, 163, 164, 166, 167, 169, 177, 178, 180, 181, 183, 186, 187, 190, 194, 197, 200, 201, 203, 207, 211, 212, 215, 223, 235, 244, 246, 249, 252; Markus Lintner: Schmutztitel; Martin M. Lintner: Umschlag hinten Bild 2 und 3 von links, 44, 56, 83, 84, 86, 88, 89, 91, 93, 98, 101, 112, 113, 118, 124, 138, 140, 145, 189, 231, 238, 240, 241, 243, 255; Osservatore Romano: 254; Frieda Penn: Umschlag vorne, 77, 78, 218, 225; Josef Pernter: 107, 110; Pina Rabbiosi: 114, 135, 198, 210, 230, 251; Progetto Agata Smeralda: 216, 270.

Autorenangaben

Martin M. Lintner OSM, geboren 1972; Neffe von Luis Lintner; aufgewachsen in Aldein; Mittel- und Oberschule im »Johanneum« in Dorf Tirol; Studium der Theologie in Innsbruck, Wien und Rom; 1994 Eintritt in den Servitenorden; Priesterweihe in Brixen 2001; Brasilienreise und Besuch der Pfarren von Tabocas und Cajazeiras/Salvador da Bahia anlässlich des ersten Todestages von Luis Lintner im Mai/Juni 2003; derzeit Kaplan in der Servitenpfarre in Wien und Dissertation in Moraltheologie an der Theologischen Fakultät der Universität Wien.

Christl Hauger Fink, geboren 1945; verheiratet und Mutter von drei Kindern, wohnhaft in Gfrill ober Tisens; bis zur Geburt des ersten Kindes Kindergärtnerin in verschiedenen Orten Südtirols; bemüht sich, in ihrem Leben Brücke zu sein: zwischen Südtirolern und Italienern (nach Erfahrungen von Taizé-Gründung einer deutsch-italienischen Jugendgruppe); zwischen Behinderten und »Normalen« (Sonderkindergärtnerin in Meran und Berlin); zwischen Ost und West (von 1972 bis zur Wende zahlreiche Besuche in den meisten Ostblockländern); zwischen Nord und Süd (Gründung der Eine-Welt-Gruppe Tisens; Mitarbeit bei verschiedenen Zeitschriften, um auf die Probleme in der »Dritten« Welt hinzuweisen; zwei Reisen nach Brasilien und Aufbau eines Netzwerkes, um durch »Patenschaften« Jugendlichen aus Brasilien den Besuch einer Schule zu ermöglichen).

Francesco Comina, geboren 1967 in Bozen; Berufsjournalist; Promotion in Verona mit einer Dissertationsschrift über den hispanisch-indischen Theologen und Philosophen Raimund Panikkar; Mitarbeit bei mehreren nationalen Zeitschriften im Bereich »Frieden und Menschenrechte«; gemeinsam mit anderen Autoren verfasste er die Publikationen »Le periferie della memoria. Profili di testimoni di pace« (Anppia, Turin 1999) und »Giubileo purificato. Itinerari di conversione personale e di riforma ecclesiale per l'anno 2000« (Emi, Bologna 1999); über das Leben des Südtiroler Märtyrers Josef Mayr-Nusser, der 1944 aufgrund der Verweigerung des Eides auf Hitler von der SS zum Tode verurteilt worden ist, schrieb er die Monographie »Non giuro a Hitler« (San Paolo, Mailand 2000).

Anmerkungen

1 Aus dem Aufsatz zum Thema »Wer ist glücklich?«, Johanneum, Herbst 1958.
2 Brief an die Familie in Aldein, 2. Mai 1966.
3 Brief an Bischof Joseph Gargitter, 5. Juni 1966.
4 Brief an die Familie in Aldein, 22. Mai 1966.
5 Brief an Bischof Gargitter, Jänner 1973.
6 Brief an die Absolventen der Lichtenburger Kurse, November 1979.
7 Brief an die Absolventen der Lichtenburger Kurse, November 1979.
8 Tagebuch, 7. November 1979.
9 Brief von Bischof Gargitter an Luis, 2. November 1979.
10 Tagebuch, 4. Mai 1980.
11 Tagebuch, 15. Mai 1980.
12 Tagebuch, 22. Mai 1980.
13 Tagebuch, 23. Mai 1980.
14 Rundbrief vom 15. Juni 1980.
15 Brief an seine Schwester Nandl, 18. Juni 1980.
16 Rundbrief von Weihnachten 1981.
17 Rundbrief von Weihnachten 1981.
18 Tagebuch, 16. November 1980.
19 Rundbrief vom Mai 1981.
20 Tagebuch, 29. März 1981.
21 Tagebuch, 27. August 1981.
22 Tagebuch, 2. Februar 1981.
23 Tagebuch, 17. August 1981.
24 Rundbrief vom Juli 1986.
25 Brief an Bischof Richard Weberberger, 12. Oktober 1979.
26 Tagebuch, 17. Mai 1981.
27 Rundbrief vom September 1982.
28 Brief an seine Schwester Nandl, 5. April 1988.
29 Brief an seine Schwester Nandl, 10. September 1982.
30 Rundbrief vom März 1984.
31 Tagebuch, 26. April 1983.
32 Rundbrief vom zweiten Adventsonntag 1985.
33 Tagebuch, 21. Dezember 1982.
34 Brief an seine Schwester Nandl, März 1984.
35 Tagebuch, 26. April 1983.
36 Luis Lintner, »Der Knuidlverein«, in: St. Antoniusblatt vom Oktober 1988.
37 Aus zwei Briefen an Geschwister, 2. Dezember 1981 und 9. Jänner 1983.
38 Rundbrief vom Mai 1988.
39 Rundbrief von Allerheiligen 1989.
40 Tagebuch, 29. Dezember 1982.
41 Brief an seine Schwester Nandl, 15. Jänner 1987.
42 Brief an Bischof Wilhelm Egger, 7. August 1990.
43 Rundbrief, Fastenzeit 1992.
44 Bischof Richard Weberberger, Kondolenzschreiben an Bischof Wilhelm Egger, 20. Mai 2002.
45 Brief an seine Schwester Nandl, 30. August 1998.
46 Rundbrief von Weihnachten 1991.
47 Rundbrief von Weihnachten 1991.
48 Rundbrief von Weihnachten 1992.
49 Bericht für das Katholische Sonntagsblatt, verfasst am 10. Juni 1992.
50 Bericht für das Katholische Sonntagsblatt, verfasst am 10. Juni 1992.
51 Brief an seine Schwester Nandl, 9. September 1992.
52 Rundbrief von Weihnachten 1992.
53 Rundbrief von Weihnachten 1992.

54 Brief an seine Schwester Nandl, 7. Dezember 1993.
55 Brief an seine Schwester Nandl, 6. Jänner 1995.
56 Rundbrief vom Adent 1997.
57 Brief an seine Schwester Nandl, 22. Februar 1996.
58 Brief an seine Schwester Nandl, 26. Juli 1980.
59 Rundbrief vom Advent 1996.
60 Rundbrief vom Februar 2000.
61 Brief an seine Schwester Nandl, 12. September 1997.
62 Brief an die Verwandten, September 1997.
63 Brief an die Verwandten, September 1997.
64 »Abschlussbericht über das Projekt für Junge Erwachsene« an die Region Trentino-Südtirol, April 2000.
65 »Abschlussbericht über das Projekt für Junge Erwachsene« an die Region Trentino-Südtirol, April 2000.
66 Dankbrief an Spender, 8. Juli 2001.
67 Bericht an MISSIO Austria, Sommer 2000.
68 Bericht an MISSIO Austria, Sommer 2000.
69 Rundbrief vom Advent 1996.
70 Bericht an MISSIO Austria, Sommer 2000.
71 Rundbrief vom Advent 1993.
72 Rundbrief vom Advent 1996.
73 Brief an seinen Neffen Martin M., 14. Mai 2002.
74 Rundbrief von Ende Februar 2000.
75 Bericht für das Katholische Sonntagsblatt, verfasst am 10. Juni 1992.
76 Rundbrief vom ersten Adventsonntag 1995.
77 Rundbrief von Weihnachten 1992.
78 Brief an die Geschwister vom Mai 1999.
79 Brief an seinen Bruder Toni mit Familie, Weihnachten 1999.
80 Brief an Christl Hauger Fink, 15. April 2001.
81 Brief an seinen Bruder Toni mit Familie, 18. Dezember 2000.
82 Bericht von Luis Sartorel für das Katholische Sonntagsblatt vom 2. Juni 2002.
83 Brief an seinen Bruder Toni mit Familie, 2. November 2001.
84 Rundbrief vom zweiten Adventsonntag 1985.
85 Bischof Wilhelm Egger, Grußbotschaft für die Gemeinschaften in Brasilien, in denen Padre Luis gewirkt hat, April 2003.
86 Padre Josè Hehenberger o.cist., Brief an Christl Hauger Fink, Jacobina (Bahia), 16. August 2002.
87 Rundbrief von der Fastenzeit 1992.
88 Rundbrief vom ersten Adventsonntag 1990.
89 Tagebuch, 27. August 1981.
90 Brief an seinen Neffen Martin M., 25. Februar 1996.
91 Rundbrief vom Juni 1980.
92 Rundbrief vom März 1984.
93 Predigt zur Primiz seines Neffen Martin M., 1. Juli 2001.
94 Rundbrief vom Advent 1997.
95 Rundbrief von Ostern 2002.
96 Die von Luis angeführten Postadressen sind für die vorliegende Publikation ausgelassen worden, da sie nicht mehr aktuell sind.

Meine Arbeit wird für mich nur möglich durch die finanzielle Unterstützung von außen. Ich danke dir/euch ganz herzlich für die Spenden und anempfehle dich/euch Gott, dem wir in den Armen begegnen, wie Jesus uns bezeugt:

»Was ihr dem geringsten meiner Brüder oder Schwestern tut, das tut ihr mir!«
(Vgl. Mt 25,40)

LUIS LINTNER, JULI 2001

Wenn auch Sie helfen möchten:

A) Projekt »Casa do Sol« in Salvador da Bahia

Raiffeisenkasse Deutschnofen-Aldein, Südtirol (Italien)
ABI: 08162
CAB: 58140
Kontonummer: 000302202620
Cin: F
Kennwort: »Spende im Gedenken an Luis Lintner«

Für Überweisungen aus dem Ausland:
IBAN: IT95F0816258140000302202620
SWIFT-BIC: RZSBIT21206

B) Projekt Kleinbauernschule EFA in Angical, Diözese Barreiras

Raiffeisenbank Kremsmünster (Österreich)
BLZ: 34233
Kontonummer: 30.494
Kennwort: »Spende im Gedenken an Luis Lintner«

Für Überweisungen aus dem Ausland:
IBAN: AT293423300000030494
SWIFT-BIC: RZOOAT2L233

Danke!